LA FACE CACHÉE DU CLAN KENNEDY

SEYMOUR HERSH

LA FACE CACHÉE DU CLAN KENNEDY

préface de Edward Behr

traduit de l'anglais (États-Unis)
par Jean-Paul Mourlon

ARCHIPOCHE

Ce livre a été publié sous le titre
The Dark Side of Camelot
par Little, Brown and Company, New York, 1997.

www.archipoche.com

Si vous désirez recevoir notre catalogue
et être tenu au courant de nos publications,
envoyez vos nom et adresse, en citant
ce livre, aux Éditions Archipoche,
34, rue des Bourdonnais 75001 Paris.
Et, pour le Canada, à Édipresse Inc.,
945, avenue Beaumont,
Montréal, Québec H3N 1W3.

ISBN 978-2-35287-486-7

Préface

Longtemps attendue, redoutée par l'Amérique tout entière, la voilà enfin révélée, cette *Face cachée du clan Kennedy*. Pour s'atteler à ce gigantesque travail de déconstruction du mythe JFK, il ne fallait pas moins que Seymour Hersh, l'ancien journaliste vedette du *New York Times*, prix Pulitzer en 1970 pour son enquête sur le massacre du village vietnamien de My Lai par une compagnie de GI. Cette révélation avait horrifié le monde et conduit à l'inculpation de 29 soldats (dont 19 ne seront toutefois jamais jugés), le président Nixon intervenant personnellement pour condamner aux arrêts le commandant de la compagnie.

Investigations sur le terrain, examen minutieux de tous les documents rendus publics ou classés « confidentiel » : pour son papier sur My Lai comme pour huit autres affaires du même calibre, Seymour Hersh est toujours resté fidèle à sa méthode de travail. Et la détermination, le respect de l'éthique, la probité et le talent d'écriture qu'on lui connaît se retrouvent intacts dans le présent ouvrage, passionnant de la première à la dernière page.

Des années de formation politique à l'entrée de JFK à la Maison Blanche, Hersh jette une lumière crue sur les zones laissées dans l'ombre par les biographies traditionnelles. Ainsi révèle-t-il, entre autres, qu'en 1947, alors que Kennedy menait campagne pour être élu au Congrès, il s'enticha d'une certaine Durie Malcolm et l'épousa. Mariage gênant pour un futur candidat à la présidence, auquel son père Joe mit bon ordre en faisant disparaître tous les documents officiels. Six ans plus tard, Jacqueline Bouvier ferait une *First Lady* bien plus présentable.

Autre aspect peu glorieux du mythe Kennedy : le président était doté d'un appétit sexuel hors du commun et se laissait volontiers aller à quelques confessions égrillardes. À l'un de ses gardes du corps, il déclara un jour : « Baiser avec une femme que je ne connais pas me donne des migraines atroces. » Les membres de son service de sécurité furent d'ailleurs les premiers à être témoins de ses frasques et des parties fines organisées presque chaque soir à la Maison Blanche, en l'absence de Jackie. Celle-ci, cruellement consciente des infidélités de son époux, en était arrivée à le prévenir de l'heure à laquelle elle rentrerait pour qu'il ait le temps de renvoyer ses maîtresses...

Sans doute un journaliste, dans cent ans, jettera sur l'ère Clinton le regard que porte Hersh sur l'ère Kennedy. Mais, contrairement à Clinton, JFK a toujours su protéger sa vie privée derrière une multitude de boucliers : son père et son frère, en premier lieu, mais aussi des journalistes dévoués à sa cause comme Ben Bradlee, qui fut à de nombreuses reprises la voix de la Maison Blanche dans la presse nationale (il n'est du reste pas surprenant qu'à la sortie de ce livre ce soit Bradlee qui ait adressé à Hersh les critiques les plus virulentes). Rédacteur en chef du *Washington Post* – et voisin de Kennedy à Georgetown, faubourg huppé de la capitale –, ce dernier était un intime du président (intime au point que les femmes de sa famille, et notamment sa belle-sœur, ont toutes subi, un jour ou l'autre, les avances de JFK). Juste avant son élection, Kennedy lui avait confié : « Ne crois pas que j'ai l'intention de nommer tous mes amis ambassadeurs. Toi, par exemple, tu resteras journaliste… et tu continueras d'écrire des bons papiers sur moi ! » En fait, Hersh le démontre avec brio, Kennedy était l'un des présidents les plus intransigeants qui fut avec la presse. Bradlee lui-même l'a reconnu.

Il convient de revenir quelques instants sur le scandale provoqué par la publication aux États-Unis de *La Face cachée du clan Kennedy*. Cette sortie fut précédée d'une foule de rumeurs annonçant des révélations explosives sur la liaison entre JFK et Marilyn Monroe. Or, Hersh s'étant aperçu que ces révélations étaient fondées sur des documents falsifiés (dont une prétendue lettre de chantage de Marilyn à « Mr. President »), la critique ne trouva rien à se mettre sous la dent et, frustrée, se mit à tirer sur l'auteur à boulets rouges. Attitude absurde et d'autant plus grave qu'elle força Hersh à se défendre publiquement des accusations portées contre lui.

J'ai personnellement pu apprécier en coulisse le travail de Seymour Hersh. À une époque où je travaillais à un livre et à un documentaire sur la Prohibition, nous avions de longues conversations téléphoniques. Nous étions tous deux convaincus que, à l'arrivée au pouvoir de Kennedy, J. Edgar Hoover, chef du FBI, lui avait remis en signe d'allégeance un dossier établissant les liens entre le patriarche des Kennedy, Joe, et les chefs de la mafia. J'avais moi-même mis la main sur un rapport des douanes canadiennes concernant le trafic d'alcool, dans lequel Joe Kennedy était nommément incriminé. Des informations dont Hersh a su tirer tout le profit dans le portrait sans concession qu'il brosse de « Big Joe ». De la même façon, il a su s'appuyer sur un de mes articles publiés en 1963 dans le *Saturday Evening Post.* Intitulé « The Crisis over Christine », celui-ci était consacré à l'affaire Profumo, qui venait de défrayer la chronique en Grande-Bretagne[1]. J'y évoquais les prostituées de luxe qui avaient jeté leur dévolu sur les personnalités de la haute société britannique. Il se trouve que deux d'entre elles comptaient aussi parmi leurs clients réguliers certains hauts fonctionnaires de Washington. Grâce à Hersh, j'apprends que le président Kennedy s'était montré particulièrement intéressé par mon article…

Enquêteur scrupuleux et rédacteur de grand style, Seymour Hersh nous donne avec *La Face cachée du clan Kennedy* le meilleur ouvrage jamais écrit sur la présidence de Kennedy. Et, ce qui ne gâte rien, l'un des plus incroyables polars qu'il m'ait été donné de lire !

Edward BEHR

---

1. Révélée par la presse à scandale britannique, la liaison de John Profumo, ministre de la Défense, avec une call-girl liée à un attaché militaire soviétique allait causer la chute du gouvernement de Harold Macmillan.

Avertissement

Ce livre n'a pas pour vocation de raconter la vie ou la carrière de John Kennedy, ni les circonstances tragiques de sa mort ou les raisons pour lesquelles il fut tué.

Après sa disparition, son charme, son intelligence, ses succès – réels ou imaginaires – en politique intérieure et extérieure se sont combinés pour créer le mythe du preux chevalier. Mais ce mythe avait sa face cachée, comme Kennedy.

J'ai entrepris la rédaction de cet ouvrage en sachant qu'il me faudrait inévitablement répondre à une question délicate : quand est-on en droit d'évoquer la vie privée d'un homme public ? La découverte majeure de mes cinq ans de recherches et de plus d'un millier d'interviews de proches et de collaborateurs de Kennedy est que sa vie privée et ses obsessions personnelles affectèrent, bien davantage qu'on ne l'avait cru jusque-là, la conduite du pays et de sa politique étrangère.

Ce livre démontre que les faiblesses de caractère de l'homme l'empêchèrent en partie de remplir ses devoirs de président. Il offre aussi une réflexion sur le pouvoir de la beauté. Il met en scène des hommes et des femmes, par ailleurs lucides et indépendants, qui furent impressionnés et séduits par le magnétisme de Kennedy, et s'affrontèrent pour tenter de plaire au plus charismatique de tous les présidents que les États-Unis aient connus. Aujourd'hui encore, leur aveuglement perdure.

En rédigeant cet ouvrage, j'espérais pouvoir aider le pays à reprendre possession d'une partie de son histoire.

S. H.

1

22 novembre

Ce fut l'une des journées les plus noires de l'histoire de l'Amérique.

Le 22 novembre 1963, à 12h30, le président John F. Kennedy était abattu dans une rue de Dallas. Le vice-président, Lyndon B. Johnson, qui l'avait accompagné, repartit en toute hâte vers *Air Force One*, l'avion présidentiel, et prêta serment au côté de la veuve de JFK, dont le tailleur était encore taché de sang. Puis l'appareil s'envola pour Washington.

Une fois qu'il eut décollé, militaires et membres des services de sécurité durent surmonter leur désespoir et leur colère pour se poser les questions cruciales. La mort de John Kennedy marquait-elle le début d'une conspiration internationale ? Lyndon Johnson était-il la prochaine cible ? De telles préoccupations étaient aussi de mise à Washington, où la bureaucratie entreprit lentement de passer d'une orbite présidentielle à une autre.

L'homme le plus proche du défunt dut faire abstraction de son chagrin pour dissimuler au pays toutes les preuves de la vie secrète de Kennedy – comme au nouveau président, qui s'assoirait peut-être dans le Bureau ovale dès le début de la soirée. Quand il apprit que son frère venait d'être tué, Robert F. Kennedy, le ministre de la Justice et l'homme le plus puissant de Washington juste après John, se trouvait dans son domaine de Hickory Hill, en Virginie, où il déjeunait – potage de palourdes et sandwich au thon – en compagnie, notamment, de Robert Morgenthau, procureur général de l'État de New York.

En ces heures d'épouvante, le brillant frère cadet du président se montra à la hauteur de sa réputation de pragmatisme et de pugnacité, faisant part de la nouvelle aux membres de la famille, se préoccupant du retour du corps, répondant aux questions juridiques du nouveau président et, semble-t-il, se consacrant entièrement à sa tâche. Il serait toujours temps de pleurer plus tard. Pour le moment, il fallait organiser les funérailles nationales, réconforter une veuve et des enfants. Parmi les nombreux coups de fil qu'il donna cet après-midi-là, il y en eut un pour McGeorge Bundy, conseiller à la Sécurité nationale du défunt, qui se vit enjoindre de veiller sur les documents personnels de celui-ci. Après consultation avec le département d'État, Bundy ordonna qu'on change immédiatement la combinaison des coffres abritant les dossiers du président, avant que les hommes de Lyndon Johnson n'aient le temps d'y fouiller.

Bobby Kennedy comprenait parfaitement que la mise au jour publique de ces documents ternirait à jamais la réputation du président – et la sienne. Il avait passé près de trois ans dans une situation impossible – à la fois gardien des lois du pays, agent secret de son frère lors des crises étrangères, et chien de garde personnel d'un aîné porté à l'insouciance et aux excès.

Les deux frères avaient menti en niant, tant à la presse qu'au grand public, l'existence d'un premier mariage de John avec une jeune femme de la bonne société de

Palm Beach nommée Durie Malcolm. En 1947, John Kennedy, qui venait d'être élu au Congrès, l'avait en effet épousée devant un juge de paix, lors d'une cérémonie discrète. Au cours d'un entretien réalisé lors de la préparation de cet ouvrage, Charles Spalding, ancien agent de change et l'un des plus fidèles amis de JFK, a rompu près d'un demi-siècle de silence – de la famille comme des proches – pour confirmer qu'il était parfaitement au courant. « Je me souviens avoir dit à John, à l'époque : "Tu dois être cinglé. Tu veux être président, et voilà que tu perds ton temps à te marier !" » Il ajoute que, quelques jours plus tard, il se rendit au tribunal de Palm Beach avec un avocat du lieu et qu'ils firent disparaître tous les documents relatifs à cette union : « C'est John qui m'a demandé si j'accepterais de mettre la main sur les papiers. » Mes recherches ne m'ont pas permis de retrouver la moindre trace d'un divorce.

Les dossiers présidentiels révéleraient également que les frères Kennedy n'étaient pas simplement informés des projets d'assassinat de Fidel Castro par la CIA : ils s'en montraient les plus chauds partisans. La mort du *Lider Maximo* devint une obsession présidentielle après le désastre de la baie des Cochons, en avril 1961, et le resta jusqu'au bout. Les documents de la Maison Blanche évoquaient aussi trois dirigeants étrangers éliminés durant les mille jours que Kennedy passa à la présidence : Patrice Lumumba dans l'ex-Congo belge ; Rafael Trujillo en République dominicaine ; Ngô Dinh Diêm au Sud-Viêtnam. Avant même d'entrer en fonctions le 20 janvier 1961, Kennedy avait été informé des projets de la CIA – qu'il avait approuvés – contre les deux premiers. Il y prit une part plus active encore à l'automne 1963 : à Saïgon, au cours d'un coup d'État particulièrement brutal, Diêm fut assassiné. Deux mois auparavant, Kennedy avait convoqué le général d'aviation Edward G. Lansdale, ancien agent de la CIA impliqué dans les tentatives de liquidation de Castro, pour lui demander s'il consentirait à retourner à Saïgon et à donner un coup de main au cas où JFK déciderait de «se débarrasser» de Diêm. «Je ne pourrai pas, monsieur le président», répondit Lansdale. Le complot se poursuivit néanmoins. Rien de tout cela n'a été révélé avant cet ouvrage, et rien n'en fut communiqué à Lyndon Johnson, alors vice-président.

Celui-ci ignorait également que le prétendu triomphe de Kennedy lors de la fameuse «crise des missiles cubains» d'octobre 1962 était loin d'être une victoire. Le monde, émergeant de la menace d'un holocauste nucléaire imminent, s'était entendu dire que le président, tenant bon face aux menaces soviétiques, avait contraint Nikita Khrouchtchev à reculer. Il y avait peu de vérité dans tout cela, et Bobby Kennedy le savait. N'ignorant pas que leur avenir politique était en jeu, les deux frères avaient été obligés de négocier un compromis secret de dernière minute avec les Soviétiques. Le véritable accord, comme l'importance réelle de la crise des missiles, resta un secret d'État pendant plus de vingt-cinq ans.

Robert Kennedy en avait d'autres à camoufler.

Pendant les derniers mois du gouvernement Eisenhower, un célèbre gangster de Chicago nommé Sam Giancana avait été impliqué dans les tentatives d'assassinat contre Castro, ce que le sénateur John Kennedy savait parfaitement. Mais Giancana n'était pas qu'un responsable de la pègre rendant service à l'État en échange de quelques menues faveurs. Lui et ses complices de Chicago, formant l'une des organisations criminelles les plus puissantes du pays, avaient déjà pris part, pour le compte de Kennedy, à la campagne présidentielle de 1960, lui assurant argent et soutien des syndicats ; l'appui de la pègre avait permis à JFK de l'emporter dans l'Illinois et dans au moins quatre autres États où sa majorité était faible. Giancana avait été sollicité par l'entremise de Frank Sinatra, lié à la pègre comme aux Kennedy, et d'un juge de Chicago fort connu, qui servit d'intermédiaire lors d'une rencontre, restée jusqu'à présent secrète, entre le gangster et Joseph P. Kennedy, l'ambitieux père du candidat. Elle eut lieu pendant l'hiver précédant le scrutin. Quelques mois après celui-ci, des accusations de tricherie furent portées à la connaissance du ministère de la Justice, désormais dirigé par Robert Kennedy, qui se garda bien d'agir. L'élection présidentielle de 1960 avait été truquée.

Comme Bobby Kennedy le savait, la complicité entre le défunt président et Sam Giancana ne se bornait pas à de simples fraudes électorales ou à des tentatives de meurtre politique, mais aussi à leurs liaisons avec une artiste divorcée de Los Angeles nommée Judith Campbell Exner. Les interviews menées lors de la rédaction de ce livre ont permis d'étayer les affirmations de celle-ci, qui fit la connaissance du président début 1960 : loin de n'être que sa partenaire de lit, elle avait transmis à Giancana et à ses associés des documents venus des deux frères, en même temps qu'au moins deux sacoches pleines d'argent liquide. Lors d'un voyage en train entre Washington et Chicago, elle fut suivie par un collaborateur des Kennedy, Martin E. Underwood, qui m'a déclaré en 1996 en avoir reçu l'ordre de Kenneth O'Donnell, l'un des plus proches adjoints de Robert Kennedy. Underwood vit Exner descendre du train et tendre une sacoche à Sam Giancana, qui l'attendait sur le quai. Exner, lors de plusieurs interviews pour ce livre, a reconnu qu'elle avait remis directement au président de l'argent offert par des hommes d'affaires californiens qui comptaient sur des contrats fédéraux.

Il y avait d'autres preuves de corruption dans les dossiers personnels de Kennedy. Quelques mois avant la présidentielle de 1964, le président fut averti par le journaliste Charles Bartlett, un excellent ami, que les contributions financières à sa future campagne étaient parfois détournées par certains de ses agents politiques. Comme il l'écrivait à Kennedy en juillet 1963 : « Il n'y a pas de livres de comptes, tout est en liquide, et de toute évidence il y a de quoi faire une bonne récolte… À moins que vous ne vous fassiez une priorité personnelle d'en savoir davantage sur ce qui se passe, la chose pourrait d'un seul coup échapper à votre contrôle. »

Menant sa propre enquête, Robert Kennedy avait compris que les allégations de Bartlett n'étaient pas sans fondement : un de ses confidents politiques avait réuni des témoignages montrant que les fonds étaient détournés à des fins personnelles. Il était impossible de laisser Lyndon Johnson prendre connaissance des lettres du journaliste.

D'autres documents à faire disparaître traitaient de la santé du président. En ce domaine, Kennedy avait menti tout au long de sa carrière politique, niant à de nombreuses reprises souffrir de la maladie d'Addison (cette maladie qui paralyse le système immunitaire, mais que la cortisone, utilisée depuis la fin des années 1940, permet de contrôler – ce que ni Kennedy ni ses médecins n'ignoraient). Détail bien plus dangereux politiquement : il était atteint d'une maladie vénérienne depuis plus de trente ans. Bien que soumis à de fortes doses d'antibiotiques, il avait été réinfecté plus d'une fois à la suite d'une activité sexuelle débordante.

Ces archives resteraient dissimulées aux yeux du public pendant les trente années à venir. Rien n'indique par ailleurs qu'il en ait informé ses très nombreuses partenaires. Du temps de son mandat, Kennedy fut aussi grand amateur d'injections d'amphétamines. Le docteur Max Jacobson, médecin new-yorkais qui lui faisait ces piqûres, se rendit fréquemment à la Maison Blanche et accompagna le président lors de nombreux voyages à l'étranger (son nom était mentionné dans tous les registres officiels). Sa présence et ses interventions provoquaient d'ailleurs des frictions permanentes entre les collaborateurs de Kennedy et les membres du Service secret, qui s'efforçaient constamment de le tenir à l'écart. Il se vit d'ailleurs retirer le droit d'exercer la médecine en 1975.

John et Robert Kennedy étaient encore plus coriaces que leurs admirateurs les plus fervents ne l'auraient cru. Ils donnèrent l'impression, tout au long des trois ans de la présidence, de surmonter des crises incessantes dans le pays comme à l'étranger sans commettre le moindre faux pas. En réalité, ils avançaient sur le fil du rasoir. Contrairement à ce que pensait le grand public, ils se trouvaient toujours à deux doigts d'un gigantesque scandale politique.

Cette capacité de mener activement leurs affaires tout en gardant la plus grande discrétion, ils la tenaient de leur père (ce financier prospère et controversé dissimula toujours l'étendue de sa fortune, et surtout la manière dont il l'avait amassée) ainsi que de leur grand-père maternel, John Francis « Honey Fitz » Fitzgerald, politicien corrompu de Boston qui avait tout simplement décidé de ne tenir aucun compte des déplaisantes réalités de la vie publique. Ce sont eux qui enseignèrent aux deux frères qu'il leur serait possible, du simple fait qu'ils portaient le nom de Kennedy, de savourer des libertés refusées au commun des mortels, tandis que d'autres s'inquiéteraient pour eux des conséquences de leurs actes.

Le principal adversaire de la famille n'était autre que J. Edgar Hoover, le chef du FBI, qui connaissait les plus noirs secrets des Kennedy, en particulier le mariage de John avec Durie Malcolm, et comptait bien en tirer parti – c'est du moins ce que pensaient les intéressés. Les biographes de Hoover ont longuement décrit son habitude de réunir des informations personnelles compromettantes sur les hommes politiques, puis de s'en servir comme arme. Depuis le début des années 1940, il tenait ainsi des dossiers sur les Kennedy, père et fils ; leurs excès, publics et privés, l'épouvantaient. Mais les deux frères savaient qu'en dépit de son moralisme il croyait fermement à la présidence, et qu'on pourrait toujours compter sur lui en cas de crise, même s'il ne s'agissait que de calmer des femmes furieuses cherchant un moyen de nuire au président.

Du reste, à peine élu, Kennedy s'empressa de confirmer Hoover à la tête du FBI.

Les dossiers compromettants de John Kennedy ne furent pas les seuls à disparaître de la Maison Blanche le 22 novembre 1963. *Air Force One* n'avait pas encore atterri qu'un responsable du Service secret, Robert I. Bouck, entreprenait d'effacer toute trace des micros et magnétophones installés à la demande des deux frères dans le Bureau ovale, la salle du Cabinet et les appartements présidentiels, au premier étage de la Maison Blanche – sans compter un autre système d'enregistrement de conversations téléphoniques, le Dictabelt, commandé depuis le bureau et la chambre à coucher du président. À l'été 1962, ce dernier avait convoqué Bouck pour lui donner l'ordre d'installer ces appareils et de veiller à en changer les bandes. Apparemment, l'intéressé n'en informa que deux personnes : son supérieur direct, James J. Rowley, chef du Service secret, et un de ses assistants, qui l'aida à mettre en place le dispositif. De son côté, Bouck pensait que, du vivant de Kennedy, seuls Bobby et Evelyn Lincoln, la secrétaire du président, étaient au courant.

Le président pouvait ainsi activer le système à tout moment, en enclenchant une série d'interrupteurs astucieusement camouflés. Comme Bouck me l'a déclaré en 1995 : « Il y avait sur son bureau un bloc avec deux ou trois porte-stylos. J'en ai trafiqué un de sorte qu'il suffisait de presser sur un bouton pour faire démarrer le magnétophone. » Un autre était placé dans un presse-livres que le président pouvait atteindre depuis son fauteuil, et un troisième se trouvait sur une petite table devant le bureau. Des microphones furent également dissimulés dans les murs de la salle du Cabinet. Bouck ajoute que Kennedy utilisait rarement le dispositif dans ses appartements. Il pouvait faire enregistrer les conversations téléphoniques en pressant un bouton qui allumait un voyant dans le bureau d'Evelyn Lincoln, lui signalant de mettre en marche le Dictabelt. En seize mois de fonctionnement, selon Bouck, il y eut « au moins deux cents » bandes enregistrées. « Ils ne m'ont jamais dit pourquoi ils les voulaient, et jamais elles n'ont été en ma possession. »

S'il fit disparaître magnétophones et bandes – et pour cela s'introduisit dans un bureau qui était désormais celui de Lyndon Johnson –, c'était pour John Kennedy : « Je ne voulais pas que Johnson puisse les écouter. » Quelques heures plus tard, c'était chose faite.

Les enregistrements demeurèrent aux mains de la famille Kennedy jusqu'en mai 1976, date à laquelle ils furent déposés à la Bibliothèque John-Kennedy de Boston. Les administrateurs de la bibliothèque, dans un rapport publié en 1985, reconnurent qu'il était « impossible d'établir avec certitude quelle part avait pu en être détournée. On ne peut cependant douter que quelques bandes au moins ont disparu. » À la mort d'Evelyn Lincoln, en 1995, on découvrit qu'elle était en possession de certains de ces enregistrements téléphoniques.

En fin d'après-midi, Hickory Hill fut envahi : amis de la famille, voisins, assistants du ministère de la Justice – comme s'ils étaient poussés par un instinct de survie – se réunirent autour de Robert Kennedy. Sollicité de tous côtés, ce dernier trouva tout de même le temps d'agir en secret et, s'arrachant brièvement à la nécessité de protéger son frère, commença son enquête pour découvrir qui avait pu le tuer. Sam Giancana était le premier sur la liste. Les enregistrements clandestins du FBI permettaient d'établir qu'il se disait trahi depuis 1961 : Bobby Kennedy avait fait de la pègre de Chicago une des principales cibles du ministère de la Justice, et elle était en mauvaise posture.

Jimmy Hoffa et ses Teamsters étaient d'autres suspects tout trouvés. En ce domaine, Robert Kennedy pouvait s'appuyer sur l'un de ses agents les plus expérimentés, Julius Draznin. En 1963, Draznin était superviseur du Bureau national des relations du travail à Chicago, et responsable des liaisons avec le ministère. Bobby Kennedy avait veillé personnellement à ce que Draznin dispose, dans son appartement, d'un téléphone à l'abri des écoutes. Il y en eut d'autres, qui formaient, dans tout le pays, un extraordinaire système de communications entre le ministre de la Justice et un groupe d'enquêteurs triés sur le volet. Draznin avait contacté Kennedy de cette manière à plusieurs reprises, mais il discutait surtout avec ses adjoints, notamment Walter Sheridan, responsable du ministère de la Justice, étroitement associé aux enquêtes menées sur Hoffa. Draznin avait parfaitement compris que de tels contacts ne devaient pas être portés à la connaissance de ses supérieurs du Bureau, ni, bien entendu, du FBI.

Son téléphone sonna deux fois le 22 novembre. Sheridan fut le premier à appeler « quatre ou cinq heures après l'assassinat », m'a confié Draznin. Sheridan lui déclara : « Bobby va vous contacter. Il a des questions sur l'assassinat et veut que vous l'aidiez. » Le ministre appela quelques instants plus tard : « Nous avons besoin de toute l'aide que vous pourrez nous donner. Pouvez-vous nous ouvrir certaines portes à Chicago ? » Selon Draznin, Robert Kennedy ne lui cacha pas qu'il soupçonnait Sam Giancana et ses complices d'être derrière le meurtre de son frère.

Peu après avoir contacté Draznin, Bobby Kennedy se rua au Pentagone. Là, en compagnie de Robert McNamara, le ministre de la Défense, et de quelques autres, il partit en hélicoptère vers la base d'Andrews, dans le Maryland, où se poserait l'*Air Force One*. Peu après 18 heures, trois cents personnes virent l'avion présidentiel atterrir. Le frère du président assassiné serra la veuve dans ses bras. Puis, quelques personnes, dont Bobby, accompagnèrent le corps à l'hôpital naval de Bethesda, où une autopsie fut pratiquée.

Malgré son chagrin, Bobby pensait toujours à protéger la réputation des Kennedy. À l'hôpital, il prit Evelyn Lincoln à part. Peu avant sa mort en 1995, celle-ci me déclara : « Bobby m'a avertie que les hommes de Lyndon Johnson allaient fouiller le bureau du président. » Le lendemain matin, elle et son mari s'affairaient à emballer ses dossiers quand, à 8 h 30, elle fut convoquée dans le Bureau ovale par Johnson, qui lui dit : « J'ai plus besoin de vous que vous n'avez besoin de moi » – remarque qu'il fit à tous les collaborateurs des Kennedy. Sur quoi il ajouta : « J'aimerais que vous quittiez les lieux avant 9 heures. » Evelyn Lincoln annonça la nouvelle à Bobby Kennedy, qui attendait dans une pièce voisine. « Il ne pouvait y croire, se souvient-elle. Il a obtenu de Johnson qu'il nous laisse jusqu'à midi. » Le nouveau président décida finalement d'attendre quelques jours avant de s'installer dans le bureau de JFK, mais Bobby n'avait pris aucun risque : il avait déjà ordonné que tous les dossiers et les papiers personnels de son frère soient enlevés pendant la nuit, et déposés, à l'aube du samedi 23 novembre, en lieu sûr – à savoir, dans les locaux d'un organisme qui lui était cher : le Groupe spécial de contre-insurrection, chargé de combattre les mouvements de libération d'inspiration communiste en Amérique latine et en Asie du Sud-Est. Situés au deuxième étage d'un bâtiment voisin de la Maison Blanche, les bureaux du GSC étaient on ne peut mieux surveillés : des gardes armés y patrouillaient vingt-quatre heures sur vingt-quatre.

Au même moment, Bobby Kennedy se livrait à une ultime manœuvre. Accompagnant Jacqueline, épuisée, à la Maison Blanche avec le corps du défunt, il eut une brève discussion avec J. B. West, chef des huissiers, qui lui remit les registres des visiteurs – archives extrêmement détaillées où étaient notées toutes les visites, publiques et privées, reçues par le président dans ses appartements personnels. Il s'agissait donc, en fait, d'un relevé quotidien des partenaires sexuelles de John Kennedy que David Powers, son adjoint personnel, se chargeait d'escorter. Ces documents sont en général considérés comme faisant partie des archives publiques : mais West ne les revit jamais, et ils ne figurent pas dans celles de la Bibliothèque Kennedy.

Comme beaucoup de gens à la Maison Blanche, Bobby Kennedy savait que si, publiquement, son frère passait pour un époux attentionné, en privé il s'adonnait presque chaque jour à un libertinage effréné, à tel point que des agents du Service secret en étaient choqués. Le nombre de ses partenaires de lit, comme sa propre insouciance à ce sujet, ne fit que croître tout au long de son mandat. Ces femmes – parfois de simples prostituées contactées par Powers ou les membres de ce qu'on appelait « la mafia irlandaise » entourant le président – étaient conduites dans le bureau ou les appartements de Kennedy sans que le personnel du Service secret en ait été prévenu. Tony Sherman, qui en fut membre, me déclarait en 1995 : « Soixante-dix à quatre-vingts pour cent des agents trouvaient ça complètement délirant. Certains d'entre nous avaient été élevés à l'ancienne, et nos parents ne faisaient pas ça. On vivait dans un autre monde. Tout à coup, voilà que j'étais là, à regarder le président des États-Unis et à me dire : "On est à la Maison Blanche et je dois le protéger." »

Un autre agent du Service était chargé d'apporter à la Mickelson Gallery – une des galeries d'art les plus réputées de Washington – des photos très explicites montrant le président nu en compagnie de diverses partenaires, pour les faire encadrer. L'établissement se chargeait de travaux de ce genre, cette fois tout à fait innocents, pour la Maison Blanche, comme il le ferait d'ailleurs au cours des trois décennies suivantes. Dans une interview qu'il m'accorda à contrecœur en 1996, Sidney Mickelson se souvient : « Au fil des ans, nous avons encadré un certain nombre de ces photographies, où l'on voyait des gens – nus et souvent allongés sur des lits – dans la Chambre Lincoln. Les femmes étaient toujours très belles. » Dans certains cas, on y voyait le président « en compagnie de gens portant des masques ». « Une fois, l'agent m'a dit que c'était le président, et je n'avais pas de raison d'en douter. » Mickelson ajoute que les clichés étaient toujours d'une qualité comparable à ceux pris par les photographes officiels de la famille Kennedy.

Aux dires de Mickelson, la procédure était toujours la même. Un agent du Service secret arrivait le matin dans sa galerie – située non loin de la Maison Blanche – avec une photo. « J'y jetais un coup d'œil, prenais les mesures, et il la reprenait. » L'homme revenait le soir, après la fermeture, et attendait que l'opération d'encadrement soit achevée. Mickelson, on s'en doute, avait songé à faire une copie des clichés, mais cela fut toujours impossible : « L'agent du Service secret ne les quittait jamais des yeux. »

Mickelson m'a aussi confié qu'il avait été particulièrement gêné de son propre rôle dans cette affaire : à l'époque, sa galerie était impliquée dans la restauration de la Maison Blanche, supervisée par Jackie. « J'avais d'excellentes relations avec elle et je la respectais. Mais mon opinion était que, quoi que puisse m'envoyer la Maison Blanche... Je n'ai jamais eu à faire de travaux de ce genre sous d'autres présidences. »

L'insouciance de John F. Kennedy aurait pu le rattraper pendant les dernières semaines de son existence.

Des sénateurs républicains pensaient que la femme d'un attaché militaire de l'ambassade de RFA, qui était aussi une de ses partenaires occasionnelles, pouvait être un agent des services de renseignement d'Allemagne de l'Est. Elle et son mari furent expulsés en toute hâte, et Robert Kennedy, avec l'aide de J. Edgar Hoover, usa de tous ses pouvoirs de ministre de la Justice pour étouffer les enquêtes parlementaires. Les deux frères avaient parfaitement conscience du danger que représentait un tel scandale, d'autant qu'en Angleterre la liaison de John Profumo, le ministre de la Défense, avec une call-girl liée à un attaché militaire soviétique venait de causer la chute du gouvernement de Harold Macmillan.

Il se peut que Kennedy ait quand même payé le prix de ses appétits sexuels. Fin septembre 1963, lors d'un voyage sur la côte Ouest, il se déchira un muscle de l'aine en tombant dans une piscine où l'avait poussé une jeune femme qu'il serrait d'un peu trop près. La douleur était telle que les médecins de la Maison Blanche prescrivirent le port d'un corset de toile allant de l'épaule au bas-ventre. Ajouté à celui qui lui permettait de soulager ses douleurs dorsales, il représentait une contrainte d'autant plus pénible que Kennedy devait être aussi à l'aise que possible pendant les épuisantes journées de la future campagne présidentielle.

Ainsi, lors de l'attentat de Dallas, ce furent les deux corsets qui l'empêchèrent de se courber, par réflexe de survie, lorsque la première balle tirée par Lee Harvey Oswald l'atteignit au cou. Bien que grave, la blessure n'était pas mortelle, mais Kennedy ne put bouger – formant ainsi une cible idéale pour la seconde balle, tirée en pleine tête. Le deuxième corset, aujourd'hui en possession des Archives nationales de Washington, ne fut pas mentionné dans l'autopsie, pas plus que la blessure qui en avait été à l'origine.

Le 22 novembre 1963 fut le jour des secrets de famille ; ils demeureraient enfouis pendant trois décennies.

2

John

John Kennedy fut une personnalité éblouissante : d'une beauté exceptionnelle, pourvue d'une vive intelligence, avec un sens de l'humour mordant souvent porté à l'autodérision. Il se délectait de l'adoration qu'on lui portait et s'entourait d'amis et de collègues admiratifs. Les hommes s'émerveillaient de la facilité de ses succès féminins, et lui étaient reconnaissants des attentions qu'il avait pour eux. Les femmes se pâmaient. Aujourd'hui encore, trente-cinq ans après sa mort, ses amis intimes demeurent sous le charme. Comme me l'a dit Charles Spalding, « quand JFK faisait son apparition lors d'une soirée, la température montait de cent cinquante degrés ».

Ceux qui le connaissaient bien savaient aussi que leur ami, toujours si joyeux, souffrait de problèmes de dos chroniques. Ce qui le rendait encore plus héroïque. Comme le dit Jewel Reed, l'ex-épouse de James Reed, compagnon d'armes de Kennedy pendant la Seconde Guerre mondiale : « Il n'en parlait jamais. Il ne se plaignait jamais, et ça forçait l'admiration. »

Sa vie durant, Kennedy garda ses souffrances pour lui.

Il eut, durant toute son enfance, de sérieux problèmes de santé. Atteint d'une forme grave de la maladie d'Addison (dysfonctionnement souvent fatal des glandes surrénales, pour lequel aucun traitement efficace ne fut disponible avant 1947), Kennedy se trouva à plusieurs reprises aux portes de la mort, et reçut quatre fois l'extrême-onction. À l'âge adulte, il souffrit aussi de douleurs dorsales chroniques, séquelles d'une blessure reçue au cours d'un match de football, qu'aggrava encore son action pendant la guerre du Pacifique. Il fut opéré en 1944 et 1954 sans grands résultats, d'autant que la maladie d'Addison, qui rend plus risquée toute intervention chirurgicale, compromettait gravement ses capacités de guérison.

Tout au long de sa vie et de sa carrière politique, Kennedy dissimula la gravité de son état. Sa famille fit de même : deux semaines après l'assassinat de son frère, Bobby ordonna que tous les fichiers de la Maison Blanche traitant de la santé du défunt soient « considérés comme documents confidentiels », qui ne devraient jamais être rendus publics. Au fil des ans, cependant, biographies et mémoires ont révélé à quel point le jeune homme dut souffrir. Il est plus difficile, en revanche, d'évaluer dans quelle mesure les maladies de son enfance eurent un impact sur son caractère, et influencèrent son comportement de trente-cinquième président des États-Unis.

La lutte pour la vie commença dès sa naissance. Bébé, il tombait souvent malade et son alimentation était problématique. À l'âge de deux ans, il fut hospitalisé pour une scarlatine, puis envoyé trois mois en convalescence dans un sanatorium du Maine. C'est là que le petit garçon, séparé de ses parents et confié à la garde d'inconnus, révéla tous ses talents de séducteur. Une infirmière tomba à ce point sous le charme qu'elle obtint de s'occuper exclusivement de lui pendant son séjour.

La médiocre santé de John fut un poids pendant toute sa scolarité. À quatre ans, il ne put suivre l'école maternelle que pendant trois mois. À treize ans, alors qu'il était dans une école religieuse du Connecticut, il se mit à perdre du poids, et l'on diagnostiqua une appendicite. L'opération eut lieu en catastrophe – le chirurgien de la famille vint tout spécialement en avion – et faillit bien le tuer. De graves maladies continuèrent à l'accabler lors de son passage au lycée privé de Choate : des maux d'estomac chroniques et des symptômes ressemblant à ceux de la grippe aboutirent aux diagnostics – entre autres – de leucémie et d'hépatite. Mais John finit par se rétablir comme par miracle, alors même que ses médecins et sa famille désespéraient. Là encore, il déployait un charme, une bonne humeur et un amour de la vie qui lui garantissaient l'affection de ses pairs – comme ce serait le cas tout au long de sa vie.

K. LeMoyne Billings, ami fidèle qui fut son condisciple à Choate, attendit des années avant de révéler à quel point Kennedy avait souffert. Au cours d'un entretien réalisé pour la Bibliothèque Kennedy, il déclara ainsi : « John ne voulait jamais nous en parler, mais maintenant que Bobby et lui nous ont quittés, je crois que je peux le dire… De toute sa vie, John Kennedy n'a pratiquement jamais connu un jour où il ne soit ni malade ni souffrant. » Billings ajoutait qu'il se plaignait rarement. Henry James, qui fit sa connaissance à l'université de Stanford en 1940, déclara à un biographe que JFK était en fait psychologiquement incapable de se plaindre : « Il aurait eu trop honte. Pour lui, c'était un signe de mollesse, de faiblesse, qu'il refusait d'admettre. Je crois que toutes ces poses macho, ce besoin de courir le jupon, étaient un moyen de compenser cette souffrance.» Ainsi, Kennedy veillait toujours sur son bronzage; il expliqua une fois à James: «Cela me donne confiance en moi… je me sens fort, plein de santé, attirant.» Mais le bronzage est aussi l'un des symptômes de la maladie d'Addison.

Kennedy, il est vrai, n'avait pas d'autre choix que de se montrer «fort et attirant»: son père y veillait. Joseph Kennedy considérait la maladie de son fils comme une sorte de rite de passage. Interrogé en 1961 par le journaliste William Manchester, il lui confia: «Je l'ai vu à la télé, tête nue, dans le vent et le froid, et je ne m'inquiète pas. Je sais que rien ne peut lui arriver. Quelque chose veille sur lui, je vous le dis. Je l'ai vu quatre fois sur son lit de mort, quatre fois je lui ai dit adieu, et il est toujours revenu… On ne peut pas dire à quoi c'est dû, mais ça fait une différence. Quand on a traversé de telles épreuves, c'est comme si on avait traversé le Pacifique en solitaire; qu'est-ce qui peut encore vous atteindre? Qui pourrait vous faire peur?»

John s'efforça toujours de se montrer fort devant Joe. Son frère aîné, Joseph Jr., toujours en excellente santé, avait été le favori de leur père, qui l'aurait voulu voir mener une grande carrière politique à Washington. Quand il fut tué en 1944 dans un combat aérien, John prit sa place. Pour lui, de toute façon, son père ne pouvait se tromper. Nombre de ses amis étaient d'un autre avis, mais préféraient ne rien dire, comme Charles Spalding: «John était tout le temps malade, et le vieux pouvait être vraiment pénible quand il était question de ses fils.» Spalding raconte qu'à la fin des années 1940, dans la demeure des Kennedy à Palm Beach, en Floride, lui et sa femme Betty s'apprêtaient à partir pour le cinéma en compagnie de John et de sa petite amie d'alors, Charlotte MacDonald. Spalding les accompagna au premier étage pour dire bonsoir à Joe, qui était en train de se raser. Le père se tourna vers Charlotte et lui lança d'un ton acerbe : « Pourquoi ne pas en choisir un qui soit en vie ? » Spalding fut scandalisé par ce commentaire aussi gratuit que méprisant mais, lorsqu'il s'en ouvrit à John, celui-ci prit aussitôt la défense de son père : « Tout le monde veut sa peau, mais c'est lui qui a tout rendu possible. »

Charles Bartlett, qui se lia d'amitié avec John à Palm Beach, peu après la guerre, n'ignorait rien de la férocité de Joe Kennedy, tout en reconnaissant l'importance qu'il avait pour son fils : « Je ne crois pas qu'il ait cessé un instant de se préoccuper de la cause de John ». Cela devint encore plus évident quand celui-ci se lança dans la course à la présidence en 1960.

Bartlett, plus tard chef du bureau de Washington du *Chattanooga Times*, m'a ainsi déclaré : « C'est lui qui les a poussés. Il a poussé Bobby au ministère de la Justice et donné à John la force d'accomplir des choses dont il n'aurait même jamais rêvé. Il était très coriace : il s'était battu comme un diable pour ses fils, et il voulait qu'ils lui rendent la pareille. Il ne pliait jamais. Joe était un dur. » Pourtant, ajoute Bartlett : « J'ai découvert qu'à bien des égards son jugement à long terme était exceptionnel. On ne pouvait que l'admirer. »

Jewel Reed se souvient fort bien de sa première visite chez les Kennedy, à Hyannis Port, dans le Massachusetts, et de l'énergie avec laquelle Joseph se consacrait à ses enfants : « La table était très animée, et M. Kennedy demandait à chacun s'il était premier ou deuxième ou troisième au tennis, en yachting, tout. Et il voulait que tous soient les premiers. Cela m'a longtemps frappée, de songer à quel point il ne pensait qu'à leur réussite. »

Même s'il y avait pour cela un prix à payer : « Les valeurs qu'il imposait à ses enfants étaient un peu épuisantes. Sa façon d'acheter... Il m'est très pénible d'employer le mot corruption, mais c'était souvent le cas. » Elle précise que lors de la première campagne de John pour le Sénat, en 1952 (il stupéfia alors tous les spécialistes en triomphant du républicain Henry Cabot Lodge Jr.), « la facture atteignait près de 250 000 dollars dans le Massachusetts. À l'époque, c'était une somme énorme. » Elle se rappelle que Joe Kennedy acheta des milliers d'exemplaires de *Profiles in Courage*[1], le livre que John avait publié en 1956 et qui lui avait valu le prix Pulitzer, « pour qu'il reste sur la liste des best-sellers. Je ne sais pas ce qu'il a pu en faire. En un sens, c'était de la corruption. Il épaulait John et, si cela devait coûter de l'argent, il payait. Je suis certaine que ses enfants ne pouvaient pas se sentir très à l'aise à ce sujet. »

Selon elle, la raison était que « Joe Kennedy adorait sa famille. C'était tout à fait évident, et je me souviens avoir entendu Teddy [Edward. M. Kennedy, le fils cadet] rendre hommage à son père en disant qu'il était toujours là quand ils avaient besoin de lui. C'est très révélateur. »

Il n'en allait pas de même avec Rose Kennedy. Les amis de John n'ignoraient pas qu'il avait bien des griefs envers sa mère. Il déclara un jour à Kenny O'Donnell, son collaborateur, qu'il ne l'avait pas une seule fois entendue lui dire qu'elle l'aimait. Charles Spalding fut le témoin privilégié d'une réaction hostile assez rare : « J'étais alors à Palm Beach, elle est arrivée en milieu de repas et a dit à John : "Ça m'est vraiment pénible de penser qu'il faut que tu repartes [à Washington]". Il s'est

1. Harper and Brothers, 1956.

contenté de rétorquer: “Si tu ne m’avais pas forcé à la réussite, je pourrais rester ici.” »

Le biographe anglais Nigel Hamilton, auteur de *JFK: Une jeunesse insouciante* (Seuil, 1996), récit passionnant des premières années de Kennedy, a interviewé Spalding en 1990. Celui-ci émit l’hypothèse que le penchant marqué de feu le président pour les femmes, comme son besoin compulsif de prendre une douche – jusqu’à cinq fois par jour! – étaient liés à un manque d’affection maternelle. Kennedy « détestait les contacts physiques, ce qui, me semble-t-il, doit remonter à sa mère et au fait qu’elle était si froide, si distante. Je doute qu’elle lui ait jamais caressé les cheveux de toute sa vie. Elle ne s’occupait pas de faire sentir à ses enfants qu’elle était près d’eux, à leurs côtés. Elle n’était pas là. »

Une des maîtresses de Kennedy a accepté de décrire franchement une relation aigre-douce qui dura quatre ans, au cours desquels il devint président. Par la suite, elle se maria, connut une grande réussite professionnelle et n’a donc accepté de s’exprimer que sous couvert de l’anonymat. Elle rencontra Kennedy, alors sénateur, à la fin des années 1950: âgée de dix-neuf ans, elle était alors étudiante à Radcliffe.

« John, c’était la grande classe, déclare-t-elle. Ce dont toute femme rêve. Au début, il y a eu entre nous des regards, des petits signes de tête… Il se penchait vers moi pour me parler à l’oreille. En public, il était très attentif. Et, bien entendu, tout cela était très flatteur. »

Elle tomba follement amoureuse de Kennedy. Après avoir fait l’amour, ils passaient des heures à discuter en dînant aux chandelles. « J’étais folle d’excitation. J’avais vingt ans, j’étais dans la chambre Abraham-Lincoln et je dînais à la Maison Blanche! Tout cela paraissait stupéfiant. Une fois, John devait faire une déclaration sur quelque chose qui s'était passé quelque part dans le monde. Il est parti et, une heure plus tard, il était de retour, très content d'avoir résumé la situation en six phrases. » Selon elle, leur relation « était censée rester secrète, alors je me suis laissée vivre, sans en parler ». S'agissant de Jackie, elle ajoute : « À cette époque, je n'avais pas la moindre idée de ce que pouvait être la solidarité féminine. Ça ne m'est pas venu à l'esprit. J'étais très... primitive. On partait du principe que les femmes se livraient à une lutte sans merci pour plaire aux hommes. J'y croyais. Je ne comprenais pas que ce que je faisais était atroce et parfaitement immoral. »

S'il se montrait attentif et prévenant avec sa maîtresse, Kennedy, aux dires de celle-ci, lui parlait rarement de son enfance. Mais elle comprend aujourd'hui que c'était de là que provenait sa capacité à compartimenter sa vie, à prendre le risque énorme – alors qu'il était candidat à la Maison Blanche puis président – de s'afficher en public comme un époux comblé et de jouer les Don Juan en privé. « Enfant, il était souvent malade, il était fragile, et ce dans une famille qui accordait une valeur énorme à l'agressivité, à la compétitivité, à la réussite. Dans le milieu d'où venait John Kennedy, on met toujours l'accent sur l'apparence. La souffrance, on est censé l'ignorer. On doit toujours être maître de soi, prendre un air dégagé – pas question de se mettre à suer à grosses gouttes dès qu'un problème se présente. On traverse sans effort des épreuves qui épuisent les autres, mais pas vous. »

La conséquence inévitable de tout cela fut que John se sentait souvent exclu. « Quand on est un gamin malade qui passe beaucoup de temps au lit, dans une maison pleine d'enfants qui vont tous à l'école et jouent ensemble, on peut avoir l'impression d'être abandonné. Apparemment, personne [dans sa famille] ne se relayait pour venir bavarder ou dessiner avec lui.» Selon elle, Kennedy aurait pu réagir en apprenant à «se rapprocher d'autres enfants dans la même situation. Ou en se disant: "Plus jamais je n'accepterai de ressentir cela."» Mais il préféra refuser la douleur. «Il n'y réfléchissait pas, il ne voulait pas y penser. Il espérait que cela ne se produirait plus jamais, et faisait de gros efforts en ce sens.»

Kennedy ne lui parla qu'une fois de son rôle de père. Il espérait que si sa fille, Caroline, née en 1957, avait des ennuis, «elle ne chercherait pas à le lui cacher et viendrait le trouver pour en parler. Son propre père avait toujours tenu à ce qu'il agisse de même, et c'était très important pour John.» Elle en vint à comprendre que les rapports de JFK avec Joe étaient «les plus forts qu'il ait jamais connus: amour et peur, désir de plaire et angoisse de l'échec». Comme je lui demandais si Kennedy estimait pouvoir se tourner vers sa mère s'il avait besoin d'aide, elle me répondit: «Je n'en sais rien. Jamais je ne l'ai entendu parler de sa mère.»

John Kennedy aimait profondément les enfants – les siens et ceux des autres –, comme le savaient ses collaborateurs, qui ignoraient tout de son enfance. Marcus Raskin, qui travaillait sur le désarmement nucléaire pour le Conseil national de sécurité, se souvient que, dans les périodes de crise internationale, ses collègues et lui se demandaient: «Où sont les enfants?» Si Caroline et son frère cadet, John, étaient à Washington, «alors il n'y aurait pas de guerre. Sinon, tout était possible.» Et Raskin de préciser que la question n'avait rien d'une plaisanterie: «Beaucoup de choses qui paraissent absurdes contiennent un grain de vérité.»

Les conseillers du président connaissaient son amour des enfants, et le Service secret aussi. En août 1963, Larry Newman, un de ses agents, fut chargé de veiller sur lui alors qu'il se rendait au chevet de son fils cadet, Patrick, né prématuré et qui, à la suite d'une affection pulmonaire, luttait contre la mort dans un hôpital de Boston. Newman monta dans l'ascenseur avec Kennedy et le médecin, qui expliquait que le nouveau-né avait peu de chances de survivre. L'unité de soins pédiatriques intensifs se trouvait au quatrième étage : on en avait fait sortir tous les visiteurs avant l'arrivée du président. Le couloir était sombre, les chambres éclairées par de petites ampoules. « Nous sommes passés devant une chambre où deux petites filles ravissantes étaient assises dans leurs lits. Elles devaient avoir trois ou quatre ans, elles discutaient et riaient. L'une d'elles était entourée de bandages jusqu'au menton, l'autre avait d'énormes pansements autour des mains. Le président s'est arrêté, les a regardées et a demandé : "Qu'est-ce qui leur est arrivé ?" Le médecin a répondu que la seconde risquait de perdre l'usage de ses mains. Le président n'a pas bougé. Son fils était à l'autre bout du couloir, dans un état critique. Nous sommes restés avec lui. Il s'est mis à fouiller dans ses poches, ce qui était toujours le signe qu'il lui fallait un stylo ; quelqu'un lui en a donné un. Il a dit : "J'aimerais leur écrire un petit mot." Et personne n'avait de papier pour le trente-cinquième président des États-Unis ! Pas de fanfare, pas de photos. Ce n'était rien. Une infirmière a pris son message et l'a assuré qu'elle veillerait à le transmettre. Ensuite, nous sommes allés dans la chambre de son fils, qui est mort le lendemain. Il n'avait pas besoin de faire ça mais, avec les enfants, il semblait toujours pouvoir sortir de sa réserve très bostonienne. Personne n'en a jamais rien dit. Il n'y a pas eu de communiqué de presse, rien. Il est parti voir son fils. Cela faisait partie des contradictions de l'homme : le diamant brut. Il avait tant de qualités qu'elles étincelaient, et on ne comprenait pas pourquoi il voulait emprunter d'autres chemins si destructeurs. Cela faisait vraiment peine à voir. »

Au cours des entretiens que j'ai réalisés pour cet ouvrage, les femmes qui ont connu Kennedy, qu'elles aient été ses maîtresses ou non, ont toutes évoqué son extraordinaire charisme. Gloria Emerson était encore une journaliste débutante quand, dans les années 1950, elle lui fut présentée lors d'un cocktail : « J'ai été hypnotisée. C'était quelqu'un de si éblouissant ! Il n'avait même pas à lever le petit doigt ; les femmes accouraient vers lui par bataillons entiers ! Le plus frappant, c'est que peu lui importait que vous fassiez ou non des efforts pour qu'il s'intéresse à vous. Il était tout à fait cordial, mais superficiellement. Cela n'avait pas vraiment d'importance pour lui. »

Emerson ajoute : « Il semblait toujours entouré d'hommes, et ils parlaient de stratégie ou de je ne sais quel sujet obscur. C'était assez mystérieux, très excitant. Bien entendu, quand on était une jeune fille sans importance, John vous appelait toujours "petite", parce qu'il ne pouvait se rappeler les prénoms des femmes. Il n'avait pas seulement de l'allure, il était brillant, ironique, extrêmement vif. Il n'aimait pas les bavards. Il était très impatient, souvent tendu. Je ne m'en suis pas rendu compte sur le moment, mais je crois qu'il devait souvent souffrir. Cela se voyait non seulement à la voussure des épaules, mais aussi à sa façon de passer d'un fauteuil à l'autre. »

Emerson sortait avec l'un des condisciples de Kennedy à Harvard quand elle fit la connaissance de JFK.

Il n'était pas encore marié avec Jacqueline Lee Bouvier. Lorsqu'elle le voyait pendant les week-ends, « il était totalement indifférent à sa propre image. Il se promenait à moitié nu, avec une simple serviette enroulée autour de la taille – tout en os, tout en côtes, tout en jarrets. Il faut vraiment être sûr de soi ! Plus jamais je n'ai rencontré quelqu'un comme lui. C'était un mélange d'audace, de force, d'impatience, et même de brutalité. C'était un homme qui ne voulait pas attendre : il comptait bien obtenir ce qu'il voulait. Il allait passer du Sénat à la Maison Blanche, et c'était une perspective fascinante. »

Emerson ajoute que la grande force de son charme résidait dans « sa totale indifférence à sa propre beauté. Peu lui importait qu'une femme se refuse à lui. Il y en aurait toujours une autre. Il était très distrait avec ses maîtresses ! Une fois, j'ai partagé un appartement à New York avec une amie, nous étions toutes deux très jeunes. Elle avait une liaison avec John et ne prenait pas cela très au sérieux, ce qui me paraissait judicieux. Il ne se rappelait jamais son nom ! "Bonjour, petite, comment ça va?" Et, comme il était en outre incapable de se souvenir du trajet pour se rendre chez elle, il était obligé de téléphoner au concierge de son immeuble pour qu'il le lui explique ! »

La maîtresse de Kennedy dont j'ai déjà cité le témoignage évoque, non sans une certaine amertume, la nuit précédant la prestation de serment du nouveau président, en janvier 1961. Elle se trouvait avec lui dans la demeure de Georgetown, qu'il partageait avec Jackie et leurs deux enfants. Le père de la jeune femme était un important homme d'affaires auquel le nouveau gouvernement songeait à confier un poste très élevé. Tandis que JFK s'habillait et nouait sa cravate blanche, il la regarda et lui demanda si, « par hasard », elle était apparentée au candidat à ces fonctions. Ils étaient amants depuis deux ans, et il ignorait qui elle était…

Elle ajoute qu'à bien y réfléchir elle se rendit compte que sa liaison avec Kennedy ne reposait que sur son besoin de conquête : « J'étais quelqu'un qui se trouvait avoir traversé son écran radar, et il avait dit : "Hé, vous ! Je vous emmène !" Tous frais payés. J'étais jeune, j'étais jolie, je savais tenir une conversation. Je me suis dit : "Voilà un homme plus âgé, si beau, et il s'intéresse à moi !" Quoi de plus excitant ? Mais, rétrospectivement, tout cela est très triste. J'étais une fille parmi d'autres. Il y avait un compartiment pour elles, le compartiment sexe, et, une fois dedans, vous n'étiez plus une personne. Je me sentais déclassée, dépersonnalisée… »

« Il ne me parlait pas de son mariage. Comment se réconcilier avec un mode de comportement qui revient à trahir la confiance de quelqu'un d'autre ? Il y a des "arrangements", toute une rhétorique, les âneries que disent les gens, mais, derrière ça, il y a toujours la trahison. Et c'est dur d'inspirer de la confiance quand on a trahi sa propre famille. Je crois qu'avec son argent, sa position, son charme, tout ce que vous voulez, il était prisonnier du sentiment qu'il était protégé. Que d'autres s'occuperaient de lui. Vous pensez ne pas avoir à rendre de comptes, vous êtes persuadé que les lois ne s'appliquent pas à vous. Jamais elles ne s'étaient appliquées à lui ou à son père. » Ce qui renforçait encore une telle idée, c'est que « les journalistes voulaient aussi être ses amis. Je ne sais pas s'il y a eu des complicités masculines au sujet des femmes, mais le fait est que beaucoup de journalistes cherchaient à le fréquenter. Je crois qu'il partait du principe qu'ils ne le dénonceraient pas. Ils n'en ont d'ailleurs rien fait. »

La maîtresse de Kennedy en vint à comprendre qu'il ne pouvait avoir de véritables relations qu'avec les hommes. C'est aussi l'impression de Gloria Emerson: «Il préférait leur compagnie. Ils l'admiraient, ils voulaient être comme lui et, comme les femmes, obtenir ses faveurs, mais, plus important encore, ils semblaient *vraiment* l'aimer. Les gens voulaient toujours plaire à John.» Condisciples, matelots pendant la guerre, responsables politiques, confrères du Congrès et du Sénat aussi coureurs de jupon que lui – tous se sentirent attirés vers lui dès le premier regard. Charles Spalding se souvient de leur rencontre à Hyannis Port, au début des années 1940. Aviateur dans la marine, il venait de publier un livre de souvenirs, *Love at First Flight*[1], qui avait beaucoup de succès. Kennedy était allongé, vêtu d'un simple costume de bain négligemment noué autour de la taille. Quelques années plus tôt, la thèse de John à Harvard, *Why England Slept*, avait été publiée. Spalding lui demanda donc comment elle se vendait. «Comme des petits pains! répondit Kennedy. Papa y veille!»

Spalding ajoute: «Je n'ai jamais rencontré personne pour qui l'instant présent ait eu autant d'importance. Il lui fallait vivre à fond chaque moment de la journée. C'était un sentiment qui ne le quittait jamais.» Le journaliste et rédacteur en chef Benjamin Bradlee précise quant à lui: «Il était très drôle, on l'oublie toujours. Il avait un grand sens de l'humour et s'entourait de gens comme lui. Il les chambrait, se laissait chambrer à son tour. J'aimais beaucoup sa compagnie.» Il ne manquait toutefois jamais de faire comprendre aux autres qu'ils devaient se plier à ses exigences. Selon George Smathers, qui fut son collègue au Sénat: «S'il vous demandait

1. Houghton Mifflin Company, 1943.

de l'accompagner quelque part alors que ce n'était pas pratique pour vous, il insistait : "Allez, allez, venez !" Lui et moi avons fait plusieurs voyages ensemble. Il était merveilleux, très chaleureux, très fidèle. »

Hugh Sidey était correspondant de *Time* à la Maison Blanche. Il s'y rendit un jour pour une interview qui, se dit-il en arrivant, tombait au mauvais moment. Le président était occupé à discuter d'un problème de politique étrangère. « Il avait les yeux baissés sur son bureau et aboyait des ordres. Puis, voilà qu'il m'aperçoit et me lance : "Allez, Sidey, allons nager." Je réponds : "Monsieur le président, je n'ai pas pour habitude d'apporter un maillot de bain quand je viens pour une interview." Et lui : "Oh, vous n'en aurez pas besoin !" » Le gros problème une fois au bord de l'eau, précise le journaliste, fut de savoir qui enlèverait son pantalon le premier : le président ou son invité ? « Kennedy a été plus rapide que moi : il avait beaucoup d'expérience en ce domaine. Et nous avons piqué une tête. »

Sidey raconte qu'il eut un aperçu de la véritable personnalité de Kennedy tandis qu'il préparait un article sur lui. Il lui demanda quel était son livre préféré. « Sans hésiter, il répondit : *"Melbourne"* » – une biographie célèbre, parue en 1939, de lord Melbourne, qui fut Premier ministre et conseiller politique de la reine Victoria. Sidey s'empressa de lire l'ouvrage. « Les personnages étaient de jeunes aristocrates anglais qui risquaient leur vie dans des campagnes militaires, et pour qui l'Empire et l'honneur du pays comptaient plus que tout. Mais les week-ends, dans les chambres de leurs manoirs, il s'en passait de belles ! Ils échangeaient volontiers leurs épouses, mais la règle, à cette époque, voulait qu'on n'en parlât jamais. Et on ne divorçait pas non plus : c'était se couvrir de honte. »

Sidey ajoute : « J'ai revu Kennedy, et lui ai dit : "Je vous connais, maintenant. *[Melbourne]* m'a beaucoup appris !" Il a ri et m'a répondu : "Cette période me fascine, elle était vraiment très intéressante." » Sidey comprit que, désormais, le président et lui partageaient un secret.

Le sentiment que Kennedy avait de sa propre importance, comme son emprise sur ses amis accablaient parfois les épouses de ceux-ci, qui avaient de lui une opinion beaucoup plus mitigée. Betty, la première femme de Spalding, avait connu les Kennedy à Cape Cod, vers le milieu des années 1930 : elle était très amie avec Eunice, une des sœurs de John. Selon elle, après le mariage de celui-ci avec Jacqueline, son ex-mari remplit un rôle auquel « tous, même Bobby » se pliaient de bonne grâce : jouer, en public, les chevaliers servants de femmes en réalité destinées à John. Comme son mari, Betty Spalding trouvait Kennedy « charmant et très amusant. Mais on ne savait jamais si on n'était pas manipulé ».

Jewel Reed finit par être très inquiète « du pouvoir énorme qu'il avait sur les hommes, plus encore que sur les femmes qui, à ses yeux, n'avaient aucune valeur, à une exception près ». Selon elle, Kennedy demandait souvent à son mari de l'accompagner pour une soirée « entre hommes » et ne comprenait pas pourquoi, sur l'insistance de sa femme, son ami déclinait parfois l'invitation. Comme les Spalding, les Reed se séparèrent alors que Kennedy était à la Maison Blanche.

Gloria Emerson se rendit compte que les épouses des amis de John « ne l'aimaient pas du tout, à cause de l'emprise qu'il avait sur leurs maris ». « Elles étaient complètement tenues à l'écart, mises de côté. Et je crois qu'elles étaient jalouses de Kennedy, parce qu'il pouvait amener les gens à agir comme il le souhaitait. Il pouvait leur faire croire qu'il avait vraiment besoin d'eux – et après tout, peut-être était-ce vrai? C'était un très grand acteur, comme le sont souvent les politiciens doués.»

John Kennedy suivait les règles établies par son père: on se marie, on ne divorce pas, on a beaucoup d'enfants et on couche avec autant de femmes que l'on veut. Rose Kennedy se réfugia dans la religion, feignant de ne pas voir les infidélités de son mari et de ses fils. Quant à ses filles, elles passèrent leur vie à aider les hommes du clan à tromper leurs épouses.

Elles faisaient de même pour leur père. Dominick Dunne, romancier qui, dans les années 1950, travaillait à Hollywood comme producteur d'une série télévisée, m'a raconté que Patricia, fille de Joe, alors mariée à l'acteur Peter Lawford, téléphonait régulièrement à la femme de Dunne quand le patriarche était en ville. «Qui est dans l'émission?», lui demandait-elle. Et elle notait les noms et les numéros de téléphone des vedettes féminines, qu'elle transmettait à Joe.

Exception faite de son père, Bobby Kennedy était l'homme qui comptait le plus pour John. Au début des années 1950, toutefois, il lui arrivait parfois de lui cacher certaines choses, comme le prouve cette anecdote rapportée par Gloria Emerson: «John avait une liaison avec une de mes amies. Or, voilà qu'un jour Bobby entre sans prévenir dans la chambre d'hôtel où ils se retrouvaient. Aussitôt, John dissimule mon amie dans un placard, où elle est restée tout le temps qu'a duré la discussion entre les deux frères. Il y a donc bien eu une époque où John ne disait pas tout à Bobby, mais ce fut de moins en moins le cas à mesure que le temps passait. Les Kennedy avaient toujours l'impression d'être traqués et se méfiaient du monde extérieur. C'est pourquoi tant d'hommes voulaient gagner la confiance de Kennedy : c'était une sorte de test pour eux. »

Hugh Sidey décrit les relations entre les deux frères comme « une communication presque totale, comme une osmose. Chaque fois ou presque que j'ai parlé au président, le téléphone a sonné, une ou deux fois, et c'était Bobby. Ils avaient des conversations à voix basse… Je ne crois pas qu'ils se soient jamais caché l'un à l'autre de secrets importants. »

Richard N. Goodwin écrivit les discours de Kennedy pendant la campagne électorale de 1960, puis l'accompagna à la Maison Blanche. Selon lui, Bobby était « entièrement dévoué à son frère. Son but fondamental dans l'existence était de favoriser et de protéger la carrière de John Fitzgerald Kennedy. » Goodwin assista à une réunion peu après le fiasco de la baie des Cochons. Bobby s'en prit violemment à un responsable du département d'État qui avait déclaré à un journaliste avoir toujours été opposé à l'invasion. « "Vous ne pouvez pas saper la position de mon frère", s'est-il exclamé. Et John Kennedy était assis là, paisiblement, sans dire un mot. Mais je ne doute pas que Bobby et lui aient discuté de la question avant la réunion. »

Jewel Reed, dont le mari, comme JFK, commanda une vedette lance-torpilles pendant la guerre du Pacifique, pense que Bobby fut en quelque sorte victime de son aîné. « Tout ce que Bobby voulait, c'était plaire à son frère. Je crois que John était beaucoup plus féroce que lui. »

Une fois élu, Kennedy obtint pour sa maîtresse, issue d'une famille aisée, un emploi à la Maison Blanche, dans le domaine des relations internationales. Elle eut ainsi l'occasion de voir les choses de l'intérieur, et perdit toute illusion sur les hommes qui entouraient le nouveau président. « Ces collaborateurs n'étaient pas à sa mesure. Il s'agissait pour la plupart de copains du show-business, de membres de sa famille et de leurs séides, bref de connaissances, mais rien de plus. » Elle se souvient d'un dîner, un soir à la Maison Blanche, où Kennedy n'avait réuni que de vieux amis. « Tout ce qu'ils voulaient, c'était avoir des réductions sur le mobilier de Merchandise Mart [l'entreprise de meubles en gros que possédaient les Kennedy]. J'étais sidérée. Il n'était de toute évidence pas question d'amitié, mais de relation intéressée. »

Selon elle, les amis de Kennedy étaient attirés par son charme : « Tout le monde le caressait dans le sens du poil. "Vous êtes merveilleux, c'est superbe, tout va bien !" Les vrais amis se mouillent avec vous et n'hésitent pas à vous dire : "Ça va être difficile, mais on va tout faire pour t'aider." Je crois que, à un certain niveau, ceux qui lui ont causé le plus de tort étaient ceux qui se voulaient rassurants et optimistes à tout prix. »

Une fois à la Maison Blanche, ajoute-t-elle, des gens tels que McGeorge Bundy, le conseiller à la Sécurité nationale, ou Robert McNamara, le ministre de la Défense, « lui ont emprunté l'idée qu'ils ne devaient pas être des intellos de Harvard mais des types coriaces. John aimait prendre des décisions, se colleter avec les problèmes. Bundy ignorait ce qu'était se salir les mains. Les gens comme lui ne faisaient qu'imiter les pires aspects de John : ils essayaient de jouer les durs, d'être plus royalistes que le roi. »

Et tous les collaborateurs de Kennedy, selon elle, voulaient être reconnus. « À certains égards, je crois qu'il n'a pas su tirer le maximum de tous les cerveaux qui l'entouraient, parce que tous ses collaborateurs étaient en compétition. À cause de ces rivalités, beaucoup d'idées sont passées à l'as.» Des hommes tels que Bundy, McNamara ou Arthur M. Schlesinger, historien de Harvard qui fut conseiller spécial du président, «auraient pu se creuser davantage la tête s'ils ne s'étaient pas tiré dans les pattes pour obtenir ses faveurs et entrer dans le cercle de ses intimes. Ils voulaient non seulement réfléchir sur la politique, mais aussi s'afficher en sa compagnie à des dîners, au théâtre ou lors de week-ends à la campagne...»

Kennedy, avec son glamour et sa rapidité d'esprit, semblait mettre particulièrement mal à l'aise les intellectuels. Et personne n'était plus désireux de lui plaire que Ted Sorensen, qui fut son collaborateur le plus proche au Sénat puis à la Maison Blanche. Ralph A. Dungan s'intégra à l'équipe du sénateur Kennedy dans les années 1950, comme spécialiste des relations du travail, et ne tarda pas à prendre en grippe Sorensen, avec qui il partageait un bureau. «Ce n'était pas l'être humain le plus chaleureux que j'aie rencontré, déclara-t-il en 1967 lors d'une interview destinée à la Bibliothèque Kennedy. Ce qui m'a le plus inquiété, c'est un incident qui me semble vraiment révélateur. Un jour, le sénateur est entré dans le bureau et s'est mis à me hurler dessus à propos de je ne sais quel dossier... Or, ce n'était pas moi qui m'en étais occupé, mais Sorensen. Et, pourtant, il est resté assis sans rien dire pendant que je me prenais un savon. J'ai compris à ce moment-là que, quoi qu'il se passe, Sorensen marcherait sur n'importe qui pour ne pas compromettre ses relations avec le patron.»

Les amis de Kennedy vivaient dans la terreur de le voir s'ennuyer. «On cherchait toujours à le détendre, à le faire rire, se souvient Ben Bradlee. On parlait des gens, de leurs petits problèmes... il adorait les ragots.» Il fallait savoir l'intéresser: «S'il en avait assez, au bout de cinq minutes il se levait et partait: pas question pour lui d'en supporter davantage.» Beaucoup d'autres, parmi lesquels nombre de ses vieux amis, sentaient qu'eux aussi étaient remplaçables. Charles Bartlett avait présenté John à Jackie lors d'une soirée: il tira de gros profits, sociaux et professionnels, de son intimité avec le président. Mais cela avait un prix: «C'était un enfant gâté. Il était interdit de l'ennuyer. C'était un de ses traits de caractère les plus désagréables: la rapidité avec laquelle il pouvait vous tourner le dos.»

Selon Gloria Emerson, Kennedy s'ennuyait «quand les gens parlaient trop, quand ils plaidaient trop longuement leur cause. Il aimait le mouvement, les résultats. Pas question de bavarder. Il voulait parler stratégie, politique, et on se sentait totalement exclu. Pour lui, chaque action devait tendre à un but, et les sorties en ville n'étaient qu'une perte de temps si elles ne présentaient pas un avantage politique quelconque.»

La maîtresse de Kennedy connut la même impatience et éprouva la même angoisse: «Ce n'était pas seulement les femmes qui devenaient stupides. Tout le monde essayait d'être suffisamment bon, intelligent, plein d'esprit. Je m'efforçais de l'impressionner, d'être formidable. Ce que faisaient aussi Bundy et McNamara.»

Elle était d'autant plus anxieuse qu'il y avait chez Kennedy «une agitation constante, comme s'il avait cherché quelque chose qu'il ne trouvait pas. Les pieds qui s'agitent, les doigts qui tambourinent... Il fallait vraiment se donner beaucoup de mal pour l'intéresser, sauf s'il voulait obtenir quelque chose de vous. À ce moment-là, vous aviez droit à toute son attention.»

Elle-même avait pour objectif d'injecter dans la vie de son amant des doses massives d'adrénaline. « Que faire qui soit excitant ? Que faire pour qu'il vous accorde son attention sans être entraîné dans des événements ou des sentiments moins agréables ? Quand on veut de la nouveauté, quand on veut être occupé, sortir de soi, cela peut aussi vouloir dire qu'on préfère ne pas réfléchir à des sujets désagréables. Il était pris au piège, comme ceux qui l'entouraient. Il donnait l'impression de lutter pour en sortir, mais il luttait avec des gens pris dans la même dynamique que lui. »

Kennedy feignait d'ignorer tout problème dans leur relation. Selon elle, s'il lui arrivait de se trouver confronté à une panne sexuelle, la question ne prêtait pas à discussion : « Il traitait le problème en le repoussant. "N'y pensons plus." Mais il est clair qu'il y pensait quand même. Que faire ? Que dire ? Je n'en avais pas la moindre idée. Je ne savais pas m'y prendre. Je manquais de toute expérience sexuelle, je pensais donc que j'étais responsable de ce qui lui arrivait. Je ne savais pas ce qui se passait. »

Kennedy n'ignorait pas quel pouvoir il avait sur les hommes et il en tirait parti. Vers la fin des années 1950, Jerry Bruno, venu du Wisconsin, travaillait à Washington pour le sénateur démocrate William Proxmire. Bruno et Kennedy se rencontrèrent dans le métro souterrain reliant les bâtiments du Sénat au Capitole. JFK invita son interlocuteur à passer à son bureau pour discuter. Bruno savait que Kennedy comptait se présenter à la présidence en 1960, et que le Wisconsin jouerait un rôle décisif dans les primaires. « J'y vais, et voilà qu'il me pose un lapin. J'attends une demi-heure, puis Evelyn [Lincoln, la secrétaire de Kennedy] me dit qu'il veut me voir chez lui le lendemain, à 8 heures, pour le petit-déjeuner. J'y vais, je sonne, le maître d'hôtel vient et m'installe dans le patio, puis me donne un journal.» Au bout d'une demi-heure, Kennedy descend, s'assied à une autre table et prend son petit-déjeuner en dépouillant la presse. Caroline grimpe sur ses genoux. «Il savait que j'étais là, mais il n'a rien dit.» Bruno attendit malgré tout, expliquant: «Vous savez, je suis un ancien ouvrier d'usine, je n'ai pas dépassé la sixième.» Il savait quelle était sa place.

Pour finir, ajoute-t-il, Kennedy se tourne vers lui. «Il commence à me poser des tas de questions sur le Wisconsin et me demande d'être son directeur de campagne là-bas. Plus tard, je me suis rendu compte qu'en fait il ne savait rien de moi, sauf que j'avais travaillé pour Bill Proxmire.» Bruno accepta puis, après la victoire, travailla à la Maison Blanche. Il est toujours resté fidèle à son patron.

Kennedy l'avait traité comme un domestique, mais c'était très exactement ainsi que se comportait Joe. Sa maîtresse décrit ce qu'elle appelle «son acceptation incroyable des inégalités». Selon elle, il reconnaissait volontiers que «les choses pourraient être meilleures». Il était par ailleurs capable «d'actes de bonté personnelle». Mais il y avait en lui «une acceptation des inégalités à tous les niveaux: les femmes n'étaient pas les égales des hommes, les Noirs des Blancs, les Juifs des Gentils. Ce qui ne veut pas dire qu'il était raciste, antisémite ou sexiste. Il était de son époque. Ce qui implique un certain nombre de limitations.»

Quand il parlait des pauvres, des Noirs ou des Juifs, «il disait toujours: “les pauvres gars”. Et c'était tout. Il y avait beaucoup de pauvres gars dans ce monde. Ceux qui n'avaient pas les emplois ou les programmes sociaux qu'ils auraient voulus. La phrase revenait bien des fois, quand il refusait un poste à quelqu'un ou une loi qu'on lui présentait : "Pauvres gars, ça va être dur pour eux". » Kennedy semblait persuadé que « les gens différents réagissent différemment. La souffrance des autres n'est pas *notre* souffrance. »

Il était conscient du fossé. À la fin des années 1950, Hugh Sidey, de *Time*, lui demanda à brûle-pourpoint quels souvenirs il gardait de la Grande Dépression : lui-même avait grandi dans les campagnes de l'Iowa et avait été marqué par la dureté de cette époque. « Kennedy était là, les pieds sur le bureau. Il m'a regardé et m'a dit : "Aucun. Nous vivions mieux que jamais. Nous avions de plus grandes demeures, davantage de domestiques. C'est à Harvard que j'ai entendu parler de la dépression – dans les livres." » Aujourd'hui encore, Sidey en est consterné : « Jamais il n'avait croisé les files d'attente devant les soupes populaires ou les mendiants qui attendaient devant les portes de service pour demander des restes. Il était fils d'ambassadeur, jamais il n'a été en contact avec la réalité de cette période. »

La maîtresse de Kennedy est persuadée qu'il aurait eu du mal, étant donné les circonstances privilégiées dans lesquelles il avait grandi et sa croyance en sa bonne étoile, à comprendre les aspirations des peuples cubain ou vietnamien – deux pays qui allaient devenir des obsessions présidentielles. « Il a essayé de donner aux gens le sentiment qu'ils prenaient part à quelque chose de grand, et c'était merveilleux. Mais je crois surtout que ce qui le guidait, c'était le sentiment d'être à part, entouré des collaborateurs les plus intelligents – des gens dont la réussite était le signe de sa propre valeur. » C'est ainsi que, lorsque les choses tournaient mal, le président et ses adjoints « renforçaient mutuellement leur propre isolement. Ces gens trop spécialisés étaient coupés de la réalité. C'était comme si, en montant aussi haut, Bundy,

McNamara et tous ces individus exceptionnels avaient perdu tout pouvoir de ressentir leur propre souffrance. Jamais je n'ai vu Kennedy se remettre en question ou éprouver de la douleur ou de la tristesse. »

Leur liaison s'acheva fin 1962, dit-elle, mais pas avant qu'elle ait été informée des nombreuses frasques sexuelles du président. Ce fut un choc terrible. « Avant, je pensais : "Je dois vraiment être quelqu'un de spécial !" Mais non, je n'étais qu'une femme parmi beaucoup d'autres. À long terme, cela m'a rendu service : j'ai décidé de quitter Washington, et il était vraiment grand temps. »

La fin fut dépourvue de romantisme : « Il était très pénible d'entretenir une liaison avec quelqu'un qui était tout alors que je n'étais rien. Et plus pénible encore d'appeler ça de l'amour. Il était pénible d'être choisie par quelqu'un et de devoir lui plaire par ma classe, mon allure, ma conversation, tout ce qu'on veut – mais pas par mon cœur. » Elle était à l'étranger, dans un café, quand elle apprit que le président avait été assassiné. « C'était vraiment symbolique, dans le sens où j'étais seule à ce moment-là, comme je l'avais été pendant notre relation. J'ai lu les journaux, les magazines, tout ce que j'ai pu trouver. Je n'ai pas pleuré. »

Et de conclure : « Quelle est la morale de l'histoire ? Que ce grand homme puissant, plein d'énergie, d'intelligence et de charme a été, jusqu'à un certain point, déshumanisé par les privilèges qui avaient fait de lui ce qu'il était. Il nous permettait de croire qu'il existait des gens à qui tout réussit et qui ont tout. C'est une illusion très dangereuse, car en fait ils savent bien que non. Le mythifier ne lui a pas rendu service, pas plus qu'à nous, car cela nous a permis de ne prendre aucune responsabilité dans les affaires publiques. Nous nous disions : "Oh, laissons ce merveilleux dirigeant s'en charger!" Ce qui n'est pas le meilleur moyen de réfléchir. »

Bien avant la naissance de John, les Kennedy étaient persuadés d'être des gens extraordinaires, qui pouvaient créer leurs propres règles. Tout commença avec le grand-père.

3

Honey Fitz

L'Histoire s'est montrée clémente avec John F. «Honey Fitz» Fitzgerald, le grand-père maternel de John Kennedy. On le présente d'ordinaire comme un aimable politicien de Boston, connu pour le dynamisme de ses campagnes électorales et qui chantait toujours *Sweet Adeline* dans les réunions politiques. On dit aussi qu'il fut le premier à recourir à l'automobile : en 1905, à la veille des élections municipales de Boston, il sillonna la ville à tombeau ouvert pour prendre la parole dans vingt-huit meetings différents ! Personne, disait-on, ne serrait plus de mains, ne parlait plus vite ou ne soulevait davantage l'enthousiasme des foules que ce bon vieux Honey Fitz.

Cette légende a la vie dure. Pourtant, elle ne correspond en rien à la réalité. Au fil des ans, on a voulu ne voir dans ses deux mandats de maire – marqués par le clientélisme et le népotisme – que de simples exemples de ces magouilles politiques typiques des grandes villes. Son alliance avec ses quatre frères, qui se virent attribuer des emplois au sein de la municipalité ainsi que d'autres largesses (de précieuses licences de vente d'alcool, par exemple), témoignait déjà de cette fidélité familiale dont les générations suivantes donneraient l'exemple. Fitzgerald connut, en 1919, une grave humiliation politique quand, après huit mois d'enquête, le Congrès, révélant de nombreuses fraudes dans la procédure, annula son élection. Un détail que presque toutes les histoires de la famille Kennedy expédient en une ligne ou deux…

C'est là, en partie du moins, le résultat des efforts du clan, dont les membres n'ont jamais hésité à expurger la légende familiale, voire à mentir quand c'était nécessaire. Que Fitzgerald ait été chassé du Congrès était un fait gênant mais protégé par une loi, datant de 1880, interdisant pendant cinquante ans la consultation des dossiers d'investigation parlementaire. Les dossiers relatifs à son élection en 1918, comprenant le détail des enquêtes et les dépositions, représentent plus de trois mille pages, mais n'ont été accessibles qu'à partir de 1969 et n'ont fait l'objet d'aucune publication jusqu'à ce jour.

Fitzgerald avait été élu le 5 novembre 1918, l'emportant sur le congressiste sortant, Peter F. Tague, par 238 voix seulement sur les 15 293 exprimées lors du scrutin tenu dans la dixième circonscription électorale du Massachusetts. Tague avait été vaincu par son adversaire lors des primaires, non sans qu'aient déjà été lancées des accusations de fraude, et s'était présenté en candidat indépendant. Les dossiers de la commission électorale du Congrès montrent que les partisans de Fitzgerald, et notamment son gendre, Joseph P. Kennedy, avaient recruté des immigrés italiens (qui, alors, arrivaient en masse aux États-Unis) chargés d'intimider, par la menace et la violence, les partisans de Tague. On embaucha également plusieurs boxeurs. Les enquêteurs du Congrès établirent qu'au moins un tiers des voix de trois quartiers de la 5e circonscription de Boston étaient usurpées, de nombreux électeurs fantômes étant inscrits sur les listes (par exemple, des hommes morts à la guerre ou qui se trouvaient encore à l'étranger). La plupart des votes douteux provenaient d'un quartier de bars et de maisons closes : le comité conclut que c'étaient eux qui avaient permis à Fitzgerald de remporter les élections.

L'intéressé ne trouva pas grand-chose à dire pendant l'enquête parlementaire, sinon qu'il avait été « piégé » et n'avait jamais recouru à la fraude. Le 24 octobre 1919, le rapport de la commission d'enquête fut suivi d'une délibération de plus de quatre heures, au terme de laquelle le Congrès vota à une majorité écrasante la destitution de Fitzgerald. Son adversaire prêta serment séance tenante.

Le grand-père Kennedy n'en parut pas autrement affecté. Aux journalistes qui l'attendaient, il déclara en riant : « McKinley a lui aussi été destitué par le Congrès et, pourtant, il a été élu président. Vous voyez ce qui m'attend ! »

Pourquoi donc cette désinvolture ?

Il se pourrait, bien entendu, qu'il se soit juste efforcé de faire bonne figure devant la presse, pour minimiser l'ampleur de son échec. Il est vrai que, sa vie durant, Fitzgerald fit preuve d'une remarquable capacité à ne tenir aucun compte des conséquences de ses actes. En 1905, il avait été élu maire de Boston sur un programme réformateur, mais son règne fut bientôt celui de la magouille et de la corruption. Son gendre Joe Kennedy et son petit-fils John hériteraient de son goût pour les basses manœuvres politiques.

Fitzgerald peut aussi avoir été soulagé de voir que le Congrès n'avait révélé qu'une partie de ses malversations. Les dossiers de la commission d'enquête le dépeignent en effet comme un dirigeant qui, à l'instar de beaucoup d'autres politiciens, finançait son action et s'assurait la fidélité des électeurs par l'alcool, la prostitution et la violence. Ils démontrent par ailleurs que Joe Kennedy était directement impliqué dans bien des activités publiques de son beau-père – ce que les historiens mentionnent rarement. Certains documents oubliés, comme les brochures électorales de 1918, contiennent des lettres citées par Tague qui montrent que Fitzgerald lui avait enjoint de recommander Kennedy à la présidence du Bureau fédéral des prêts agricoles (mais Joe ne l'obtint pas). D'autres éléments (dépositions, documents) montrent que la commission électorale soupçonnait Kennedy d'avoir joué un rôle décisif le jour des élections, quand les partisans de Fitzgerald recoururent à l'intimidation. Certains des électeurs de la 5ᵉ circonscription se virent demander par des enquêteurs soupçonneux si Joe Kennedy était intervenu dans l'achat de leurs votes, mais les preuves manquaient. On peut aussi penser qu'il eut des responsabilités dans le financement illicite de la campagne. Un partisan de Fitzgerald, Thomas Giblin, déclara sous serment qu'il existait un compte de campagne secret d'un montant de 1 500 dollars – soit à peu près 50 000 dollars actuels – dans une petite banque de Boston alors contrôlée par Kennedy. La plupart des collaborateurs de Fitzgerald jugeaient très douteuse l'origine de ces fonds et évitaient d'y recourir, d'autant que Tague les avait menacés « de les poursuivre en justice s'ils se servaient de l'argent »

Fitzgerald devait connaître d'autres déboires politiques, mais les biographes de la famille le décrivent avant tout comme un grand-père modèle qui, dans les années 1920, passa plus d'un après-midi auprès des enfants de sa fille aînée, Rose Kennedy. Il était particulièrement proche des deux plus grands, Joseph Jr. et John, qu'il emmenait au zoo, au jardin public et aux matchs des Boston Red Sox et des Boston Braves.

À lire ces récits édifiants, on ne se douterait guère de l'âpreté de la famille. Les Fitzgerald et les Kennedy savaient défendre leurs intérêts. Vers le milieu des années 1930, Joe Kennedy mit en danger sa position au sein du gouvernement Roosevelt en demandant au président de nommer un des frères Fitzgerald à un poste fédéral important relatif au commerce de l'alcool. Suivant cette tradition familiale, JFK, ignorant les accusations de népotisme, nomma son frère ministre de la Justice puis, en 1962, veilla à ce que son cadet, Edward M. Kennedy, soit élu représentant du Massachusetts au Sénat.

Selon les biographes de la famille Kennedy, il n'y eut jamais beaucoup de relations entre Fitzgerald et son gendre, d'autant que Joe Kennedy était souvent absent. Soucieux avant tout de parvenir au sommet, il ne pouvait comprendre tout un aspect de la personnalité de Honey Fitz, qui n'avait rien perdu de sa popularité auprès des électeurs de Boston : c'était un politicien à l'ancienne, qui n'avait pas honte de ses origines humbles et tenait toujours à se présenter comme un homme du peuple.

Les ambitions politiques de Joe Kennedy étaient beaucoup plus élevées. Comme nous le verrons, il consacra tous ses efforts, lorsqu'il était ambassadeur de Roosevelt en Grande-Bretagne, à rassembler des informations compromettantes sur le président. La manœuvre, d'ailleurs médiocre, qu'il avait imaginée visait à le contraindre à démissionner en 1940, tandis que lui-même se présenterait à sa succession. À la fin de l'année, sa carrière politique était en ruines, mais il sut tirer la leçon de ses propres erreurs : son fils John, imitant en cela son grand-père, se créerait une base électorale solide à Boston.

Honey Fitz resta fidèle à sa famille, se contentant de suivre les recommandations de son gendre. En 1942, alors âgé de soixante-dix-neuf ans, il lui rendit ainsi service en se présentant aux primaires du Massachusetts contre un démocrate du New Deal, Joseph E. Casey, un des favoris de Roosevelt. Joe Kennedy assura le financement de sa campagne. L'objectif était de prendre des voix à Casey – Fitzgerald en obtint 80 000. La réussite fut telle que le républicain Henry Cabot Lodge Jr. remporta les élections. Bien entendu, ce fut un échec pour le président. Cela compromit aussi la carrière de Casey, en qui Joe Kennedy voyait un rival potentiel de son fils aîné Joe Jr. (qui fut tué deux ans plus tard lors d'un combat aérien). À cette occasion, les Kennedy apprirent une leçon vitale : l'argent pouvait vaincre n'importe qui, même un candidat aussi prometteur que Joseph Casey.

Honey Fitz revint sous les projecteurs en 1946, quand Joe Kennedy décida de faire de John, revenu en héros de la guerre du Pacifique, son héritier politique. Il fut décidé qu'il poserait sa candidature au siège que son grand-père avait brièvement occupé au Congrès et qu'il se présenterait aux primaires démocrates face à neuf autres candidats. Le vaste réseau de relations publiques des Kennedy fut une fois encore mis à contribution, ainsi que les affinités naturelles entre Fitzgerald et son petit-fils – le tout sous l'étroite surveillance de Joe, qui parvint à rester dans l'ombre tout au long de la campagne, comme il le ferait pendant la carrière politique de JFK. Des dizaines d'articles très favorables furent publiés sur le jeune candidat, qui partit avec son grand-père dans les quartiers ouvriers de Boston, où l'ex-maire le présenta aux anciens. Il semble bien que Fitz ait joué un rôle capital dans la campagne.

John Kennedy et ceux qui l'entouraient comprenaient toutefois que Fitzgerald était un anachronisme politique dans l'Amérique d'après-guerre. Bobby, quatre ans après la mort de son frère, reconnut lors d'un entretien destiné à la Bibliothèque Kennedy que leur grand-père, politiquement parlant, « n'avait pas été d'une efficacité sans faille. Il avait des contacts importants. Mais l'attrait de John Kennedy était d'une tout autre nature. » Bobby ajoutait que Fitzgerald « se sentait très proche de [son] frère ».

K. LeMoyne Billings, un des meilleurs amis du président, déclara après sa mort que grand-père et petit-fils « étaient absolument fous l'un de l'autre. John était sans conteste le préféré du vieux. C'était un vieillard très sympathique, plein de bagout irlandais, d'espièglerie, de vie. John adorait son sens de l'humour. » Fitzgerald mourut en 1950. Une fois parvenu à la Maison Blanche, Kennedy honorerait sa mémoire en baptisant le yacht présidentiel *Honey Fitz.*

Ces bonnes relations ne résistèrent pas, cependant, aux moments les plus critiques de 1946. Comme d'habitude, Joe Kennedy traita Honey Fitz de haut et John, incapable de s'opposer à son père, n'osa pas défendre son grand-père bien-aimé.

Le principal responsable de la campagne, personnellement choisi par Joe, était un dur à cuire de Boston appelé Joseph L. Kane – le directeur de campagne de Tague quand celui-ci, en 1919, avait réussi à reprendre son siège à Honey Fitz. Depuis, Kane, par ailleurs cousin germain et ami d'enfance de Joe, n'avait jamais cherché à dissimuler le mépris que Fitzgerald lui inspirait. Il en alla de même en 1946.

Dans une interview datant de la fin des années 1950 et publiée dans *Front Runner, Dark Horse*[1], récit de la campagne présidentielle de 1960 dû aux journalistes Ralph G. Martin et Ed Plaut, Kane rapporte une anecdote révélatrice. Fitzgerald arriva par hasard au moment où se tenait une réunion stratégique des Kennedy. Kane hurla : « Virez-moi ce fils de pute ! » John Kennedy sursauta : « Qui ? Grand-père ? » Honey Fitz fut poliment mis à la porte et JFK, dont l'avenir politique était en jeu, garda le silence : il lui fallait apprendre à être, si nécessaire, aussi dur que son père. Quelques jours plus tard, Joe Kennedy, ravi, félicita son fils de si bien s'entendre avec Kane : « Je ne pensais pas que tu tiendrais plus de trois heures avec lui ! »

La célèbre loyauté des Kennedy – du père aux fils, des fils au père, de frère à frère – ne s'étendait pas aux grands-pères, du moins en période électorale.

Pour faire élire son fils, Joseph P. Kennedy ne laissa rien au hasard – comme à chacune des campagnes qui suivraient. Il dépensa des centaines de milliers de dollars et, de ce point de vue, Kane joua un rôle essentiel : ayant passé des décennies dans les coulisses des milieux politiques de Boston, il savait qui il fallait arroser et quelle somme devait lui être versée. Sa théorie était très simple, du moins telle qu'il l'expliqua des années plus tard à Martin et Plaut : « Pour gagner, il faut trois choses : de l'argent, de l'argent et de l'argent. » Un rival aux primaires se vit remettre 7 500 dollars « pour se retirer ou se maintenir », selon les résultats. Pour en neutraliser un autre, Kane paya quelqu'un portant le même nom pour prendre part aux primaires : il plongeait

1. Doubleday, 1960.

ainsi les électeurs dans la confusion et dispersait les voix. Les Kennedy achetèrent la plus grande partie des espaces publicitaires de la circonscription, recoururent massivement à la radio avec un slogan, dû à Kane, d'un caractère délibérément vague : « La nouvelle génération vous offre un dirigeant ». Des milliers de brochures furent envoyées par la poste, quelques jours avant les élections, et beaucoup d'électrices se virent conviées personnellement à un meeting avec les Kennedy, suivi d'une réception dans un hôtel chic. Les résultats furent à la hauteur des dépenses. Kane disait que Joe Kennedy avait l'habitude de payer pour tout. « Ils ont dépensé des sommes folles pour les élections au Congrès en 1946, mais John aurait pu y entrer comme tout le monde, pour trois francs six sous. »

John Kennedy mena une campagne vigoureuse pour emporter le siège qui avait été celui de son grand-père. Sa confiance en soi semblait indestructible. Il recourut à des stratégies qui lui vaudraient des succès politiques répétés : il lança très tôt sa campagne, recourut en masse au bénévolat et, surtout, s'appuya sur la fidélité sans faille des membres de la famille et d'amis de longue date – camarades d'étude et compagnons d'arme du temps du Pacifique.

La campagne de 1946 lui apprit une leçon essentielle, qu'il mettrait en œuvre au cours des quatorze années suivantes lorsque, dépassant l'horizon politique local, il entamerait sa longue course à la présidence : le charisme, l'efficacité et le travail d'arrache-pied ne suffisaient pas ; il avait par-dessus tout besoin de son père et de son argent.

4

Joe

L'argent valut à Joseph P. Kennedy une liberté d'action illimitée et, à son fils, la présidence des États-Unis.

En 1969, à la mort de Joe, le *New York Times* estima sa fortune à « près de 500 millions de dollars ». Bien entendu, il est toujours impossible de donner un chiffre exact : Joe Kennedy passa autant de temps à gagner de l'argent qu'à le dissimuler avec le plus grand soin.

Ses biographes, s'appuyant sur des éléments fournis par Joe lui-même, sa femme Rose et divers membres de la famille, ont établi une chronologie de sa réussite. Elle commence quelques années après sa sortie de Harvard : il devint alors président de la Columbia Trust Company, une petite banque de Boston. Peu désireux de servir sur le front pendant la Première Guerre mondiale, il quitta l'établissement en 1917 pour devenir directeur adjoint de l'énorme chantier de construction naval de Fore River, non loin de Boston. Après la guerre, il rejoignit Hayden & Stone, firme de courtage où il réalisa des merveilles : en moins d'un an, ses spéculations boursières lui rapportèrent assez d'argent pour acheter une maison de douze pièces à Brookline, dans la banlieue de Boston – Rose et lui avaient alors quatre enfants –, ainsi qu'une

Rolls-Royce. En 1923, il quitta Hayden & Stone, devint banquier indépendant et se consacra à plein temps à la Bourse. En 1927, il installa sa famille dans la banlieue new-yorkaise, tout en se lançant dans le cinéma. On s'accorde à penser que, là encore, il gagna énormément d'argent. Son instinct très sûr le conduisit à se désengager d'un marché boursier devenu trop aléatoire peu avant le krach d'octobre 1929.

En 1931, il avait cessé d'être un magnat de la pellicule pour devenir un important bailleur de fonds de Franklin Roosevelt lorsque celui-ci accéda à la Maison Blanche. En 1934, le président stupéfia Wall Street et Washington en nommant Kennedy – spéculateur notoire – à la présidence de la Securities & Exchange Commission (SEC), agence créée dans le cadre du New Deal pour réformer et réguler les marchés financiers. On raconte que Roosevelt expliqua un choix aussi inattendu en citant, avec un petit rire, la vieille formule : « Les bons voleurs font les meilleurs gendarmes. » Plus tard, Kennedy présida brièvement la Commission maritime puis, trois ans durant, fut ambassadeur en Angleterre. Cette dernière période fut désastreuse pour lui : en 1940, son isolationnisme et ses prises de position (il avait ainsi publiquement déclaré que la Grande-Bretagne ne pourrait tenir face à l'Allemagne nazie) lui valurent une impopularité sans précédent, aux États-Unis comme à l'étranger. Ce fut son dernier poste officiel. Joe Kennedy passa les vingt années qui suivirent à faire la navette entre sa demeure de Palm Beach, en Floride, et celle de Hyannis Port, dans le Massachusetts, à veiller sur les carrières de ses neuf ravissants enfants, tout en continuant d'amasser des fortunes grâce à l'immobilier et aux affaires. Quand John fut élu à la présidence, Joe joua le rôle de conseiller secret, jusqu'à ce qu'une grave attaque cérébrale, en décembre 1961, le laisse invalide : il comprenait ce qu'on lui disait, mais ne pouvait plus parler. Il mourut huit ans plus tard, après avoir survécu à une de ses filles, Kathleen, et à trois de ses fils : Joseph, John et Bobby.

Joe Kennedy, tout le monde en convient, était un grand prédateur du monde des affaires doublé d'un manipulateur exceptionnel. Ce que ne précisent ni les livres qui lui ont été consacrés, ni les archives, c'est le profit qu'il sut tirer de la corruption qui régnait dans la gestion des grandes cités. L'enseignement de son beau-père, Honey Fitz, avait ici porté ses fruits.

Les dossiers de la Commission électorale du Congrès montrent que Joe avait été le financier de Fitzgerald lors de son affrontement avec Peter Tague. Les témoignages indiquent que la décision de Honey Fitz de se présenter contre son adversaire – pourtant lui aussi membre du Parti démocrate – lui avait été inspirée par les responsables du parti à Boston. Tague, déjà élu au Congrès, avait refusé de coopérer à des projets immobiliers douteux, relatifs au chantier naval de Fore River, en aidant Fitzgerald et ses compères à acheter des terrains voisins, destinés à un grand projet fédéral de construction d'immeubles collectifs. À l'époque, Joe Kennedy était directeur général adjoint du chantier naval et les questions posées par les enquêteurs de la Commission électorale montrent qu'ils étaient persuadés de son implication dans ces manœuvres. Il se pourrait bien que l'argent illicite ait joué un rôle essentiel dans les premiers succès financiers de Joe – peut-être autant que ses talents de spéculateur boursier.

Comme le comprirent ceux qui eurent l'occasion de travailler avec lui, Joseph Kennedy, d'apparence si directe, avait la manie du secret. Il n'hésitait pas à mentir dès qu'il s'agissait de questions financières. Ni sa femme ni les membres de la famille, qui avaient appris à ne pas poser de questions, ne surent vraiment combien d'argent il gagnait, ni par quels moyens. Selon un biographe, on sait que l'argent commença à « couler à flots » au début des années 1920, au moment même où la police fédérale était occupée à empêcher l'entrée aux États-Unis d'énormes quantités d'alcool de contrebande.

Kennedy fut l'un des premiers à s'assurer une position dominante dans ce secteur quand ce genre d'activités redevint légal. À l'automne 1933, lorsqu'il fut évident que la Prohibition allait prendre fin, il se rendit à Londres et y signa des accords pour devenir le distributeur exclusif de trois marques de scotch et de gin. Il fonda Somerset Importers Ltd., qu'il vendit brusquement en 1946 pour 8 millions de dollars (soit près de 55 millions de dollars actuels).

Cette entrée, aussi rapide que profitable, sur le marché de l'importation d'alcool, nourrit des rumeurs, très répandues mais invérifiables, quand son fils entra à la Maison Blanche : Joe Kennedy aurait été étroitement impliqué dans le trafic clandestin depuis les premiers jours de la Prohibition – activité alors dominée par les grands patrons du crime organisé : Frank Costello à New York, Abner « Longy » Zwillman à Newark, Al Capone à Chicago. Ces rumeurs sont d'autant plus plausibles que cet alcool arrivait aux États-Unis le plus souvent par voie maritime, et que Joe avait été directeur d'un chantier naval. En outre, beaucoup de Kennedy et de Fitzgerald étaient dans le commerce des spiritueux bien avant la Prohibition : le père de Joe, propriétaire d'au moins trois tavernes à Boston, était déjà un importateur prospère. Deux des oncles de Kennedy, frères cadets de Honey Fitz, prirent une part active au trafic clandestin à cette époque.

Il est difficile de déterminer le rôle exact de Joe Kennedy en ce domaine, vu la remarquable absence de renseignements dans les fichiers d'État. Au cours des années qui suivirent sa mort, le FBI rendit publiques des centaines de pages de son dossier, conformément aux termes de la loi sur la Liberté de l'information, mais ces documents – compilations d'enquêtes de sécurité et de lettres flagorneuses entre Kennedy et J. Edgar Hoover – ne mentionnent nullement qu'il y ait pu avoir des rapports entre Joe, le crime organisé et le trafic d'alcool. Pourtant, lors de dizaines d'interviews réalisées sur quatre ans pour la préparation de ce livre, d'anciens hauts responsables gouvernementaux des années 1950 et 1960 – dont des accusateurs publics du ministère de la Justice et des agents de la CIA et du FBI – ont déclaré savoir que Joseph Kennedy avait été un important *bootlegger* pendant la Prohibition. Selon Cartha D. DeLoach, directeur adjoint du FBI du temps de J. Edgar Hoover: «Je sais qu'il avait des associés au sein du crime organisé, et qu'ils le respectaient. Je ne le connaissais que par l'intermédiaire de M. Hoover. Selon ce dernier, il avait bâti toute sa fortune sur la contrebande.»

On ne peut nier en tout cas que Joe Kennedy, dans le cadre de ses activités légales d'importateur d'alcool, ait décidé d'ignorer les ragots et de prendre de gros risques – attitude qui serait plus tard celle de son fils – en s'associant, pour la vente au détail, avec les «familles» les plus douteuses de la pègre, et ce jusque dans les années 1940.

Que Joe Kennedy ait été impliqué dans la contrebande d'alcool, c'est ce qu'affirma Frank Costello, le plus puissant des mafiosi dans les années 1940 et 1950. En février 1973, cherchant à donner de lui l'image d'un simple homme d'affaires prospère, Costello, alors âgé de quatre-vingt-deux ans, décida de raconter sa vie au journaliste new-yorkais Peter Maas. Mais dix jours s'étaient à peine écoulés qu'il mourut d'une crise cardiaque. Maas déclara par la suite au *New York Times* que Costello lui avait confié que Joe et lui avaient été « partenaires » dans le trafic d'alcool, et ce après que Kennedy lui-même fut venu lui demander son aide. Maas m'a confié que Costello se souvenait en particulier avoir livré, par la mer, du scotch de contrebande destiné à une fête à Cape Cod – fête qui rassemblait les anciens condisciples de Joe Kennedy à Harvard.

Joseph Bonanno, ancien chef de la mafia new-yorkaise, raconte dans *A Man of Honor*[1], publié en 1983, que Costello lui avait toujours affirmé « que Joe Kennedy et lui avaient été associés dans le trafic d'alcool durant la Prohibition. Parfois, j'allais en été à Sag Harbor, sur Long Island. C'était l'une des criques, m'a-t-on dit, où les hommes de Kennedy débarquaient le whisky à cette époque. »

Certains hommes de paille de Joe – ceux dont il utilisait les noms pour acheter et vendre biens immobiliers et actions boursières – m'ont eux aussi raconté bien des choses sur les liens entre Joe et Costello. Harold E. Clancy, l'un des rares survivants, m'a déclaré : « Kennedy avait des camions et des bateaux. J'ai entendu des anecdotes, des rumeurs, selon lesquelles du scotch Haigh & Haigh venait du Canada jusqu'à Cape Cod et Carson's Beach, au sud de Boston. » Clancy se souvient également qu'un collaborateur de Joe lui avait dit que Costello, qui au début des années 1930 gagnait beaucoup d'argent à New York et à La Nouvelle-Orléans grâce aux machines à sous, avait « tenté de convaincre

1. St Martins Press, 1983.

l'ambassadeur [Joe Kennedy] de prendre des parts dans la compagnie qui les fabriquait, mais il était trop malin pour ça» (il s'agissait en effet d'une firme de Chicago contrôlée par le syndicat de Capone).

Clancy fut recruté par Kennedy à la fin des années 1950, après avoir été longtemps journaliste et rédacteur au *Boston Traveler*. Selon lui, les hauts faits de leur patron étaient les sujets de prédilection des anciens de l'équipe. Au cours des années qui suivirent la fin de la Prohibition, quand il était devenu tout à fait légalement importateur et vendeur d'alcool, il sut faire face aux tentatives de chantage de la pègre. «Je sais que Joe avait embauché des vrais durs pour s'occuper des gangsters qui contrôlaient les syndicats et lui donnaient bien du fil à retordre.»

Pourtant, un nouvel indice que Kennedy fut mêlé très tôt à la contrebande d'alcool m'a été donné lors d'une interview, en 1996, de Q. Byrum Hurst, avocat de Hot Springs, dans l'Arkansas, qui représenta pendant plus de vingt ans le célèbre gangster Owney Madden, jusqu'à sa mort en 1965. Né en Angleterre, ce dernier avait été, dans sa jeunesse, tueur à gages mais, dans les années 1920, reconverti dans le racket, il posait à l'homme raffiné, que les politiciens corrompus et les chefs de gang de la côte est traitaient en égal. Pour finir, il devint le patron du casino de Hot Springs, dont les locaux – où jamais la police ne mettait les pieds – accueillaient aussi souvent que nécessaire les chefs de bande à la recherche d'une retraite paisible. Hurst est formel: «Owney et Joe Kennedy ont été associés dans le trafic d'alcool pendant plusieurs années. J'en ai discuté avec lui bien des fois. À cette époque, Owney contrôlait toutes les boîtes de nuit de New York. Et Joe voulait vendre son alcool.» Hurst, qui a été sénateur de l'Arkansas pendant plus de vingt ans, ajoute que Madden lui avait dit « qu'il respectait le sens des affaires de Kennedy, et voyait bien qu'il en avait dans le crâne ».

Abraham Lincoln Marovitz fut le défenseur de nombreux chefs du crime organisé avant d'entamer à Chicago une carrière, qui dura quarante ans, de juge local et fédéral. Aujourd'hui âgé de quatre-vingt-douze ans, lui aussi affirme que Joe Kennedy avait été *bootlegger*: « Je connais cette période, j'ai défendu certaines personnes... Kennedy faisait du trafic d'alcool en Nouvelle-Angleterre et il connaissait tous ces gars. Il avait des contacts avec la pègre. Il n'aurait pas pu travailler sans qu'elle soit d'accord: il se serait fait hacher menu. » Marovitz, longtemps lié à Richard J. Daley, le célèbre maire de Chicago, fut nommé en 1963 juge de district par le président Kennedy.

D'autres témoignages confirment que Joe Kennedy tirait profit, comme des dizaines d'autres *bootleggers*, des cargaisons illicites de scotch et de gin débarquées des bateaux ancrés au large des plages du Massachusetts, au sud de Boston. L'alcool était ensuite acheminé par camion jusqu'à New York, où les prix étaient plus élevés. Les grands journaux de l'époque, *New York Times* compris, ne manquaient pas d'annoncer la venue de ce qu'on appelait « les flottes du rhum ».

En 1985, Mark A. Stuart, journaliste du New Jersey et rédacteur en chef adjoint du *Newark Record*, publia une biographie de Longy Zwillman dans laquelle il décrivait la fureur de Joe, accusant le gangster d'être responsable de l'attaque d'un convoi de camions transportant de l'alcool clandestin. L'épisode aurait eu lieu en 1923. Stuart citait Joseph Reinfeld, un associé de Zwillman: « J'ai dit à Joe Kennedy que si ce chargement avait été volé à la sortie de Brockton, ça ne pouvait pas venir de quelqu'un de chez nous. Je ne crois pas qu'il m'ait cru. Il a dit que c'était forcément cet enfoiré de Zwillman qui avait fait le coup et qu'il aurait la peau de Longy, même si lui-même devait y laisser la sienne. »

Un témoignage corrobore cette déclaration. En 1979, trois journalistes israéliens, Dennis Eisenberg, Uri Dan et Eli Landau, publièrent une biographie du célèbre mafioso Meyer Lansky, en partie tirée de longs entretiens qu'ils avaient eus avec lui. Il vivait alors en Israël et s'efforçait d'échapper à l'extradition réclamée par les États-Unis. Dans un chapitre intitulé « Une querelle avec Joseph Kennedy », il affirmait notamment que lui et Joseph « Doc » Stacher, qui fut son associé toute sa vie, étaient responsables de l'attaque, qu'il situait pour sa part en 1927. Elle s'était accompagnée de fusillades qui avaient provoqué la mort de onze personnes. Joe Kennedy avait fait venir le whisky d'Irlande et savait parfaitement qui s'en était emparé. Les trois journalistes écrivent : « Il perdit une véritable fortune dans l'opération et fut ensuite, des mois durant, accablé de demandes de secours par les veuves et les parents des hommes tués lors de l'attaque du chargement. » Lansky et Stacher étaient persuadés qu'il leur en avait toujours voulu depuis, et que son fils Robert avait hérité d'une partie de son hostilité à certains chefs de la pègre : « Ils voulaient notre peau ! », disait Lansky depuis son refuge de Tel-Aviv.

Les faits les plus importants, mais les moins connus, qui permettent de relier Joe Kennedy aux chefs de la pègre se trouvent dans les milliers de pages de témoignages présentés, au début des années 1950, lors des auditions organisées par le Sénat américain sous la houlette du sénateur démocrate Estes Kefauver. Au cours de dizaines de réunions de ce genre, tenues dans tout le pays, enquêteurs du Sénat et policiers locaux s'intéressèrent de près au développement du jeu et du racket dans la région de Miami, avant et pendant la Seconde Guerre mondiale. À cette époque, Thomas J. Cassara, avocat de New London, dans le Connecticut, était l'un des hommes de paille les plus importants de la pègre. Il attira l'attention de la police à la fin des années 1930 lorsqu'il devint copropriétaire du Raleigh Hotel, récemment construit sur Miami Beach et qu'on savait financé par des familles mafieuses – Costello à New York, les successeurs de Capone à Chicago. Quelques années plus tard, alors que la guerre éclatait en Europe, Cassara prit le contrôle de deux hôtels voisins. Daniel P. Sullivan, ancien agent du FBI devenu directeur de la Commission criminelle de Miami, déclara devant la commission Kefauver que les environs des hôtels gérés par Cassara « étaient connus dans tout le pays comme un lieu de rencontre pour gangsters et racketteurs ». Sullivan ajouta que le Wofford Hotel accueillait les grands pontes du crime organisé : Costello, Joey Adonis, Longy Zwillman et la plupart des membres importants de l'organisation de Meyer Lansky, basée à Miami. Sullivan précisa que c'était une époque où les racketteurs, se dissimulant derrière des prête-noms tels que Cassara, déversaient des flots d'argent « difficile à identifier » dans des dizaines d'affaires parfaitement légales, dont des hôtels et des night-clubs.

Cassara quitta Miami en 1941. Trois ans plus tard, selon un témoignage présenté devant la commission Kefauver, il travaillait à plein temps pour Somerset Importers, la firme de Joe Kennedy. Le témoin n'était autre que Joseph Charles « Joey » Fusco, ancien *bootlegger* et gros bras de Capone. En octobre 1950, Fusco fut cité à comparaître pour témoigner à huis clos. Lorsqu'on lui demanda quels étaient ses rapports avec Cassara, il répondit sans hésiter: «Quand il est arrivé à Chicago, en 1944 je crois, il travaillait pour la Somerset Import Company de Kennedy. Il était leur représentant. C'est comme cela que je l'ai rencontré. À partir de là, nous avons su pour qui il travaillait. Plus tard, il a fondé la Raleigh Distributing Company. En d'autres termes, il est devenu distributeur des produits Somerset.» La référence à la firme de Kennedy était discrète et, bien que la commission eût parfaitement compris de qui parlait Fusco, le nom de Joseph P. Kennedy n'apparut pas dans l'index des auditions. Les journalistes fouillant dans leur volumineuse transcription ne pouvaient donc faire le rapprochement avec Cassara et Fusco, et l'allusion faite à la société d'import-export d'alcool de Joe passa inaperçue.

Fin janvier 1946, Cassara fut victime d'une tentative d'assassinat devant Trade Winds, une boîte de nuit contrôlée par la pègre, comme la plupart des nightclubs, bars, restaurants et autres commerces du quartier. Les journaux locaux signalèrent que Cassara avait pour associé un certain Rocco DeStefano, sans pour autant préciser que celui-ci était cousin germain de Capone et de Joey Fusco, ni qu'il travaillait pour Joe Kennedy. Ils cessèrent d'ailleurs assez vite de s'intéresser à l'affaire, qui ne fut jamais élucidée. Touché à la tête, Cassara survécut à ses blessures et, abandonnant la distribution d'alcool, partit pour Los Angeles où, une fois de plus, il servit d'homme de paille aux «familles» de New York et de Chicago.

Le 31 juillet 1946, soit quelques mois après l'agression de Cassara, Joe vendit sa société à une firme newyorkaise en partie contrôlée par Longy Zwillman et son associé de toujours, Joseph Reinfeld. Kennedy coupait ainsi les ponts avec le commerce des spiritueux. Mais peu d'hommes d'affaires connaissaient aussi bien que lui les relations entre politiciens, syndicats et crime organisé dans les grandes villes américaines. En ce domaine, son savoir et ses contacts joueraient un rôle décisif lors de l'élection présidentielle de 1960.

En 1945, Kennedy avait acheté le Merchandise Mart de Chicago, alors le plus grand bâtiment du monde, situé juste au nord du fleuve, dans un quartier dépendant de la police d'East Chicago Avenue. Comme beaucoup d'hommes d'affaires avant lui, il se mit alors à distribuer des pots-de-vin. Le Mart était resté célèbre pour son bar clandestin, ouvert en 1930, peu après l'inauguration de l'édifice, où la police locale n'intervenait jamais. Selon les souvenirs de Harrison E. Salisbury, journaliste au *New York Times*: «Je n'ai jamais su si oui ou non le vieux Joe en était le propriétaire, mais nous le pensions tous et, en tout cas, ça rapportait beaucoup d'argent à quelqu'un.» Lors d'interviews réalisées pour ce livre, un des anciens employés de Kennedy m'a déclaré qu'il ignorait tout d'une éventuelle implication de Joe, mais se souvenait fort bien que son patron avait possédé, au moins jusqu'à la fin des années 1950, deux saloons à l'ancienne non loin du Mart.

Le quartier était réputé pour être rongé par la corruption. La pègre contrôlait les bars, le jeu et la prostitution, qui dominaient l'économie locale. On pouvait sans inconvénient s'y livrer à tout commerce illicite du moment qu'on versait deux pots-de-vin à chaque début de mois: un à la police d'East Chicago Avenue, l'autre au responsable démocrate du quartier, qui représentait les dirigeants locaux. Chargé à partir de 1946 de la rubrique criminelle du *Chicago Tribune*, le journaliste Sandy Smith se souvient : « La pègre était si puissante ! Elle contrôlait la police et les politiciens. Il suffisait de payer au début de chaque mois, et on avait droit à un mois d'immunité. »

Un seul des documents du FBI montre un lien direct entre Kennedy et le crime organisé, et il ne fait pas partie de ceux que l'Agence laisse librement consulter par les journalistes. Daté de 1944, ce texte fortement caviardé est un panorama détaillé des « membres de la pègre et racketteurs les plus influents » de la région de Miami. Le FBI y signalait qu'un joueur professionnel nommé Charlie Block était « le représentant dans le sud de Somerset Importers, firme new-yorkaise. On sait qu'il joue un rôle important dans le commerce de l'alcool. » Block dirigea plus tard l'un des restaurants les plus populaires de Miami Beach, le Park Avenue, en association avec un autre joueur, Bert « Wingy » Grober, ami de Joseph Kennedy. Ce dernier était également très impliqué dans la gestion des casinos de Las Vegas, tous placés sous l'autorité de la mafia.

Joe Kennedy s'intéressait aussi au jeu. Selon Harold Clancy, il avait un moment songé à acheter la compagnie – contrôlée par la pègre – qui fabriquait le système utilisé par les champs de courses de tout le pays pour calculer et transmettre les paris et les résultats. Mais il y renonça assez vite. En 1943, pourtant, il avait bel et bien acheté 17 % du champ de courses de Hialeah, à Miami, qu'il revendit ensuite. On ne sait trop jusqu'à quel point lui-même était joueur. Rose, son épouse, reconnaît que son mari et elle se rendaient aux champs de courses « deux fois par semaine », ajoutant qu'elle « se risquait rarement » à parier plus de deux dollars. Pendant et après la Seconde Guerre mondiale, Kennedy fut aussi un habitué des casinos de Miami Beach.

Bien sûr, il avait compris qu'il y avait beaucoup d'argent à gagner dans le secteur. Vers le milieu des années 1940, il essaya discrètement de racheter le champ de courses de Suffolk Downs, près de Boston, à un prix très inférieur à sa valeur réelle. La vente échoua, mais les méthodes auxquelles il avait eu recours évoquent en tout point celles du crime organisé : menaces, pots-de-vin, corruption judiciaire...

Suffolk Downs constituait le principal avoir d'Aldred Investment Trust (AIT), société du Massachusetts alors au bord de la faillite, enregistrée auprès du SEC. Pendant la Seconde Guerre mondiale, ses responsables, de façon tout à fait abusive, vendirent la plus grosse part de ses investissements pour acheter le champ de courses – et certains d'entre eux en devinrent les dirigeants grassement payés. Le SEC et un investisseur de l'AIT réussirent à les faire condamner devant un tribunal fédéral et à obtenir la nomination de deux administrateurs judiciaires extérieurs, qui se virent confier la réorganisation ou la liquidation de la firme. Après la guerre, un groupe d'investisseurs indépendants, parmi lesquels le financier Richard Rosenthal, racheta le capital de l'AIT, puis découvrit avec stupeur que les administrateurs nommés par le tribunal étaient fort occupés à vendre Suffolk Downs pour un peu plus de un million de dollars, soit le dixième de sa valeur. L'acheteur potentiel, comme on l'apprit plus tard, n'était autre que Joe Kennedy. Rosenthal, avec son beau-frère l'avocat Milton S. Gould et d'autres, déposa plainte devant un tribunal de Boston pour empêcher cette vente. « Nous avons fait valoir que [les dirigeants d'AIT] n'avaient pas respecté les règles en procédant à des négociations privées. Ils auraient au moins dû lancer un appel d'offres. » Mais, comme il le précise en riant, lui et ses avocats ignoraient « qu'on ne pouvait vaincre Joe Kennedy dans la région de Boston ».

Gould (qui, en 1997, exerçait encore à New York) raconte ce qui se passa ensuite. Le juge fédéral chargé de l'affaire, George C. Sweeney, avait été nommé à son poste en 1935 par le président Roosevelt. Au début de 1946, il convoqua Gould et ses clients pour une rencontre avec les deux administrateurs de l'AIT, leur avocat et le directeur régional du SEC. Sweeney se fit clairement comprendre : « Vous fourrez votre nez dans des affaires qui ne vous regardent pas. L'AIT est une entreprise locale et nous voulons que ce soit des gens du coin qui s'en occupent. » Gould en conclut par la suite que les administrateurs de l'AIT ne voulaient pas vendre le champ de courses à « une bande de Juifs ». Comme le juge proposait de rédiger un document résumant la question, Sweeney répondit : « Je n'en ai pas besoin. Je peux me tromper, mais je ne doute jamais. » Il ajouta qu'il refuserait que Rosenthal intervienne, précisant cependant, pour l'amadouer, qu'il donnerait aux administrateurs de l'AIT l'ordre de racheter les parts qu'il détenait avec ses associés, pour 250 000 dollars de plus que ce qu'ils avaient payé. Et qu'il accorderait à Gould 100 000 dollars d'honoraires.

Rosenthal et Gould rejetèrent cette solution et déposèrent plainte devant la cour d'appel des États-Unis. Elle ordonna le lancement d'un appel d'offres. En fin de compte, Suffolk Downs fut cédé, lors d'une vente aux enchères, pour près de 10 millions de dollars à un homme d'affaires de Boston qui n'était pas un homme de paille de Joe Kennedy. Ce dernier essuyait donc un terrible revers. Il tenta pourtant une dernière manœuvre bien dans sa manière. Richard Rosenthal, alors qu'il s'efforçait en vain de mettre sur pied une association d'investisseurs pour prendre part aux transactions, reçut un coup de fil, puis une visite, de Joseph Timilty, ancien commissaire divisionnaire de la police de Boston et l'un des plus fidèles agents de Kennedy. «Il s'est présenté en disant qu'il avait été chef de la police et pourrait m'être utile.» Rosenthal ignorait que son visiteur ainsi que six de ses hommes avaient été inculpés par un grand jury de Boston, puis contraints de démissionner parce qu'ils avaient voulu «autoriser l'activité de maisons de jeux et l'enregistrement de paris». Il est vrai, aussi, que jamais Timilty ne comparut en justice.

«Il a poursuivi en me disant: "Il faut que vous soyez prudent là-dessus. Le champ de courses est fréquenté par des gens qui s'y rendent en voiture, et les routes ne sont pas en très bon état. Supposez que quelqu'un décide de les faire réparer alors même qu'il y a des courses. Vous vous retrouveriez sur la paille."» Rosenthal répondit simplement que personne ne ferait une chose pareille. Timilty répliqua: «À votre place, je n'en serais pas si sûr.» La menace était à peine voilée.

Rosenthal avait déjà perdu toutes ses illusions sur Joe Kennedy. Juste avant la guerre, jeune analyste boursier à New York, il s'était vu confier le secteur de la construction navale. Il avait donc écrit à Kennedy, alors président de la Commission maritime, pour qu'il lui accorde une entrevue. Les deux hommes eurent «une conversation très instructive». «J'avais quitté la fac deux ans auparavant, j'étais jeune et plein d'allant. J'étais aussi persuadé que nous allions tout droit vers la guerre.» Kennedy lui demanda s'il s'était intéressé à une compagnie appelée Todd Shipyards, estimant «que c'était l'un des meilleurs chantiers navals des États-Unis». Impressionné, Rosenthal la recommanda dans son rapport pour apprendre, bien des années plus tard, que Kennedy y avait, en secret, pris des parts importantes, enregistrées au nom d'Edward E. Moore, son secrétaire personnel.

Par défi, Rosenthal maintint sa participation financière à AIT, dont il finit par devenir l'unique propriétaire et qu'il dirige toujours. Aujourd'hui investisseur et philanthrope, il déclare : « Quand j'étais jeune, je pensais que l'intelligence pouvait triompher de tout. Il m'était impossible de croire qu'on pouvait trafiquer avec la justice, acheter des fonctionnaires. » Il ne comprend toujours pas pourquoi Kennedy tenait tant à acheter le champ de courses et à y consacrer « beaucoup de son capital politique ». « L'endroit voyait passer beaucoup d'argent liquide... peut-être en avait-il besoin pour d'autres affaires », se hasarde-t-il à pronostiquer.

John Kennedy expliqua à Arthur Schlesinger, qui rapporte ses propos dans *Les Mille Jours de Kennedy*[1], que son père « nous avait fixé des normes et qu'il se montrait très dur quand nous ne pouvions les satisfaire. Cette fermeté a joué un rôle très important. » Kennedy s'en inspira quand il parvint à la présidence, de la même façon qu'il avait la conviction d'être le seul, avec son père, à comprendre comment le monde marchait vraiment. C'était une certitude que les hommes d'affaires, les responsables officiels et les universitaires du gouvernement Kennedy n'auraient jamais, ce qui d'ailleurs ne faisait que renforcer le respect craintif qu'ils portaient à JFK. Le passé douteux de Joe Kennedy devenait, ironiquement, une preuve supplémentaire que John Kennedy était digne du Bureau ovale.

1. Denoël, 1966.

5

L'ambassadeur

Dans sa vie personnelle comme lorsqu'il amassait sa fortune, Joe Kennedy suivait des règles qu'il avait définies lui-même. Il traitait sa femme, ses partenaires commerciaux, les chefs du crime organisé, les journalistes ou les hommes politiques avec la même férocité, le même goût du secret. Il mit ses compétences au service du gouvernement Roosevelt en devenant président du SEC et, plus tard, de la Commission maritime. Sa grande ambition était de convaincre le président de le nommer ambassadeur en Grande-Bretagne, poste le plus prestigieux qui soit. Comme l'explique un biographe de la famille : « Une telle nomination aurait signifié le triomphe social des Kennedy et de leurs enfants, et serait l'occasion de montrer aux gens de la haute société "qu'il pouvait y arriver" sans leur soutien. Il serait, socialement, supérieur aux milieux les plus snobs de Boston ! » En 1937, Kennedy passa des mois à faire pression en ce sens avec l'aide du fils du président, James Roosevelt, qui quatre ans plus tôt l'avait accompagné à Londres, où Joe avait signé d'importants contrats.

Roosevelt et ses collaborateurs voyaient parfaitement ce que cette amitié avait de cynique de la part de Joe, mais ne firent rien pour y remédier : l'influence qu'il avait sur James demeura énorme. Kennedy était riche, plaisait aux femmes : deux choses que le jeune Roosevelt désirait passionnément. Tirant parti du prestige paternel, James était courtier en assurances et, vers la fin de la Prohibition, Kennedy souscrit auprès de lui des polices relatives aux cargaisons d'alcool importées.

En 1935, avec l'aide de Kennedy, James Roosevelt fut nommé président de la National Grain Yeast Corporation de Belleville, dans le New Jersey, l'une des nombreuses compagnies pour qui la fin de la Prohibition marqua le retour à la prospérité (la levure était indispensable à la production de bière). Ce secteur, parfaitement légal, ne tarda pas à attirer les anciens *bootleggers*. Mais Roosevelt ne se montra guère à la hauteur de la tâche et se retrouva sans travail au bout de six mois.

Ses échecs professionnels expliquent sans doute en partie que son père, malgré l'opposition de ses conseillers, ait décidé de faire de lui son secrétaire personnel au début de son deuxième mandat. On ne sera pas surpris d'apprendre que Joe Kennedy continuait à se montrer très amical envers lui. Dans une lettre de janvier 1937 conservée à la Bibliothèque Roosevelt, il lui écrivait : « Vous [James Roosevelt et sa femme] êtes jeunes, vous essayez de vous en sortir et, en ce qui me concerne, je me considère comme votre père par procuration. »

La formule était peut-être un peu hyperbolique mais James Roosevelt, du fait de sa position, joua un rôle essentiel, bien que méconnu, dans la nomination de Kennedy au poste d'ambassadeur en Angleterre. On trouvera le récit détaillé des manœuvres de Joe dans les *Memoirs*[1] d'Arthur Krock, publiés en 1968. Éditorialiste

1. Funk and Wagnalls, 1968.

du *New York Times*, dont il dirigeait aussi le bureau de Washington, Krock était devenu, dès la fin des années 1930, un des sycophantes de Joe : accueilli dans sa demeure de Floride, partageant sa vie mondaine et colportant au besoin la bonne parole dans ses colonnes. Il n'était d'ailleurs pas le seul journaliste dont Joe – et plus tard John – se servirait ainsi. Krock fait le récit d'un dîner au cours duquel apparut James Roosevelt, qui emmena Kennedy dans une pièce voisine pour discuter. Joe, qui paraissait furieux, expliqua ensuite à Krock que son visiteur lui avait proposé de devenir ministre du Commerce. « Je n'en ai pas l'intention ! Roosevelt m'a promis Londres, et j'ai dit à Jimmy de faire savoir à son père que c'est le seul poste que j'accepterai ! »

En décembre 1937, Kennedy fut nommé ambassadeur à Londres, où il se rendit plein d'ambitions.

On a plus d'une fois fait le récit de son épopée londonienne : brève lune de miel avec la presse et le grand public britanniques, rapidement suivie d'une impitoyable descente aux enfers : vilipendé pour son défaitisme (il était convaincu que l'Angleterre n'avait ni la volonté ni les moyens militaires de vaincre l'Allemagne nazie), il fut accusé de lâcheté lorsque, lors des bombardements sur Londres en 1940, il choisit de passer ses nuits dans une demeure campagnarde très éloignée du centre de la capitale. Les documents du ministère allemand des Affaires étrangères, publiés après la guerre, montrent que Kennedy, sans avoir reçu le feu vert du département d'État, chercha longtemps à obtenir une entrevue avec Hitler, et ce à la veille du Blitzkrieg nazi, « pour parvenir à une meilleure compréhension entre les États-Unis et l'Allemagne ». Son objectif était de tenir l'Amérique à l'écart d'une guerre dont il était convaincu qu'elle provoquerait l'effondrement du capitalisme.

Rien ne montre que Kennedy ait compris, avant la guerre, qu'arrêter Hitler était un impératif moral. Il déclara à Harvey Klemmer, un des rares collaborateurs de l'ambassade à qui il fit confiance: «Individuellement, les Juifs sont très bien, mais c'est une race qui pue. Ils pourrissent tout ce qu'ils touchent. Regardez ce qu'ils ont fait au cinéma!» À l'occasion d'une interview donnée bien des années plus tard, Klemmer déclara que Kennedy «et son entourage» appelaient toujours les Juifs «les youpins».

Lui et sa famille se donneraient plus tard beaucoup de mal pour nier les accusations d'antisémitisme datant de l'époque où il était ambassadeur. Les documents diplomatiques allemands montrent toutefois qu'à l'été et à l'automne 1938, alors qu'il tentait d'obtenir une audience de Hitler, il minimisait constamment la question juive. Le 13 juin – au moment même où le régime nazi organisait une ségrégation systématique des Juifs au sein de la société allemande – Herbert von Dirksen, ambassadeur d'Allemagne à Londres, rapporta à ses supérieurs une remarque que lui avait faite Joe Kennedy. «Ce n'est pas tant le fait que nous voulions nous débarrasser des Juifs, mais plutôt la bruyante publicité faite autour de ce projet, qui nous cause tant de tort.» Joe Kennedy «lui-même, précise Dirksen, comprend tout à fait notre politique juive». Le 13 octobre 1938, quelques semaines à peine avant la nuit de Cristal, pendant laquelle les chemises brunes lancèrent des attaques terroristes contre les synagogues et les commerces juifs, Kennedy rencontra de nouveau Dirksen, qui écrivit à Berlin: «Aujourd'hui, comme au cours de nos précédentes conversations, Kennedy m'a répété qu'il existait aux États-Unis de très forts sentiments antisémites et qu'une grande partie de la population comprenait l'attitude allemande envers les Juifs. »

En arrivant à Londres, Kennedy savait peu de choses sur l'histoire et la culture européennes. Il ne fit du reste aucun effort pour y remédier, ce qui l'amena à des erreurs de jugements répétées. C'est ainsi qu'à l'été 1938 – à en croire le journal de Harold Ickes, ministre de l'Intérieur de Roosevelt –, il assura le président qu'« il ne considérait pas que la situation européenne soit si grave que cela ». Les diplomates du Foreign Office en contact avec l'ambassade américaine ne tardèrent pas à le redouter et à le détester. Ils rassemblèrent sur lui un dossier secret baptisé « Kennediana », qui ne serait déclassifié qu'après la guerre. On y trouve par exemple une remarque de Robert Vansittart, sous-secrétaire du Foreign Office, datant de début 1940, alors même que la guerre s'étendait à toute l'Europe : « M. Kennedy est un spécimen parfaitement répugnant de duplicité et de défaitisme. Il ne pense jamais qu'à son propre intérêt. J'espère que la guerre permettra au moins d'éliminer ce genre d'individus. »

Le dossier comportait aussi de nombreuses accusations d'enrichissement personnel une fois la guerre déclenchée. On soupçonnait Kennedy, qui contrôlait toujours Somerset Importers, d'avoir obtenu de la place sur des navires de commerce en vue d'importer scotch et gin aux États-Unis. De plus, on pensait qu'il abusait de sa position officielle pour poursuivre ses activités boursières à Wall Street. Le ministère anglais ne disposait alors – officiellement, du moins – d'aucune preuve en ce sens, mais il est vrai que Kennedy prenait ses précautions. En avril 1941, peu après son retour aux États-Unis, il téléphona au département d'État pour demander s'il existait des règles relatives aux transactions financières privées des responsables américains servant à l'étranger. Il lui fut répondu que le Congrès avait, dès 1915, passé des lois rendant illégale toute opération de ce genre.

En 1992, Harvey Klemmer reconnut, lors d'une interview pour la télévision britannique, que les soupçons du Foreign Office étaient fondés : en fait, Kennedy avait continué à investir et à spéculer à Wall Street. Il lui suffisait de transmettre ses consignes par téléphone à John J. Burns, ancien juge de la Cour suprême du Massachusetts qu'il avait nommé responsable de son bureau de New York – pratique qu'il poursuivit jusque dans les années 1950. Klemmer – en qui un journaliste anglais voyait « le brain-trust » de Joe – ne rompit le silence que quelque temps avant son décès en 1992, en accordant une interview à Phillip Whitehead pour Thames TV. Cette interview s'accompagnait d'une autre, cette fois sur bande magnétique, restée presque entièrement inédite, mais dont j'ai eu communication. Les transcriptions de ces deux entretiens donnent une description précise des coulisses de l'ambassade Kennedy : « Un soir, en plein dîner, il a quitté la table pour téléphoner. Ça a duré longtemps. En revenant, il s'est exclamé : "Le marché est en pleine débâcle. J'ai dit à Johnny [Burns] de tout vendre." » Parmi les convives, aux dires de Klemmer, « un Juif qui était son ami et le mien… Il n'a pas tardé à s'agiter, s'est excusé en disant qu'il avait quelque chose d'important à faire, et il est parti. Kennedy a dit aussitôt : "Voyez un peu ce fils de pute qui s'en va vendre ! En fait, le marché est excellent et j'ai dit à Johnny d'acheter !" »

Kennedy n'avait aucun scrupule à profiter de sa position. Klemmer déclara que l'une de ses principales fonctions à l'ambassade était d'assurer les expéditions d'alcool de Joe. « En me servant de son nom, du prestige de sa fonction et aussi de mes contacts avec la Commission maritime, j'ai pu faire expédier près de 200 000 caisses de whisky à une époque où la place disponible était rare [sur les navires entre l'Angleterre et les États-Unis]. » Les choses allèrent si loin, précise Klemmer, qu'« un ami anglais du ministère de la Marine est venu me voir et m'a dit : "Vous feriez mieux d'y aller doucement avec le whisky de l'ambassadeur, parce que certains distillateurs, qui n'ont pas ses relations, vont soulever la question au Parlement." Nous avons mis la pédale douce après ça. » Kennedy n'en fut pas autrement affecté : « Il se débarrassait de tout ça d'un revers de main... il répondait toujours aux critiques par un "qu'ils aillent se faire foutre !" Il ne prenait pas ce genre de choses au sérieux. »

Le défaitisme et la cupidité de l'ambassadeur n'étaient pas les seules causes d'inquiétude des Anglais. Avant même que Churchill ne devienne Premier ministre, Joe Kennedy, par sa volonté de rencontrer Hitler et de maintenir à tout prix les États-Unis hors du conflit, était devenu un véritable danger pour la Sécurité nationale. Les historiens s'accordent à dire qu'il devint la cible privilégiée du célèbre MI5, le service de contre-espionnage anglais. En dépit de requêtes répétées, aucun des dossiers relatifs à ces activités n'a été déclassifié par l'État britannique.

Harvey Klemmer, quant à lui, était parfaitement au courant de la surveillance du MI5. Kennedy fréquentait une riche divorcée anglaise en relation avec sir Oswald Mosley, dirigeant fasciste anglais. Elle apprit à Klemmer que « Joe lui avait demandé de prendre contact avec Mosley », croyant, à tort, que ses partisans étaient bien plus nombreux qu'en réalité. « Un jour, il m'a donc demandé de la ramener chez elle en voiture. C'est ce que j'ai fait. En revenant, j'ai été arrêté par un homme en uniforme qui m'a dit qu'il y avait un raid aérien, ou un exercice anti-invasion en cours. Je devais me réfugier dans une maison voisine. Soupçonnant quelque manœuvre, j'ai placé mes gants en croix sur le siège et rangé d'une certaine façon des papiers dans la boîte à gants. » Lorsque, au bout d'une heure il fut autorisé à repartir, il remarqua que ses gants étaient disposés d'une autre façon et « qu'on avait fouillé la voiture ». Klemmer savait que ses liens avec Kennedy étaient à l'origine de cette surveillance. Ses dossiers à l'ambassade avaient été plusieurs fois *empruntés* et, pensait-il, son appartement londonien fouillé. Il apprit plus tard que « les Anglais avaient mis le téléphone de Kennedy sur écoute ».

Étant donné le caractère précaire de sa position à Londres, certaines actions de Joe paraissent vraiment stupéfiantes. Au printemps 1939, alors que l'Allemagne venait d'envahir la Tchécoslovaquie, il encouragea ainsi – en dépit de l'interdiction formelle du département d'État – un projet fumeux défendu par un compatriote naïf. James D. Mooney, président de General Motors Overseas, s'était entendu dire à Berlin que le régime nazi consentirait à des pourparlers de paix et à un désarmement général en échange d'un prêt d'or compris entre 500 millions et un milliard de dollars, accordé par l'Angleterre et les États-Unis. Mooney se rendit à Londres pour en discuter avec Kennedy, qui fut tout aussi impressionné que lui. Dans un mémoire resté inédit mais auquel j'ai pu accéder, Mooney explique que Joe le pressa de repartir à Berlin et d'informer les Allemands « qu'il aimerait vivement discuter avec eux en privé ». Il fut convenu que l'ambassadeur se rendrait à Paris pour y rencontrer, en toute discrétion, le docteur Helmut Wohltat, haut responsable nazi adjoint de Göring. Ce n'est qu'ensuite que Joe fit parvenir au département d'État un câble dans lequel il demandait si ses responsables verraient « la moindre objection » à ce qu'il aille à Paris rencontrer Mooney et « un ami personnel de Hitler ». Cordell Hull, le secrétaire d'État, le lui interdit. De son côté, Mooney revint à Londres et présenta à Kennedy la liste des concessions allemandes en échange du fameux prêt. Selon lui, l'ambassadeur s'exclama : « Quel merveilleux discours on pourrait faire aux États-Unis à partir de ça ! » Toujours selon Mooney, Kennedy entreprit ensuite d'aller voir le président Roosevelt et, une fois de plus, s'entendit répondre qu'il ferait mieux de ne se mêler de rien.

Ce qui ne l'empêcha pas de rencontrer en secret Mooney et Wohltat dans un hôtel de Londres, le 9 mai 1939. Selon l'homme d'affaires : « Chacun fit une excellente impression sur l'autre. Il était réconfortant d'être là et d'assister à de véritables efforts en vue de parvenir à quelque chose de constructif. » Quelques jours plus tard, le *Daily Express* révéla toute l'affaire en première page, sous le titre : « L'homme mystère de Göring est ici ». Ni Mooney ni Joe n'étaient nommés, mais *The Week*, un bulletin hebdomadaire d'extrême gauche, ne tarda pas à les dénoncer. Selon Claud Cockburn, le rédacteur en chef de cette publication, Kennedy, dans ses discussions avec les Allemands, « usait d'un langage non seulement défaitiste, mais anti-rooseveltien... M. Kennedy va jusqu'à insinuer que la politique démocrate des États-Unis est une machination juive et que Roosevelt tombera en 1940. » L'article, reproduit dans le *New York Post*, fut porté à la connaissance du président par Harold Ickes, qui nota dans son journal : « Le président l'a lu et m'a dit : "C'est vrai." »

L'indiscrétion de Kennedy ne connaissait pas de bornes. Peu après les accords de Munich, il avait convoqué à l'ambassade un groupe de journalistes américains à qui il révéla «officieusement», entre autres choses, un projet, tout à fait secret, de certains généraux allemands en vue de renverser Hitler. James Reston, du *New York Times*, résuma ses déclarations dans *Deadline*[1], un recueil de souvenirs paru en 1991 : «À la veille de Munich, on savait à Londres [...] qu'un groupe d'officiers allemands dirigé par les généraux Halder et Beck avait mis au point un plan pour renverser le Führer. Redoutant une guerre sur trois fronts, les conspirateurs avaient informé Westminster [le Foreign Office] – c'est du moins ce que nous dit l'ambassadeur – qu'ils arrêteraient Hitler si les Anglais et les Français prenaient des dispositions militaires pour empêcher l'invasion de la Tchécoslovaquie.»

Il est impossible de savoir ce que Kennedy avait en tête quand il choisit d'informer les correspondants américains d'un complot dont il alla jusqu'à nommer les chefs. On peut bien entendu y voir la simple irresponsabilité d'un ambitieux, désireux de jouer les initiés et ne reculant devant rien pour se faire bien voir de la presse. Mais on peut aussi en donner une interprétation beaucoup moins anodine. Le dossier «Kennediana», rendu public après la guerre, montre que Kennedy était opposé à toute idée d'assassiner Hitler, craignant que cela n'ouvre la voie au communisme. Fin septembre 1939, peu après l'invasion de la Pologne, il s'en ouvrit à lord Halifax. Selon le compte rendu de celui-ci, Kennedy «méprisait les perpétuelles allusions à l'élimination physique de Hitler. "Comment pourrions-nous être sûrs qu'elle n'aurait pas l'effet opposé sur l'opinion allemande?" Selon M. Kennedy, l'opinion américaine

1. Random House, 1991.

pensait que la Russie représentait une menace pour la paix mondiale bien plus inquiétante que l'Allemagne. Il estimait que l'opinion américaine serait à coup sûr profondément troublée si elle en venait à croire que la lutte actuelle avait pour effet un développement du bolchevisme en Europe. Il appréciait à sa juste valeur la vigueur de l'opinion britannique sur Hitler et le régime nazi, mais si tout cela devait se terminer par une faillite universelle, l'avenir s'annonçait très sombre.»

Halifax, à en croire ses notes, ne fit aucun commentaire sur les remarques de Kennedy relatives à l'assassinat de Hitler.

Durant son séjour londonien, Joe ne parvint qu'à aggraver ses problèmes, personnels et politiques, avec Roosevelt et ses conseillers. Il mettait, il est vrai, peu de soin à dissimuler ses ambitions présidentielles. Selon Klemmer, «il pensait être l'homme le plus qualifié au monde pour être président. Il était parfaitement sûr de lui, comme chacun sait, et pensait que le système monétaire des États-Unis devait être réformé dans son ensemble. C'était là l'une de ses ambitions principales.» Kennedy consacra beaucoup de temps à mettre sur pied une campagne pour se faire élire candidat démocrate à la présidence en 1940. Les journalistes acquis à sa cause, emmenés par Arthur Krock, ne cessaient d'y faire allusion dans leurs articles. Les éditoriaux de Krock dans le *New York Times* laissaient pantois les hommes de la Maison Blanche. Harold Ickes, quant à lui, avait déjà émis des doutes dans son journal: «À un moment où nous aurions dû envoyer en Angleterre le meilleur de tous, nous n'en avons rien fait. Nous y avons expédié un homme riche, ignorant de la diplomatie, ignorant de l'histoire et de la politique, avide de publicité et qui, apparemment, désire être le premier président catholique des États-Unis. »

Roosevelt était bel et bien décidé à obtenir un troisième mandat présidentiel en 1940, et il était aussi doué que Kennedy pour le double jeu. Walter Trohan, du bureau de Washington du *Chicago Tribune*, connu pour être proche de Joe, m'a déclaré avoir été convoqué à la Maison Blanche par Steve Early, l'attaché de presse du président. « "Vous êtes un ami de Joe Kennedy, n'est-ce pas?" J'ai répondu : "Oui, j'aime bien Joe." "Et vous ne le critiqueriez pas?" J'ai dit : "Oh que si ! Je suis prêt à critiquer tous les partisans du New Deal. Qu'est-ce que Joe a fait?" » Early donna à Trohan la copie de deux lettres écrites par Kennedy. La première était adressée à Arthur Krock : « Nous ne devrions pas être impliqués dans la guerre. » La seconde, envoyée au département d'État, « était extrêmement pro-anglaise et recommandait de s'entendre avec la Grande-Bretagne. » Trohan écrivit un article à ce sujet dans la *Tribune*. Quelques semaines plus tard, Kennedy vint à Washington pour une réunion. Trohan se souvient : « Il m'a croisé par hasard et a passé un doigt sur sa gorge sans me quitter des yeux. Joe savait que l'information m'avait été fournie par la Maison Blanche. » Il ajoute que Kennedy finit par lui pardonner.

Joe représentait, politiquement et diplomatiquement, un danger auquel le président Roosevelt fit face en le maintenant à Londres et en le tenant à l'écart de toutes les décisions importantes. À la mi-1940, après que Hitler eut envahi la Norvège et le Danemark puis lancé son offensive à travers la Belgique et la France, le président envoya en Angleterre plusieurs représentants personnels, en leur donnant l'ordre de procéder à des estimations du moral et des capacités militaires des Britanniques. Ces hommes – le colonel William J. « Wild

Bill » Donovan, le colonel Carl Spaatz, le général George Strong et l'amiral Robert L. Ghormley – arrivèrent à Londres, s'acquittèrent de leur tâche et repartirent pour Washington, le tout sans aucun contact ou presque avec l'ambassade, à la grande fureur de Kennedy. À cette époque, l'essentiel des transactions diplomatiques avec les États-Unis était directement assuré par lord Halifax, ministre des Affaires étrangères, et notamment une proposition très délicate d'échanger un bail américain à long terme sur des bases anglaises situées outre-mer contre cinquante destroyers dont la Grande-Bretagne avait un besoin urgent. La diplomatie américaine en Europe fut confiée à la responsabilité de William C. Bullitt, ambassadeur à Paris et confident de Roosevelt, dont il partageait le mépris pour le régime nazi.

Kennedy comprenait très bien que Roosevelt, même s'il avait plus d'une fois déclaré publiquement le contraire, était décidé à faire entrer l'Amérique dans la guerre. À l'automne 1939, le président avait entamé une correspondance secrète avec Churchill, neuf mois avant que celui-ci ne soit nommé Premier ministre. Les deux hommes prirent soin de ne jamais évoquer ouvertement une lutte commune contre Hitler mais convinrent de partager certains renseignements, en particulier la position des sous-marins et des navires allemands. De tels échanges auraient provoqué, pour le moins, l'indignation des isolationnistes du Congrès et mis en péril la réélection de Roosevelt. Aucune copie de cette correspondance ne devant être transmise au Foreign Office, les deux hommes communiquaient par l'intermédiaire du service du Chiffre de l'ambassade américaine – celle de Joe Kennedy.

6

Face à Roosevelt

Au début du mois d'octobre 1940, une très vive querelle opposa le président et son ambassadeur en Grande-Bretagne. Celui-ci voulait s'en aller et ne se gênait pas pour le faire savoir. Le 10, il profita d'un dernier entretien avec lord Halifax pour menacer Roosevelt – sachant que le Foreign Office en informerait le département d'État par l'intermédiaire de l'ambassadeur britannique à Washington, lord Lotian. Halifax transmit en effet à Lotian que Kennedy se plaignait de n'avoir pas été « tenu correctement informé des décisions et des actions politiques [de Roosevelt] au cours des deux ou trois premiers mois. Il m'a dit qu'il avait envoyé aux États-Unis un article qui paraîtrait le 1er novembre si, d'aventure, il ne pouvait se rendre là-bas. Cet article pourrait avoir une importance considérable du fait qu'il serait publié cinq jours avant l'élection présidentielle. Quand je lui ai demandé quelle en était la teneur, il m'a fait comprendre qu'il s'agirait d'une mise en accusation du gouvernement Roosevelt, coupable d'avoir beaucoup parlé et peu agi. C'est un homme manifestement déçu et plutôt aigri. »

Kennedy était plus qu'aigri : furieux. « Je vais rentrer au pays et dire au peuple américain que le fils de pute qui occupe la Maison Blanche veut envoyer leurs enfants à la boucherie», confia-t-il à Harvey Klemmer la veille de son départ.

Arthur Krock, le fidèle secrétaire de Joe, décrit en détail dans ses mémoires les tentatives de chantage auxquelles il se livra. «Le 16 octobre, Kennedy envoya au président un câble demandant la permission de rentrer. Le même jour, il téléphona [...] pour dire que, s'il ne recevait pas une réponse favorable, il rentrerait quand même [...] Il expliqua qu'il avait envoyé un compte rendu complet des faits à Edward Moore, son secrétaire à New York, avec l'ordre de porter l'histoire à la connaissance de la presse s'il n'était pas de retour à New York à une certaine date. Quelques heures après cette conversation, il reçut par câble la permission de partir.»

Le «compte rendu» en question parlait des nombreux échanges de messages entre Roosevelt et Churchill transmis par l'intermédiaire de l'ambassade américaine. Leur histoire n'était connue que de quelques personnes seulement. En mai 1940, Kennedy avait été scandalisé en apprenant qu'une unité spéciale du contre-espionnage britannique ayant pénétré, de nuit, dans l'appartement de Tyler Kent, employé du Chiffre à l'ambassade, y avait découvert plus de 1500 câbles diplomatiques décodés que Kent avait gardés par-devers lui. Kennedy le priva aussitôt de son immunité diplomatique (procédure exceptionnelle, qui ne s'est plus jamais reproduite depuis). Arrêté et condamné par un tribunal londonien, Kent passa la guerre dans une prison de l'île de Wight.

L'intervention de Joe était en tout point stratégique : empêcher l'affaire – et la correspondance Roosevelt-Churchill – d'être révélée publiquement lui permettait d'éviter que Kent soit jugé en Amérique. Ainsi, l'existence des câbles resterait inconnue des membres du

Congrès et des Américains hostiles à toute idée d'intervention en Europe, et Kennedy pourrait s'en servir, à titre strictement personnel, comme d'une arme contre Roosevelt. Du reste, les dossiers de l'ambassade américaine montrent que le 20 mai 1940, jour de l'arrestation de Kent, Kennedy fit expédier une valise diplomatique pleine de «courrier personnel et de divers paquets» à destination de Washington, aux bons soins d'un ami du département d'État. Le 23, il obtint de celui-ci, pour le compte de son fidèle adjoint Edward Moore, la permission de rentrer aux États-Unis en même temps que Rose Kennedy. Le 28, Moore quittait Londres pour ne plus y revenir.

Après la guerre, Tyler Kent, rongé par une haine féroce pour Kennedy, se retira dans le Maryland pour mener une existence discrète de gentleman farmer. Les dossiers du FBI le concernant restèrent secrets jusqu'en 1982, date à laquelle John Costello, journaliste anglais spécialiste de la dernière guerre, en obtint communication aux termes de la loi sur la Liberté de l'information. Costello se procura aussi des dizaines de documents du département d'État sur l'affaire Kent, comprenant de nombreux messages de Kennedy à Washington. Il contacta Kent lui-même, qui lui accorda des interviews très détaillées. Il expliqua par exemple ne s'être intéressé aux câbles secrets qu'après avoir reçu de Kennedy l'ordre «de garder des copies des messages sortant de l'ordinaire envoyés depuis (ou reçus à) l'ambassade, et ce pour le dossier personnel de l'ambassadeur». Celui-ci lui demanda également de retrouver tous les câbles codés que Roosevelt avait adressés, depuis les accords de Munich, à William C. Bullitt et Anthony Drexel Biddle, ambassadeur à Varsovie, tous deux farouches opposants à Hitler.

L'affaire Kent connut un rebondissement à la fin des années 1980, lorsque Robert T. Crowley, responsable de la CIA et spécialiste de la pénétration soviétique en Occident, prit sa retraite. « À ce moment-là, m'a-t-il expliqué, il y avait deux ou trois survivants de cette époque, et l'un d'eux était Kent. Il m'avait toujours donné l'impression d'être quelqu'un d'instable. » Il le soupçonnait même d'être un agent soviétique. Grâce à ses relations, Crowley parvint à consulter des documents d'État jusque-là inaccessibles et établit que, finalement, Kent n'était pas lié au KGB : « Je n'ai rien découvert qui indique qu'il ait travaillé pour les Soviétiques, les Allemands ou les Italiens. En fait, il travaillait surtout pour lui. Il essayait de sauver les États-Unis des griffes de Roosevelt. C'était un type un peu fêlé. » Crowley mit cependant la main sur des documents qui prouvaient que Kennedy avait rassemblé tout un dossier sur Roosevelt et s'était servi de Kent pour récupérer la correspondance du président avec Churchill.

Crowley considère que priver Kent de son immunité diplomatique – et l'empêcher ainsi d'attirer l'attention de la presse américaine – fut, de la part de Kennedy, une remarquable manœuvre, de même qu'envoyer aux États-Unis les copies des câbles Roosevelt-Churchill pour les récupérer ensuite en vue de l'affrontement avec le président. « Ces télégrammes fournissaient à Kennedy une arme redoutable contre Roosevelt. »

Joe Kennedy déclara donc la guerre à la Maison Blanche. Il arriva à Washington le soir du 26 octobre, dix jours avant l'élection présidentielle, tandis que la presse se demandait s'il allait soutenir le candidat républicain, Wendell Willkie. Peu après que son avion eut décollé de Londres, il avait reçu plusieurs messages confidentiels de Roosevelt l'invitant à dîner à la Maison Blanche. Les deux hommes avaient eu une brève conversation téléphonique le matin du 26 (Kennedy était alors aux Bermudes, dernière escale avant New York), dont Lyndon Baynes Johnson, alors jeune congressiste ambitieux venu du Texas et qui se trouvait un peu par hasard dans le Bureau ovale, fut le témoin involontaire. « Ah ! Joe, s'exclama Roosevelt, ça me fait plaisir d'entendre votre voix. Venez donc dîner à la Maison Blanche ce soir. » Puis le président se passa lentement la main en travers de la gorge et ajouta : « Je meurs d'envie de discuter avec vous. »

On ne saura sans doute jamais ce que les deux hommes se dirent ce soir-là. Selon ce que Kennedy rapporta à Arthur Krock, Roosevelt avait écouté calmement les doléances de son ancien ambassadeur et s'était montré si aimable que Joe, un peu apaisé, avait accepté d'appeler à sa réélection lors d'un discours radiophonique.

Volte-face surprenante lorsqu'on connaît la vive hostilité entre les deux hommes. Par la suite, Kennedy devait en donner au moins deux justifications différentes. Au journaliste Stewart Alsop, il expliqua que Roosevelt lui avait laissé entendre que, s'il le soutenait, il pourrait en échange appuyer sa candidature à la présidentielle de 1944. À Clare Boothe Luce, l'épouse de Henry Luce, le fondateur de *Time*, il déclara : « Nous étions convenus que si j'appelais à voter pour lui, il soutiendrait mon fils aîné aux élections de gouverneur du Massachusetts en 1942. » Mais chacun considérant l'autre comme un fieffé menteur, on imagine quel crédit ils durent accorder à ces promesses.

Il est vrai que, selon les confidences du fils de Winston Churchill, Randolph, à C. L. Sulzberger du *New York*

Times en 1960, le MI5 avait fourni à Roosevelt un ensemble de câbles et de transcriptions de conversations téléphoniques de Kennedy dans lesquels celui-ci critiquait vivement le président. Ce dossier compromettant mettait donc les deux hommes à égalité.

Le 29 octobre, Kennedy prononça à la radio un discours d'une demi-heure dans lequel il rassura les Américains : les États-Unis « devaient rester, et resteraient, en dehors de la guerre ». Il ajouta que le gouvernement Roosevelt n'avait pas pris d'engagements secrets envers les Britanniques. L'accusation très répandue selon laquelle le président tentait « d'impliquer notre pays dans la guerre [...] était entièrement fausse ». Ces déclarations stupéfièrent ceux qui connaissaient les véritables sentiments de Kennedy à l'égard de Roosevelt. Arthur Krock écrit ainsi : « Ce discours entrait en contradiction, non seulement avec l'opinion que Joe avait exprimée plus d'une fois en privé (notamment devant moi), mais aussi avec sa réputation, justifiée, d'être un homme public qui ne mâchait jamais ses mots. »

Trois jours après l'élection, Joe provoqua sa propre perte. Le 11 novembre, dans une interview accordée à Louis Lyons, du *Boston Globe*, et à deux autres journalistes, il déclara que Hitler avait gagné la guerre en Europe. « La démocratie en Angleterre, c'est terminé. N'allez pas croire, comme on vous le dit, qu'on peut s'habituer à des bombardements incessants. Personne n'y est jamais parvenu. [...] La question, à l'heure actuelle, est de savoir combien de temps l'Angleterre peut tenir. [...] Je suis prêt à dépenser tout ce que j'ai pour que nous restions en dehors de la guerre. Il ne servirait à rien que nous nous lancions dans une telle entreprise. Nous ne ferions que payer les pots cassés. » Ces déclarations firent les gros titres des journaux. La réaction populaire ne tarda pas : des milliers de gens écrivirent à Roosevelt pour lui demander de se débarrasser d'un ambassadeur aussi défaitiste. Les Britanniques renchérirent, peu surpris de telles remarques mais stupéfaits par le suicide politique de Kennedy. Cette interview porta un coup fatal à Joe et mit fin à ses rêves d'occuper de hautes fonctions. Elle donna aussi à ses ennemis le courage de s'opposer à lui.

Roosevelt finit par lui dire ses quatre vérités lors de Thanksgiving. Joe était l'invité du président et de son épouse pour le week-end, dans leur résidence de Hyde Park. À la suite d'on ne sait quel accrochage, Roosevelt lui ordonna de quitter les lieux. Eleanor Roosevelt déclara plus tard au romancier Gore Vidal que jamais elle n'avait vu son mari aussi furieux. Les deux hommes s'étaient isolés pour discuter en tête à tête depuis moins de dix minutes lorsqu'un collaborateur de son mari l'informa qu'elle devait se rendre immédiatement dans le bureau du président. « J'y suis allée en courant, et Franklin était là, blanc comme un linge. Il a demandé à M. Kennedy de sortir et m'a dit d'une voix tremblante : "Je ne veux plus revoir cet homme de ma vie. Raccompagne-le, s'il te plaît." J'ai répondu : "Mais tu l'as invité pour le week-end, nous avons des invités pour le déjeuner, et il n'y a pas de train avant 14 heures." Franklin m'a dit : "Alors promène-le en voiture autour de Hyde Park jusqu'à l'arrivée du train." C'est ce que j'ai fait, et ce furent les quatre heures les plus abominables de mon existence. »

Relatant la scène dans un article paru en 1971 dans la *New York Review of Books*, Vidal précisait que Mme Roosevelt avait ajouté : « Je me demande si la véritable histoire de Joe Kennedy sera connue un jour. » Au cours d'une interview qu'il m'a accordée pour ce livre, des années plus tard, Vidal m'a déclaré avoir pensé, à l'époque, qu'elle voulait dire non seulement que la vérité resterait inconnue, mais qu'il serait «trop dangereux de la révéler».

Kennedy démissionna officiellement début 1941. Plus jamais il n'occuperait de hautes fonctions publiques.

Joe apprit en outre très vite qu'être l'ennemi de Roosevelt, c'était aussi se mettre à dos J. Edgar Hoover. Début 1941, la Maison Blanche et le Foreign Office disposaient de rapports, aussi bien publics que privés, démontrant qu'un célèbre spéculateur de Wall Street, Bernard E. «Ben» Smith, s'était rendu en France pour contacter les autorités de Vichy en vue de réactiver un vieux projet isolationniste cher à Kennedy: fournir à l'Allemagne un important prêt d'or en échange de promesses de paix. Un document britannique confirmait que Joe, toujours aussi soucieux de sauver le capitalisme américain des désastres de la guerre, faisait «tout ce qui était en son pouvoir pour y parvenir». Smith était considéré comme son émissaire. Selon un rapport confidentiel, destiné au Foreign Office et daté du 4 février, Kennedy l'avait envoyé auprès des responsables vichyssois pour encourager «Hitler à tenter de trouver une solution pour reconstruire l'Europe. Une fois cette solution trouvée, [Kennedy] comptait soulever en Angleterre, avec l'aide de deux personnalités très influentes, un vaste mouvement de l'opinion publique en faveur de la conclusion d'une paix négociée». Selon ce document, Roosevelt, ayant eu vent de ce projet, avait réussi à le contrecarrer. Smith, qui avait apporté d'importantes contributions financières à la campagne de Wendell Willkie, se rendit bel et bien en France à la fin de 1940, mais sans résultats. Le 3 mai 1941, cependant, Hoover fit savoir au président que le FBI avait eu vent d'une rencontre à Vichy entre Kennedy, Smith et Göring. À la suite de cette rencontre secrète, Kennedy et son acolyte « avaient versé une somme considérable à la cause allemande ». Rien n'indique que Joe se soit rendu en Europe avec Smith pour y retrouver le chef de la Luftwaffe. Mais, de toute évidence, Hoover comprenait que Kennedy, désormais discrédité, était une proie facile.

Quand, le 7 décembre 1941, le Japon lança sur Pearl Harbor l'attaque surprise qui allait précipiter l'entrée en guerre des États-Unis, les derniers espoirs de Joe Kennedy s'écroulèrent. Prisonnier de ses ambitions et de ses craintes pour la survie du système capitaliste, il n'avait pas su, contrairement à Roosevelt, prendre le pouls de l'opinion. Son arrivisme, les petits jeux politiques auxquels il s'était livré ne lui furent d'aucun secours lorsqu'il fut confronté au plus grave dilemme de son existence : arrêter l'Allemagne nazie ou pactiser avec elle. John, bien plus tard, saurait ne pas commettre la même erreur.

Joe reporta donc ses ambitions politiques sur ses deux fils aînés. Ils bénéficieraient de son argent, de son intelligence, de sa volonté. À l'époque, Joe Jr. achevait sa formation de pilote d'avion à Jacksonville, en Floride, et John était chargé de rédiger des bulletins de synthèse quotidiens au quartier général des services de renseignement de la marine à Washington.

La guerre n'empêcha toutefois pas ce dernier d'entretenir une liaison torride avec une journaliste danoise, Inga Marie Arvad, l'ex-épouse du réalisateur hongrois Paul Fejos. Ancienne Miss Europe, la jeune femme, devenue journaliste, avait interviewé Hitler et fréquenté brièvement les milieux dirigeants nazis à l'occasion d'une série de reportages sur les Jeux olympiques de 1936. Arthur Krock la remarqua en 1941, alors qu'elle suivait les cours de la Columbia School of Journalism. Il la recommanda à Frank Waldrop, rédacteur en chef du *Washington Times-Herald*, qui lui confia une rubrique mondaine essentiellement consacrée aux nouveaux venus à Washington. John Kennedy faisait partie de ceux qu'elle interviewa, et le séduisant officier de vingt-quatre ans tomba amoureux de l'ancienne reine de beauté, plus âgée, plus expérimentée et beaucoup plus raffinée que lui.

Une collègue jalouse ayant révélé qu'Arvad avait eu l'occasion de rencontrer Hitler au FBI, celui-ci vit en elle une possible espionne nazie et se mit à enquêter sur son passé. Il soupçonnait en effet son oncle – crainte qui se révéla infondée – d'être l'un des chefs de la police berlinoise. Début 1942, Hoover, à la demande expresse de Roosevelt, prit lui-même l'enquête en main et eut recours à une manœuvre classique. Walter Winchell, son éditorialiste préféré, fit paraître, le 21 janvier, l'entrefilet suivant : « L'un des fils de l'ex-ambassadeur Kennedy file le parfait amour avec une journaliste mariée de Washington. Elle a déjà consulté son avocat pour un éventuel divorce. Papa Kennedy n'aime pas ça. » Quelques jours plus tard, Hoover mit personnellement Joe en garde : John aurait de gros ennuis si son père ne lui faisait pas quitter Washington sur-le-champ.

Soucieux de protéger la carrière de son fils, Kennedy le fit transférer aussitôt sur la base de Charleston, en Caroline du Sud. Ce qui n'empêcha pas le jeune homme de retrouver Arvad les deux mois qui suivirent. Le FBI, sur les ordres de Hoover, la surveilla en permanence, la mit sur écoute à Charleston tandis que son appartement de Washington était fouillé et truffé de micros. Le tout sans jamais découvrir, d'ailleurs, qu'elle se livrait à quoi que ce soit d'illégal. Des mois durant, les limiers de Hoover accumulèrent un nombre considérable d'enregistrements sur lesquels on entendait les deux amants en pleine extase ainsi que les discussions politiques entre Joe et son fils. Un compte rendu du FBI, publié dans *Kennedy: Une jeunesse insouciante*[1], de Nigel Hamilton, montre par ailleurs que Joe, dès le début, eut des ambitions politiques non seulement pour son aîné Joe Jr., mais aussi pour John. Selon ce document, ce dernier avait déclaré à Arvad que son père avait cessé de défendre en public des opinions devenues très impopulaires « parce qu'il croyait que, plus tard, cela pourrait nous [Joe Jr. et JFK] porter tort ». Les enregistrements du FBI montraient par ailleurs qu'Arvad, tout en fréquentant Kennedy, consacrait certaines de ses nuits à Bernard Baruch, financier international et spéculateur boursier très lié à la Maison Blanche.

La liaison de JFK et de la journaliste prit fin vers le mois de mars. En juin, Arvad divorça et partit en Californie où elle épousa Tim McCoy, célèbre acteur de westerns, ce qui lui permit d'acquérir la citoyenneté américaine. Frank Waldrop fit à cette occasion fonction de témoin de moralité. En 1978, il signa un texte resté inédit, mais qui m'a été communiqué, où il décrivait l'enquête menée par le FBI. Une jeune journaliste du *Time-Herald*, à laquelle John avait préféré Arvad, l'avait informé que la Danoise avait été photographiée en 1936 aux côtés d'Adolf Hitler. « J'ai donc pris Inga par un bras, l'autre fille par l'autre, et je les ai emmenées aux bureaux du FBI à Washington. Là, j'ai dit à l'agent de service : "Cette jeune dame prétend que cette jeune dame est une

1. Seuil, 1996.

espionne nazie." » Waldrop ajoute qu'à l'époque il ignorait que, l'année précédente, une condisciple d'Arvad à l'école de journalisme avait porté les mêmes accusations. À sa surprise, Roosevelt envoya un mémorandum « directement à Hoover, en lui demandant de faire "tout spécialement surveiller" Inga. Comment avait-il été informé ? Qui donc avait pu lui parler de querelles aussi insignifiantes au moment le plus critique de la guerre du Pacifique (la bataille de Midway était tout proche) ? Je ne l'ai jamais découvert. »

Une interview avec Cartha DeLoach, directeur adjoint du FBI et collaborateur de Hoover pendant près de trente ans, confirme les allégations de Waldrop. « L'enquête sur Inga Arvad n'a jamais permis d'établir qu'elle était une espionne allemande. Elle avait une liaison avec John F. Kennedy, point final. Jamais elle n'a été inculpée, mise en jugement ou condamnée. »

Joe Kennedy comprenait parfaitement la situation. Les agents du FBI menant l'enquête pouvaient bien penser que la séduisante Inga Arvad représentait un véritable danger pour la sécurité du pays ; mais leurs supérieurs – J. Edgar Hoover et Roosevelt – voulaient rappeler à Joe qu'il valait mieux filer doux et se souvenir qu'ils seraient ravis de lui porter tort. Le FBI avait dans ses dossiers toutes sortes de rumeurs suffisamment éloquentes pour briser dans l'œuf la carrière politique de John.

Joe trouva la solution pour protéger les ambitions de ses deux fils, désormais partis pour la guerre. Il avait péché contre Hoover ? Il chercherait la rédemption. En septembre 1943, comme le montrent les dossiers, il contacta le bureau du FBI à Boston et déclara qu'il « serait ravi d'apporter son aide de toutes les manières possibles». Edward A. Soucy, responsable local du FBI, ajouta, dans une lettre à Hoover: « M. Kennedy a la plus haute opinion du Bureau et de son chef. Il a précisé que, s'il se trouvait un jour en position de faire des recommandations officielles, il encouragerait la création d'une unité d'enquête fédérale et placerait Hoover à sa tête. » Ce dernier, ravi, accepta l'offre de Kennedy et, dans sa réponse à Soucy, lui donna quelques directives: «Il ne faut surtout pas hésiter à lui confier des missions d'enquête en rapport avec ses capacités. Naturellement, le Bureau devra être informé de la nature de ces missions comme des résultats obtenus. »

On ne connaîtra jamais l'étendue exacte des machinations de Joe, mais il ne laissait rien au hasard. L'enquête sur Inga Arvad et sa liaison avec John Kennedy avait été supervisée, au ministère de la Justice, par James M. McInerney qui, en 1942, dirigeait le service chargé de la Défense nationale et de la Sécurité intérieure. Ancien du FBI, il resterait à son poste pendant les dix années suivantes. Fin 1952, il intervint pour que Bobby Kennedy, sorti de la fac de droit un an plus tôt, devienne membre du secrétariat d'une sous-commission du Sénat. L'année suivante, McInerney devint avocat et ouvrit sur F Street, à Washington, un cabinet dont Joe Kennedy et ses trois fils furent les premiers et les plus importants clients. Au fil de la décennie suivante, il s'occupa pour eux d'affaires délicates: contacter certaines femmes et leur proposer, dans le plus grand secret, des compensations – ce genre de problème était toujours réglé en douceur.

7

Nomination à vendre

On a raconté des centaines de fois la marche vers le pouvoir de John Fitzgerald Kennedy. À la fin des années 1950, le sénateur au bronzage toujours impeccable, entouré d'une femme et d'une fille très photogéniques, fit l'objet, mois après mois, de nombreux articles dans les magazines nationaux. Quand il ne donnait pas d'interviews, Kennedy signait des dizaines d'articles, en général écrits par ses rédacteurs de discours ou ceux de son père. Il écrivit aussi un livre, *Profiles in Courage*[1], qui lui valut le prix Pulitzer en 1957.

L'année précédente, il avait gagné en stature politique lors de la Convention nationale du Parti démocrate. Battu de justesse par Estes Kefauver pour le «ticket» présidentiel aux côtés d'Adlai Stevenson, qui se présentait, sans grandes chances de l'emporter, contre Dwight. D. Eisenhower, il accepta sa défaite avec une aisance et un fair-play remarqués (notamment par des millions de téléspectateurs). Il n'en fallut pas moins pour effacer l'impression mitigée qu'il avait laissée au Sénat, et il devint très tôt un des favoris dans la nomination

1. *Profiles in Courage*, *op. cit.*

pour 1960. Au cours des quatre ans qui suivirent, Kennedy ne s'épargna aucun effort, passant la plupart de ses week-ends à prononcer des discours ou à participer à des dîners à travers tout le pays pour collecter des fonds de campagne.

Les électeurs en vinrent à éprouver pour lui la même admiration que pour un athlète ou un acteur de cinéma célèbres. La campagne fut, dès le début, orchestrée par Joe Kennedy. Ancien producteur de Hollywood, celui-ci comprenait parfaitement que son fils devait prendre part à l'élection présidentielle en tant que star, et non en simple politicien. Lors d'une interview accordée en 1959 au journaliste Ed Plaut, qui écrivait alors une biographie de JFK, le patriarche déclara sans ambages que celui-ci était devenu « la plus grande attraction du pays ». Et d'ajouter : « C'est pour ça que les démocrates vont voter pour lui. Son élection est gagnée d'avance, je ne me fais aucun souci à ce sujet. »

À l'été 1960, accompagné de son frère Bobby – directeur de campagne – et de son père – conseiller politique et financier occulte –, John Kennedy arriva en favori à la convention démocrate de Los Angeles : il avait remporté toutes les primaires démocrates dans l'ensemble du pays. Sa campagne, particulièrement brillante, servirait d'exemple à des générations de politiciens ambitieux. Ted Sorensen, l'un de ses plus fidèles collaborateurs, décrit dans son *Kennedy*[1], livre de souvenirs publié en 1965, comment JFK s'était adressé directement au peuple. « Rien qu'en 1960, il avait parcouru plus de 100 000 kilomètres en avion, dans plus de douze États, souvent à l'occasion de primaires cruciales, et presque toujours avec sa femme. Il

1. Harper and Row, 1965.

avait prononcé près de 550 discours sur tous les sujets imaginables. Il avait voté ou présenté des lois, s'était exprimé sur toutes les questions d'actualité sans jamais se rétracter. Il avait pris la parole devant les conventions du parti, discuté personnellement avec ses dirigeants, ses délégués et des milliers d'électeurs. Il avait profité du moindre moment de liberté pour leur téléphoner. Il ne s'était pas engagé sur des promesses qu'il n'aurait pas été sûr de tenir, comme garantir qu'avec lui le chômage disparaîtrait. »

Ce que les non-initiés ignoraient – d'autant plus que Sorensen se garde bien d'aborder la question –, ce fut le nombre d'obstacles que Kennedy dut surmonter, mais aussi l'existence d'accords tenus soigneusement secrets qui lui assureraient les victoires menant à son investiture à la convention de Los Angeles.

Le succès éclatant qu'il remporta en Virginie-Occidentale, en mai, fut à cet égard décisif. À cette occasion, il aborda franchement la question religieuse, déclarant par exemple à son auditoire que, pendant la Seconde Guerre mondiale, il était parti se battre sans que personne se préoccupe de savoir qu'il était catholique. Il l'emporta sur Hubert H. Humphrey, sénateur du Minnesota, par plus de 84000 voix. Sorensen cite un autre de ses adversaires malheureux, Stuart Symington, sénateur du Missouri, qui aurait déclaré après la convention : « Il avait un petit peu plus de courage [...] d'endurance, de sagesse et de caractère que nous tous réunis. »

Comme beaucoup de ce qu'on a écrit sur la légende Kennedy, le récit de Sorensen, s'il n'est pas faux, est au moins partial. Si Kennedy a remporté les primaires, ce fut sans doute autant grâce à son travail et à sa persévérance qu'aux 2 millions de dollars (soit 11 millions actuels, et on parle même du double) investis par son père en Virginie-Occidentale. Des dépenses sans précédent dans l'histoire politique des États-Unis.

On peut se faire une idée beaucoup plus complète du parcours de JFK grâce au récit inédit de Hyman B. Raskin, l'un de ses proches conseillers. Avocat de Chicago, il avait pris part aux campagnes présidentielles d'Adlai Stevenson en 1952 et 1956. Joe Kennedy le recruta en 1957 pour qu'il supervise l'organisation de celle de son fils. Quand celui-ci fut élu, en 1960, Raskin cessa d'exercer. (Il mourut en 1995 à Rancho Mirage, en Californie, avec la discrétion qui fut la sienne toute sa vie durant.) Sa veuve, Frances, m'a confié une copie de son récit, *Un travailleur dans les vignes*, compte rendu de première main des interventions – toujours percutantes mais soigneusement cachées à la presse – de Joe Kennedy dans la politique nationale au nom de son fils. D'après Raskin, des fonds de campagne illimités, les prestigieuses relations de Joe et les excellents résultats de John aux primaires – notamment en Virginie-Occidentale – permirent aux Kennedy de se rendre à Los Angeles en sachant qu'ils s'étaient acquis le soutien d'assez de délégués pour l'emporter.

Quelques jours avant la convention, la candidature de dernière minute de Lyndon B. Johnson provoqua un beau remue-ménage dans la presse. Mais, selon Raskin, elle arrivait trop tard. « Le favori était imbattable. Pour des raisons qu'on ignore, certains membres de la presse refusèrent d'admettre que Kennedy serait nommé, ignorant les prévisions mathématiques de leurs confrères. Ces calculs avaient été publiés, Johnson et ses directeurs de campagne y avaient donc eu accès, et avaient pu les vérifier grâce à leurs propres contacts dans presque tous les États. Pourquoi donc, me demandai-je à l'époque, poursuivre une lutte aussi vaine?» Johnson s'obstina pourtant, et subit à la convention une défaite cuisante.

Que Kennedy ait verrouillé sa nomination des semaines avant la convention fut l'un des secrets de sa campagne. Mais il y en eut d'autres, beaucoup plus dangereux, dont la révélation publique aurait pu lui coûter la victoire.

Un groupe de journalistes du *Wall Street Journal* s'interrogea sur l'énormité des sommes dépensées par les Kennedy pour remporter les primaires en Virginie-Occidentale. Mais leurs découvertes n'eurent jamais les honneurs de la publication.

Alan L. Otten, qui suivait la campagne pour le compte du journal, avait été très surpris de l'ampleur de la victoire de Kennedy. Pendant les semaines passées à parcourir les villes des comtés miniers, il avait été frappé du très fort sentiment anticatholique qui y régnait, et en avait conclu que Humphrey l'emporterait haut la main. Comme il me l'a déclaré en 1994: «Chaque mineur avec qui je discutais avait l'intention de voter pour lui.» À la publication des résultats, Otten, qui devint plus tard chef du bureau de Washington du *Wall Street Journal*, pressa ses supérieurs d'entreprendre une enquête poussée. «Nous étions convaincus que d'énormes sommes d'argent avaient changé de mains.»

Acheter les votes n'était pas chose nouvelle en Virginie-Occidentale: les shérifs et les responsables politiques des 55 comtés avaient toujours veillé à les soumettre à un contrôle politique étroit. Le nombre très élevé de candidats qui se présentaient aux primaires mais aussi à toutes sortes d'élections locales rendait le processus électoral extrêmement long. Dans *The Making of the President*[1], récit de la campagne présidentielle de 1960 qui lui valut le prix Pulitzer, Theodore H. White notait ainsi que la liste des bulletins de vote aux primaires du comté de Kanawha, le plus grand de l'État, occupait trois pleines pages de la *Charleston Gazette.* Aussi shérifs et politiciens facilitaient-ils la tâche des électeurs en dressant des listes des candidats, officiellement désignés par leur parti, à chaque mandat. Certains des postulants qui voulaient se faire élire à des postes différents se retrouvaient ainsi sur deux, trois ou quatre listes. C'est d'ailleurs ce qui se passe aujourd'hui encore.

C'était aussi aux shérifs et responsables politiques qu'incombait la tâche d'embaucher des scrutateurs pour le jour du scrutin. La tradition politique voulait que certains candidats à des responsabilités dans l'État paient tout ou partie des dépenses électorales s'ils voulaient être placés en haut des listes. Dans certaines régions, il était courant d'acheter les voix, à raison de quelques dollars pièce, tout comme de payer les « Lever Brothers » (ainsi surnommés d'après le célèbre fabricant de détergents), responsables électoraux chargés d'emmener les électeurs signer dans les bureaux de vote pendant qu'eux votaient en leur nom.

Les enquêteurs du *Wall Street Journal*, parmi lesquels Roscoe C. Born, du bureau de Washington, passèrent cinq semaines en Virginie-Occidentale et découvrirent que les Kennedy avaient transformé ce qui n'était qu'une fraude électorale traditionnelle somme toute limitée en une véritable machine de corruption s'étendant à tout l'État. Ils parvinrent à la conclusion que le clan avait investi une fortune – dont une bonne part provenait

1. Atheneum Publishers, 1961.

de Chicago, où R. Sargent Shriver, beau-frère de JFK, représentait les intérêts commerciaux de la famille. Les journalistes apprirent que l'argent avait, pour l'essentiel, été remis par un vieil ami de Shriver, James B. MacCahey, alors président d'une compagnie de Chicago fournissant en charbon les écoles de la ville. Il connaissait parfaitement la Virginie-Occidentale, dont les mines produisaient alors plus de 100 millions de tonnes de charbon par an. Roscoe Born et un collègue se rendirent à Chicago pour l'interroger. «Il nous a complètement embobinés, se rappelle Born. Il ne faisait aucun doute pour moi que l'argent avait été versé à des appareils politiques locaux qui contrôlaient les votes.»

Convaincu qu'ils avaient rassemblé assez d'éléments pour faire paraître un article explosif, Born s'installa avec sa machine à écrire dans un hôtel proche des bureaux du *Wall Street Journal* à Washington. Le temps pressait – la convention démocrate aurait lieu dans quelques semaines – et, de toute évidence, les responsables de son journal n'étaient pas très à l'aise.

Comme beaucoup de comptes rendus d'enquêtes, celui de Born restait prudent. Aucune de se ses sources ne déclarait avoir vu un représentant des Kennedy distribuer de l'argent. «Nous savions qu'il y avait eu des réunions, mais rien n'établissait que des pots-de-vin y avaient été remis.» La direction demanda à ses journalistes que certaines de leurs sources les autorise à les nommer. Mais aucune n'accepta, et l'article ne parut jamais. L'éditorialiste Robert D. Novak, qui travaillait alors au journal, se rappelle avoir entendu dire à l'époque que dévoiler la manœuvre de Virginie-Occidentale pouvait affecter le déroulement de la convention et que «le rôle du *Wall Street Journal* n'était pas de déterminer qui serait le candidat du Parti démocrate».

Et, pourtant, les journalistes du *Wall Street Journal* étaient bien plus près de la vérité que leur direction ne l'imaginait. Début avril, Kennedy avait voulu rafler les primaires du Wisconsin en battant Hubert Humphrey dans les dix circonscriptions électorales. Il avait donc passé de longues heures à faire campagne. À sa déception de ne gagner que dans six d'entre elles s'ajouta la décision prise par Humphrey de se présenter contre lui en Virginie-Occidentale. Dans les milieux politiques, tout le monde savait que Humphrey dépenserait autant d'argent qu'il le faudrait pour arroser les autorités locales. Les Kennedy craignaient aussi que certains de leurs adversaires démocrates, en particulier Lyndon Johnson et Adlai Stevenson, demandent à leurs partisans de soutenir financièrement Humphrey, afin de barrer la route à Kennedy et de mettre la convention dans l'impasse.

La Virginie-Occidentale devint ainsi l'ultime champ de bataille. Les Kennedy firent appel à tous les membres et à tous les amis de la famille et rassemblèrent des fonds impressionnants. L'accession de John à la présidence n'était pas le seul enjeu : Joe rêvait aussi d'une véritable dynastie familiale, puisque Bobby serait le successeur de son frère.

Au cours d'interviews menées en préparant ce livre, beaucoup de responsables de l'État et des comtés de Virginie-Occidentale m'ont révélé qu'avant le 10 mai 1960, jour des primaires, les Kennedy avaient versé aux shérifs des comtés les plus importants jusqu'à 50 000 dollars en argent liquide, afin qu'ils placent le nom de Kennedy en tête de leurs listes électorales. Bobby et Teddy se chargèrent personnellement d'une grande partie de ces versements. Après la convention, les Kennedy affirmèrent publiquement n'avoir dépensé que

100 000 dollars dans l'État, l'ensemble de la campagne leur en ayant officiellement coûté 912 500. Estimation évidemment sans commune mesure avec la réalité. Dans *In Search of History*[1], paru en 1978, Theodore White révéla ce qu'il n'avait pas précisé dans son ouvrage sur la campagne de 1960 : Humphrey et Kennedy avaient tous les deux acheté des voix en Virginie-Occidentale. White reconnut aussi que sa profonde sympathie pour JFK l'avait transformé, comme beaucoup de ses collègues, en membre d'une claque disciplinée. Il n'avait d'ailleurs pas changé, affirmant dans son ouvrage, sans en fournir de preuves convaincantes, que, « dans ce domaine, Humphrey n'avait rien à apprendre de Kennedy ».

Des années plus tard, les fidèles d'entre les fidèles durent pourtant reconnaître ce qui s'était passé lors de ces primaires. Ainsi Evelyn Lincoln, qui m'avoua en 1994 : « Je sais qu'ils ont acheté les élections. » Jerry Bruno, l'un des plus importants organisateurs de la campagne de Kennedy lors de la présidentielle de 1960, l'admit également : « Chaque fois que j'arrivais dans une ville [de Virginie-Occidentale], je jouais les convoyeurs de fonds. »

James McCahey, celui-là même qui avait « embobiné » les journalistes du *Wall Street Journal*, a fourni les preuves les plus convaincantes de ces manœuvres. Lors d'une interview réalisée en 1996, il m'a révélé que les versements de pots-de-vin en Virginie-Occidentale avaient commencé dès octobre 1959. Teddy Kennedy se rendit dans tout l'État pour arroser les responsables démocrates de chaque comté : en moyenne 5 000 dollars chacun, soit environ 275 000 dollars en tout. McCahey, qui fit plus tard carrière dans les chemins de fer (à son

1. HarperCollins, 1978.

départ en retraite en 1985, il était vice-président de Chessie Systems Railroads, une société de Cleveland), m'a aussi précisé que l'équipe du *Wall Street Journal* avait eu tort de le soupçonner personnellement : il était en fait chargé de prêcher la bonne parole de Kennedy auprès des enseignants de chaque comté. Ce qui lui permit d'ailleurs de recueillir beaucoup d'informations sur ce qui se passait dans tout l'État.

McCahey, grand collecteur de fonds de Richard Daley, maire de Chicago, en 1960, était un ardent partisan de Kennedy. Il avait été chargé de diriger sa campagne dans le sud du Wisconsin. Les résultats en ayant été décevants, Sargent Shriver lui téléphona et l'invita à une importante réunion stratégique à Huntington, en Virginie-Occidentale, à l'instigation de deux frères Kennedy. S'y trouvait également Stephen Smith, beau-frère de John et directeur financier de la campagne. Les sondages montraient que la cote de popularité de JFK était en chute libre dans tout l'État, et chacun devait réfléchir à la façon d'y remédier. C'est pendant cette réunion que McCahey apprit qu'à l'automne précédent Teddy avait généreusement arrosé les responsables démocrates des comtés. « Mais ça n'avait pas marché. On ne se présente pas à une primaire comme ça. Le responsable politique prend votre argent mais n'a aucun pouvoir d'action. C'est le shérif qui compte, c'est son nom qu'on voit sur les banderoles politiques quand on arrive en ville. C'est à lui qu'il faut graisser la patte. »

Les shérifs faisaient ce qu'ils voulaient de l'argent reçu : certains le distribuaient à leurs partisans, d'autres gardaient tout. McCahey conseilla aux Kennedy « de tout oublier et de recommencer de zéro. J'ai présenté un plan [qui reposait sur l'action des enseignants et des bénévoles] et ils m'ont dit d'y aller. » Il collabora étroitement avec Shriver. Tous deux rendirent visite aux grandes compagnies productrices de charbon de l'État, que McCahey, vu sa profession, connaissait fort bien. Il reconnaît aussi avoir versé de l'argent liquide à certains responsables politiques locaux, jusqu'à 2000 dollars pour des achats d'espaces publicitaires ainsi que pour la location de voitures qui amèneraient les électeurs aux bureaux de vote le jour du scrutin. Il n'ignorait pas que, durant les dernières semaines de la campagne, des sommes bien plus importantes avaient été versées aux shérifs.

Des preuves montrent que Robert Kennedy fut, comme Teddy avant lui, le trésorier-payeur lors des semaines frénétiques qui précédèrent les primaires. Victor Gabriel, de Claksburg, était membre de la Commission de contrôle des boissons alcoolisées de l'État. C'est lui qui dirigea la campagne des Kennedy dans le comté de Harrison. Il m'a raconté sa rencontre avec Bobby et Charles Spalding, à qui il déclara qu'il n'avait besoin que de 5000 dollars pour leur assurer le comté. Spalding écarquilla les yeux et lui lança : « Vous ne savez pas de quoi vous parlez ! »

Interviewé en 1996 – il avait alors quatre-vingt-deux ans – Gabriel précise qu'il refusa d'accepter davantage – et que, le soir des primaires, Kennedy l'emporta dans son comté. Avec d'autres, il alla fêter la victoire au Kanawha Hotel de Charleston. À un moment, raconte-t-il, Bobby Kennedy l'emmena aux toilettes et sortit un petit carnet noir. « Vous auriez pu avoir cette somme ! » déclara-t-il en lui montrant une note griffonnée sur une page indiquant que 40000 dollars avaient été versés à Sid Christie, avocat et responsable démocrate du comté de McDowell. Gabriel ne regrette rien : « J'ai dit ce dont j'avais besoin, et je n'ai pas pris un sou de plus. J'aurais pu dire 20 000 et je les aurais eus. Mais je ne travaille pas comme ça. Quand on croit en quelqu'un, on croit en quelqu'un. » Il ajoute que les shérifs qui avaient accepté plus de 5 000 dollars s'étaient contentés d'empocher la différence.

Deux anciens responsables ont aussi reconnu, au cours d'interviews menées en 1995, qu'ils étaient au courant des sommes dépensées par les Kennedy.

Bonn Brown, d'Elkins, fut l'avocat de W. W. « Wally » Barron, élu gouverneur démocrate de Virginie-Occidentale en 1960. Selon lui, le clan avait dépensé entre 3 et 5 millions de dollars, certains shérifs en ayant reçu jusqu'à 50 000. En tant que conseiller de Barron, Brown rencontra Robert Kennedy et les autres. « Je leur ai dit à qui s'adresser et quelle stratégie employer, mais je suis resté en dehors de tout ça. Bobby était vif et malin comme un singe. Je crois que c'est lui qui a joué le plus grand rôle dans l'État. C'est lui qui a tout monté, tout dirigé. » Barron fut plus tard condamné pour corruption, et Brown pour avoir tenté de soudoyer un membre du jury chargé de juger l'affaire.

Curtis B. Trent, qui fut l'adjoint de Barron, se souvient aussi que les Kennedy « y allaient très fort. Je crois qu'ils ont dépensé dans les 2 millions de dollars. » Comme Bonn Brown, il tient à souligner qu'il ne joua aucun rôle dans l'opération : « Ils essayaient de nous en charger. Je leur ai expliqué que je me préoccupais de la candidature au poste de gouverneur, pas à la présidentielle. » Avec une dizaine de responsables de l'équipe Barron – sans doute la plus corrompue de toute l'histoire de l'État –, Trent fut condamné en 1969 à une peine de prison pour fraude fiscale.

Les trois témoignages que je viens de citer sont confirmés par Rein Vander Zee, ancien agent du FBI qui, depuis janvier 1960, prenait part à la campagne électorale de Hubert Humphrey. Il était plus précisément chargé de traiter avec les shérifs de Virginie-Occidentale – lesquels, moyennant finances, avaient accepté de soutenir son candidat. J'ai rencontré Vander Zee en 1995 à Bandera, Texas, où il vit aujourd'hui. «Quatre ou cinq jours avant les primaires, m'a-t-il raconté, voilà que je n'arrive plus à joindre certains de mes gars. Flairant le sale coup, je monte dans ma voiture et commence à patrouiller en ville. Comme par hasard, les shérifs aussi étaient introuvables, et toutes les pancartes pour Humphrey avaient été remplacées par celles de Kennedy! J'ai fini par contacter Sid Christie, qui était censé nous soutenir dans le comté [de McDowell].» Vander Zee le retrouva dans la petite ville de Keystone. «On est restés dans sa voiture, devant un cinéma désert, on aurait cru une scène de mauvais film. Je lui ai dit: "Qu'est-ce qu'on peut faire?" Il a répondu sèchement: "C'est foutu. Je ne pensais pas que l'autre avait de tels appuis…"»

Vander Zee ajoute que Humphrey et lui eurent une réunion de dernière minute avec Wally Barron, le futur gouverneur. C'est lui qui apprit la mauvaise nouvelle à Humphrey: les Kennedy avaient dépensé beaucoup plus que lui. Des années plus tard, un politicien de l'État devait raconter à Vander Zee qu'il avait vu Christie recevoir une très forte somme – au moins 40 000 dollars, «en liasses de billets rangées dans une boîte à chaussures» – des mains d'un collaborateur de Kennedy. Le 10 mai, 84 % des électeurs démocrates du comté de McDowell votèrent pour JFK.

Dans son autobiographie, *The Education of a Public Man*[1], parue en 1976, Hubert Humphrey raconte une

1. Doubleday, 1976.

rencontre, survenue dix ans plus tôt, avec Richard Cardinal Cushing, l'archevêque de Boston. Le prélat était furieux de voir les assistants de JFK, comme Ted Sorensen, se donner constamment le beau rôle : « Je lis les livres écrits par tous ces jeunes loups proches de John Kennedy, et qui se flattent de l'avoir fait élire. Mais je vais vous dire la vérité : c'est son père Joe et moi qui avons construit son succès, *ici même, dans cette pièce.* » Sidérés, Humphrey et un de ses collaborateurs écoutèrent Cushing expliquer que les deux hommes étaient convenus de contrer l'anti-catholicisme sévissant en Virginie-Occidentale en versant de l'argent à diverses églises protestantes, notamment au sein de la communauté noire. « Nous avons décidé quelle église, quel prédicateur et quelle somme leur donner : cent, deux cents, cinq cents dollars. »

La plus célèbre légende relative aux primaires de Virginie-Occidentale concerne le rôle de la pègre. Ces allégations, relayées dans de nombreux livres et articles, s'appuient sur le témoignage de Paul « Skinny » D'Amato, propriétaire d'une boîte de nuit dans le New Jersey et devenu, en 1960, directeur d'une maison de jeu du Nevada dans laquelle Frank Sinatra et son vieil ami Sam Giancana possédaient des parts. Selon lui, Joe Kennedy l'avait contacté pour lui demander de lever des fonds à l'occasion des primaires. D'Amato accepta, à la condition que, si John était élu à la présidence, il annule une mesure fédérale d'expulsion prise en 1956 contre Joey Adonis, chef de bande du New Jersey. La promesse lui en ayant été donnée, D'Amato rassembla 50 000 dollars auprès de divers gangsters. Une fois Kennedy élu, il rappela sa promesse à Joe. Celui-ci lui expliqua que le nouveau président aurait volontiers accepté, mais que Bobby, désormais ministre de la Justice, ne voulait pas en entendre parler. Rien ne permet de douter du récit de D'Amato, mais il faut reconnaître que 50000 dollars ne pouvaient suffire à garantir la gratitude des Kennedy si l'on songe à ce qu'ils ont réellement dépensé en Virginie-Occidentale.

D'Amato était très bavard, ce qui lui valut bien des ennuis. Peu après être entré en fonctions, Bobby fut informé par le FBI que le truand, placé sur écoutes, s'était vanté d'avoir aidé JFK à se faire élire. Quelques mois plus tard, il dut brusquement faire face à des accusations de fraude fiscale car il avait sollicité pour son night-club une déduction d'impôts à laquelle il n'avait pas droit. Milton «Mickey» Rudin, avocat réputé de Los Angeles qui comptait dans sa clientèle Frank Sinatra et d'autres figures du show-business, fut chargé de l'affaire. «Skinny était l'ami de Frank. Bobby et le vieux [Joe Kennedy] connaissaient leurs relations. Quand Skinny a été inculpé, ça m'a énervé. J'appelle Steve Smith, je lui dis que je veux le voir. On se rencontre à l'University Club de New York. "Qu'est-ce que je peux faire pour vous?" demande Smith. Je lui dis: "Je ne suis pas content que Skinny soit inculpé sur des accusations aussi stupides. Ça n'est pas juste. Il n'y a pas d'impôts à payer parce qu'il n'y avait pas de bénéfices."» Rudin ne souleva pas la question des services rendus par D'Amato lors de la campagne des Kennedy, mais déclara à Smith: «C'est une vengeance politique.» Ce à quoi l'autre répliqua: «Vous ne comprenez rien à la politique». «Encore heureux!», lança l'avocat, qui vida son verre et partit.

Selon Rudin, le message de Smith était parfaitement clair: les enregistrements du FBI prouvaient que D'Amato avait déclaré avoir versé de l'argent aux Kennedy, et sa mise en accusation permettait de le neutraliser. «Si quelqu'un comme Skinny avait joué un rôle là-dedans, la méthode était de l'inculper de sorte que, s'il décidait de balancer les Kennedy, ça paraisse être une vengeance. » Rudin rentra à Los Angeles en pensant, comme il le dit à Sinatra et à d'autres, que les Kennedy étaient bien plus coriaces qu'on ne l'aurait cru.

Comme nous le verrons, la pègre joua un très grand rôle dans l'étroite victoire de Kennedy sur Nixon à la présidentielle de novembre 1960. Mais, avant comme après, John Kennedy eut d'autres sujets de préoccupations que de vagues promesses faites à des gangsters.

8

Une candidature menacée

Après la victoire en Virginie-Occidentale, John Kennedy devint l'homme à battre. De nombreux dangers menaçaient encore sa marche à la présidence. Quatre femmes au moins pouvaient décider de son destin, parmi lesquelles Marilyn Monroe, dont la liaison avec JFK avait commencé un peu auparavant et se poursuivrait pendant sa présidence.

Comme son père, Kennedy avait une faiblesse particulière pour les stars de Hollywood. Monroe était devenue un *sex symbol* au début des années 1950 et le resta jusqu'à sa mort en août 1962. Certains récits placent le début des relations avec Kennedy vers le milieu des années 1950, au moment où le deuxième mariage de l'actrice – avec le joueur de base-ball Joe DiMaggio – partait à vau-l'eau, et où elle entamait une liaison avec le dramaturge Arthur Miller, qui deviendrait son troisième mari. Selon tous les comptes rendus, sa liaison avec Kennedy était en plein essor pendant la campagne présidentielle. Ils se retrouvaient fréquemment à Santa Monica, chez Patricia et Peter Lawford – sœur et beau-frère de Kennedy, et grands amis de l'actrice. Certains ont affirmé à de multiples reprises que Marilyn Monroe, enceinte de JFK, était allée avorter au Mexique. La vérité pourrait bien ne jamais être révélée.

Beaucoup des amis et des connaissances de Monroe et de Kennedy ont reconnu, lorsque je les ai interviewés, que tous deux aimaient la sensation de danger que leur procurait leur liaison. George Smathers, l'ami le plus proche de Kennedy au Sénat, se souvient : « C'était une actrice superbe, et tout le monde savait que John aimait les jolies filles ! Quand il a eu l'occasion de la rencontrer, il ne l'a pas laissée passer. » Cette attraction mutuelle allait au-delà du sexe. Marilyn Monroe avait un grand sens de l'humour et une inépuisable soif d'apprendre. Ses déprimes à répétition ne diminuaient en rien sa beauté. Comme me l'a dit Vernon Scott, longtemps journaliste d'United Press à Hollywood : « Elle était magnifique, et tellement drôle. Jamais je n'ai vu de femme avec autant de *sex appeal* – et pourtant j'en ai vu beaucoup ! C'était très exactement l'incarnation de la femme idéale. Elle était beaucoup plus intelligente que ne le pensaient les gens et n'agissait ou ne parlait jamais au hasard. »

Elle passe pour avoir été très amoureuse de Kennedy. Après sa mort, John Miner, qui dirigeait la section de médecine légale du procureur général de Los Angeles, obtint communication d'un enregistrement fait par l'actrice, quelques semaines plus tôt, sur la recommandation de son psychanalyste, le docteur Ralph Greenson. Après trente-cinq ans de silence, Miner a accepté de m'en donner la transcription en 1997, non sans en avoir sollicité la permission auprès de la famille Greenson. Nombre des commentaires de Marilyn Monroe ont trait à sa sexualité. Elle parle ainsi longuement, et dans les termes les plus crus, de sa difficulté à parvenir à l'orgasme. De telles remarques n'étaient bien entendu destinées qu'à son analyste, mais il en est d'autres qui témoignent de l'admiration éperdue qu'elle portait à Kennedy : « Marilyn Monroe est un soldat. Son commandant en chef est l'homme le plus puissant du monde. Le premier devoir d'un soldat est d'obéir à son commandant en chef. Il dit "fais ceci", on le fait. Il dit "fais cela", on le fait. Cet homme va changer notre pays. Aucun enfant n'aura plus faim, personne ne dormira plus dans la rue ou ne devra faire les poubelles pour manger. Tout le monde aura droit à des soins médicaux de qualité. Les produits industriels seront les meilleurs jamais créés – non, tout cela est utopique. Mais il transformera l'Amérique d'aujourd'hui comme Franklin Delano Roosevelt l'a fait dans les années 1930. Croyez-moi, docteur, quand il en aura terminé il prendra place aux côtés de Washington, Jefferson, Lincoln et Franklin Roosevelt parmi les plus grands de nos présidents. Je suis heureuse qu'il ait Bobby – le président est le commandant et Bobby son second. Bobby ferait n'importe quoi pour son frère, et moi aussi. Jamais je ne lui ferai honte. Aussi longtemps que je serai vivante, John Kennedy vivra en moi. »

Ceux qui, dans les milieux du show-business, eurent l'occasion de croiser Marilyn Monroe, évoquent toutefois, derrière le *glamour*, un aspect beaucoup plus sombre. Il y eut des dépressions répétées, de nombreuses menaces de révéler publiquement sa liaison avec Kennedy – menaces qui auraient pu porter tort à sa carrière politique, surtout après son accession à la Maison Blanche. Comme me l'a dit George Smathers : « Comme toutes les femmes, Marylin aurait aimé être plus proche du président. Elle a commencé à le supplier de la laisser venir à Washington, à la Maison Blanche, etc. C'est à ce moment que John m'a demandé de lui rendre service en discutant avec elle. » Smathers chargea un ami commun «de la raisonner pour qu'elle soit plus discrète, parce que c'était une histoire qui risquait de faire le tour du pays». Cela s'était déjà produit. Charles Spalding se souvient que, pendant la campagne de 1960, Kennedy le chargea de se rendre à Los Angeles pour s'assurer que Marilyn se portait bien – elle était alors totalement dépendante de l'alcool et des pilules –, c'est-à-dire de veiller à ce qu'elle ne bavarde pas. «Je suis allé là-bas, et elle était vraiment malade.» Il la fit entrer à l'hôpital avec l'aide de Peter Lawford.

L'instabilité de Marilyn Monroe représentait pour Kennedy une menace constante. Michael Selsman, l'un des attachés de presse de l'actrice au début des années 1960, l'a décrite comme oscillant perpétuellement entre un charme désinvolte et une cruauté mesquine. «Parfois, elle devait revêtir le costume de Marilyn Monroe. Sinon, elle redevenait Norma Jean, une femme qui se sentait insultée, bafouée et stupide. Marilyn Monroe était la séduction incarnée, Norma Jean une épave abrutie par la drogue.»

Cette autre Marilyn Monroe, le journaliste Vernon Scott l'a découverte un soir, alors qu'il venait de l'interviewer au Beverly Hills Hotel. Il devait rejoindre sa future épouse et, tandis que Monroe continuait à bavarder en buvant du champagne, il jeta un coup d'œil discret à sa montre. L'actrice s'en aperçut et lui demanda s'il avait un rendez-vous. «Et elle a dit, en reniflant et en gémissant, qu'elle était la seule à n'avoir personne dans sa vie. "Je suis Marilyn Monroe. Tout le monde croit que mon téléphone sonne en permanence, que des hommes me supplient de sortir avec eux. Mais tout le mondc a bien trop peur de se montrer avec Marilyn Monroe." Elle s'est mise à pleurer, son maquillage lui coulait sur le visage, elle avait l'air d'un clown. J'ai essayé de la réconforter en lui disant que tous les hommes seraient ravis de sortir avec elle. “Pensez-vous, m’a-t-elle répondu, ils n’ont pas le courage de m’appeler, du moins pas ceux qu’il faudrait. Il m’arrive de rencontrer un type sympathique, vraiment sympathique, et je sais que ça va marcher. Il n’a pas besoin d’être un acteur ou un de ces producteurs de Hollywood. Nous buvons un ou deux verres et nous allons au lit. Puis je vois que ses yeux se figent et qu’il pense : ‘Oh, mon Dieu, je vais baiser Marilyn Monroe’ et il n’arrive à rien.” » En entendant ça, je n’ai pas pu m’empêcher d’éclater de rire et elle s’est mise à me bourrer de coups de poing en criant : « Ça n’est pas drôle ! »

Et Scott d’ajouter : « Mais ce n’était pas Marilyn Monroe. Jamais Norma Jean n’aurait accepté que Marilyn ait cet air-là. Selon moi, Norma Jean était une jeune marionnettiste, apeurée, peu sûre d’elle, qui contrôlait cette poupée qu’on appelait Marilyn Monroe. C’était à la fois triste et touchant. Je ne l’en aimais que plus. »

À Hollywood, la liaison de l’actrice et de Kennedy était un secret de polichinelle. Michael Selsman en fut informé début janvier 1961, peu avant que le nouveau président ne prête serment. « C’est la première chose qu’on m’ait dite. Il convenait que nous soyions prudents. Il fallait la protéger, et faire en sorte que sa vie privée reste inconnue de la presse. Ç’aurait été un désastre. Par chance, ce n’était pas encore trop difficile à l’époque – aujourd’hui, il serait impossible de garder secret ce genre d’information ! »

James Bacon passa l’essentiel de sa carrière de journaliste à Hollywood pour le compte d’Associated Press. Marilyn Monroe, qu’il avait connue au début de sa carrière, lui avait parlé de sa liaison avec Kennedy à l’époque où la campagne présidentielle commençait. « Elle s’est montrée très franche. Je crois qu’elle était très amoureuse de JFK. » Comme je lui demandais pourquoi il n'en avait pas fait un article, il m'a répondu : « En ce temps-là, avant le Watergate, on ne faisait pas ça. Il m'aurait fallu être sous le lit et tout enregistrer pour présenter la chose à AP. Ce n'était même pas une question de code déontologique, juste une question de bon sens de la part des journalistes. »

En fait, Kennedy avait placé son avenir politique entre les mains d'un groupe d'actrices, de journalistes et d'attachés de presse de Hollywood. Qu'il ait été persuadé que sa liaison avec Marilyn Monroe resterait secrète est d'autant plus surprenant que, avant même d'avoir posé sa candidature, il avait fait l'objet d'une campagne de dénigrement épistolaire menée par une paisible femme au foyer nommée Florence M. Kater. En 1959, celle-ci avait décidé que sa mission dans l'existence serait de contraindre la presse de Washington à révéler les frasques sexuelles de Kennedy. Elle avait accumulé toutes les informations nécessaires en louant, dans sa résidence de Georgetown, un appartement à Pamela Turnure, collaboratrice de JFK au Sénat. Sa liaison avec Kennedy obligeait la jeune femme à beaucoup de rentrées tardives et de départs matinaux. Elle finit d'ailleurs par déménager. Fin 1958, Kater monta une embuscade : elle prit en photo le sénateur tandis qu'il quittait le nouvel appartement de Turnure à 3 heures du matin, tentant maladroitement de se dissimuler le visage derrière un mouchoir.

L'affaire agaça Kennedy, qui décida de répliquer. À en croire Kater, elle et son mari furent accostés dans la rue, quelques semaines plus tard, par un JFK furieux qui la menaça de la mettre à la rue si elle continuait à s'acharner contre lui. Il finit par demander à James McInerney de la faire taire.

L'avocat rencontra Kater à sept reprises. Mais, pour une fois, le mélange de charme, de pouvoir et d'argent qui flottait autour des Kennedy resta inopérant. En mai 1959, elle envoya une épreuve de la photo et un récit détaillé de sa rencontre avec le sénateur à une cinquantaine d'éminents citoyens de New York et de Washington : rédacteurs en chef, éditorialistes et hommes politiques. La missive parvint également sur le bureau de J. Edgar Hoover – tout comme celles qui suivraient au cours des quatre ans à venir. Bien entendu, le FBI ouvrit sur Kater un dossier que j'ai obtenu aux termes de la loi sur la Liberté de l'information. Elle expliquait dans sa lettre que, catholique d'origine irlandaise, elle avait été « une partisane enthousiaste » de Kennedy. Si elle avait pris cette photo, c'est qu'elle était persuadée de la nécessité d'un « traitement de choc ». « Le sénateur pense que sa conduite ne nous regarde pas. Nous croyons qu'il a tort sur ce point : un homme public candidat à la Maison Blanche se doit d'être irréprochable. »

À mesure que JFK se rapprochait de la nomination à la présidence, Kater envoya des lettres par dizaines, le dénonçant comme un coureur de jupons et un hypocrite indigne de diriger le pays. La presse ne la prit pas au sérieux. Le 14 mai 1960, quatre jours après la victoire de Kennedy aux primaires de Virginie-Occidentale, elle fit son apparition lors d'un meeting politique à l'université du Maryland, armée d'une pancarte ornée d'un agrandissement de la photo prise au petit matin en bas de l'appartement de Pamela Turnure. Le candidat feignit de l'ignorer, mais un cliché de la rencontre fut publié dans le *Washington Star*, avec un texte de quelques lignes présentant Kater comme une illuminée. Les collaborateurs de Kennedy affirmèrent que la fameuse photo était un faux et personne ne posa jamais de question à JFK, bien que les journalistes couvrant sa campagne aient été parfaitement informés de sa liaison avec Turnure.

Spalding m'a raconté à quel point lui-même s'inquiétait des énormes risques politiques que présentaient les incessantes aventures de son ami. «Je pensais qu'il était fou de faire ça.» JFK se présentait en effet comme un bon catholique, un époux et un père de famille exemplaires. Un scandale sexuel était le meilleur moyen de porter un coup fatal à sa campagne. Mais Kennedy semblait être stimulé par le danger. Il passa pourtant beaucoup plus près du scandale qu'il ne l'aurait cru. Le cliché piqua la curiosité d'un rédacteur du *Washington Star* et Bob Clark, aujourd'hui journaliste à ABC News, fut chargé d'aller interviewer Kater. «Je l'ai trouvée intéressante, quoique un peu excentrique. J'ai cru à son histoire.»

L'histoire était d'autant plus compliquée, ajoute Clark, que Kater, qui collectionnait les tableaux impressionnistes, avait incidemment reconnu avoir proposé de se taire si la famille Kennedy lui offrait un Modigliani. Comme elle l'expliqua au journaliste, elle et JFK étaient de «bons catholiques», et elle «laisserait tomber ses poursuites au nom de l'art». Cette requête fut présentée lors des négociations menées avec McInerney. Les Kennedy finirent par refuser, mais seulement après de longs palabres.

L'histoire paraissait crédible, au sens où ce n'était pas la parole de Kater contre celle du sénateur. Elle déclara à Clark qu'elle et son mari avaient en secret installé des magnétophones dans l'appartement où Turnure passait ses nuits avec John Kennedy, puis invita le journaliste à revenir plus tard pour écouter les enregistrements.

En dépit de la personnalité extravagante de son témoin, Clark fut persuadé de tenir un scoop exceptionnel. Il téléphona à Charles Seib, son rédacteur en chef et, comme c'est la règle, lui raconta tout, y compris l'histoire du tableau. Seib contacta ses supérieurs puis, quelques instants plus tard, reprit la communication et dit à Clark de «laisser tomber». «Il m'a même interdit de retourner là-bas écouter les bandes.»

Le journaliste obéit à regret: «Si le *Star*, journal très respecté, avait publié cette histoire, JFK ne s'en serait pas remis et ne serait jamais entré à la Maison Blanche. Aujourd'hui, tous les journaux se battraient pour publier ça.»

De fait, aucun journaliste ne reprit la nouvelle. Selon le dossier du FBI, Kater, scandalisée, se rendit à la convention démocrate pour brandir sa pancarte et fit de même devant la Maison Blanche les dernières semaines de la campagne. En pure perte: non seulement la presse n'y prêta pas garde, mais les passants lui conseillèrent de «retourner à l'asile». Une fois élu, Kennedy montra le peu de cas qu'il faisait de cette histoire en nommant Pamela Turnure attachée de presse de sa femme. Kater continua à protester devant la Maison Blanche et à envoyer d'innombrables lettres, en vain. La bombe n'explosa jamais. Mais il y en avait d'autres, tout aussi dangereuses.

C'est fin 1959 que Kennedy entreprit sérieusement de protéger sa réputation: un de ses adversaires politiques découvrit en effet sa liaison avec une étudiante de Radcliffe – la femme interviewée dans le chapitre 2 –, université dont le conseil comptait JFK parmi ses membres. Beaucoup de gens étaient au courant: on avait vu plus d'une fois le chauffeur du sénateur emmener et ramener l'intéressée.

Kennedy s'inquiétait moins des républicains que de ses rivaux démocrates. Lorsque Charles Engelhard, un négociant en diamants sud-africain partisan du gouverneur démocrate de New York Robert B. Meyner, qui lui aussi avait des ambitions présidentielles, apprit la nouvelle, il ne put résister à la tentation de débarrasser Meyner de cet adversaire. Un des collaborateurs d'Engelhard contacta un ancien policier new-yorkais devenu détective privé, et lui offrit 10 000 dollars pour se rendre à Boston afin de prendre des photos compromettantes du sénateur et de sa jeune maîtresse. L'homme étant favorable à Kennedy, il refusa la proposition et, par l'intermédiaire d'un ami commun, alerta un avocat de Washington lié au Parti démocrate qui entreprit aussitôt de contacter JFK.

Cet avocat m'a accordé une interview en 1996, sous couvert de l'anonymat. « Evelyn Lincoln m'a fait entrer et j'ai parlé à Kennedy de la fille. Il s'est écrié : "Bon dieu ! Ils ont son nom !" et a commencé à se justifier en me donnant je ne sais quelles explications. Je lui ai dit : "Ça ne m'intéresse pas. Je voulais simplement que vous soyez informé." Il m'a été très reconnaissant de l'avoir prévenu. »

Changeant de sujet, l'avocat demanda ce qu'il pouvait faire pour l'aider à décrocher l'investiture démocrate. La réponse fut immédiate : « J'ai besoin d'argent. Je ne peux demander à mon père de tout payer. Collectez de l'argent. »

Quelques mois plus tard, pendant la campagne, l'avocat rencontra par hasard Kennedy, qui le remercia une fois de plus de l'avoir averti et lui dit qu'il avait chargé Carmine Bellino, un de ses plus vieux collaborateurs, de découvrir ce qui se préparait. Bellino, ajouta-t-il, avait « mis sur écoute » le responsable d'Engelhard Industries qui avait contacté le détective new-yorkais. Et de préciser, devant les objections de l'avocat : « Nous n'enregistrons pas ses conversations, nous notons seulement l'identité de ses interlocuteurs.»

Une fois élu, le nouveau président, lors d'une rencontre avec l'avocat, lui expliqua que nombre de sénateurs démocrates le pressaient de nommer Engelhard à une ambassade prestigieuse. «Je vais le baiser! expliqua-t-il en riant. Je vais l'envoyer dans une république pourrie d'Afrique centrale!» Quand il mourut en 1971, Engelhard était l'un des hommes les plus riches du monde. Jamais il ne fut ambassadeur mais le gouvernement Kennedy l'envoya bel et bien représenter les États-Unis lors des cérémonies d'indépendance du Gabon et de la Zambie…

Kennedy, comme nous l'avons vu, poursuivit sa liaison avec l'étudiante, dont il fit une collaboratrice de McGeorge Bundy, qui avait été doyen de faculté à Harvard. Elle resta à ses côtés jusqu'à la fin de l'année 1962. «C'était très embarrassant, raconte-t-elle. Cela plaçait McGeorge dans une position très difficile.»

Au printemps 1960, une quatrième femme menaçait plus gravement encore les ambitions présidentielles de Kennedy. Elle s'appelait Barbara Maria Kopszynska, se disait artiste et, venue de Pologne avec sa mère, s'était installée aux États-Unis après la Seconde Guerre mondiale. Selon le dossier fortement censuré du FBI rendu public en 1977, Kopszynska, peu après l'élection de JFK à la présidence, se mit à raconter aux journalistes qu'elle avait été fiancée avec Kennedy, alors membre du Congrès, en 1951, mais que Joe s'était opposé à leur mariage parce qu'elle était demi-juive. En mars 1957, la jeune femme, devenue Alicia Darr, épousa Edmund Purdom, acteur et play-boy britannique, et tous deux partirent s'installer à Rome. Les choses se dégradèrent vite : début 1960, les deux époux s'opposaient devant les tribunaux italiens.

Le dossier du FBI, si parcellaire fût-il, souleva toutefois un certain intérêt. Il contenait en effet le résumé d'un entretien paru dans le numéro du 31 janvier 1961 de l'hebdomadaire *Le Ore*. Darr y racontait son ancienne liaison avec John Kennedy et déclarait qu'elle aurait pu être « la *First Lady* » du pays. Le 30 janvier, quelques jours après que le nouveau président eut prêté serment, le bureau romain du FBI fit savoir à Edgar Hoover que Darr « songeait à révéler d'autres informations ». Mais, à l'époque, la presse américaine n'y prêta aucune attention.

Un autre document du dossier, daté du 4 juin 1963 et envoyé par Hoover à Bobby Kennedy, fit cependant les gros titres de la presse en 1977 (les temps avaient alors changé, et les journaux étaient de nouveau très demandeurs de récits croustillants sur JFK). Hoover informait le ministre de la Justice que le nom du président avait été évoqué à l'occasion d'une procédure disciplinaire contre deux avocats de Darr, Simon Metrik et Jacob W. Friedman. Tous deux avaient présenté au tribunal des documents décrivant les relations entre Kennedy et leur cliente, affirmant que « juste avant que le président ne prête serment, vous [Robert Kennedy] étiez allé à New York négocier un arrangement à l'amiable pour 500 000 dollars ». Les journalistes retrouvèrent Alicia Darr en 1977, remariée et vivant aux Bahamas, qui nia avoir reçu le moindre *cent*. Ce qui n'empêcha pas la presse d'affirmer le contraire. À tort. La véritable histoire – du moins telle qu'on a pu la reconstituer ici – était beaucoup plus dramatique.

J'ai pu obtenir des versions non censurées des rapports adressés par Hoover à Kennedy. Ils révèlent qu'en

1960 Alicia Darr représentait un très grave danger pour JFK – ce que les documents publiés en 1977 dans une version censurée s'étaient efforcés de dissimuler. La jeune femme était bien connue du FBI ainsi que de la police new-yorkaise comme une prostituée et maquerelle de luxe opérant à Manhattan. En 1951, lorsqu'elle fit la connaissance de John Kennedy, elle tenait une maison close à Boston. Un an plus tard, elle partit s'installer à New York, où elle poursuivit ses activités, faisant par ailleurs « chanter certaines personnes impliquées dans "l'affaire Jelke" » (scandale dans les milieux bohèmes new-yorkais qui, en 1952, avait fait les gros titres de la presse : Minot Frazier Jelke III, âgé de vingt-trois ans et fils d'un magnat de l'agro-alimentaire, avait été reconnu coupable de proxénétisme). En 1953, Darr, présentée comme « une prostituée de talent », assurait « des services de call-girl » dans la ville. Un autre document du dossier la décrit comme « une prostituée de luxe très réputée ».

En décembre 1959, Darr porta plainte contre son mari devant un tribunal romain pour voies de fait et refus d'assurer son existence. Elle était alors à court d'argent et, selon les récits publiés dans la presse européenne de l'époque, se mit à faire des chèques sans provision, ce qui lui valut d'être arrêtée et emprisonnée pour une brève période. En septembre 1961, un mois après avoir obtenu le divorce, elle épousa le millionnaire Alfred Corning Clark, héritier de la dynastie des machines à coudre Singer qui, pour sa part, se mariait pour la sixième fois. Treize jours plus tard, il mourut à New York d'une crise cardiaque, laissant à sa veuve l'essentiel d'une fortune estimée à dix millions de dollars.

La famille Clark ne tarda pas à attaquer le testament. Simon Metrik, avocat de Darr depuis 1958, fut chargé de défendre ses intérêts (il déclara plus tard l'avoir empêchée à deux reprises d'être inculpée pour prostitution). Sa cliente et lui finirent par se quereller et, en décembre 1961, elle décida de se passer de ses services. Il lui réclama alors la somme de 1,2 million de dollars, qu'elle refusa de payer. Il s'ensuivit une bataille juridique au cours de laquelle Metrik présenta des documents embarrassants pour Darr. Les nouveaux avocats de celle-ci firent valoir que, ce faisant, il violait le secret professionnel et demandèrent à la Cour suprême de l'État de New York d'entamer une procédure disciplinaire contre lui et son associé, Jacob Friedman.

La cour d'appel reconnut le bien-fondé de ces accusations : le 4 juin 1963, les deux hommes furent publiquement réprimandés et le dossier de l'affaire fut mis sous scellés. Le barreau de New York prit ensuite des mesures disciplinaires contre eux. Tous deux sont aujourd'hui décédés, leur cabinet a cessé d'exister mais leur dossier est toujours inaccessible (et, en mars 1996, la cour d'appel m'a refusé le droit d'en prendre connaissance). Reste que Metrik ne fut pas rétribué et que Darr conserva la fortune de feu son mari.

On remarquera que le mémorandum envoyé par Hoover à Bobby Kennedy date du même jour que la décision du tribunal. Le chef du FBI signalait que, selon ses sources, Alicia Darr était en possession de lettres signées par le président ainsi que de photographies compromettantes. En 1977, les journaux écrivirent qu'elle avait porté plainte contre JFK avant que celui-ci ne prête serment, et que son frère s'était rendu à New York pour convaincre Darr de retirer sa plainte en échange de 500 000 dollars.

Apparemment, les informations dont disposait Hoover étaient inexactes. Il n'existe aucune trace d'une plainte déposée par Darr contre Kennedy et aucune preuve que sa famille ait payé quoi que ce soit. De nombreux intimes des deux frères, contactés par la presse en 1977, déclarèrent d'ailleurs qu'ils ignoraient tout de cette histoire et que le rapport du FBI n'était fondé que sur des ragots. Cependant, de nombreux éléments attestent que, pendant des années, Darr a tenté d'extorquer de l'argent à la famille Kennedy.

Début 1960, alors même que la campagne présidentielle prenait son essor, elle connaissait bel et bien de gros problèmes financiers. De son côté, Kennedy était inquiet. Le 8 avril 1960, trois jours après les décevantes primaires du Wisconsin, il rédigea au crayon un mémorandum de deux pages – resté jusqu'à ce jour inédit – résumant une conversation avec Bobby Baker, secrétaire du groupe démocrate au Sénat et protégé de Lyndon Johnson. Baker l'avertissait que, selon un avocat du New Jersey, Mickey Weiner, « la femme d'un acteur de cinéma connu » (à l'époque, Darr n'avait pas encore divorcé) comptait présenter à Johnson, en échange de 150 000 dollars, un témoignage écrit certifiant qu'elle avait eu une liaison avec JFK. Selon le texte de Kennedy : « Baker a dit qu'il considérait cela comme du chantage et n'en a pas informé Johnson. » Le futur président, manifestement conscient du danger politique que représentait l'affaire, fit de son bref mémorandum une sorte de document juridique. Le même jour, Pierre Salinger, son attaché de presse, le contresigna puis le plaça dans une enveloppe qu'il scella trois jours plus tard, comme il l'écrivit sur l'enveloppe. Celle-ci, toujours scellée, fut retrouvée dans les papiers d'Evelyn Lincoln après le décès de celle-ci en 1995.

Lors d'une interview réalisée la même année, Baker m'a déclaré qu'il ne se souvenait ni de ces menaces de chantage ni d'une conversation avec Kennedy à ce sujet.

Salinger, quant à lui, m'a dit ne pas se souvenir du document ni de l'avoir signé et scellé.

Rien ne montre qu'Alicia Darr ait reçu de l'argent, mais la famille Kennedy recourut toutefois aux services de Clark M. Clifford, célèbre avocat de Washington, pour un problème qui pourrait bien être celui dont Baker et JFK avaient discuté. Clifford m'a raconté qu'au printemps 1960 le futur président lui avait demandé de s'occuper d'une situation « extraordinairement dangereuse » qui menaçait de « ruiner sa carrière ». « J'ai eu avec John Kennedy une entrevue si dramatique que je ne l'oublierai jamais. »

À l'époque, l'avocat participait à la campagne présidentielle de Stuart Symington, ce qu'il s'empressa de rappeler à JFK. Mais ce dernier s'obstina : « Je veux que vous me représentiez dans cette affaire. Travaillez pour Symington, allez-y, mais occupez-vous aussi de ça. Si cette histoire finit par se savoir, je suis foutu. » Clifford ajoute qu'il se chargea de la question puis en confia la résolution à Joe Kennedy. S'il ne m'en a pas dit davantage, il a bien pris soin de souligner qu'il ne voulait pas entendre parler d'argent dépensé pour étouffer un témoignage gênant. « Lorsque je vois se profiler ce genre d'arrangement, j'ai pour principe de toujours me démettre du dossier. » Le problème, à l'en croire, ne se posa qu'une seule fois : « J'ai alors dit à John que je n'étais pas l'homme qu'il lui fallait pour ça. Ils se sont tournés vers McInerney. » Il ne m'a pas été possible de savoir quel rôle celui-ci – mort en 1963 dans un accident de la route – avait pu jouer.

Alicia Darr présentait un danger qu'un autre document du FBI, cette fois daté du 9 août 1963 (mais demeuré confidentiel jusqu'en 1977), précise davantage.

Hoover y prévenait Bobby Kennedy que certains des documents – mis sous scellés – de la procédure disciplinaire engagée contre Metrik étaient parvenus jusqu'aux ennemis du président. Ces derniers les considéraient comme « de la dynamite, de vraies bombes atomiques ». En juillet, ils avaient été proposés par un « détective privé se faisant appeler Robert Garden » au sénateur républicain John G. Tower, fervent partisan de Barry Goldwater, qui serait nommé candidat du parti l'année suivante. L'homme déclara à Tower que ces documents évoquaient des problèmes cruciaux relatifs à la Sécurité nationale. Le sénateur envoya à New York un de ses collaborateurs, H. Edward Munden, pour qu'il rencontre Garden et se fasse une opinion. Munden déclara peu après au FBI que les documents en question évoquaient une liaison, dans les années 1950, entre Kennedy et une femme nommée Clark, tombée enceinte peu avant le début de la campagne présidentielle. Munden s'entendit également déclarer par son interlocuteur que le dossier contenait d'autres documents et de nombreuses photos.

Interviewé en 1995, Munden m'a déclaré que son entrevue avec « Garden » – c'était de toute évidence un faux nom – avait pour objet la présidentielle de 1964. Le prétendu détective, qui fit comprendre qu'il entendait bien monnayer ses informations, voulait que le sénateur Tower le mette en contact avec le Parti républicain. Selon Munden, les éléments qui lui furent présentés comprenaient « des documents juridiques relatifs à un enfant illégitime du président Kennedy. La mère était l'une des Singer ». Soulagé de voir que les papiers n'avaient pas trait à des questions militaires ou stratégiques, il les restitua à Garden en lui disant que « cela n'avait rien à voir avec la sécurité des États-Unis ». De retour à Washington, Munden rendit compte de sa mission à Tower, qui décrocha aussitôt le téléphone et appela Robert Kennedy. «Il lui expliqua que nous n'avions rien à craindre de ces informations. Bobby l'a remercié et a ajouté que cette rumeur lui était connue.»

Au cours d'une série d'interviews qu'elle m'a accordées, Alicia Darr Clark a tenu à faire savoir que jamais elle n'avait eu d'enfant de John Kennedy, ni réclamé d'argent. En 1997, toutefois, son ancien mari, Edmund Purdom, m'a affirmé que cette histoire avait pour lui quelque chose de familier. «C'est parce qu'elle m'avait dit qu'elle était enceinte que j'ai épousé Alicia [en 1957]. Bien entendu, elle n'a jamais eu d'enfant.» Purdom, qui fait toujours partie du monde du show-business, s'est montré extrêmement amer à propos de son ex-épouse. C'était à l'en croire «une femme très dangereuse», qui avait menti sur son passé et ne cachait pas sa fascination pour l'argent. Ce n'est qu'après son mariage que Purdom avait appris qu'elle avait été call-girl. Au début des années 60, Metrik lui confia même que, grâce à lui, elle avait «échappé à deux descentes de police». À cette époque, avait précisé l'avocat, elle dirigeait un réseau de call-girls en association avec une femme originaire d'Allemagne fédérale. Et Purdom de conclure: «Je ne veux pas lui porter tort. Je veux juste l'oublier.»

Si Alicia Darr refuse d'évoquer son passé en détail, elle ne manque aucune occasion de parler de ses relations avec John Kennedy, qu'elle rencontra alors qu'il était membre du Congrès. «J'étais une de ses amies. Je ne voulais pas être la Première Dame. Il m'aimait, croyez-moi. Il m'avait connue enfant et m'a aimée jusqu'à sa mort. Mais j'ai préféré épouser une vedette de cinéma. Épouser Jack, c'était avoir affaire au vieux Joe et devoir lui plaire. John Kennedy était un panier percé : il vous offrait des fleurs, des cadeaux… Il m'a dit qu'il aurait aimé m'offrir des diamants mais qu'il avait des problèmes avec son père, pour qui il dépensait une fortune. » Darr tient à le souligner : il voulait l'épouser, mais la réciproque n'était pas vraie. « Il voulait échapper à tout ça, s'enfuir avec moi en Europe, rien que pour changer de cadre. Mais je lui disais : "Jack, tu n'as pas assez d'argent." »

Une fois à la Maison Blanche, le jeune président parut en tout cas plus fasciné que jamais par la jeune femme – ou par le danger même qu'elle représentait. Au début des années 1960, Maxwell Raab, avocat de Boston qui fut membre du gouvernement Eisenhower, eut l'occasion de danser avec elle lors d'une réception à l'ambassade britannique. Kennedy entra dans la pièce et Darr, devenue entre-temps Mme Clark, chuchota à l'oreille de son cavalier : « J'aimerais voir le président. Rapprochons-nous de lui, je le connais très bien. » Comme il me l'expliqua lors d'une interview en 1995, Raab comprit aussitôt ce que voulait dire ce « très bien ».

« Le président, en tout cas, fut ravi de revoir Alicia. Lorsque j'ai compris que j'étais de trop, je me suis éloigné. » Et tous deux s'éclipsèrent…

9
Lyndon

John Kennedy arriva à Los Angeles en contrôlant assez de délégués pour s'assurer l'investiture du Parti démocrate – et en traînant derrière lui assez de casseroles pour que sa victoire quasi certaine se transforme d'un jour à l'autre en défaite. Ce n'est qu'en tenant compte de cette part d'ombre – les sommes folles dépensées en Virginie-Occidentale, les frasques intimes de JFK – que l'on peut comprendre comment Lyndon Johnson, chef de la majorité démocrate au Sénat, fut désigné comme vice-président, à la surprise générale.

L'histoire officielle veut que Kennedy le lui ait proposé pour sauvegarder l'unité du parti, tout en s'attendant à un refus du Texan. Johnson ayant accepté, JFK se serait retrouvé au pied du mur. Les dizaines de politiciens et de journalistes assistant à la convention ne manquèrent pas de remarquer le profond accablement de Bobby Kennedy quand il apprit la nouvelle : Johnson et lui resteraient ennemis au cours des huit années à venir. On a fait valoir que Joe Kennedy s'était déclaré en faveur de Johnson, politiquement plus conservateur et par conséquent mieux accueilli dans le Sud. Mais les déclarations souvent contradictoires faites par les deux frères et leurs collaborateurs à des habitués des allées du pouvoir ou à des journalistes choisis ne font que brouiller davantage les cartes.

Hugh Sidey, qui couvrit la campagne pour le magazine *Time*, m'a déclaré se souvenir parfaitement d'une conversation qu'il eut avec John Kennedy alors que celui-ci s'apprêtait à quitter New York pour Los Angeles. Le journaliste avait passé la journée avec Johnson et JFK « voulait savoir de quelle humeur il était. Il m'a dit ce soir-là : "Si je pouvais choisir, Lyndon Johnson serait mon colistier. Je vais d'ailleurs le lui demander, mais je suis sûr qu'il ne voudra pas." Alors, toutes ces histoires sur la stupeur de Bobby parce qu'il n'était pas au courant, si vous voulez mon avis, c'est du bidon. »

En 1965, toutefois, lors d'un entretien réalisé pour la bibliothèque Kennedy, Bobby avait tenu des propos qui infirment cette version : « L'idée que le président était allé le voir en espérant qu'il refuserait est fausse. » Dans un entretien antérieur, il avait déjà présenté le choix de Johnson comme « la plus grande période d'indécision que nous ayons connue... Nous avons changé d'avis au moins sept fois de suite, John et moi. Et nous étions les seuls impliqués dans ces discussions ; il n'y avait personne d'autre. »

Le lendemain de l'investiture de John, Charles Bartlett invita les Kennedy à venir les rejoindre, lui et sa famille, dans une maison de Santa Monica. « Bobby m'a dit que c'était la pire journée de sa vie. Il prenait vraiment très mal l'arrivée de Johnson sur le "ticket" démocrate. John paraissait assommé. »

On peut comprendre pourquoi en lisant *Wheeling and Dealing*[1], les souvenirs (parus en 1978) de Bobby

1. Norton, 1978.

Baker, qui fut l'un des collaborateurs directs de Lyndon Johnson. Il y décrit notamment une rencontre très vive, au petit-déjeuner, avec Bobby Kennedy, pendant la convention. Baker se plaignait que Teddy Kennedy, lors d'un discours prononcé au Texas, ait laissé entendre que Johnson n'avait pas totalement surmonté une crise cardiaque. Bobby Kennedy vira à l'écarlate et répliqua : « Vous ne manquez pas de culot ! Lyndon Johnson a comparé mon père à un nazi tandis que Connally et Edwards [deux partisans de Johnson] ont prétendu que mon frère souffrait de la maladie d'Addison. La campagne que vous menez est particulièrement puante, et vous le regretterez le jour venu. » Puis il jeta quelques dollars sur la table et partit.

Joe Kennedy lui-même jugea nécessaire de réconforter ses fils. « Une chose que je n'oublierai jamais, poursuit Bartlett, c'est le vieux Joe, en smoking et pantoufles de velours, disant à John, avec son accent de Boston : "Dans deux semaines, tout le monde dira que c'est la décision la plus intelligente que tu aies jamais prise." »

L'arrivée de Johnson provoqua des dissensions entre les deux frères et, comme le montra la faible majorité de JFK lors du scrutin, n'assura guère le succès du couple démocrate. Pourquoi donc Lyndon Johnson fut-il préféré à d'autres ?

J'ai déjà cité, au chapitre 7, les propos de l'avocat Hyman Raskin, que j'ai rencontré en 1994 et 1995. Selon lui, Stuart Symington avait toujours été en tête des colistiers que JFK songeait à solliciter. Mais cette liste « fut précipitamment mise entre parenthèses », écrit Raskin dans ses mémoires, quand Kennedy rencontra, le lendemain matin de son investiture, Lyndon Johnson et Sam Rayburn, le président de la Chambre des représentants.

Kennedy se vit « présenter une offre qu'il ne pouvait refuser ». En d'autres termes, Johnson le fit chanter pour être nommé candidat à la vice-présidence. Si Raskin ne put apprendre quel était le contenu des menaces de Johnson et de Rayburn, il ne faisait aucun doute qu'elles venaient perturber des mois de préparatifs minutieux.

À la convention, Raskin avait été chargé de diriger le centre de communication, poste stratégique s'il en est. Il était donc tout naturel que Bobby Kennedy se tourne vers lui, en toute confidentialité, pour l'aider à résoudre la question du choix d'un vice-président. Le mercredi 13 juillet, le troisième soir de la convention, alors que JFK venait d'être investi par les délégués, Bobby ordonna à son collaborateur de contacter un groupe choisi de responsables du parti et d'organiser une rencontre avec le candidat. Raskin comprit que cette réunion serait purement formelle : « Il s'agissait d'apaiser les sentiments de quelques hommes ambitieux, qui avaient tous l'intime conviction d'être des candidats sérieux à la vice-présidence, en leur donnant l'impression que l'on pensait à eux. De plus, les dirigeants importants du parti, qui n'avaient pas été consultés, auraient l'occasion de prodiguer leurs bons conseils et d'être les premiers à savoir qui serait l'heureux élu. C'était là la méthode traditionnelle pour réconforter les *prima donna* politiques. »

Johnson et Rayburn n'étaient pas sur la liste et, selon Raskin, devaient savoir pourquoi : « Aucun des Kennedy n'accordait le moindre intérêt à Johnson. » Le favori n'était autre que Symington, ancien secrétaire à l'aviation dans le gouvernement Truman. Comme me l'a déclaré Raskin : « D'après tout ce que j'avais vu, c'était toujours Symington qui devait être vice-président. La famille Kennedy en pensait le plus grand bien. » Selon Raskin, le sénateur du Missouri jouissait en Californie d'une grande popularité qui pourrait compenser les pertes de voix auxquelles on s'attendait dans le Sud.

De tels souvenirs sont corroborés par Clark Clifford qui, lors de plusieurs interviews, a évoqué une réunion secrète, le 13 juillet au soir, au cours de laquelle John Kennedy lui déclara : « Nous en avons discuté, moi, mon père et Bobby, et nous avons choisi Symington comme vice-président. » Il demanda ensuite à son interlocuteur de prendre contact avec l'intéressé « pour savoir s'il serait partant ». Clifford en discuta donc avec Symington, qui lui laissa le soin d'annoncer à Kennedy qu'il acceptait. « À la fin de la journée, Stuart et moi pensions avoir fait affaire avec John. »

Selon Raskin, Kennedy était censé s'arrêter près du centre de communication pour serrer la main de ses collaborateurs avant de retourner dans la salle où se tenait la convention, mais il demeura invisible. On leur expliqua qu'il était en retard. Raskin écrit : « Quand par la suite je fus informé des faits, il devint clair que la raison pour laquelle John "était en retard" s'expliquait par un appel téléphonique de Rayburn ou de Johnson. Je sais que Bobby n'était pas avec lui » à ce moment-là, car il ne quitta pas le centre de communication avant que son frère n'arrive pour prendre la parole devant les délégués. Quelques heures plus tard, Bobby, affolé, téléphona à Raskin pour lui dire d'annuler la réunion avec les responsables du parti. « Comment répondre aux questions qu'ils ne manqueront pas de poser ? », demanda son interlocuteur. « Dites-leur la vérité, lui conseilla Bobby. Dites que vous n'en savez rien. »

Quand ils apprirent l'information, les dirigeants démocrates se laissèrent aller aux ragots. « Il était évident, pour eux comme pour moi, que quelque chose d'extraordinaire s'était produit, écrit Raskin dans ses mémoires. Sur toute la période que j'ai passée avec les Kennedy, jamais je n'ai vu une décision aussi importante annulée en si peu de temps [...]. Bobby avait toujours pris part aux choix stratégiques ; je me suis demandé pourquoi ce n'était pas le cas cette fois-ci. » Raskin alla se coucher en redoutant que la décision d'exclure Johnson et Rayburn de la réunion n'ait eu des effets inverses. « Je dormis peu, cette nuit-là. Je ne pouvais attendre le lever du jour. »

Le lendemain, jeudi 14 juillet, toute la convention apprenait que Johnson serait le colistier de Kennedy.

Ce matin-là, Clark Clifford se souvient avoir été convoqué très tôt – il n'avait même pas eu le temps de se raser – pour s'entendre dire par un JFK accablé : « Je dois faire quelque chose que je n'ai jamais fait. J'ai négocié un accord mais, à présent, je dois reprendre ma parole. Je n'ai pas le choix. » Kennedy, se souvient Clifford, donnait l'impression de n'avoir pas fermé l'œil de la nuit.

Le candidat devait assister à un déjeuner réunissant ses collaborateurs les plus proches. Il entra dans la salle à manger, suivi d'une horde de journalistes et de cameramen, aperçut Raskin et, aux dires de celui-ci, l'entraîna près d'une fenêtre et lui glissa à l'oreille : « Venez avec moi, j'ai quelque chose à vous dire. » Puis il ajouta : « Vous êtes au courant ? » « Oui », répondit Raskin. « Et qu'en pensez-vous ? » Raskin haussa les épaules. JFK reprit : « Vous savez que jamais nous n'aurions pensé à Lyndon, mais je n'avais pas le choix. Lui et Sam Rayburn m'ont fait clairement comprendre que Lyndon devait être le candidat à la vice-présidence. Ces salopards ont essayé de me piéger. Ils ont menacé de me faire avoir des problèmes, et je n'ai pas besoin de ça. J'en aurai assez avec Nixon... »

Trois décennies plus tard, Raskin demeure troublé par cet épisode. « Cette révélation était tellement stupéfiante que si quelqu'un d'autre que John ou Bobby me l'avait faite, j'aurais eu du mal à y croire. »

Les initiés, toujours fidèles à Kennedy, firent aussitôt savoir à la presse que JFK avait été aussi surpris que les autres de voir Johnson accepter le poste de vice-président. De son côté, ce dernier raconta aussitôt sa version de l'affaire au journaliste John S. Knight, rédacteur en chef du *Miami Herald* – dont la une du vendredi titrait : « Exclusif : comment Johnson a exigé et obtenu la seconde place ». Knight écrivait que, la veille, Bobby Kennedy avait appelé Johnson par courtoisie, pour discuter des divers choix possibles pour la vice-présidence. À sa stupéfaction, écrivait Knight, « Lyndon Johnson l'informa que Sam Rayburn et lui avaient discuté, et décidé que Johnson devait être nommé vice-président ». L'intéressé ajoutait qu'il était prêt, si nécessaire, à porter le combat devant la convention. John Kennedy, informé, rendit visite au Texan, qui réitéra ses menaces. JFK réunit alors les responsables du parti, tous favorables à Symington, et ils finirent par convenir « qu'ils ne pouvaient risquer un affrontement avec Johnson sans mettre en danger les chances du parti en novembre. C'est ainsi que la capitulation fut décidée ».

Que Johnson ait réussi à convaincre Kennedy de faire de lui son colistier en le menaçant d'un affrontement à la convention semble particulièrement grotesque. Avec une telle manœuvre, Johnson se serait vu accusé de nuire à l'unité du parti, à la veille de la campagne présidentielle, et sa propre stature politique en aurait pâti. Bobby Kennedy ordonna à Pierre Salinger de faire paraître un démenti. Lequel provoqua aussitôt la fureur de Johnson et de Rayburn, qui avaient manifestement monté l'affaire avec Knight. Ils nièrent avec véhémence toute responsabilité et exigèrent que Kennedy en personne téléphone à Knight pour lui dire que l'histoire était fausse. Johnson voulait en effet qu'elle soit « étouffée dans l'œuf » avant d'avoir le temps de circuler. Ce fut finalement Bobby qui s'en chargea. En fin de compte, la version officielle – Kennedy avait toujours voulu de Johnson comme vice-président – s'imposa, tandis que l'article « exclusif » de Knight sombrait dans l'oubli.

Quelques jours plus tard, Salinger demanda à John Kennedy s'il s'était vraiment attendu à ce que Johnson accepte son offre ou s'il s'agissait là d'un geste de pure forme. JFK donna l'impression de vouloir répondre, puis se ravisa : « Toute l'histoire ne sera jamais connue, et c'est aussi bien. » Salinger ajoute que cette remarque sibylline le laissa sceptique. En 1995, Joseph Dolan, adjoint de Robert Kennedy au Sénat vers le milieu des années 1960, m'a pour sa part raconté l'anecdote suivante : Bobby, quittant une réunion politique, se tourna vers lui et lui déclara, au sujet de la désignation de Johnson : « Il n'y a que deux personnes en vie à savoir toute la vérité sur 1960. » Puis il demanda à son collaborateur s'il voulait la connaître. Dolan répondit : « Ce ne serait plus un secret si je le savais. » On se doute que, depuis, il a plus d'une fois regretté son manque de curiosité.

Au cours des trente-cinq ans qui suivirent, Evelyn Lincoln, la secrétaire de Kennedy, fut la seule à évoquer publiquement la question. Elle expliqua au journaliste britannique Anthony Summers qu'elle s'était convaincue, dès le milieu de 1960, que J. Edgar Hoover et Lyndon Johnson avaient comploté. Le premier était très proche du second et, depuis des années, lui fournissait des informations sur la vie privée de JFK. Dans la biographie que Summers a consacrée au chef du FBI, *Official and Confidential*[1],

1. Putnam Pub Group, 1993.

Lincoln déclare que Lyndon Johnson «s'était servi de tous les renseignements que Hoover avait pu trouver sur Kennedy, pendant toute la campagne et même lors de la convention. Et Hoover était de la partie. Des histoires de femmes, des choses sur le passé de Joe Kennedy, tout ce qu'il pouvait déterrer. JFK était furieux parce qu'ils l'avaient pris au piège. Il était bel et bien coincé.» Lors d'une interview ultérieure, Lincoln m'a dit avoir surpris John et Bobby en pleine conversation, le matin du 15 juillet: «Je suis entrée et j'ai écouté. Ils étaient bloqués et s'efforçaient de trouver une solution, mais c'était une situation sans issue.» À aucun moment elle ne les entendit évoquer des menaces spécifiques de la part de Johnson, mais «John savait que Hoover et Johnson pouvaient l'attaquer sur des histoires de femmes».

Les principaux intéressés sont morts depuis longtemps, et on ne saura sans doute jamais comment Lyndon Johnson s'y prit pour accéder à la vice-présidence. Kennedy n'ignorait pas que Hoover savait beaucoup de choses qui donneraient à Johnson la possibilité de parvenir à ses fins. JFK pouvait être soumis à un chantage non seulement par ses anciennes maîtresses, mais aussi par quiconque connaîtrait assez de détails sur ses nombreuses liaisons. Une fois l'affaire réglée, le président expliqua à Kenny O'Donnell, farouche adversaire de Johnson: «J'ai quarante-trois ans. Je ne mourrai pas pendant mon mandat. La vice-présidence, par conséquent, ne signifie rien...»

10

Une élection truquée

Lors de la campagne présidentielle de 1960, Joe Kennedy ne fit pas que consacrer beaucoup de temps et d'argent à l'élection de son fils. Il mit en jeu la réputation familiale – et l'avenir politique de John et de Bobby – en passant un marché avec Sam Giancana, dit « Mooney », et le puissant syndicat du crime de Chicago. Son objectif était d'assurer la victoire démocrate dans l'Illinois et dans d'autres États où la pègre avait de l'influence. Il y parvint bel et bien, après avoir organisé une rencontre au sommet avec Giancana lui-même dans le cabinet de l'un des juges les plus respectés de Chicago. Les hommes de main du gangster veilleraient à ce que la base des syndicats contrôlés par la mafia vote pour John Kennedy, tandis que le fonds de retraite des célèbres Teamsters contribuerait financièrement à la campagne.

John Kennedy et son frère entrèrent en fonctions en sachant que Giancana et ses complices les avaient aidés à remporter l'élection de 1960. On ne sait ce que Joe Kennedy lui avait promis en échange, mais le truand savait qu'en soutenant le vainqueur de la campagne présidentielle il réaliserait le plus gros coup de sa carrière.

Les mafieux de Chicago pourraient désormais souffler un peu.

Le résultat du scrutin fut extrêmement serré : Kennedy l'emporta sur Richard Nixon par une très faible majorité – 118 000 voix sur plus de 68 millions de suffrages. Depuis, journalistes et historiens n'ont cessé de se poser des questions sur la victoire de Kennedy dans l'Illinois, par moins de 9 400 voix d'écart. Ce fut l'un des derniers États à proclamer les résultats : connus le lendemain à l'aube, ils assurèrent son triomphe. On ne tarda pas à parler de fraude électorale, les républicains accusant les démocrates, dirigés par Richard Daley, maire de Chicago, d'avoir contrôlé les urnes dans cette ville. Tout le monde savait que depuis 1955, date de son élection, il avait fait pression sur les responsables des bureaux de vote à chaque scrutin. En 1960, c'est Kennedy qui en avait bénéficié. Archétype du caïd politique des grandes villes, Daley resta de marbre et repoussa stoïquement toutes les accusations, déclarant à la presse : « C'est un complot républicain pour empêcher l'homme qui a été élu par le peuple d'accéder à la présidence. »

Finalement, des plaintes furent déposées contre les démocrates dans onze États. Le Parti républicain, après une série de réunions à Washington, décida fin novembre d'envoyer des responsables en mission dans sept d'entre eux : le New Jersey, le Texas, le Missouri, le Nouveau-Mexique, le Nevada, la Caroline du Sud et la Pennsylvanie. Dans certains États, Kennedy l'avait emporté par un écart si faible – à peine plus de 2 500 voix au Nevada et au Nouveau-Mexique – que la moindre fraude électorale aurait permis de transformer sa victoire en défaite. Mais ces enquêtes n'aboutirent à aucun résultat probant.

Le pays tout entier ne s'intéressa qu'à l'Illinois. Comme d'habitude, la participation électorale avait été très élevée à Chicago : 89 % des inscrits avaient voté (c'est du moins le chiffre mentionné dans les registres). Lors des élections présidentielles de 1952 et 1956, la machine électorale démocrate avait convaincu plus de 80 % d'entre eux de s'exprimer. L'énorme majorité que Kennedy y avait recueillie était beaucoup plus surprenante : 456312 voix, un écart près de quatre fois supérieur à celui qui lui permit de triompher à l'échelle nationale.

De telles statistiques ont été citées à de multiples reprises dans d'innombrables livres et articles, mais pour faire valoir qu'en réalité les élections dans l'Illinois avaient moins d'importance qu'on ne l'aurait cru. L'argument est le suivant : Kennedy l'emporta certes de peu au Texas, dans le Michigan, le New Jersey et le Missouri, mais cela lui valut 303 voix dans le Collège électoral[1], soit 34 de plus que ce dont il avait besoin pour entrer à la Maison Blanche. La victoire dans l'Illinois n'aurait donc pas été si décisive pour lui.

Or, elle l'était. Car, sans les 27 grands électeurs de cet État, Kennedy n'aurait eu sur Nixon qu'une majorité

1. Les Américains n'élisent pas directement leur président mais, dans chaque État, des « grands électeurs » (présentés par les partis) qui feront partie du Collège électoral, seul habilité à désigner le futur occupant de la Maison Blanche. Quand un candidat présidentiel arrive en tête, même de peu, dans un État, tous les représentants de celui-ci au Collège voteront, ou seront censés voter, pour lui. L'une des conséquences d'un tel système est qu'il lui demeure théoriquement possible d'accéder à la présidence tout en ayant eu moins de suffrages populaires que son adversaire (comme cela s'est produit à trois reprises au siècle dernier). La Constitution prévoit par ailleurs que, si le Collège électoral ne parvenait pas à élire le président, la tâche en reviendrait à la Chambre des représentants. *(N.d.T.)*

de 7 voix dans le Collège, alors que 26 électeurs démocrates du Mississipi, de la Georgie et de l'Alabama menaçaient de lui faire faux bond (sauf si le Parti démocrate leur consentait d'importantes concessions sur les droits civiques). La perte de l'Illinois leur aurait donné un pouvoir de nuisance énorme (14 d'entre eux finirent d'ailleurs par voter pour Harry F. Byrd, sénateur démocrate de Virginie), y compris celui de renvoyer l'élection du président devant la Chambre des représentants, ce qui est un fait sans précédent au XXe siècle.

À l'époque, l'énormité de la victoire de Kennedy à Chicago parut suspecte à beaucoup de gens, y compris l'intéressé lui-même. Il déclara que Richard Daley lui avait dit, le soir de l'élection: « M. le président, avec un peu de chance et l'aide de quelques amis, vous allez gagner dans l'Illinois. » En 1977, il y eut un véritable scandale quand ces propos furent rendus publics par le journaliste Benjamin Bradlee, vieil ami de Kennedy. Bradlee devait benoîtement assurer par la suite: «J'ignore ce que Daley entendait par là.» Après l'élection, deux grands jurys furent réunis à Chicago, mais ils n'inculpèrent pour corruption et fraude électorale que cinq responsables démocrates du rang. L'enquête officielle toucha à son terme en juillet 1961, lorsqu'un juge de comté démocrate – dans «une grossière démonstration d'esprit partisan», comme l'écrivit un journaliste – repoussa la dernière des 677 plaintes mettant en cause les scrutateurs démocrates, accusés de s'être volontairement trompés dans le décompte des votes. Le juge déclara qu'il n'y avait «pas assez de preuves» qu'il s'agissait là d'une manœuvre délibérée.

Richard Nixon ne se faisait aucune illusion sur ce qui s'était passé dans l'Illinois, mais préféra ne pas demander un nouveau décompte, comme certains dirigeants républicains l'auraient souhaité. Beaucoup de gens considèrent cette décision comme l'une des plus judicieuses qu'il ait prises. Dans ses mémoires, Nixon reconnaît franchement que c'était là son intérêt : « Que se serait-il passé si j'avais demandé un nouveau décompte et qu'il se révèle, en dépit des fraudes électorales, toujours favorable à Kennedy ? L'accusation d'être "un mauvais perdant" m'aurait collé à la peau et empêché de poursuivre ma carrière politique. »

Nixon avait raison. En Illinois, le décompte était aux mains du Parti démocrate et rien n'aurait permis de connaître la vérité sur cette élection.

C'est par nécessité que Joe Kennedy traita avec la pègre. Propriétaire du Merchandise Mart, il savait, comme tout un chacun, à quel point le crime organisé contrôlait les plus importants syndicats de Chicago. Sous la direction d'Al Capone, les truands avaient, dès avant la Seconde Guerre mondiale, pénétré peu à peu les firmes ayant pignon sur rue et les organisations syndicales. À la fin des années 1940, plus d'une centaine de ces dernières étaient ainsi contrôlées par la pègre, à qui elles rapportaient plusieurs millions de dollars par an. Plus important encore pour les politiciens de Chicago, elles constituaient un énorme potentiel électoral qui pouvait être mobilisé à la demande. En ce domaine, le grand patron était Murray Humphreys, dit « le Chameau » : à l'apogée de l'empire Capone, il contrôlait personnellement, selon l'un de ses biographes, plus d'une soixantaine de syndicats.

Que Kennedy père fasse appel à Sam Giancana était d'autant plus risqué que John et Bobby passaient pour être de vigoureux adversaires du crime organisé : à la fin des années 1950, ils avaient pris part aux activités d'une commission sénatoriale enquêtant sur le racket dans le monde du travail. Quand Giancana avait témoigné devant cet organisme, en juin 1959, Robert Kennedy s'était montré particulièrement agressif envers lui. À chacune de ses questions, le gangster lui adressait un petit rire et invoquait le 5e amendement. Bobby finit par lui lancer: «Je croyais que seules les petites filles gloussaient, M. Giancana.» L'algarade avait fait la une des journaux.

Dans *Robert Kennedy and His Times*[1], paru en 1978, Arthur Schlesinger écrit que Joe était «vivement opposé» à l'idée que ses fils participent aux travaux de la commission du Sénat. John était l'un des quatre démocrates qui en faisaient partie, aux côtés de John L. McClellan, président de la commission, et de Bobby, qui remplissait la fonction de conseiller juridique. C'est sans doute lui qui fut à l'origine des enquêtes ordonnées par la commission, notamment celle qui concernait les activités de James R. Hoffa, le dirigeant des Teamsters. Selon Schlesinger, Joe paraissait convaincu «qu'une enquête [...] n'amènerait pas de réformes, mais ne ferait que dresser le monde du travail contre les Kennedy. [...] Fait sans précédent, Joe et Bobby eurent à ce sujet une violente discussion.» Joe Kennedy demanda ensuite à un de ses amis, William O. Douglas, membre de la Cour suprême, d'intervenir auprès de Bobby. Ce fut un échec. Douglas confia à Joe que, d'après son fils, la commission était «une trop belle occasion» pour qu'on la laisse passer.

Joe comprenait quant à lui que les syndicats, honnêtes ou non, pouvaient assurer argent et main-d'œuvre à un homme politique en campagne – deux choses dont John aurait fortement besoin lors de la présidentielle de

1. Houghton Mifflin Company, 1978.

1960. Il savait également que Jimmy Hoffa, aussi coriace que Bobby, ferait tout son possible pour barrer la route à JFK. Joe comprit qu'il devait négocier à Chicago même. Il sollicita l'aide d'un vieil ami, William J. Tuohy, juge de circonscription du comté de Cook (qui fait partie de la cité). Ce dernier fut chargé d'organiser une rencontre clandestine entre Joe Kennedy et Sam Giancana et, pour ce faire, contacta Robert J. McDonnell, avocat spécialisé dans la défense des chefs de la pègre.

Ce dernier, aujourd'hui âgé de soixante et onze ans, m'a déclaré au cours d'une interview : « Tuohy m'a demandé de venir dans son cabinet », pendant l'hiver 1959-1960. « J'y suis allé. Nous avons bavardé. Il m'a dit : "Je ne sais trop comment vous poser la question… vous connaissez Mooney Giancana ?" J'ai répondu que oui. Il a ajouté : "Comment croyez-vous que je pourrais arranger une réunion entre M. Giancana et Joseph Kennedy ?" » McDonnell donna au juge le nom d'un politicien local très lié au syndicat du crime. Quelques jours plus tard, l'avocat fut convoqué par Giancana, qui lui dit que la rencontre avec Joe aurait lieu dans le tribunal de Tuohy. Selon McDonnell, le gangster demanda : « Pouvez-vous me garantir que cette réunion sera tout à fait privée ? »

Passablement nerveux, Tuohy invita l'avocat à y assister. « J'y suis arrivé vers 5 heures. C'était la fin de la journée, la salle du tribunal était déjà plongée dans l'obscurité. C'est une heure qui a toujours quelque chose d'un peu mélodramatique. » McDonnell entra dans le bureau du juge et fut présenté à Joe Kennedy. Au bout d'une vingtaine de minutes, raconte-t-il, « nous avons entendu des pas et Mooney Giancana est entré ». Il était accompagné de l'un de ses associés. L'avocat fit les présentations. « Tous trois se sont assis, puis le juge Tuohy et moi avons quitté les lieux. Nous sommes allés jusqu'au banc des jurés. Je me souviens qu'il m'a dit : "Je suis heureux de ne pas avoir à me mêler de ça." Il était très déprimé. C'était un homme des plus intègres et voilà qu'on lui demandait de faire une faveur à Joe Kennedy. Je sais que cela lui répugnait. » Les deux hommes quittèrent les lieux avant la fin de la rencontre entre Joe et le gangster.

McDonnell apprit par la suite que Joe Kennedy « était obsédé, littéralement obsédé, par l'élection de son fils. Je ne sais pas quels accords ont été conclus ni quelles promesses ont été faites ; mais je peux vous dire que Mooney avait beaucoup d'atouts dans son jeu. Il pouvait placer des hommes dans chaque circonscription pour assister les responsables des bureaux de vote, de même qu'il pouvait ordonner aux syndicats de faire campagne pour Kennedy. Je sais bien qu'aujourd'hui ils ne votent plus comme on le leur dit, mais c'était différent en 1960. Mooney savait se faire obéir. »

Et l'avocat de préciser : « Il n'y a pas eu de bourrage d'urnes. Ils ont simplement beaucoup travaillé. Il [John Kennedy] a gagné sans appel, mais uniquement grâce à ce que Giancana avait fait. Je suis profondément convaincu que c'est lui qui a permis à JFK de l'emporter. »

Ancien de l'université Notre-Dame, gravement blessé pendant la Seconde Guerre mondiale, McDonnell avait de gros problèmes financiers quand il fut contacté par Tuohy. Il avait été avocat pour le compte du procureur de l'État et connu bien des succès, mais l'alcoolisme et la passion du jeu lui valurent d'accumuler des dettes qui l'amenèrent à travailler pour la pègre. En 1966, il fut reconnu coupable de trafic de faux mandats et suspendu, sans être toutefois rayé du barreau. Il reprit ses activités d'avocat au début des années 1980, puis se vit interdire d'exercer après une seconde condamnation, cette fois pour avoir tenté de soudoyer un responsable du syndicat des électriciens. En 1983, il épousa la fille de Sam Giancana, Antoinette, dont il divorcerait douze ans plus tard.

Plusieurs des interviews que j'ai réalisées lors de mes investigations corroborent le récit de McDonnell et démontrent que Joe Kennedy et le juge Tuohy étaient amis de longue date. Les deux fils du magistrat, Patrick et John, m'ont dit qu'ils ignoraient tout d'une rencontre avec Giancana, mais se souvenaient que Joe Kennedy – «l'ambassadeur», comme il aimait se faire appeler – venait souvent dîner chez eux après la guerre. Tous deux m'ont aussi déclaré qu'ils connaissaient McDonnell, avocat qui avait «quitté le droit chemin».

Thomas V. King, directeur en 1960 du Merchandise Mart, travaillait sous les ordres directs de Joe. Lui aussi fut témoin des relations entre Kennedy père et Tuohy, qui étaient selon lui «extrêmement proches». King ajoute qu'il avait cru comprendre que «Joe prenait soin de lui et l'aidait sur le plan financier». Il eut l'occasion de les voir se rencontrer au Merchandise Mart, sans pour autant savoir ce qu'ils se disaient.

Le témoignage de première main de Robert McDonnell est difficile à réfuter. On citera aussi une mini-série télévisée, datant de 1992, produite par Tina Sinatra, la fille de Frank. Dans l'un des épisodes, on voit Joe Kennedy déclarer au chanteur : «La meilleure chose que vous puissiez faire pour John, c'est d'aller voir ces gens qui contrôlent le syndicat [des Teamsters].» Sinatra transmet la requête à Giancana, qui lui donne son accord.

Au cours d'une interview réalisée en 1997, Tina Sinatra m'a déclaré que son père lui avait fourni toutes sortes d'informations et donné explicitement son accord sur le script. Souhaitant ajouter un peu de piment au feuilleton produit par sa fille, il avait, pour la première fois, reconnu en public avoir joué le rôle d'intermédiaire entre Giancana et Joe Kennedy.

« J'ai cru comprendre qu'il y avait eu une réunion à Hyannis Port, fin 1959. Papa était très désireux de s'y rendre car il n'y était jamais allé. Joe lui a dit : "Je crois que vous pouvez m'aider grâce à vos amis en Virginie-Occidentale et dans l'Illinois. Vous comprenez, Frank, je ne peux m'en charger moi-même. Ce sont mes amis aussi, mais je ne peux les contacter. *Vous*, vous le pouvez." Je sais que papa a réfléchi. Mais ça ne lui paraissait pas impossible. Alors, il est allé voir Sam Giancana. » La rencontre, ajoute Tina, eut lieu sur un terrain de golf pour échapper à la surveillance, apparemment constante, du gangster par le FBI. Sinatra déclara : « Je crois en cet homme et je crois qu'il fera un bon président. Avec votre aide, je pense que nous pouvons y arriver. »

Selon Tina Sinatra, servir d'intermédiaire paraissait chose normale à son père. « Il était hors de question que Joe aille voir Sam Giancana, pour des raisons évidentes. Quant aux rapports de Frank avec les membres de la pègre – tout le monde comprend ça. La mafia est très intelligente. Elle savait que le pouvoir et le contrôle maintiendraient l'unité du pays. Je ne crois pas qu'ils auraient dû se tirer dessus mutuellement, mais c'est ce qu'ils ont fait. Dans les années 1930 ou 1940, ils contrôlaient tous les night-clubs, le monde du show-business. C'étaient des gens très motivés. Le pouvoir d'un homme de spectacle, celui d'un membre de la pègre… tout ça fait partie de l'Amérique. Les uns et les autres venaient des mêmes quartiers. Mon père a grandi à côté de gangsters qui étaient ses amis et il était hors de question qu'il laisse tomber un copain. Il plaçait au-dessus de tout la fidélité et le dévouement absolu à la famille et aux amis. C'est très italien, sans doute, et il avait cela en commun avec les gens de la pègre.»

«C'étaient des gens que Joe connaissait. Il avait des relations avec eux. Ma grand-mère l'appelait "ce fils de pute vendeur de rhum". Les Kennedy se sont servis du milieu, par l'intermédiaire de Frank Sinatra, pour que leur petit génie parvienne au sommet. Ils n'ont pas hésité à demander des faveurs : ils ont toujours su réclamer ce dont ils avaient besoin. Et je crois qu'ils étaient habitués à obtenir tout ce qu'ils demandaient.» Mais quand Robert Kennedy, devenu ministre de la Justice, s'en prit au crime organisé avec la même ardeur que du temps de la commission sénatoriale, «tout le monde a été dupé».

Tina se souvient que son père était plein d'enthousiasme pour Kennedy. «Papa pensait qu'il apporterait une véritable bouffée d'air frais. Il disait que jamais il n'avait été aussi excité depuis Roosevelt, pour lequel il avait aussi fait campagne.» La politique était d'ailleurs une composante essentielle de la vie de son père. «Il est né dans une famille très motivée politiquement» – surtout sa mère, militante démocrate dans le New Jersey – «et il racontait souvent qu'il portait les pancartes de certains candidats avant même de pouvoir les lire. Il m'a aussi parlé de ces petits cadeaux que les politiciens faisaient à maman, pour la remercier d'avoir veillé à ce que tout le monde aille voter.»

La fille de Sinatra ajoute que John Kennedy était à part, et que le chanteur était fasciné «par son style de vie et son pouvoir. Je sais qu'ils s'amusaient beaucoup ensemble». Avant comme après son accession à la présidence, JFK aimait passer les week-ends chez Sinatra, à Palm Springs. Là, il pouvait courir le jupon en toute sécurité. « Le président et papa ne se retrouvaient pas pour jouer au golf ! Leurs amis se réunissaient pour passer des bons moments ensemble... Jamais je n'ai été conviée à me joindre à eux. Ce n'était pas le genre de week-end où on peut amener les enfants ! »

Le FBI avait bien quelques indices des maquignonnages entre Kennedy et la pègre de Chicago mais ne pouvait en faire état publiquement, vu la manière dont il les avait obtenus. Dès la fin des années 1950, dans tout le pays, des agents avaient commencé à cacher des micros aux endroits que fréquentaient les truands. À Chicago, l'un d'eux permit ainsi d'enregistrer de nombreuses conversations – parfois en dialecte sicilien – avant comme après novembre 1960, dans lesquelles Sam Giancana parlait de l'accord électoral conclu avec Joe Kennedy. Dans un livre de souvenirs paru en 1989, *Man Against the Mob*[1], William F. Roemer, agent du FBI, révèle que dans l'un de ces enregistrements, toujours inédit, le gangster évoquait directement le marché : soutien de la pègre contre engagement de « freiner l'enquête du FBI sur Giancana ». Des transcriptions de ces propos, sans indication de source, connurent une diffusion très restreinte au sein du ministère de la Justice.

Placé ou non sur écoutes, le gangster aimait se targuer de son influence. Dans *My Story*[2], publié en 1977, Judith Campbell Exner, qui fut la maîtresse de Kennedy au début des années 1960 tout en continuant à fréquenter Giancana, rapporte certains de ses propos : « Écoute, chérie, sans moi, ton petit copain ne serait jamais entré à la Maison Blanche. »

1. Ivy Books, 1989.
2. Grove Press, 1977.

Et il n'exagérait pas. En 1997, G. Robert Blakey, ancien procureur du ministère de la Justice, m'a expliqué que les enregistrements du FBI, dont beaucoup n'ont jamais été rendus publics, confirmaient que le syndicat du crime de Chicago avait tout mis en œuvre pour assurer le triomphe de Kennedy. Blakey y eut accès à la fin des années 1970, du temps où il était conseiller juridique d'une commission de la Chambre des représentants. «En fait, il y a un problème de fraude électorale à Chicago depuis le début du siècle.» Les bandes du FBI démontraient «sans doute aucun, selon moi, que de nombreux suffrages avaient été truqués, je dis bien truqués, afin de donner à Kennedy une marge suffisante pour l'emporter dans l'Illinois.» Selon Blakey, les enregistrements permettaient d'établir que la pègre contrôlait beaucoup plus les votes qu'on ne l'aurait cru: Giancana fut ainsi surpris à discuter du nombre exact de voix qu'on offrirait à un congressiste corrompu de l'Illinois.

«Les opérations de surveillance menées à Chicago permirent également d'établir que l'argent de la pègre a été consacré aux élections de 1960», poursuit Blakey. Les fonds parvinrent, grâce à Sinatra, «à Joe Kennedy. Est-ce qu'ils ont suffi à faire la différence? Ma réponse est oui.» Giancana et ses complices étaient convaincus qu'en échange «les Kennedy feraient quelque chose pour eux», à savoir réduire la pression du FBI.

John Kennedy et Sam Giancana n'auraient pu venir de milieux plus différents. Pourtant, ils avaient beaucoup de choses en commun: même passion pour les femmes, même fascination pour Hollywood (qui le leur rendait bien), même goût du secret, même souci de compartimenter leur existence. Giancana était un assassin et un mafioso qui, en 1960 et 1961, se vit confier par la CIA une mission des plus secrètes à laquelle il ne fit jamais la moindre allusion publique. John Kennedy était un politicien brillant qui pouvait prêcher l'idéalisme du Peace Corps, ou l'idée de « Nouvelle Frontière », tout en s'adonnant en privé à des frasques risquant de détruire sa carrière.

Né en 1908, Giancana entama la sienne comme tueur à gages d'Al Capone dans le quartier de Little Italy, à l'ouest de Chicago. À vingt ans, on disait qu'il avait déjà tué des dizaines de personnes. Trois ans plus tôt, il avait écopé de sa première condamnation, pour vol de voiture. En tout, il fut arrêté soixante fois au cours de sa vie. À la fin des années 1950, il gagnait des millions de dollars en contrôlant les casinos de Las Vegas et de La Havane et, d'un point de vue politique mais aussi économique, avait la haute main sur au moins six des quartiers les plus peuplés de Chicago. La mafia de la ville contrôlait également les activités de la pègre et celles des Teamsters à Cleveland, St. Louis, Kansas City, Las Vegas et Los Angeles.

Sandy Smith, journaliste de *Time* qui passa vingt ans à enquêter sur le crime organisé de Chicago, m'a déclaré : « Giancana était un tueur, rien de plus. Et il en était fier. S'il y avait un problème quelconque, il se faisait expliquer très brièvement la situation, puis disait : "Descends-le ! Descends-le !" Il était incapable de vous parler calmement : il jurait, hurlait, essayait de vous intimider. C'était un vrai sauvage. »

Ce qui n'empêchait pas l'intéressé de jouir à Hollywood d'une immense popularité. Ses biographes font remonter ses liens avec l'industrie du cinéma au milieu des années 1950, période pendant laquelle la pègre de Chicago émigra en masse vers la côte ouest. Mais sa fille Antoinette, auteur en 1984 d'un récit de souvenirs, *mafia Princess*[1], raconte qu'en 1949, encore adolescente, elle se rendit à Hollywood, où un producteur lui fit visiter les studios de la Metro Goldwyn Mayer. «Je fus traitée avec un respect qu'on n'accorde d'ordinaire qu'aux plus grandes stars du studio.» À la fin des années 1950, à Las Vegas, Giancana, qui se faisait souvent appeler Sam Flood, fréquentait sans s'en cacher les gens du spectacle, qui devaient verser de très fortes sommes pour pouvoir se produire dans les casinos contrôlés par la mafia. Il était ainsi l'ami de Frank Sinatra et s'intégra au fameux «Rat Pack», groupe de chanteurs et d'acteurs qui évoluaient avec la même aisance dans les milieux du cinéma, les cercles démocrates et ceux du crime organisé. En 1960, le gangster entama une longue relation avec Phyllis McGuire, une des trois McGuire Sisters, alors au sommet de leur popularité. Bill Woodfield, photographe de Hollywood, m'a déclaré en 1995 que Giancana venait presque chaque jour sur le plateau d'un film dont McGuire et Sinatra étaient les vedettes. Woodfield avait pour tâche de photographier chaque scène. «J'ai pris des centaines de clichés de Phyllis, mais jamais aucun de Sam. Un vrai pro sait ce qu'il a à faire.»

L'interview de Jeanne Humphreys m'a fourni d'autres indices d'un marché entre Giancana et la famille Kennedy. Elle fut la seconde femme de Murray Humphreys. D'origine galloise, mort en 1965, celui-ci était considéré comme le véritable cerveau de la pègre de Chicago mais, n'étant pas sicilien, ne put jamais en devenir le chef reconnu. Sa veuve, qui vit aujourd'hui, sous un autre nom, dans une ville du sud des États-Unis, fut son épouse de 1957 à 1962. «Murray me disait tout. Il était

1. Allen & Unwin, 1984.

bien obligé : j'étais immergée dans ce milieu vingt-quatre heures sur vingt-quatre. »

Et d'ajouter : « Je sais tout sur les Kennedy et les élections. Ça a été au centre de notre vie pendant toute l'année 1960. » Selon elle, son mari fut d'abord opposé à l'idée, avancée par Giancana, de soutenir politiquement JFK, surtout parce que Humphreys, ayant fait affaire avec Joe Kennedy du temps de la Prohibition, n'avait pas confiance en lui. « Murray disait que c'était un bluffeur et un tricheur. » Humphreys raconta notamment à sa femme que Joe, qui faisait passer en contrebande de l'alcool venu du Canada, « avait détourné un de ses propres chargements, lequel avait été payé d'avance, pour le revendre ailleurs ».

La question fut finalement soumise à un vote des chefs de la mafia de Chicago : Giancana, Humphreys, Paul Ricca, Anthony Accardo, Frank Ferraro. Humphreys fut le seul à se prononcer contre. « Il lui a été très pénible de devoir soutenir Kennedy comme les autres. Ça lui restait sur l'estomac. Mais il a obéi. La garantie donnée par Joe Kennedy était que les enquêteurs laisseraient l'organisation tranquille. Moi, j'étais très naïve. Je ne savais pas encore qu'un président pouvait être élu grâce à la pègre de Chicago. Dans mon ignorance, je croyais que la majorité décidait. »

Les services du FBI ont rédigé une biographie, restée inédite, de Murray Humphreys, couvrant les années 1957 à 1961. Elle étaie les affirmations de son épouse. Le dossier en question, daté du 17 mai 1961, et dont j'ai eu communication, décrit l'intéressé comme « l'un des plus importants dirigeants du milieu dans la région de Chicago ». Humphreys était tout particulièrement chargé « du maintien des contacts avec les hommes politiques, les avocats, les fonctionnaires et les responsables syndicaux, afin de convaincre ces gens d'agir en faveur des intérêts de la pègre». Le FBI notait tout particulièrement les liens étroits qu'il entretenait avec les Teamsters et voyait en lui un «intermédiaire» dans les opérations menées par les chefs syndicalistes et les mafiosi pour contrôler les hôtels et salles de jeux de Las Vegas.

Sandy Smith, alors journaliste au *Chicago Sun-Times*, interviewa plusieurs fois Humphreys au début des années 1960 et le décrit comme le «juge de paix» de la mafia locale. «Il avait ses entrées chez les juges, au ministère de la Justice, aux impôts. Il était extrêmement avenant.»

Humphreys avait aussi été un client de Marovitz. «Il ressemblait un peu à un homme d'affaires, se souvient ce dernier. Il ne s'exprimait pas comme la plupart des truands, il n'avait rien de vulgaire. Il contrôlait beaucoup de syndicats, qui versaient des fortunes aux hommes politiques.» Pour autant, l'influence de Humphreys ne tenait pas qu'à son allure: «Ou vous vous entendiez avec lui, ou vous vous retrouviez avec une balle dans la tête. C'était une époque assez dure.»

La description que Jeanne Humphreys donne des magouilles électorales de son mari concorde avec les analyses de Smith et le dossier du FBI. Selon elle, la décision de la pègre de soutenir John Kennedy et de le faire élire conduisit à deux sessions de réunions étalées sur quinze jours: la première en juillet, avant la convention démocrate, la seconde fin octobre, avant les élections. À chaque fois, Humphreys et son épouse s'installèrent au Hilton, sans jamais le quitter. «Nous n'y séjournions pas: nous y étions quasiment prisonniers. Je n'avais pas le droit de sortir car nous étions certains d'être surveillés. Tout était très secret. Murray recevait beaucoup de coups de fil de politiciens et de responsables des Teamsters. »

« Tout le pays était là : les Teamsters débarquant à l'hôtel arrivaient des quatre coins des États-Unis. L'organisation de Chicago coordonnait tout : le Kansas, St. Louis, Cleveland. » Les syndicalistes liés à la pègre venaient « recevoir leurs instructions de Murray. Quand nous sommes revenus en octobre, c'était surtout pour veiller à ce que tout se passe comme prévu. Ils ont fait élire Kennedy. »

Les dossiers obtenus au titre de la loi sur la Liberté de l'information montrent que le FBI sut très vite que Humphreys était, comme le raconte sa femme, descendu fin octobre 1960 au Hilton sous le nom de Fishman. Conscient d'être constamment surveillé, il semble avoir pris soin de brouiller les pistes. À l'occasion d'un coup de fil intercepté par le FBI, il déclara ainsi : « Puisqu'il paraît que tous les Irlandais votent Kennedy, je vais voter pour Nixon, qui est protestant. » Rien, dans les documents rendus publics, ne permet d'établir de lien entre lui et la campagne de John Kennedy.

Quand j'ai discuté avec Jeanne Humphreys, qui approchait des soixante-dix ans, elle m'a raconté qu'elle fut mise au courant lors d'un voyage sur la côte ouest, quand elle reprocha à son mari de « faire la fête avec les gens célèbres ». Il répondit : « Non, c'est du travail. Sam joue au golf avec Joe Kennedy. Ils ont des affaires à traiter. » Jeanne Humphreys se souvient aussi que les responsables locaux des Teamsters avaient été chargés d'assurer des voix à John Kennedy, de manière légale ou non. À l'époque, Jimmy Hoffa avait mis les fonds considérables de la caisse de retraite du syndicat au service de l'expansion de la pègre à Las Vegas, prêtant des millions de dollars à des chefs mafieux. Mais Hoffa était aussi un chaud partisan de Richard Nixon, ce qui posait des problèmes à Humphreys, car le dirigeant syndical était persuadé qu'en « prêtant l'argent de son syndicat à la pègre [...] il contribuait à faire élire les Kennedy », qu'il détestait. À l'issue d'une réunion en Floride, Jeanne Humphreys l'entendit ainsi se plaindre en ces termes : « L'argent de mes gars va [...] faire élire ce fils de pute. »

Tandis que la pègre se livrait à ses petites manœuvres politiques, J. Edgar Hoover épluchait les rapports de ses agents et mettait à jour ses dossiers. Les Kennedy le traitaient avec ménagement : ils savaient que le chef du FBI ne pensait pas grand bien de la vie privée de JFK.

Selon Carta DeLoach, un des adjoints de Hoover, Joe Kennedy et lui étaient devenus amis à la fin des années 1950. « C'étaient deux hommes importants, qui jugeaient nécessaire de se connaître. Ils avaient tous deux des opinions politiques très conservatrices. Hoover cherchait à le satisfaire, jusqu'à un certain point, et Joe Kennedy faisait de même, sachant que le FBI avait la capacité de réunir à tout moment des informations compromettantes. » DeLoach prend soin de préciser : « Pas pour faire chanter les gens, mais pour établir des dossiers. Cela va paraître étrange à certains, qui aujourd'hui accusent Hoover d'avoir provoqué des fuites et de s'être livré au chantage pour conserver son poste, mais il était très fidèle à la présidence. »

Pour des raisons peu claires, Hoover feignit, début 1960, de savoir peu de choses sur John Kennedy quand il donna l'ordre à DeLoach d'examiner les dossiers le concernant. « Il m'a rappelé le lendemain, je lui ai dit que John avait eu une relation avec Inga Arvad ainsi que d'autres escapades sexuelles – et que franchement, si c'était quelqu'un de très brillant d'un point de vue intellectuel, il était aussi très immoral. Hoover m'a répondu : "C'est faux. Vous avez dû commettre une erreur : vous parlez de son frère aîné. Retournez examiner les dossiers." Quand il m'a recontacté, j'ai insisté : "Je ne me suis pas trompé. C'est bien du candidat à la présidence que je vous parle." » DeLoach ajoute que son supérieur parut perplexe : « Il pensait qu'être président des États-Unis, représenter le peuple de la première puissance mondiale devait être une charge très noble. Il ne fait aucun doute que la conduite immorale de Kennedy l'offensait profondément. »

Dès qu'il s'agissait d'intimider les hommes politiques, le directeur du FBI était un véritable génie. Même si tous ceux qui travaillaient sous ses ordres eurent à souffrir de ses excentricités et de ses manies. Ainsi, les agents du FBI devaient impérativement respecter ses codes vestimentaires. Une chemise à carreaux ou des mains moites pouvaient entraîner leur licenciement. Ils apprirent aussi à ne jamais lui dire ce qu'il ne voulait pas savoir. Hoover s'efforça toujours d'avoir barre sur ses supérieurs – présidents, membres du Congrès dirigeant les Commissions auxquelles il devait rendre des comptes – en rassemblant à leur sujet des dossiers qu'il gardait sous clé dans son bureau. On prétend que nombre d'entre eux furent détruits à sa mort en 1972.

Après avoir suivi des études de droit, Hoover entra au ministère de la Justice, où il fut chargé des citoyens étrangers soupçonnés de trahison. Dès 1919, âgé de vingt-quatre ans, il était considéré comme un expert en ce domaine. L'année suivante, il prit part aux fameux « raids Palmer », lancés contre tous ceux qu'on suspectait d'être communistes, et qui entraînèrent l'arrestation de plus de quatre mille personnes. Tout au long de sa carrière, Hoover fut littéralement obsédé par l'idée d'éradiquer de la société américaine tout ce qui ressemblait de près ou de loin à un communiste, un socialiste ou un esprit subversif.

En 1924, il fut nommé chef du Bureau of Investigation, qui devint plus tard le FBI. Il sut habilement en accroître la taille et le champ d'action. Il fut ainsi l'un des premiers à réclamer la création d'un fichier national regroupant les empreintes digitales, ce qui révolutionna la lutte contre la délinquance. Il comprenait aussi parfaitement l'importance des relations publiques, se donnant beaucoup de mal, dans les années 1930, pour incarner la guerre contre le crime. C'est ainsi que la mise hors d'état de nuire de Machine Gun Kelly et John Dillinger fut amplement relayée par la presse. À la même époque, il entama une coopération, qui durerait près de trente ans, avec Hollywood, inspirant des films très populaires : dans l'un d'eux, James Cagney tenait son rôle, fixant ainsi l'image de Hoover aux yeux du public. En 1936, Roosevelt l'autorisa à enquêter sur la subversion nazie et communiste, ce qui permit au FBI de surveiller tous les aspects de la vie intérieure du pays. Hoover encouragea l'usage des micros clandestins et des écoutes téléphoniques, grâce auxquels il réunit des informations sur les politiciens, les gens célèbres et les journalistes.

À mesure que croissaient son prestige et son autorité, son hypocrisie et son insécurité firent de même. Pendant plus de trente ans, il prit ses vacances en compagnie de Clyde Tolson, directeur adjoint du FBI. Les deux hommes s'accordaient au moins deux longs congés par an dans les coins les plus somptueux de Floride et de Californie, où Hoover pouvait s'adonner à l'une de ses faiblesses : parier aux courses. La nature exacte des relations entre lui et son adjoint – tous deux restèrent célibataires – a donné lieu à des rumeurs qui persistent aujourd'hui encore. Ceux qui se rendaient au domicile de Hoover étaient stupéfaits de constater que le directeur du FBI, toujours prêt à fustiger le déclin de la moralité publique au sein de la jeunesse américaine, avait installé dans son sous-sol une galerie de photos dénudées, dont une de Marilyn Monroe. En dehors de Washington, Hoover se déplaçait toujours dans une Cadillac noire flambant neuve. En outre, ayant eu un accident de voiture alors qu'il s'apprêtait à tourner à gauche, il exigeait que ses chauffeurs préparent des itinéraires ne comprenant que des virages à droite. Pour ses voyages, ses assistants ne devaient s'adresser qu'à des hôtels choisis par ses soins, et où le sommier, le matelas et les oreillers de sa chambre seraient conformes à ses spécifications.

Comme John Kennedy, Hoover ne reculait devant aucun caprice.

C'est au cours de sa désastreuse campagne contre Roosevelt que Joe Kennedy avait pris la mesure du pouvoir dont jouissait le chef du FBI. Depuis, il s'était donné beaucoup de mal pour se concilier ses bonnes grâces. Il avait réussi à devenir le «contact pour services spéciaux» de l'Agence, activité qui s'était terminée à la fin de la guerre – mais qu'il reprit en 1950, sur la suggestion de Hoover.

Joe comprit très vite qu'il ne fallait pas mégoter sur la flatterie. Les dossiers du FBI le concernant, obtenus aux termes de la loi sur la Liberté de l'information, comportent de nombreuses déclarations – du père, des fils, des filles – chantant les louanges de Hoover. Un rapport datant de l'après-guerre signale ainsi qu'Eunice Kennedy avait révélé à des connaissances que son père venait de rencontrer le chef de l'Agence et avait été très impressionné «par le fonctionnement et la capacité d'organisation» du FBI. Un autre document confidentiel, destiné à Hoover lui-même, rapporte que John Kennedy, après son élection au Sénat, avait déclaré: «le FBI est la seule agence gouvernementale qui soit à la hauteur» et «exprimé son admiration devant ses succès». En 1953, Joe Kennedy fut nommé membre d'une commission fédérale chargée d'évaluer l'efficacité de l'appareil d'État. Dans le cadre de ses travaux, elle eut l'occasion d'étudier les dépenses militaires. Selon les dossiers du FBI, Joe fit savoir à Hoover qu'il avait été «stupéfait» de l'inefficacité et des gaspillages du Pentagone. Le document se termine sur un parfait exemple de flatterie courtisane: «Plus Joe Kennedy examine ce problème, plus il reconnaît la justesse des mesures prises par le FBI.»

Ces flatteries finirent par payer en 1956, lorsque Eisenhower le nomma membre du très puissant Bureau présidentiel de consultants sur les activités de renseignement extérieures – en dépit des nombreuses allégations concernant les activités du patriarche durant la Prohibition et lorsqu'il était en poste à Londres. Une phrase du rapport de sécurité du FBI concernant Joe Kenedy suffit sans doute à le laver de tout soupçon: «A fréquemment exprimé son admiration pour le directeur de l'Agence et le travail de celle-ci.»

Kennedy fut actif pendant six mois et fit au moins un voyage secret à l'étranger pour étudier les activités de la CIA. Le bureau romain de la CIA exprima d'ailleurs sa surprise lorsqu'il exigea de connaître – ce qui lui fut finalement accordé – les noms des agents infiltrés dans l'appareil d'État italien et au Vatican. Thomas F. McCoy, alors membre de l'Agence à Rome, m'a déclaré: «Il ne faisait jamais que défendre l'opinion de ses amis de droite au Vatican – des monsignores vieillissants dépassés par les événements et qui regrettaient le bon vieux temps. [...] Il ne voulait pas que nous soutenions quiconque avait ne serait-ce qu'une sensibilité de gauche. Il répétait sans cesse : "S'ils ne sont pas communistes, pourquoi se comportent-ils comme s'ils l'étaient ?" » Il est vrai que le maccarthysme restait encore tout proche.

Joseph Kennedy apprit donc beaucoup de choses sur le monde du renseignement américain. Nul doute qu'il en fit part à ses fils, et peut-être à Hoover.

Les dossiers déclassifiés permettent en effet de penser qu'il a pu, en privé, informer le chef du FBI de ce qu'il avait recueilli sur la CIA. Si cette conversation eut bel et bien lieu, le grand bureaucrate dut en être ravi : il était souvent en conflit avec les autres agences de renseignement américaines. Le 16 février 1956, il déclara en effet à ses collaborateurs directs qu'il avait rencontré Joe la veille : « J'ai discuté avec M. Kennedy de quelques-unes des faiblesses que nous avons observées dans les activités de la CIA, en particulier dans son organisation et dans sa compartimentation. » Les dossiers rendus publics ne contiennent aucune preuve de contacts ultérieurs entre les deux hommes mais montrent que Kennedy envoya de nombreuses lettres flatteuses à Hoover dès que JFK eut entamé sa campagne pour la présidentielle.

Ce n'était pas le seul atout des Kennedy. À soixante-dix ans, le chef du FBI était alors à cinq ans de la retraite et tenait par-dessus tout à rester en place. Il comprenait parfaitement, comme d'ailleurs John Kennedy lui-même, que seul le président avait le pouvoir de le confirmer dans ses fonctions. JFK y était tout disposé – encore fallait-il qu'il soit d'abord élu.

Sa campagne électorale reposait sur son travail acharné et son charisme naturel, mais aussi sur beaucoup d'argent et sur ses rapports avec la pègre. Un plan d'urgence était prévu au cas où cela ne suffirait pas le soir de l'élection. En effet, la majorité demeurait faible au sein du Collège électoral : les partisans de Kennedy redoutaient tout particulièrement que les vingt-six grands électeurs du Mississippi, de l'Alabama et de la Georgie ne lui fassent perdre la présidence.

Oscar Wyatt était un magnat du pétrole, banquier et collecteur de fonds démocrate de Corpus Christi, Texas. Il passa le soir de l'élection, comme le pays tout entier, à suivre les résultats chez lui. Comme il me l'a déclaré : « Nous ne savions pas si John avait gagné. S'il perdait dans l'Illinois, il faudrait obtenir les voix du Mississippi » – celles des huit grands électeurs de l'État. En fin de soirée, Wyatt reçut un coup de fil de Clifton Carter, un des plus fidèles lieutenants de Lyndon Johnson, qui lui dit : « Débrouillez-vous pour trouver 100 000 dollars pour le Mississippi, cette nuit même. » Chacun des délégués, expliqua-t-il à Wyatt, en recevrait 10 000. « J'avais des intérêts dans une banque de Corpus Christi. J'y suis allé et j'ai retiré l'argent. » Il lui fut juste un peu difficile de convaincre le directeur de l'établissement d'ouvrir en pleine nuit... Wyatt fit en sorte que son avion personnel soit prêt à décoller pour Jackson, dans le Mississippi. Il était 23 heures. Il décida d'attendre à l'aéroport.

À 2 heures du matin, Carter lui téléphona de nouveau et lui demanda de retarder son départ. À 4 heures, même message. À 6 h 30 – Wyatt avait dormi sur un canapé installé dans le hangar –, il y eut un troisième et dernier coup de fil de Carter : « Daley a décroché la timbale. Rentrez vous coucher. »

Le 19 décembre 1960, les grands électeurs du Mississippi votèrent en faveur du sénateur Byrd. Ce qui n'eut aucune importance réelle : Kennedy l'emporta sur Nixon au sein du Collège électoral par 300 voix contre 219 (les 3 voix de Hawaii furent ajoutées plus tard), et devint officiellement le trente-cinquième président des États-Unis.

Hoover, renseigné par les écoutes du FBI, savait que la fraude électorale ne s'était pas limitée à l'Illinois. Pour autant, il se garda bien d'agir. Le lendemain de l'élection – journée durant laquelle il fut confirmé dans ses fonctions par le nouveau président –, il reçut Philip Hochstein, directeur éditorial du groupe de presse Newhouse. Comme celui-ci le raconta plus tard au journaliste Anthony Summers : « Je lui ai présenté mes félicitations pour sa nomination par le futur président. Il m'a répondu d'un air maussade : “Il n'y a pas de futur président.” Il a ajouté que les élections avaient été truquées dans un certain nombre d'États, notamment dans le New Jersey, où j'avais mes bureaux, et dans le Missouri, où le groupe Newhouse venait d'acheter un journal. Ce fut une véritable harangue, et je crois que Hoover attendait de moi que je lance une campagne en vue d'annuler les élections… À l'époque, je n'en ai parlé à personne. »

Peu après la prise de fonctions officielle de John Kennedy, le FBI de Chicago fit parvenir au ministère de la Justice un rapport sur les élections dans l'Illinois. Selon Robert Blakey, « il est certain que Robert Kennedy a été informé du fait que les élections avaient été truquées ». Pour autant, il ne se passa rien.

Une fois encore, Joe Kennedy s'était montré fin stratège en insistant pour que Bobby devienne ministre de la Justice. John commença par rechigner: «Je ne sais pas quoi faire pour remercier Bobby, dit-il à George Smathers. Il s'est mis en quatre pour moi.» Smathers m'a raconté que lui et le nouveau président en avaient discuté à Palm Beach, au bord d'une piscine à l'autre bout de laquelle Joe Kennedy lisait le journal. Kennedy déclara: «Le vieux veut qu'il soit ministre de la Justice.» Smathers, ancien procureur, ne comptait pas au nombre des admirateurs de Bobby et fut stupéfait. Il se souvient avoir dit à JFK: «Il n'a jamais plaidé dans un tribunal. Nommez-le plutôt sous-secrétaire à la Défense, il aura beaucoup de pouvoir et c'est le boulot rêvé pour quelqu'un qui n'a jamais rien fait de sa vie.» Ce à quoi John répondit: «Pourquoi ne pas aller dire ça au vieux?»

Relevant le défi, Smathers fit le tour de la piscine. «Excusez-moi, monsieur l'ambassadeur, John et moi étions en train de parler de Bobby. Il veut faire quelque chose de lui. Je pensais qu'il pourrait être secrétaire adjoint à la Défense, et que, d'ici un an, il pourrait avoir de l'avancement.» Joe Kennedy se tourna vers son fils: «"John! Viens ici!" a-t-il crié. John s'est avancé et son père lui a déclaré: "Il faut que je te parle: ton frère Bobby t'a donné son sang. Tu le sais et moi aussi. Il mérite d'être ministre de la Justice et nom de Dieu, c'est ce qu'il sera! Compris?" "Bien, chef!" a répondu John.»

Les républicains apprirent vite quelle était la fidélité des Kennedy. Everett Dirksen, sénateur de l'Illinois, téléphona à Carta DeLoach et lui demanda d'entreprendre une enquête sur les élections. Il disait détenir des preuves qu'elles avaient été truquées. «Je lui ai répondu que le FBI avait reçu beaucoup de renseignements à ce sujet et que nous les avions transmis au ministère [de la Justice]. En conséquence, n'hésitez pas à nous donner toutes les preuves dont vous disposez. Dirksen s'est écrié : "Vous les lui avez envoyées?" J'ai répondu : "C'est le seul recours que nous ayons." Et il a raccroché. Il savait que Bobby Kennedy était ministre de la Justice. Et aussi, sans doute, que le ministère avait déjà conseillé au FBI de ne pas pousser l'enquête plus loin. »

11

Secret de campagne

À l'automne 1960, John Kennedy et Richard Nixon firent campagne en se présentant en combattants de la guerre froide soucieux de sécurité, sans que leurs conceptions respectives de la politique extérieure présentent de grandes divergences. Il y avait toutefois une différence majeure : la célébrité de John, sa confiance en lui et son aisance devant les caméras – des atouts décisifs, comme l'avait pressenti Joe Kennedy.

La prestance de Kennedy lui donna par ailleurs un énorme avantage sur Nixon, au physique plutôt ingrat, lors des quatre débats télévisés qui les opposèrent. Ce furent les événements les plus dramatiques de la campagne. À l'issue du premier, qui recueillit la plus grande audience, les sondages révélèrent que les téléspectateurs donnaient la préférence à JFK, alors que ceux qui avaient suivi le débat à la radio étaient plus portés à soutenir Nixon.

La carte maîtresse de ce dernier était sa stature de vice-président d'Eisenhower, figure avunculaire de la politique américaine sous la présidence duquel le pays avait connu une prospérité sans précédent. Kennedy tenta de le priver de cet avantage en déplorant le retard pris par les États-Unis face aux Soviétiques dans la fabrication de missiles MBIC (« Missiles balistiques intercontinentaux »). L'accusation était absurde et le candidat Kennedy le savait parfaitement : de nombreux hauts responsables de l'administration Eisenhower lui avaient appris que les avions espions U-2 avaient permis d'établir qu'au contraire l'URSS produisait ces missiles avec une grande lenteur. Mais la question demeurait d'un grand intérêt électoral. À mesure que le jour du scrutin approchait, les sondages montrèrent que les Américains s'inquiétaient plus des missiles à courte portée lancés depuis Cuba que des arsenaux nucléaires russes. Fidel Castro se montrait en effet de plus en plus anti-américain : le 14 octobre, il annonça ainsi la nationalisation de 382 entreprises américaines, dont les banques et les industries.

En apparence, Kennedy et Castro avaient beaucoup de points communs : tous deux étaient des leaders jeunes et dynamiques, beaux parleurs d'allure séduisante ; tous deux vivaient dangereusement et avaient le goût des femmes ; tous deux étaient issus de familles riches et avaient reçu une éducation soignée dans les meilleurs établissements. Mais Castro fit ce que Kennedy n'aurait même pas pu concevoir : il se révolta contre son père, riche propriétaire terrien de la province d'Oriente, en l'accusant d'exploiter ses ouvriers. Après l'attaque, en 1953, de la caserne de la Moncada, Fidel s'exila puis, après un débarquement périlleux, organisa dans la Sierra Maestra une petite armée de guérilla réclamant des élections libres, un partage des terres et des profits et, surtout, la fin du régime corrompu de Fulgencio Batista. Celui-ci fut contraint de s'enfuir le 1er janvier 1959.

Le sénateur Kennedy, toutefois, voyait Cuba par les yeux de son père : une île où, avant Castro, le jeu et la prostitution étaient légaux et qui avait été un paradis pour les investissements américains : du temps de Batista, les sociétés américaines possédaient 40 % de l'industrie sucrière cubaine, 80 % de ses entreprises et 90 % de ses mines. Les casinos, les boîtes de nuit et les maisons closes de La Havane – que John Kennedy avait fréquentés lors de visites privées en 1957 et 1958 – étaient sous le contrôle direct des plus importantes familles du crime organisé, qui versaient au régime de Batista des millions de dollars de pots-de-vin.

Entre Kennedy et Nixon, c'était à qui apparaîtrait comme le plus farouche ennemi de Castro. Mais le premier alla beaucoup plus loin que le second, évoquant d'un ton ému la nécessité pour les États-Unis de venir en aide aux « combattants de la liberté » en exil dont le rêve était de renverser le régime castriste. Sa dénonciation d'une « menace » communiste toute proche des côtes de Floride finit par toucher les électeurs. Ceux-ci n'avaient bien sûr aucun moyen de savoir que le jeune sénateur s'appuyait sur des renseignements concernant un plan d'invasion top secret mis au point par l'administration Eisenhower – et sur l'impossibilité dans laquelle se trouvait Nixon de l'évoquer en public.

La stratégie électorale de Kennedy trouve sa lointaine origine dans le célèbre discours prononcé en 1952 par Richard Nixon. Cette allocution, dite « Checkers » (en raison d'une allusion au chien de la famille), dressa contre lui ceux qui dirigeaient alors la CIA. Sénateur républicain de Californie, violemment anticommuniste, Richard Nixon avait été désigné comme candidat à la vice-présidence un peu par surprise. La campagne qu'il mena sous la férule d'Eisenhower prit mauvaise tournure quand les journaux révélèrent l'existence de fonds secrets d'un montant de 18000 dollars, réunis par un groupe de soixante-six hommes d'affaires californiens conservateurs. Le scandale prit de l'ampleur et devint une menace pour le «ticket» présidentiel comme pour l'avenir politique de Nixon. Le 23 septembre 1952, il prononça à la télévision un discours d'une demi-heure dans lequel il nia avoir dépensé le moindre argent pour ses besoins personnels. Il déclara notamment que sa femme Patricia n'avait pas de manteau de vison, mais confessa que la famille avait bien reçu un menu cadeau: «un cocker que Tricia, notre petite fille de six ans, a baptisé Checkers. [...] Les enfants l'adorent et nous le garderons.» La remarque provoqua un tel enthousiasme qu'Eisenhower, qui pourtant n'appréciait guère Nixon, renonça à se séparer de lui. En novembre, lors des élections, les deux hommes écrasèrent leurs adversaires démocrates, Adlai Stevenson et John Sparkman. Le discours «Checkers» eut aussi pour effet de diviser le pays en deux groupes irréconciliables: ceux qui vénéraient Nixon et ceux qui le détestaient.

En 1952 comme en 1960, il était pourtant beaucoup plus vulnérable qu'on ne l'aurait cru. Les dirigeants de la CIA disposaient d'une preuve irréfutable de corruption: la photocopie d'un chèque de 100000 dollars déposé sur son compte à la Banque de Californie. Circonstance aggravante, il lui avait été remis par Nicolae Malaxa, industriel et maître de forge roumain très controversé qui, pendant la Seconde Guerre mondiale, avait été le partenaire commercial d'Albert Göring, frère du chef de la Luftwaffe. Malaxa avait aussi été un bailleur de fonds de la Garde de fer, mouvement roumain pro-nazi dont les troupes, début 1941, s'étaient livrées dans Bucarest à un pogrom d'une rare violence au cours duquel près de 7000 Juifs avaient trouvé la mort. Après la guerre, Malaxa avait d'abord servi le régime communiste, qui lui avait restitué 2,4 millions de dollars saisis par les nouveaux maîtres du pays. Redevenu riche, l'homme d'affaires vint aux États-Unis en 1946 comme membre d'une mission commerciale et s'y installa, bien que les services de l'Immigration n'aient pas épargné leurs efforts pour le faire expulser. Quand il mourut, en 1972, il était toujours apatride mais vivait à New York sur la 5e Avenue.

C'est bien entendu son argent qui lui avait permis de survivre. En 1951, en pleine guerre de Corée, il mit sur pied une compagnie dont il était le seul propriétaire et qu'il appela Western Tube Corporation. L'objectif avoué de la nouvelle société était de fabriquer du matériel pour les forages pétroliers. Elle annonça son intention de construire une usine à Whittier, en Californie – ville natale de Richard Nixon. Celui-ci, alors sénateur, signa en septembre 1951 une lettre demandant au gouvernement américain d'accorder à la firme le statut d'entreprise de nécessité publique et à Malaxa le droit de s'installer à demeure aux États-Unis, en faisant valoir que sa présence était indispensable à la création de l'usine. À l'époque, Western Tube avait la même adresse postale et le même numéro de téléphone que Bewley, Knoop et Nixon, cabinet d'avocats qui avait été celui de Nixon. La compagnie n'exista jamais que sur le papier. Il s'agissait avant tout, pour Malaxa, d'un moyen détourné d'obtenir la citoyenneté américaine. En 1952, Nixon proposa au Sénat qu'elle lui soit accordée mais ses efforts furent réduits à néant par Emanuel Celler, président démocrate de la commission judiciaire de la Chambre des représentants, à qui la chose paraissait suspecte.

Si, lors de la campagne de 1952, le sujet ne retint guère l'attention, d'autres gens s'intéressaient de près à l'homme d'affaires : les dirigeants de la communauté roumaine installée aux États-Unis. Ses chefs, Constantin Visoianu et Alexandre Cretziana, faisaient tout leur possible pour que Malaxa soit expulsé du pays. Ils redoutaient en effet que ses liens avec la Garde de fer ne donnent mauvaise réputation à tous les exilés roumains. Et les deux hommes avaient plus d'influence qu'on ne l'aurait cru : comme beaucoup de dirigeants de groupes anticommunistes en exil aux États-Unis, ils étaient rétribués par la CIA. Ils avaient en particulier des relations très étroites avec Gordon B. Mason qui, de 1947 à 1951, avait été agent de la CIA à Bucarest, et dirigeait désormais le bureau des opérations roumaines à Washington.

Une fois Nixon désigné vice-président, Visoianu, ancien ministre roumain des Affaires étrangères, et Cretzianu, ancien ambassadeur en Turquie, contactèrent Mason pour lui apprendre que Malaxa avait soudoyé Nixon. Au cours d'une interview réalisée en 1996, Mason a reconnu à contrecœur qu'ils détenaient bel et bien la photocopie du fameux chèque, que l'homme d'affaires lui avait sans doute remis pour le remercier de son soutien au Congrès. Mason m'a déclaré que l'un des caissiers de la Banque de la Californie était un exilé roumain, que Visoianu et Cretzianu avaient tout simplement payé pour qu'il leur cède le document.

Mason écrivit sur la question un rapport qui parvint très vite aux hommes dirigeant la CIA. Il passa de Frank Wisner, directeur des opérations clandestines, à Allen Dulles, directeur adjoint de l'Agence, et enfin à Walter Bedell Smith, directeur de l'Agence depuis octobre 1950. Ancien général de corps d'armée, il avait été chef d'état-major d'Eisenhower pendant la Seconde Guerre mondiale. Tout le monde savait qu'il ne serait guère ravi de la nouvelle, qui pourrait se révéler désastreuse pour la campagne électorale de son ancien supérieur. Mason n'était pas très à l'aise: «J'étais le petit jeunot du clan. J'ai passé le dossier à Bedell Smith. Et le voilà qui se met à hurler: "Espèce de fils de pute! Qu'est-ce que vous voulez? Détruire Eisenhower?" » À en croire Mason, le directeur de la CIA était «fou de rage». Il ordonna à celui-ci, et à un de ses collègues, de lui apporter «le moindre document» relatif à l'affaire. Mason s'exécuta et Smith lui déclara: «Laissez tout ça ici. Je m'occuperai de tout... personnellement.»

Au bout d'une semaine, Smith convoqua Mason et son supérieur pour leur dire qu'il venait de recevoir un coup de fil du président Truman, lequel lui avait parlé du rapport. «Lequel de vous deux a vendu la mèche?» Mason ne répondit rien tout en étant persuadé que les dirigeants roumains en exil, n'ayant pas de nouvelles, avaient transmis directement leurs informations à la Maison Blanche. Smith déclara à ses subordonnés qu'il avait répondu à Truman: «Si vous voulez ce rapport, ce sera en même temps que ma démission», tout en ajoutant que ce document était «une arme à double tranchant», Malaxa ayant aussi pris contact avec les démocrates. Or, c'était faux: l'homme d'affaires n'avait fait qu'en embaucher quelques-uns comme avocats.

Mason comprit très vite que Smith n'avait aucune intention de laisser la CIA – ou la vérité sur Richard Nixon – compromettre l'élection d'Eisenhower. Sans doute dut-il lui faire part de ce qu'il avait appris, ce qui pourrait expliquer qu'Ike ait d'abord songé à se débarrasser de son vice-président. Au cours des huit ans qu'il passa à la Maison Blanche, il lui porta toujours des sentiments mitigés – tandis que Nixon devait garder de l'affaire une méfiance constante à l'égard de la CIA.

En tout cas, si aucune décision n'avait été prise, les dirigeants de l'Agence savaient désormais que Nixon avait menti lors de son célèbre discours télévisé. Ce n'était donc pas, à leurs yeux et dans le jargon de la CIA, «un homme honorable». Ce qui explique, m'a déclaré George Mason, que, huit ans plus tard, nombre d'entre eux se soient montrés favorables à John Kennedy.

Le scrutin serait très serré et la victoire de Nixon pouvait tenir à la politique cubaine de l'administration Eisenhower – qui ne connaîtrait le succès que si la CIA et la pègre réussissaient à faire assassiner Castro avant le mois de novembre.

Les responsables américains s'inquiétaient de plus en plus de voir Castro, tout en invoquant les droits de l'homme et la démocratie, prendre le contrôle de la presse, truquer les élections, nationaliser les entreprises, fermer les casinos et se rapprocher de plus en plus de l'Union soviétique. Cinq ans plus tôt, un autre dirigeant latino-américain de gauche, le président guatémaltèque Jacobo Arbenz, avait été renversé par un coup d'État organisé par la CIA, qui n'avait pas fait de victimes – du moins parmi les assaillants. On discuta donc beaucoup à Washington de la possibilité de monter une opération de ce genre. Mais Castro était beaucoup plus dangereux qu'Arbenz pour les États-Unis; il ne faisait aucun doute que cette fois le sang coulerait. À la fin de l'été 1959, Kenneth M. Crosby, agent de change et l'un des plus importants hommes d'affaires américains de La Havane, fut invité à Washington pour donner à Allen Dulles (devenu en 1953 directeur de la CIA) les informations dont il disposait sur Castro. Dans le domaine du renseignement, Crosby n'était pas un amateur : il avait passé cinq ans au FBI pendant la guerre et travaillait avec James Noel, chef de station de la CIA à La Havane. Il déclara à Dulles que lui et ses confrères étaient convaincus que « le seul moyen de se débarrasser de Castro était de le tuer. C'était un personnage extrêmement puissant et influent », dont il compara le pouvoir à celui de Raspoutine. Aux dires de Crosby : « Un nouvel Hitler ! Sauf que celui-là était communiste. »

Le complot contre Castro prit consistance au début de 1960, quand Anastas Mikoyan, le vice-Premier ministre soviétique, négocia un traité commercial soviéto-cubain lors d'une visite dans l'île. Selon le rapport établi en 1975 par la commission Church du Sénat (du nom de son président, Frank Church, sénateur démocrate de l'Idaho), les plus hauts responsables de l'administration Eisenhower tombèrent d'accord : le régime castriste ne pouvait « être renversé que par l'usage de la force ». De surcroît, « à moins que Fidel, Che Guevara et Raul Castro ne soient éliminés en même temps », toute action clandestine contre le régime cubain serait « longue et difficile ». Le 1er mai 1960, les Soviétiques abattirent au-dessus de l'URSS un avion espion U-2 piloté par Francis Gary Powers. Les dénégations mensongères d'Eisenhower torpillèrent une rencontre au sommet avec Khrouchtchev, mettant fin à tout espoir d'apaiser les tensions de la guerre froide. Castro n'arrangea pas les choses en déclarant en juillet que la « doctrine Monroe » était morte : « Il ne nous reste plus qu'à l'enterrer pour qu'elle n'empoisonne pas l'air. »

Selon le rapport Church, c'est à la fin du mois d'août 1960 que la CIA prit ses premières dispositions pour mêler la mafia au projet d'assassinat de Fidel Castro.

Richard M. Bissell Jr. – directeur adjoint des projets à l'Agence – serait chargé des basses manœuvres de l'opération. Ancien professeur d'économie à Yale et au Massachusetts Institute of Technology, il était célèbre pour son intelligence hors du commun et son incapacité à supporter les imbéciles. Nul ne pouvait mettre en doute sa compétence : c'est lui qui, dans le plus grand secret, avait dirigé la création et la mise au point de l'U-2, dont les missions au-dessus de l'URSS devaient permettre d'en savoir beaucoup plus sur ce pays jusque-là très fermé. Le projet fut lancé en 1954. Deux ans plus tard, l'appareil était livré avant la date prévue sans que le budget initial ait été dépassé. Désormais chargé de renverser le régime castriste, Bissell se tourna vers Sheffield Edwards, responsable à la CIA du bureau de la sécurité, et affecta 150 000 dollars à l'opération. Ce qui advint ensuite a fait, depuis plus de vingt ans, l'objet d'innombrables rapports parlementaires, livres et documentaires.

La CIA était convaincue que la mafia pourrait, à Cuba même, recourir à des tueurs dignes de confiance, mais il fallait que quelqu'un serve d'intermédiaire pour la conclusion du marché. Edwards et son adjoint, James O'Connell, convinrent que l'homme idéal était un ancien agent du FBI nommé Robert A. Maheu, désormais détective privé, bien connu pour ses nombreuses relations à Los Angeles et à Las Vegas. Lors d'une interview réalisée en 1994, Maheu m'a déclaré qu'O'Connell lui avait demandé de le mettre en contact avec Johnny Rosselli, impliqué depuis les années 1930 dans diverses activités mafieuses, dont le jeu et le racket. « Ils m'ont demandé si je les aiderais à "disposer" de Castro. » Maheu n'était guère enthousiaste : « La décision n'était pas facile à prendre. Je servirais de fusible entre la mafia et la CIA ; autant dire que je serais coincé entre deux armées. »

Il décida finalement que tuer Castro ne contrevenait en rien aux règles d'une « guerre juste » et rencontra Rosselli à Los Angeles. Il lui révéla la nature de la mission et lui dit qu'elle était soutenue par la CIA. Rosselli répondit « qu'il devait en parler avec quelqu'un de Chicago ».

Avenant, beau parleur, Rosselli était le représentant sur la côte ouest de la pègre de Chicago. Son passé de gangster lui conférait un prestige sulfureux : il évoluait sans effort dans la bonne société de Los Angeles et, à la fin des années 1940, s'aventura même brièvement dans la production cinématographique. C'est de cette manière qu'il avait rencontré Maheu, qui lui présenta James O'Connell lors d'un cocktail. La CIA le voyait sous un jour moins sinistre que le FBI, pour qui il avait été impliqué dans treize meurtres au moins. C'était en tout cas un des plus importants chefs de la pègre, qui ne rendait de comptes qu'à Sam Giancana.

En septembre 1960, les événements se précipitèrent à Cuba. Le 14 au soir, les services de contre-espionnage cubains arrêtèrent trois agents de la CIA alors qu'ils essayaient d'installer des micros dans les locaux de l'agence Chine nouvelle. Ils affirmèrent être des touristes (se rendre à Cuba n'était pas encore illégal pour des citoyens américains). Jugés quelques mois plus tard et reconnus coupables d'espionnage, ils furent envoyés en prison puis libérés le 21 avril 1963, après de longues négociations avec le gouvernement Kennedy.

L'affaire est restée tue jusqu'à ce jour. L'un des trois hommes, David L. Christ, était l'un des meilleurs techniciens en électronique de la CIA. Il travaillait dans une unité ultra-secrète, y compris au sein de l'Agence : la branche D du renseignement à l'étranger. Cette unité avait notamment pour mission de pénétrer dans les ambassades étrangères – de pays amis comme de pays ennemis – pour s'emparer de documents confidentiels. Christ avait déjà mené à bien des dizaines de missions de ce genre. Un rapport de la CIA, consacré au ratage de l'opération Chine nouvelle, le décrit comme étant « sans doute le plus compétent de l'Agence dans le domaine des opérations audio ». Il avait été mis au courant des projets d'invasion de Cuba. Si les services de Castro découvraient qui il était, ils le contraindraient à parler et l'on redoutait qu'il ne révèle des informations très compromettantes. David Christ était en fait aussi dangereux pour les intérêts américains que Gary Powers après que celui-ci eut été capturé, présenté à la télévision et condamné pour espionnage. Personne à Washington ne tenait à voir Christ jugé publiquement. Au grand soulagement de la CIA, ce ne fut pas le cas. Après leur libération, les trois hommes reprirent leurs fonctions au sein de l'Agence. Christ mourut en 1970.

Son arrestation fit en tout cas monter la pression entre les deux pays. Comme me l'a déclaré un haut responsable de l'Agence : « Il y avait tant de haine pour Castro ! Le mot courait que le plus grand service qu'un agent de renseignement pouvait rendre à son pays serait de trouver le moyen de l'éliminer. »

Deux jours après les arrestations à La Havane, Maheu prit l'avion pour Miami où il rencontra Giancana pour la première fois, et définit avec lui les règles qui gouverneraient leurs relations. « J'ai conclu un accord avec lui. Ce serait un contrat sans lendemain, et je garderais le silence sur tout ce que je pourrais surprendre [ayant trait aux affaires de la pègre]. » La tâche de Giancana serait de trouver quelqu'un d'assez proche de Castro pour pouvoir le liquider.

Dans des interviews menées en 1995 et 1996, Maheu a tenu à souligner que le recrutement de Rosselli – et, par contrecoup, de Giancana – s'était produit par hasard, à l'occasion d'un cocktail. « Je donnais une soirée et Johnny était en ville. Je l'ai invité. Je savais par ailleurs que Jim O'Connell serait là. C'est peu après que le chef de ce dernier m'a contacté. » Pour finir, Maheu, Rosselli et Giancana travaillèrent en étroite collaboration huit mois durant, avant comme après l'élection présidentielle, jusqu'au désastre de la baie des Cochons. Pendant tout ce temps, Giancana ne laissa jamais entendre à Maheu qu'il connaissait Kennedy père et fils.

Mais les enregistrements du FBI, comme les souvenirs de Robert McDonnell et Jeanne Humphreys (ainsi que ceux de Tina Sinatra à propos de son père) montrent que, depuis la mi-1960, Giancana travaillait à l'élection de JFK. Au début de l'automne, il se donnait beaucoup de mal pour convaincre ses associés de la pègre de Chicago et les Teamsters de mener campagne pour le candidat démocrate – et ce par tous les moyens, légaux ou non.

En théorie, Giancana était donc en position de faire pencher la balance lors du scrutin. Savoir s'il fit tout ce qui était en son pouvoir pour que Castro soit assassiné – ce qui aurait donné un énorme avantage à Richard Nixon, car la compétition promettait d'être serrée – est donc une question essentielle.

Il ne fait aucun doute qu'il comprenait parfaitement ce que les républicains attendaient de lui. Début octobre 1960, selon le rapport Church, il se vanta, au cours d'un dîner à New York avec certains de ses associés, d'avoir déjà rencontré trois fois le futur assassin de Castro, qui serait « liquidé [...] en novembre ». C'est du moins ce que rapporta un informateur du FBI.

Mais quand arriva le jour de l'élection, il ne s'était toujours rien passé.

Nixon, de son côté, se montrait de plus en plus nerveux. Il était persuadé que se débarrasser de Castro – par l'assassinat ou par un coup d'État – lui permettrait d'accéder à la présidence. La CIA avait d'abord songé à infiltrer dans l'île quelques dizaines de guérilleros qui provoqueraient un soulèvement, puis ce projet avait pris de l'ampleur: six cents hommes débarqueraient sur les plages de Trinidad avant de rejoindre les montagnes de l'Escabray, où ils seraient ravitaillés par parachutages. Des années plus tard, Robert E. Cushman, adjoint du vice-président à la Sécurité nationale et général des Marines, déclara dans une interview accordée à Peter Wyden que Nixon n'avait cessé de presser Eisenhower d'intervenir à Cuba. Wyden écrit dans *Bay of Pigs: The Untold Story*[1], paru en 1979: «Le vice-président considérait l'opération comme un atout politique de première importance. Il tenait à ce que l'administration républicaine puisse se flatter d'avoir renversé Castro avant l'élection. Il demanda ainsi à Cushman, qui prenait toujours soin de ne jamais parler ouvertement de questions sensibles: «Que font les gars de l'Institut? Ils roupillent? Qu'est-ce qu'ils fichent pour que ça prenne des mois?»

En novembre 1960, la formation de la force d'invasion de la CIA, installée au Guatemala, avait pris du retard, et la méthode choisie pour assassiner Castro restait à déterminer. Giancana et ses associés ne faisaient pas grand-chose – du moins pas dans les semaines précédant l'invasion, si l'on en croit deux rapports officiels d'enquête. Le rapport Church de 1975, comme celui, remis en 1967, de l'inspecteur général de la CIA,

1. Simon and Schuster, 1979.

précisent qu'à l'automne 1960 le projet d'assassinat du leader cubain n'en était encore qu'au stade préliminaire. Il y eut des faux départs : le rapport interne de la CIA, obtenu en 1993 aux termes de la loi sur la Liberté de l'information, précise qu'à l'été les services médicaux de la CIA avaient préparé des cigares empoisonnés, manifestement destinés à Fidel qu'on savait grand fumeur. Le 7 octobre 1960, ils étaient prêts, mais ne furent livrés que le 13 février 1961, trois semaines après que Kennedy eut prêté serment. Toujours selon ce même rapport, il y eut à l'automne 1960 de nouvelles discussions pour savoir comment l'attentat serait réalisé. « Giancana s'opposa franchement à l'emploi d'armes à feu. Il déclara que personne ne pourrait être recruté pour ce type de travail, car les chances de survivre et de s'enfuir seraient infimes. Selon lui, il était préférable d'utiliser une pilule empoisonnée qu'on pourrait glisser dans la nourriture ou la boisson de Castro. »

Il fallut des mois d'essais aux scientifiques de l'Agence avant de pouvoir mettre au point une pilule de ce genre, qui se dissoudrait aussi bien dans l'eau froide que chaude. Selon le rapport Church, c'est sans doute en février 1961 que Rosselli en reçut quelques-unes : « Les archives établissent clairement que les pilules furent données à un Cubain pour qu'il les livre sur l'île quelque temps avant l'invasion de la baie des Cochons en avril 1961. » Giancana et un mafioso de Floride, Santos Trafficante, qui contrôlait les principaux casinos de La Havane, avaient alors réussi à trouver un responsable cubain qui acceptait d'empoisonner Castro.

Il est donc clair que Giancana ne fit rien pour ordonner l'exécution du dirigeant cubain avant l'élection. À dire vrai, il ne se mit à la tâche qu'une fois JFK installé à la Maison Blanche. Ce qui soulève une autre question, tout aussi cruciale que la précédente : a-t-il prévenu les Kennedy de ce que les républicains manigançaient ? Aucun des témoignages publiés n'établit formellement que John fut informé par le gangster. Il est vrai que c'était inutile : le jeune candidat avait déjà été mis au courant par trois sources différentes au moins – dont Richard Bissell, principal responsable des activités anticastristes.

JFK doit avoir été quelque peu rassuré d'apprendre que, si sa campagne reposait sur la corruption et le soutien du crime organisé, les républicains ne faisaient pas mieux que lui puisqu'ils recouraient aux services des même mafiosi que lui. La politique cubaine américaine devint la question la plus importante, mais aussi la plus secrète, de toute la campagne Kennedy-Nixon.

12

Nixon pris au piège

Richard Bissell n'a jamais tout raconté.

Cet universitaire à l'allure avenante, passionné de voile, fut l'archétype du responsable de la CIA du début des années 1960 – quand l'Amérique découvrit avec passion les romans de Ian Fleming. Bissell fut chargé des projets d'assassinat de Castro. C'est aussi lui qui en informa John F. Kennedy et contribua ainsi à le faire élire.

L'opération clandestine montée par la CIA devait initialement – telle qu'Eisenhower l'avait approuvée, du moins – se limiter à la formation militaire de groupes d'exilés armés. Celle-ci devait être achevée avant l'élection de novembre mais, au milieu de l'été, le programme avait pris un tel retard et Castro se montrait désormais si hostile aux États-Unis que Bissell et ses collègues de l'Agence passèrent à des projets d'invasion de l'île et d'assassinat du leader cubain. Savoir quels étaient les plans de la CIA était donc essentiel à l'avenir politique de Kennedy.

Les archives officielles ne gardent aucune trace d'une rencontre entre JFK et Bissell avant l'élection. Les dossiers rendus publics en 1995 montrent qu'à l'été et à l'automne Allen Dulles, comme il était de règle pendant les campagnes présidentielles, donna au candidat démocrate des informations extrêmement confidentielles. Le 23 juillet 1960, il se rendit ainsi en avion à Hyannis Port, où il eut avec Kennedy un entretien qui dura deux heures. Selon les documents de la CIA, il fut avant tout question de la guerre froide : Dulles exposa les progrès faits par les Soviétiques dans le domaine des missiles stratégiques. Une deuxième réunion eut lieu le 19 septembre : le directeur de l'Agence évoqua cette fois les principaux « points chauds » de la planète. Le 2 novembre – moins d'une semaine avant l'élection –, ce fut au tour du général Charles P. Cabell, directeur adjoint de la CIA, d'exposer au candidat les tensions mondiales – c'est du moins ce que mentionnent les archives. Un rapport interne de l'Agence, rendu public en 1995, concluait que rien ne prouvait que Dulles ou son adjoint aient spécifiquement informé Kennedy des projets d'invasion de Cuba.

Mais Clarence B. Sprouse, sergent de l'armée de Terre recruté en 1960 par la CIA pour entraîner les exilés cubains, m'a déclaré, lors d'une interview menée en 1995, qu'il se souvenait fort bien avoir aidé Bissell à organiser un briefing sur Cuba pour le sénateur Kennedy, et ce des mois avant l'élection. Après trente ans d'armée, Sprouse prit sa retraite près de San Antonio, dans le Texas ; il faisait partie de la 82e division aéroportée quand il fut chargé d'organiser l'entraînement des opposants cubains, dans un camp situé au Guatemala. À la fin de l'été, il fut envoyé à Washington, au quartier général de l'Agence, où il ne fit que « glander avec les agents » de la force d'invasion de Bissell. Sprouse se souvenait aussi que les briefings de Nixon puis, le lendemain, de Kennedy, avaient donné lieu à beaucoup d'activité. Il avait lui-même préparé des diagrammes en vue d'un «briefing très détaillé sur les projets cubains», à l'intention de JFK. L'entretien eut lieu dans un endroit discret au nord-ouest de Washington. «Le briefing était consacré au débarquement à Trinidad. L'idée initiale était de reprendre la tactique de Castro contre Batista : débarquer puis aller combattre dans les montagnes.» Sprouse ajoute qu'il ne fut pas autorisé à assister à la réunion et ne vit pas Kennedy, mais qu'on lui dit que Bissell s'était personnellement chargé d'informer le sénateur. Les dossiers de la CIA ne contiennent aucune allusion à une telle rencontre. Il est vrai que si la chose avait été connue, elle aurait provoqué la fureur de la Maison Blanche.

Le récit de Sprouse est d'autant plus crédible que Bissell reconnaît dans ses mémoires posthumes, *Reflections of a Cold Warrior*[1], publiés en 1996, avoir rencontré officieusement Kennedy pendant sa campagne. Il écrit ainsi : «Près d'un mois avant les élections, je reçus un coup de fil d'un intermédiaire qui me dit que le sénateur Kennedy aurait aimé discuter avec moi de questions d'ordre général relatives à la campagne. C'est sans doute Joe Alsop qui suggéra à JFK de me contacter. Je suis certain d'avoir prévenu Dulles de cette réunion, et sans doute lui ai-je fait mon rapport ensuite. Kennedy me parut très vif d'esprit et aborda certains sujets sur lesquels j'avais des choses à dire. Toutefois, je lui fis clairement comprendre que je travaillais toujours pour Eisenhower et que, par conséquent, je ne pouvais en rien me mettre activement à son service.»

Bissell a cependant donné une version différente, et sans doute trompeuse, de cette première rencontre

1. Yale University Press, 1996.

lors d'un entretien destiné à la Bibliothèque Kennedy. Dans cette interview réalisée en avril 1967, il explique avoir été convoqué par Kennedy dans son bureau du Capitole non pas un mois avant l'élection mais « au tout début de sa campagne », tout en prenant soin de préciser que la rencontre n'avait rien à voir avec les activités de la CIA. Que voulait le futur président, selon Bissell ? « Que je lui fournisse, par écrit, toutes les idées qui pourraient lui servir pendant la campagne. J'en avais très envie mais j'étais passablement occupé et je crois qu'en définitive je n'ai rien fait. Il se peut que je l'aie encore rencontré une ou deux fois ensuite. » Comme on lui demandait pourquoi Kennedy voulait le voir, Bissell préféra rester dans le vague : « Je pense qu'il s'intéressait plus à la politique économique [qu'à la CIA], mais nous ne sommes jamais allés jusqu'à définir un domaine d'étude de manière précise. » Bien entendu, il est impossible de savoir de quoi discutèrent les deux hommes, mais il n'y a aucune raison de croire que ce fut d'économie. Il est en tout cas significatif que Bissell, si l'on en croit les archives officielles, n'ait pas signalé à la CIA ce fait stupéfiant : un candidat à la présidence demandait au responsable des opérations clandestines de lui fournir des idées pour sa campagne, alors que Bissell servait toujours une administration républicaine.

Dans son entretien, comme dans ses mémoires, Bissell donne de la réunion des récits qui sont, au mieux, incomplets. À dire vrai, jusqu'à sa mort en 1994, il en fit d'autres à des journalistes, des universitaires ou d'anciens collègues, et le tout constitue un ensemble labyrinthique de descriptions contradictoires. Il finit par reconnaître implicitement que Kennedy et lui s'étaient rencontrés en secret dès les premiers mois de 1960, à un moment où il devenait clair que le jeune candidat avait toutes les chances de recevoir l'investiture démocrate. Dans une interview datée du début des années 1970 avec R. Harris Smith – ancien analyste de la CIA qui publia en 1972 une histoire très complète de l'Office of Strategic Services (OSS) –, Bissell affirma que ces rencontres dataient au moins «de février 1960». Interrogé lors de mon enquête préparatoire, Smith m'a déclaré que, selon son interlocuteur, elles étaient purement mondaines. En 1993, Bissell confia à Grayston Lynch, un collègue de la CIA du temps de la baie des Cochons, que JFK et lui étaient «amis depuis bien longtemps». Selon ce dernier, Bissell lui avait clairement fait comprendre que cette relation était bien antérieure à l'entrée de Kennedy à la Maison Blanche.

Il est donc absurde, comme Bissell le prétend dans ses mémoires, que lui ou JFK aient eu besoin d'un intermédiaire, à savoir l'éditorialiste Joseph Alsop. Certes, Bissell et lui étaient des amis d'enfance et restèrent très proches tout au long de leurs carrières. Alsop était aussi un intime des Kennedy depuis la fin de la Seconde Guerre mondiale. Après l'élection de JFK à la présidence, il devint un de ses confidents. Mais Kennedy n'avait pas besoin de lui pour contacter Bissell.

La famille Kennedy avait avec la CIA des rapports déjà anciens. En 1956, comme nous l'avons vu, Joe avait été membre d'un comité exceptionnel chargé d'enquêter sur l'Agence, et on lui avait confié des visites d'inspection de certains de ses bureaux à l'étranger. Allen Dulles était une vieille connaissance de Palm Beach, qui avait pour les femmes la même passion que les Kennedy, à qui il rendait régulièrement visite.

Ses relations avec John Kennedy étaient bien plus étroites qu'on ne le pense d'ordinaire. Dans un entretien réalisé en 1964 pour la Bibliothèque Kennedy, il révèle que JFK et lui avaient des contacts « à peu près continus » depuis le début des années 1950, du temps où lui-même était directeur adjoint de la CIA. « Mes séjours à Palm Beach étaient très fréquents. Il [JFK] se trouvait souvent là-bas et, dans ce cas, nous étions toujours ensemble. Je respectais ses opinions. Je pensais qu'il avait un jugement très lucide des problèmes à l'étranger et, comme j'étais dans le renseignement, je lui demandais toujours ses idées et ses réactions aux événements. J'ai continué ainsi jusqu'à l'époque où je l'ai servi comme directeur de l'Agence. » Dulles en avait pris la direction en 1953. À Palm Beach, il séjournait chez Charles B. Wrightsman, un voisin des Kennedy. Dulles se souvenait tout particulièrement d'une soirée en 1953, peu après le renversement de Mohammed Mossadegh, le Premier ministre iranien, à l'issue d'un coup d'État organisé par la CIA. « Charles Wrightsman était dans le pétrole et, comme nous tous, il s'intéressait beaucoup à ce qui se passait au Moyen-Orient à l'époque. » Dulles ajoutait que John Kennedy « voulait toujours avoir des renseignements. Pas forcément des secrets, d'ailleurs, mais il voulait juste être informé. Il voulait avoir mon opinion [...] et nous avons discuté ensemble bien des fois. Comme je l'ai dit, Joe [Kennedy] était là aussi. »

La famille Kennedy faisant partie de la très haute société de Washington, JFK avait aussi avec les hauts responsables de la CIA des liens dont Nixon ne pouvait se flatter, ainsi qu'en témoigne une anecdote fameuse. En mars 1960, John Kennedy donna dans sa demeure de Georgetown une soirée dont l'invité d'honneur n'était autre que Ian Fleming. Parmi les autres convives se trouvaient Joe Alsop et son frère Stewart, lui aussi éditorialiste, ainsi que John Bross, responsable de l'Agence qui avait mené des opérations clandestines en Europe de l'Est et ami intime de Bissell. Cuba se retrouva bientôt au centre la conversation. À la demande de Kennedy, Fleming expliqua que, s'il voulait contraindre Castro à quitter le pouvoir, il chercherait à le ridiculiser. Les Cubains ne se préoccupant, selon lui, que d'argent, de religion et de sexe, il s'arrangerait pour parachuter sur l'île des faux dollars qui déstabiliseraient la monnaie ainsi que des tracts affirmant que le *Lider Maximo* était impuissant. À l'époque – le romancier britannique le savait peut-être – la CIA réfléchissait le plus sérieusement du monde à des projets tout aussi puérils, fondant ainsi de grands espoirs sur une poudre dépilatoire qui ferait tomber la barbe de Castro… Allen Dulles apprit le lendemain matin ce qui s'était dit à la réception et, selon certains, chercha aussitôt, mais en vain, à contacter Fleming, déjà reparti pour Londres.

Il y avait peu de secrets à Georgetown : journalistes, politiciens et responsables du renseignement partageaient la même table – et la même peur du communisme international. Il serait donc naïf de croire qu'une rencontre entre Bissell et Kennedy, en plein milieu d'une campagne électorale qui s'annonçait très serrée, ait pu se résumer à quelques conversations sans conséquences. Tout ce pour quoi John Kennedy et son père avaient lutté – et autant dépensé – serait en jeu dans quelques semaines ; un succès des républicains contre Castro était donc tout simplement inacceptable. Il fallait trouver un moyen de retarder l'invasion.

Là encore, JFK disposait d'autres sources que Bissell : Sam Giancana, recruté en septembre 1960, mais aussi Allen Dulles – lequel fut confirmé à son poste (comme J. Edgar Hoover) par Kennedy le lendemain de son élection à la présidence. S'agissant du chef du FBI, on comprend sans peine pourquoi. Dans le cas de Dulles, s'agissait-il de le récompenser de ses confidences? Aucune preuve ne permet d'établir formellement que, pendant la campagne, il ait fait en sorte que le candidat démocrate soit informé de l'opération préparée contre le régime castriste. Reste que Kennedy en connaissait bel et bien l'existence. À supposer, d'ailleurs, qu'il ait su que Dulles, vieil ami de la famille, lui cachait des choses, pourquoi lui aurait-il permis de demeurer en place?

Tous les doutes qu'on a pu nourrir sur ce que JFK, avant d'être élu, savait ou ne savait pas sur les projets d'invasion de Cuba, auraient dû se dissiper avec les révélations faites, six ans après la baie des Cochons, par un témoin peu connu, John M. Patterson, gouverneur démocrate de l'Alabama. En 1967, on lui demanda d'accorder une interview à la Bibliothèque Kennedy. Ce fut pour lui l'occasion de révéler pour la première fois comment, à l'été 1960, il avait été impliqué dans la préparation du renversement de Castro en procurant au candidat Kennedy des informations en sa possession. Jusqu'à ce jour, la Bibliothèque Kennedy a toujours refusé de communiquer ses déclarations.

Dans une série d'interviews, Patterson, qui fut treize ans durant juge d'État en Alabama avant de prendre sa retraite en 1997, m'a raconté toute l'histoire. Il fit la connaissance de Kennedy en 1955, à l'occasion d'une visite du sénateur à Montgomery. Patterson, alors ardent ségrégationniste, était procureur général de l'État. Il m'a déclaré que tous deux étaient « devenus amis » après qu'il eut rendu plusieurs visites à JFK à Washington. En 1959, à peine élu gouverneur, Patterson rompit avec les démocrates locaux et se déclara publiquement en faveur d'une candidature de Kennedy, avant même que celui-ci ne se soit déclaré officiellement. C'est Patterson qui, lors de la convention démocrate de 1960, était à la tête de la délégation de l'Alabama. «Je sentais qu'il allait gagner, et j'étais heureux d'avoir accès à la Maison Blanche.»

Cet été-là, la CIA décida, avec l'accord d'Eisenhower, de solliciter l'aide de la Garde nationale d'Alabama pour former, parmi les exilés cubains, des pilotes d'avion, dans le cadre de ce qui n'était encore qu'un projet d'infiltration, à Cuba même, de petites unités de guérilla. Patterson se souvient qu'à cette époque le général de division George R. Doster, commandant les forces aériennes de la Garde nationale dans l'État, lui téléphona pour lui dire qu'une «réunion très discrète» devait être organisée sur-le-champ – et au domicile du gouverneur, non dans les bureaux de Doster. Pendant la Seconde Guerre mondiale, Patterson avait été, à Londres, jeune lieutenant au quartier général d'Eisenhower; il pense que ce détail avait dû convaincre la CIA de le contacter. «J'avais une très haute estime pour Eisenhower, et j'ai demandé si le Vieux était au courant. Ils m'ont répondu par l'affirmative: "Il est pour?" "Oh que oui!" J'étais un patriote, je leur ai donné mon accord.»

À l'automne, poursuit Patterson, les projets cubains de la CIA prirent peu à peu la forme d'une invasion terrestre de grande ampleur: on avait besoin au Nicaragua de centaines de membres de la Garde nationale d'Alabama – pilotes, cuisiniers, administrateurs – afin de former des équipages d'aviateurs cubains. «À chaque fois que Doster revenait de là-bas, il passait me faire son rapport.» Au début ou au milieu du mois d'octobre, le général vint lui annoncer: «Un de ces quatre matins, en vous réveillant, vous lirez dans le journal que nous avons envahi Cuba.»

À l'époque, Patterson prenait une part active à la campagne de Kennedy en Alabama. Il comprit aussitôt que le renversement de Castro serait pour les démocrates un coup mortel. « Après avoir réfléchi à la question, j'ai appelé Steve Smith [beau-frère de JFK et directeur financier de la campagne] et lui ai dit qu'il était important que je voie Kennedy. J'étais prêt à le rencontrer où et quand il voudrait. » Il se vit enjoindre de partir pour New York et de s'installer au Barclay Hotel. Le soir même de son arrivée, Kennedy fit son apparition à 21 heures. « Je lui ai fait promettre qu'il ne répéterait rien et lui ai expliqué ce qui se préparait [...] : l'invasion était imminente et, si elle avait lieu avant les élections, je pensais que Nixon l'emporterait. J'ai eu beau guetter sa réaction, je n'ai pas pu savoir ce qu'il pensait. Il m'a écouté, puis m'a remercié. » Selon Patterson, JFK ne trahit aucune émotion tout au long de leur entrevue, ne donna aucun signe qu'il possédait déjà des informations précieuses. « Je lui ai fait promettre de ne jamais rien révéler. Je commettais une grave entorse aux règles de sécurité. »

En 1967, Patterson révéla toute l'histoire du voyage new-yorkais lors d'une interview accordée à la Bibliothèque Kennedy. Il répondit à toutes les questions posées puis se vit demander, comme c'était la règle, s'il avait quelque chose à ajouter. C'est à ce moment qu'il décida de tout raconter. Des mois plus tard, m'a-t-il déclaré, il reçut la transcription de son entretien. Il n'y manquait rien, « sauf le passage qui concernait Cuba. Il avait été coupé. Plus aucune allusion. J'ai appelé la bibliothèque pour leur demander des explications. On m'a juste répondu que c'était classifié. » Pendant les quinze ans qui suivirent, il ne jugea pas utile de s'exprimer davantage mais, en octobre 1982, il décida de répéter ses révélations à un journal local, le

Birmingham Press – sans que personne y prête beaucoup d'attention.

Kennedy disposait donc désormais d'une arme secrète : Cuba. Les sondages montraient que les républicains et leur candidat Richard Nixon l'emportaient sur les questions de politique étrangère. Les électeurs anticommunistes leur faisaient davantage confiance. JFK pouvait dès lors vivement dénoncer le régime cubain, en sachant que son adversaire ne pourrait rétorquer. Dans *Six Crises*[1], publié en 1962, Nixon expliqua pourquoi : « Le programme [de renversement de Castro] avait été lancé six mois avant le début de la campagne électorale. On ne pouvait en aucun cas en révéler l'existence, ni même y faire allusion. C'est pourquoi, face aux attaques de Kennedy, à ses exigences d'une politique plus "militante", je me retrouvais dans la position d'un lutteur qui a une main liée dans le dos. »

Fin septembre 1960, avant même d'être averti par Patterson, Kennedy, jusqu'alors réservé sur la question cubaine, changea d'attitude, ce qui laisse penser que quelqu'un – Giancana, Bissell ou Dulles – l'avait déjà informé de ce qui se préparait au Guatemala. Interrogé sur la question par des journalistes, il répondit, dans une déclaration écrite publiée le 23 septembre, en soulignant l'incapacité de l'administration Eisenhower à mettre un terme aux excès du régime Batista, et suggéra – apparemment pour la première fois depuis le début de la campagne – que l'Amérique pourrait jouer un rôle plus actif à Cuba : « Les forces qui, en exil ou dans les montagnes cubaines, combattent pour la liberté, devraient être assistées et soutenues. » Si le nouveau président

1. Doubleday, 1962.

pouvait « aider à créer les conditions permettant à la liberté de fleurir en Amérique latine, alors Castro et son régime seront bientôt isolés du reste des deux Amériques et le désir de liberté du peuple cubain finira par mettre fin au pouvoir communiste. »

Nixon était pris au piège. Il lui était impossible de ne pas répondre, même si sa victoire était en jeu : il ne pouvait se désolidariser d'Eisenhower, pour qui le renversement du régime castriste était l'une des plus hautes priorités – il y voyait une question de sécurité nationale absolument vitale. Le vice-président pressa donc la CIA de chasser Castro avant les élections. Il redoutait, à juste titre, que les électeurs anticastristes ne votent Kennedy, alors que la décision avait été prise par une administration républicaine ! Tout cela ne manquait pas de piquant : si le dictateur cubain n'était pas renversé avant le jour du scrutin, les Américains opposés à la politique belliciste de Kennedy voteraient pour Nixon...

Début octobre, JFK se fit encore plus virulent. Le 6, à Cincinnati, il ranima les pires spectres de la guerre froide à l'occasion d'un discours très violent où il dénonçait à la fois les ambitions politiques de Castro, sa volonté d'imposer ses idées dans toute l'Amérique latine et la façon dont le gouvernement Eisenhower gérait le problème.

Deux semaines plus tard – après sa rencontre avec Patterson au Barclay Hotel –, le ton monta encore d'un cran. Le 19 octobre, deux jours avant le quatrième et dernier débat télévisé avec Nixon, Kennedy fit paraître un communiqué qui annonçait déjà la baie des Cochons : « Il nous faut tenter de renforcer les forces démocratiques, anti-Batista et anticastristes, en exil ou à Cuba même. Ce sont elles qui nous offrent l'espoir de renverser Castro. Jusqu'à présent, ces combattants de la liberté n'ont bénéficié pratiquement d'aucun soutien de la part de notre gouvernement. »

Cette déclaration eut droit aux gros titres de la presse – ce qui faisait de la question cubaine un sujet incontournable lors du débat du lendemain soir et plaçait Nixon sur la défensive. Celui-ci, dans son livre *RN*, se souvient qu'à l'époque il était persuadé que JFK, informé par Allen Dulles, avait décidé de tirer profit de la situation. Son adversaire « mettait en danger le projet, qui ne pouvait réussir que s'il était exécuté en secret [...]. Je n'avais pas d'autre choix que d'adopter une attitude opposée et d'attaquer Kennedy sur son plaidoyer pour une intervention ouverte à Cuba. Durant toutes mes campagnes politiques, ce fut la situation la plus déplaisante et la plus ironique à laquelle j'aie été confronté. »

Dulles et Kennedy affirmeraient, après l'élection, qu'à aucun moment le candidat n'avait été informé des opérations clandestines menées contre Castro ; les archives officielles de la CIA vont d'ailleurs dans le même sens. Mais Nixon était convaincu du contraire, et furieux contre Dulles. Selon son biographe, Stephen E. Ambrose, il laissa « exploser sa fureur » contre le chef de l'Agence lors d'une réunion du Conseil national de sécurité, peu avant le dernier débat télévisé. Selon un autre témoignage, il lui lança : « Jamais vous n'auriez dû le lui dire ! Jamais ! »

Au cours du débat, Nixon – qui, depuis l'année précédente, prenait part en secret à une tentative de renversement du régime castriste – fut contraint de faire valoir que les États-Unis ne pouvaient fournir la moindre assistance aux exilés cubains car les lois internationales l'interdisaient. La proposition de Kennedy était, selon lui, « sans doute la plus dangereuse et la plus irresponsable qu'il ait émise pendant toute la campagne ». Nixon ajouta que soutenir les anticastristes « ferait perdre [aux États-Unis] tous leurs amis en Amérique latine » et équivaudrait à livrer l'île à Khrouchtchev.

Cet apparent refus de toute action violente valut ironiquement au candidat républicain d'être félicité par les journalistes progressistes ou libéraux : un éditorialiste aussi respecté que Walter Lippmann s'en prit à Kennedy parce qu'il accordait tant d'importance à Cuba, « d'autant plus que la gestion de la question par le gouvernement Eisenhower est sans doute la meilleure qui soit ». Dans le *New York Post*, Murray Kempton déclara d'un ton acerbe : « Je ne sais vraiment pas quelle démagogie supplémentaire on peut attendre de Kennedy sur ce sujet, à part annoncer qu'une fois élu il enverra Bobby, Teddy et Eunice dans la province d'Oriente pour liquider Castro. »

La campagne présidentielle approchait de son terme. La presse et les journaux télévisés accordèrent beaucoup de place à l'affaire, mais la véritable histoire n'était connue que de quelques-uns. Le gouvernement Eisenhower avait perdu le contrôle de son secret le mieux gardé, et voilà qu'il se retournait contre Nixon. Le candidat Kennedy, comme le prouveraient vite les événements, n'objectait en rien aux activités anticastristes de la CIA. Pour le moment, son unique objectif était d'être élu et, pour cela, il ne reculerait devant rien.

De son côté, Castro avait parfaitement compris. Le 19 octobre, le régime cubain annonça que les États-Unis préparaient une « invasion de grande ampleur » à Cuba. Le 25, quatre jours après le dernier débat télévisé, il nationalisa les dernières entreprises américaines du pays tout en affirmant devant les Nations unies qu'il possédait des preuves du projet américain, qui serait lancé après « une provocation téléguidée » contre la base navale de Guantanamo. Quelques jours plus tard, Castro parla de mercenaires entraînés par les Américains, ce que le *New York Times* jugea grotesque : « Le docteur Castro et ses amis ne peuvent croire un instant que les États-Unis seraient assez sournois, ou assez sots, pour tenter de conquérir Cuba par les armes. »

Tandis que Nixon s'efforçait, jusqu'au bout, de précipiter le déclenchement des opérations militaires, les Kennedy, quant à eux, connaissaient une dernière frayeur : le 25 octobre, un correspondant anonyme prévint Bobby par téléphone que « le camp d'entraînement du Guatemala, en proie à une véritable frénésie, accueillait presque tous les exilés cubains de Miami, dont beaucoup étaient dépassés par l'ampleur de l'événement ». JFK, dans une note datée du même jour et conservée à la Bibliothèque Kennedy, prit bonne note de « discuter avec Allen Dulles et veiller à ce que rien ne soit fait à Cuba ». Quelques jours plus tard, le *Washington Post* annonça que l'équipe de campagne de Kennedy s'inquiétait à l'idée qu'une « crise étrangère » puisse aider Nixon lors des derniers jours de la campagne. Ce sont ces craintes qui, apparemment, poussèrent Charles Cabell, directeur adjoint de la CIA, à prendre l'avion pour la Californie le 2 novembre afin de donner à JFK un briefing de dernière minute – officiellement consacré, selon les archives de l'Agence, aux tensions mondiales. Mais une seule d'entre elles préoccupait le candidat démocrate : Cuba, et la possibilité que la CIA lance trop tôt son opération contre Castro.

En 1960, Richard Nixon, archétype du politicien pragmatique, avait trouvé son maître, mais seuls lui et quelques-uns de ses collaborateurs le savaient. Le grand public, fasciné par le style et le charme de son adversaire, ne percerait pas le véritable John F. Kennedy et ne devinerait jamais quels étaient son cynisme et sa férocité. Comme Nixon lui-même l'écrivit dans ses mémoires : « L'organisation de Kennedy recourut pendant la campagne à de basses manœuvres, dignes du dernier des gredins, et son insouciance captiva nombre de politiciens tout comme elle anesthésia les facultés critiques de bien des journalistes. »

Nixon en vint à croire que s'il avait été battu, c'est parce que son adversaire l'avait manipulé sur Cuba. Lors du quatrième et dernier débat, écrit-il, « Kennedy donna à 60 millions de personnes l'image de quelqu'un de plus dur que moi sur Castro et le communisme ». Il cite aussi les sondages Gallup qui, à l'issue de la première rencontre télévisée, accordaient à son adversaire un avantage de deux points, réduit de moitié sept semaines plus tard. Le jour du scrutin, les deux candidats étaient à égalité. « Ceux qui affirment que les "grands débats" ont constitué un point tournant décisif de la campagne de 1960 exagèrent », conclut Nixon.

Ce fut pourtant pour lui l'occasion d'apprendre une leçon qu'il mettrait en œuvre au cours de ses futures campagnes : « À partir de ce moment, je gagnai en sagesse et en prudence. Le pouvoir des Kennedy, leur argent, et la liberté que leur accordaient les médias avaient eu raison de moi ; je jurai de ne plus jamais prendre part à des élections si ma tactique politique présentait la moindre faille. »

Cela le mènerait, plus tard, à la présidence en 1968, puis à la honte d'une démission forcée en août 1974. Quant à John Kennedy, une fois arrivé à la Maison Blanche, il visa son objectif : l'assassinat de Fidel Castro.

13

Action administrative

Il y avait du meurtre dans l'air. Les hauts responsables de la CIA apprirent en janvier que le futur président se montrait beaucoup plus dur qu'on aurait pu le croire. Juste avant de prêter serment, il demanda à Richard Bissell de créer au sein de la CIA un cabinet d'étude consacré à l'assassinat politique.

En ce domaine, trois dirigeants étrangers – Castro, Patrice Lumumba et Rafael Trujillo – avaient déjà été choisis comme cibles potentielles pendant les derniers mois d'exercice d'Eisenhower. Ces projets, menés sous l'égide d'Allen Dulles et de Richard Bissell, se poursuivirent après l'élection de novembre, tout au long de la période de transition qui s'acheva avec la prise de fonctions de Kennedy en janvier. L'assassinat politique n'était pas chose nouvelle pour l'administration républicaine. En 1953, selon des documents déclassifiés, la CIA, tout en préparant le renversement au Guatemala du président Jacobo Arbenz, avait dressé une liste de cinquante-huit citoyens de ce pays suspectés d'être communistes, puis formé des assassins chargés de les exécuter. Cela se révéla finalement inutile, mais les dossiers mis à disposition du public montrent que la question fut discutée en détail au plus haut niveau du département d'État. Rien n'y indique qu'Eisenhower ait approuvé ces projets de meurtres, mais ils contiennent un manuel de l'Agence intitulé *A Study of Assassination* (qui prenait soin de préciser : « Aucun ordre d'assassinat ne doit jamais être écrit ou archivé »), détaillant en une vingtaine de pages diverses techniques d'exécution, citant les armes les plus utiles et donnant des conseils pour camoufler un meurtre politique en accident.

Le candidat Kennedy, comme on l'a vu, avait tiré parti de ses étroites relations avec Dulles et Bissell – entre autres – pour apprendre ce qu'il voulait savoir sur les projets d'invasion de Cuba. Désormais élu, il continua à rencontrer Bissell.

D'une extrême lucidité, sûr de lui jusqu'à l'arrogance, celui-ci était le parfait interlocuteur du nouveau président. On dit que, lors d'un dîner, il se présenta à Kennedy et à ses proches collaborateurs comme « un requin mangeur d'hommes ». Spécialiste du renseignement, il n'ignorait rien des subtilités de la « dénégation plausible » chère à la CIA – procédure qui mettait le président à l'abri de toute responsabilité en cas de ratage ou de divulgation d'une opération de renseignements moralement ou légalement douteuse.

Dès le début, Bissell bénéficia de la confiance de Kennedy ; les registres du Service secret montrent qu'il prit part, au premier trimestre 1961, à treize réunions officieuses avec JFK et ses collaborateurs, alors même que les préparatifs d'invasion s'intensifiaient. Doris Mirage, qui fut sa secrétaire, m'a déclaré : « Il était là-bas tout le temps. S'il voulait voir [Kennedy], je n'avais qu'à téléphoner à Evelyn Lincoln. » Il était d'ailleurs tacitement admis que Bissell deviendrait directeur de la CIA, Allen Dulles devant bientôt prendre sa retraite.

Bien entendu, il n'existe aucune transcription des discussions de Kennedy – ou de tout autre président, d'ailleurs – relatives à des projets d'assassinat. Mais les complots de l'Agence contre les trois dirigeants étrangers sélectionnés du temps d'Eisenhower ne firent que prendre de l'ampleur avec son arrivée au pouvoir. Peu après son investiture, on leur donna la forme d'un programme extrêmement secret appelé «action administrative», qui reçut le nom de code de ZR/RIFLE; la responsabilité en fut confiée à William K. Harvey, l'un des agents les plus remarquables de la CIA.

Mort en 1976, c'était une personnalité haute en couleur. Petit, obèse, la voix rauque et un penchant marqué pour l'alcool – il ne déjeunait jamais avant d'avoir avalé deux doubles Martini suivis d'un simple –, il se promenait volontiers avec des pistolets à crosse de nacre plantés dans la ceinture et se vantait d'innombrables succès féminins. Selon tous les témoignages, c'était par ailleurs quelqu'un de brillant et de dévoué, qui savait remarquablement rédiger les rapports et n'avait pas peur de dire leurs quatre vérités à ses supérieurs. Il savait aussi garder le secret, à tel point que ses collègues s'en plaignaient. Un rapport par ailleurs très élogieux de l'Agence, consacré aux années 1960-1962, le décrit comme «réticent à donner des informations sur les opérations dont il s'occupe». Ancien agent du FBI, il avait rejoint la CIA après la guerre. C'est lui qui, enquêtant sur les nombreuses relations de Kim Philby à Washington, avait conclu, dès le début des années 1950, que le séduisant attaché d'ambassade britannique était en fait un agent soviétique de haut niveau. C'est aussi lui qui dirigea la percée d'un tunnel vers Berlin-Est, qui permit à l'Agence d'accéder aux lignes téléphoniques est-allemandes et russes. De telles réussites lui valurent, à la fin des années 1950, d'être nommé à la tête de la branche D du renseignement à l'étranger, petite unité d'élite responsable des communications de la CIA et du vol des codes secrets dans les ambassades étrangères. Il était donc inévitable qu'il soit chargé de mettre sur pied le programme ZR/RIFLE.

En dépit du secret qui entoura celui-ci, de nombreuses preuves associent Kennedy et McGeorge Bundy à ce projet. En 1975, les membres de la commission sénatoriale Church en mirent au jour une bonne part – mais les démocrates de la commission préférèrent, pour des raisons politiques, ne pas insister là-dessus. J'ai eu quant à moi l'occasion d'en découvrir bien d'autres.

Fin janvier 1961, tandis que le nouveau gouvernement s'installait, Bissell convoqua William Harvey et lui ordonna de lancer un programme d'« action administrative » pour le meurtre de dirigeants étrangers. Harvey prenait toujours ses notes avec le plus grand soin. Celles rédigées à cette occasion, citées en 1967 dans le rapport de l'IG de la CIA, indiquent que Bissell lui déclara : « La Maison Blanche m'a déjà demandé deux fois de créer une telle structure. » En 1975, toutefois, quand la commission Church entama son enquête, les notes de Harvey avaient été détruites sur l'ordre de Richard Helms, qui dirigeait la CIA à l'époque (il ordonna d'ailleurs la destruction de tous les exemplaires du rapport de l'IG, sauf un).

Harvey, cependant, en avait gardé d'autres, et les remit aux sénateurs. Elles restèrent inédites – et je n'ai pu les obtenir qu'après suppression de certains passages –, mais donnèrent aux enquêteurs du Sénat les premières preuves flagrantes que Castro, Lumumba et Trujillo étaient les cibles de ZR/RIFLE. Selon les dossiers du Sénat, Harvey leur déclara par ailleurs qu'une « approbation expresse du président » était l'une des trois exigences de l'Agence avant de recourir à ce qu'il appelait « l'assassinat considéré comme un outil de travail » (les deux autres étant l'existence d'une « menace réelle » et la possibilité de « mener à bien l'assassinat »).

Interrogé par la commission Church sur les autres notes de Harvey comme sur le contenu de son témoignage, Bissell – chose inconcevable parmi les fidèles de Kennedy – impliqua la Maison Blanche. Plutôt que de jeter la suspicion sur son subordonné, il n'hésita pas à révéler qu'il avait parlé d'« action administrative » avec McGeorge Bundy, le conseiller à la Sécurité nationale du président – tout en prenant soin de spécifier que leur discussion avait porté sur « une structure sans cible spécifique, et non sur le projet, ou l'approbation, d'une opération d'assassinat ». Bissell précisa aussi que, bien qu'il ne s'en souvienne pas avec précision, il « aurait pu » mentionner Castro, Lumumba et Trujillo dans le cadre de cette discussion, « parce que c'était le genre d'individus, à ce moment de l'histoire, contre qui une telle structure aurait pu être créée ».

Les témoignages de Harvey et de Bissell, relativement honnêtes bien que très incomplets, mirent McGeorge Bundy sur la sellette. Il redoutait en effet d'être inculpé de parjure. Avant même de se présenter, vers le milieu de l'été, devant la commission Church, il se sentit obligé de revoir un témoignage sous serment fait devant la commission Rockefeller.

L'enquête de la commission Church fut déclenchée par un article (dont j'étais l'auteur) paru dans le *New York Times* en décembre 1974. J'y décrivais diverses activités illégales menées par la CIA sur le territoire américain. Devant l'indignation du grand public, le président Gerald R. Ford, manifestement désireux d'éviter une enquête parlementaire, créa une commission présidentielle pour enquêter sur la question. Ce fut le vice-président, Nelson Rockefeller, qui en assuma la direction. Les espoirs de Ford furent réduits à néant quand le Sénat décida de mener ses propres recherches.

Le 7 avril 1975, McGeorge Bundy nia catégoriquement devant la commission Rockefeller avoir eu connaissance d'une « décision effective » de faire assassiner un dirigeant étranger. Il ajouta qu'il n'avait « aucun souvenir » du programme d'action administrative. Le lendemain, craignant sans aucun doute d'être convaincu de parjure, Bundy rencontra David W. Belin, directeur exécutif de la commission Rockefeller, « pour faire quelques ajouts à la déclaration ». Il affirma, selon le récit de la réunion, déclassifié en 1996 : « Comme je réfléchissais cette nuit à mes réponses à certaines questions, mes souvenirs s'en sont trouvés ravivés. » Et d'ajouter : « Je me souviens des mots "structure d'action administrative" plus clairement qu'hier. [...] Je crois que c'était quelque chose comme [...] un plan visant à disposer d'une certaine capacité d'organisation pour mener des actions contre des individus dangereux. » Ayant pris soin de se protéger légalement, Bundy continua à noyer le poisson : « Mais je n'ai aucun souvenir des conditions dans lesquelles j'en ai entendu parler ni de celui qui a évoqué cette structure. Je ne me souviens pas non plus de ce qui a été effectivement réalisé à ce sujet. »

Les deux jours de témoignage de Bundy agacèrent Belin, ancien avocat de la commission Warren (qui avait enquêté sur l'assassinat de JFK). Lors d'une interview réalisée en 1997, Belin, qui exerce aujourd'hui à Des Moines, en Iowa, a reconnu ce qu'il n'avait pas dit à l'époque : « Il ne fait aucun doute que Bundy m'a menti. » En 1975, m'expliqua-t-il, les auditions l'avaient convaincu que John F. Kennedy « connaissait » les projets d'assassinat de la CIA (et « Bobby Kennedy aussi. Tous deux voulaient la peau de Castro »). Selon lui, certains témoins mentirent, mais William Harvey faisait partie de ceux qui dirent la vérité.

Bundy témoigna en juillet 1975 devant la commission Church, après que celle-ci eut entendu Harvey et Bissell. Là encore, la mémoire lui revint brusquement. Lui aussi rompit avec quatorze ans de mensonges et de faux-semblants, confirmant le récit que Bissell avait donné de leur conversation. Il reconnut que les gens de l'Agence n'avaient pas monté leur projet d'assassinat de leur propre initiative, mais avec la caution de la Maison Blanche.

Pour autant, Bundy prit soin d'émettre des réserves. Il répéta que Bissell et lui n'avaient parlé que de ce que le rapport du Sénat appela « une structure sans cible, plutôt qu'une opération d'assassinat ». Il déclara avoir eu l'impression que son interlocuteur cherchait surtout à « tester ses réactions », sans réellement « chercher une caution officielle » à ZR/RIFLE. « Je suis certain de n'avoir donné aucune instruction. Mais je ne me souviens pas non plus avoir soulevé d'objection. » Il ne fit rien, en effet, pour mettre un terme à l'opération, ou du moins pour en savoir davantage, car tout cela restait au niveau théorique et ne deviendrait vraiment « opérationnel » que lorsqu'une cible spécifique aurait été définie. Comme on lui demandait s'il avait discuté de la question avec le président, Bundy répondit (« pour autant [qu'il s'en] souvienne ») par la négative.

Le conseiller à la Sécurité nationale de John F. Kennedy, ancien doyen de faculté à Harvard, reconnaissait donc que, peu après être entré en fonction, il avait discuté avec le directeur des opérations clandestines de la CIA d'un projet visant à l'élimination de dirigeants politiques étrangers. Un aveu aussi extraordinaire retint pourtant assez peu l'attention quand, en novembre 1975, il fut rendu public par le Sénat. La presse de Washington aurait pu s'y intéresser davantage si elle avait su que Bundy avait avec l'Agence des liens beaucoup plus anciens qu'on ne le croyait.

Lors d'une interview menée en 1994 avec Lawrence Devlin, ancien chef de station de la CIA au Congo (il avait quitté l'Agence vingt ans plus tôt), celui-ci me déclara : « Savez-vous qui m'a recruté ? Bundy ! Il était un des secrétaires du Conseil des relations étrangères [de New York]. Il a pris l'avion pour venir me voir. » Devlin avait participé à la Seconde Guerre mondiale et suivait des études à Harvard grâce au « GI Bill » (bourse d'études accordée aux anciens combattants). En 1949, il fut contacté par un professeur. « Il m'a demandé si je cherchais du boulot. » Devlin et trois autres candidats furent invités à rejoindre l'enseignant dans son bureau pour qu'ils discutent de la possibilité d'entrer à la CIA, tout récemment créée. Selon son témoignage, « McGeorge Bundy est arrivé, nous a fait un petit baratin, m'a proposé un poste et a négocié le niveau d'entrée. »

Bill Harvey savait parfaitement quels étaient les objectifs du programme ZR/RIFLE. Après sa discussion avec Bissell, il entreprit aussitôt de rencontrer le conseiller scientifique de ce dernier, le docteur Sidney Gottlieb, qui pouvait fournir poisons ou virus mortels à la demande. Lors d'une interview réalisée en 1994, Gottlieb m'a raconté que Harvey lui avait dit : « On m'a demandé de créer une unité pour assassiner des gens et j'ai besoin de savoir ce que vous pouvez faire pour moi. »

Là encore, Harvey prit à cette occasion des notes qu'en 1967 il se garda de transmettre à l'inspecteur général de la CIA. Elles indiquent que l'entrevue avec Gottlieb eut lieu le 25 janvier 1961, cinq jours après que Kennedy eut prêté serment. Les deux hommes discutèrent explicitement de Castro, de Lumumba et de Trujillo, et de leur éventuel assassinat – « en dernier ressort », toutefois, car ce serait « un aveu de faiblesse ». Le lendemain, Harvey rencontra Arnold Silver, chef de la station de Luxembourg, homme de grande expérience avec qui il avait travaillé autrefois. Les notes de Harvey montrent que tous deux discutèrent du recrutement, pour le programme ZR/RIFLE, d'hommes qui sauraient tuer et garder le silence. Il fut beaucoup question de sécurité et de la nécessité de ne rien coucher par écrit. « Pas d'autres agences. Rien sur papier. Ne jamais mentionner le mot "assassinat". »

Un tel souci du secret n'empêcha pas le projet Bissell-Harvey d'être connu dans les milieux du crime organisé. Cet hiver-là, Joe Bonanno, l'ancien chef de la mafia new-yorkaise, proposa ses services à la CIA. Selon Doris Mirage, il appelait souvent Bissell à son bureau : « Bissell ne voulait jamais prendre l'appel et je devais m'en occuper moi-même. » Elle ajoute que Bonanno réussit à faire remettre une lettre directement au bureau de son patron, sans doute grâce à quelqu'un de l'Agence. « Ce n'était pas un styliste ! Il disait qu'il ferait tout ce que [Bissell] voudrait. » Mirage ajoute qu'elle comprit que le mafioso offrait de « tuer Castro ». Ne sachant pas trop dans quel dossier classer la lettre, elle la conserva mais déclare l'avoir détruite plus tard.

À l'automne 1961, Harvey fut nommé responsable de ce qu'on appela le détachement spécial W, une structure interne à la CIA chargée d'exécuter le dirigeant cubain à la demande de la Maison Blanche. Il passa une bonne part des dix-huit mois qui suivirent à monter des opérations de ce type – et à essuyer les perpétuelles ingérences de Bobby Kennedy. Son animosité envers le frère du président crût à chaque nouvel échec. Apparemment, c'est ce qui l'amena à rompre avec sa discrétion habituelle. Poussé à bout, il déclara à un de ses collègues, Samuel Halphern, responsable administratif du détachement spécial, ce que personne de la CIA n'aurait pu dire à la commission Church : John Kennedy avait personnellement autorisé Richard Bissell à monter l'opération ZR/RIFLE, et ce avant même d'avoir prêté serment.

Kennedy entra à la Maison Blanche à un moment où le tiers-monde devenait le nouveau champ de bataille de la guerre froide. Le combat qu'il s'apprêtait à mener contre l'URSS serait livré par des intermédiaires, et ce dans le monde entier. Quelques jours plus tôt, des responsables soviétiques avaient rendu public le texte d'un discours secret prononcé, le 6 janvier, par Nikita Khrouchtchev. Ce dernier y soulignait l'importance des « guerres justes » menées par les mouvements de libération nationale : « Ces conflits, qui commencent par un soulèvement des peuples colonisés contre leurs oppresseurs, se transforment en guérillas. Les communistes soutiennent ce genre de guerres justes de tout cœur et sans réserves. » Un conflit nucléaire étant devenu impraticable, le soutien aux guérillas était désormais « le seul moyen de mettre l'impérialisme à genoux ».

Dans *The Crisis Years*[1], livre publié en 1991 où il étudie les relations entre Kennedy et Khrouchtchev,

1. HarperCollins, 1991.

l'historien Michael Beschloss fait remarquer que le dirigeant soviétique ne tenait pas de tels propos pour la première fois et qu'en fait il s'agissait d'une fin de non-recevoir aux jusqu'au-boutistes qui, à Moscou ou à Pékin, se montraient partisans d'une guerre nucléaire. Eisenhower, en tout cas, ne s'en inquiéta pas outre mesure car, selon Beschloss, il en était venu à comprendre que, chez Khrouchtchev, « les paroles définitives tenaient généralement lieu d'action ». Le dirigeant soviétique pensait, sans aucun doute, rassurer l'Occident en renonçant à l'apocalypse nucléaire. Beschloss ajoute toutefois « qu'il ne se rendit pas compte que Kennedy pouvait prendre ses propos pour une provocation destinée à le mettre à l'épreuve ».

Car pour le nouveau président, ce discours était un défi. Une fois à la Maison Blanche, il en envoya des copies aux plus hauts responsables de son gouvernement accompagnées d'un mémorandum indiquant : « Lisez, soulignez, apprenez et digérez. Nos actions et nos mesures devront être adaptées pour répondre à des problèmes de ce genre. »

Quand Kennedy entra en fonctions, l'ex-Congo belge était devenu l'un des points chauds de la planète. En accordant précipitamment l'indépendance à leur colonie, les Belges n'avaient laissé dans tout le pays qu'une vingtaine de diplômés du supérieur, et l'armée était toujours commandée par des officiers blancs. Quand les soldats congolais se mutinèrent, l'engrenage de la violence se mit en route et de nombreux Européens furent tués. La Belgique envoya donc des parachutistes protéger ses ressortissants. Patrice Lumumba, Premier ministre congolais, sollicita et obtint l'intervention de l'ONU, qui lui permettrait de se débarrasser des Belges.

Ensuite, il accepta une aide soviétique pour garder le contrôle de la riche province minière du Katanga, qui avait fait sécession. Les responsables de l'administration Eisenhower voyaient en lui un dangereux révolutionnaire qu'il serait difficile de déloger. Lumumba était d'autant plus menaçant pour Washington qu'il jouissait d'un assez large soutien populaire : son parti, le Mouvement national congolais, avait remporté la majorité des sièges lors des élections de mai 1960. Le gouvernement américain réagit en donnant à la CIA l'ordre de l'assassiner.

En ce domaine, le rôle essentiel fut tenu par la Technical Service Division (TSD) de l'Agence, dont les scientifiques se virent demander de mettre au point un virus ou un poison qui serait glissé dans la nourriture de Lumumba, voire dans son dentifrice. Ils ne bronchèrent pas : ce n'était pas la première fois qu'on leur passait ce genre de commande. Ainsi, au début de 1960, ils avaient empoisonné un mouchoir qui fut ensuite, avec l'approbation des plus hauts responsables de la CIA, envoyé au domicile du général Abdul Karim Kassem, le nouveau maître de l'Irak. Il s'était emparé du pouvoir à l'issue d'un coup d'État sanglant puis, à la stupeur des États-Unis, avait aussitôt noué des relations diplomatiques avec l'Union soviétique et levé l'interdiction du Parti communiste irakien. L'idée du mouchoir venait de Sidney Gottlieb. L'objet fut expédié en Irak par l'intermédiaire de la station de New Delhi. Comme Gottlieb me l'a déclaré lui-même : « Ce n'était pas un assassinat. Ils [les responsables de la division Proche-Orient de la CIA] voulaient simplement qu'il soit malade un bon moment. Je suis allé voir Bissell, qui m'a encouragé. » D'autres responsables de l'Agence voyaient la chose d'un autre œil. Selon l'un d'eux, le service en question voulait en fait se débarrasser de Kassem une bonne fois pour toutes («Sinon, pourquoi aurions-nous autorisé une action aussi risquée?»). On ne sait si le mouchoir parvint jamais à destination. En tout cas, le général fut exécuté à Bagdad, en 1963, lors d'un nouveau coup d'État.

Le fidèle docteur Gottlieb créa aussi un véritable kit pour assassin, comprenant aiguilles, gants de caoutchouc, masques et produits biologiques mortels. À la mi-septembre 1960, Bissell lui ordonna de se rendre au Congo avec son matériel et l'autorisa à dire à Lawrence Devlin, chef de la station de Kinshasa (qui s'appelait encore Léopoldville) qu'il devait se servir du poison, ou de tout autre moyen à sa disposition, pour assassiner Lumumba. Gottlieb m'a raconté qu'avant de quitter Washington il avait demandé à Bissell: «C'est nous qui avons eu cette idée?» Il s'entendit répondre qu'elle venait «de la plus haute autorité», à savoir le président Eisenhower. Lors d'une interview menée en 1994, Devlin a reconnu que le projet présentait d'énormes dangers. «Si j'avais été surpris [au moment des préparatifs d'assassinat], tous les Blancs de Kinshasa auraient été massacrés.» Et d'ajouter: «Dans cette affaire, Gottlieb n'était qu'une "mule", comme moi.»

Conscient qu'on voulait sa mort, menacé par des factions rivales, Lumumba eut l'habileté de se placer sous la protection des forces de l'ONU. Contrairement à la rhétorique fleurie chère à Washington, selon laquelle les Nations unies remplissaient là-bas une mission sacrée, l'objectif de la CIA devint alors de faire sortir le Premier ministre de son sanctuaire et de le laisser à la merci de ses opposants politiques katangais, financés par les compagnies minières belges qui voulaient récupérer leurs biens.

Officiellement, la politique américaine ne changea pas avec l'arrivée de Kennedy à la Maison Blanche

– mais officieusement non plus. Bill Harvey et ses collègues avaient en tout cas toutes les raisons de croire que le nouveau président, en autorisant ZR/RIFLE, cautionnait leur politique d'assassinat de dirigeants étrangers.

En janvier 1961, Lumumba fut persuadé de renoncer à la protection des Nations unies. Des troupes adverses le firent prisonnier et le conduisirent au Katanga. Il fut assassiné entre le 17 janvier et le début du mois de février. On ne sait quel rôle remplit au juste la CIA dans cette affaire, mais des câbles remis à la commission Church montrent que ses agents opérant en Afrique savaient parfaitement que Lumumba serait exécuté dès qu'il quitterait son refuge. Aucun journaliste n'interrogea Kennedy sur sa mort lors des conférences de presse télévisées que celui-ci donna en 1961.

Assassiner Trujillo posa beaucoup moins de problèmes. Le tyranneau dominicain était un dictateur particulièrement brutal. La commission Church conclut en 1975 que les administrations Eisenhower et Kennedy avaient, de manière répétée, « encouragé le renversement de son régime par des opposants dominicains ». Dans toute l'Amérique latine, Trujillo était considéré comme le protégé des Américains – ce qu'il avait d'ailleurs été dans les années 1940, jusqu'au début de la décennie suivante. Ses protecteurs craignaient que, si jamais sa chute n'était pas orchestrée depuis Washington, le pays ne tombe aux mains de révolutionnaires procastristes ou procommunistes.

En août 1960, le gouvernement Eisenhower rompit les relations diplomatiques avec le régime Trujillo, ferma son ambassade à Saint-Domingue et rapatria presque tout son personnel, y compris le chef du bureau de la CIA. Henry Dearborn, un responsable des services étrangers, resta sur place, faisant fonction de consul général et dirigeant, de fait, l'antenne locale de l'Agence. Il contacta des groupes d'opposants puis se convainquit peu à peu qu'un renversement du régime ne pourrait réussir sans l'assassinat de Trujillo, ce qu'il expliqua dans de nombreux câbles envoyés au département d'État. Il y parlait ouvertement de meurtre, ce qu'on ne lui reprocha pas. Il lui fut simplement demandé de limiter sa correspondance et ses recommandations aux canaux de communication de la CIA, beaucoup plus sûrs. En décembre 1960, l'administration Eisenhower approuva un projet mis sur pied par Richard Bissell : il s'agissait de fournir aux adversaires de Trujillo des armes et des bombes pourvues de détonateurs électroniques. Cette politique ne connut aucun changement avec l'entrée en fonctions, le 20 janvier 1961, de John Kennedy.

C'est à ce moment que le père de celui-ci fit irruption dans le tableau. Comme tous les gens riches, Joe avait beaucoup d'amis chez les journalistes. L'un d'eux, qui tenait une rubrique de potins mondains, s'appelait Igor Cassini ; son frère Oleg, couturier new-yorkais, habillait Jackie Kennedy à titre gracieux. Igor, dont le nom de plume était Cholly Knickerbocker, était un excellent joueur de golf et partageait la passion des Kennedy pour les femmes. Enfin, il était marié à la fille d'un des voisins du clan, Charles Wrightsman. En février 1961, selon des documents que le *New York Times* se procura, un an plus tard, en République dominicaine, Cassini contacta Joe Kennedy pour suggérer que tous deux ouvrent une ligne de communication entre JFK et Trujillo. Le régime de celui-ci venait de proposer au journaliste un contrat de relations publiques de 150 000 dollars par an. Lors d'une interview qu'il m'a accordée en 1996, Cassini m'a déclaré que Joe lui répondit : « Ce pourrait être une erreur de votre part. » Il accepta tout de même.

On ne sait quelle fut l'action exacte de Joe dans l'affaire, ou ce qu'il en tira, mais son fils le président approuva ensuite l'idée d'une rencontre entre le dictateur dominicain et Robert D. Murphy, ancien responsable de l'administration Eisenhower, au nom du gouvernement américain. Cassini accompagna Murphy en République dominicaine, au moment même où l'invasion de la baie des Cochons tournait au désastre. Selon les documents du *New York Times*, Trujillo avait accepté cette entrevue dans l'espoir qu'elle lui permettrait de rencontrer, en mer ou en Floride, Joe Kennedy ou son fils. L'un des documents en question précisait que Murphy et Cassini savaient, « à la suite de discussions confidentielles avec Kennedy père, que le président avait déjà décidé d'agir favorablement dans l'affaire dominicaine, allant jusqu'à passer par-dessus ceux qui, au département d'État, étaient d'un avis contraire ». La Maison Blanche, un peu embarrassée par ces révélations – qui montraient que Joe Kennedy pouvait intervenir à son gré dans la politique extérieure américaine – publia un communiqué de presse démentant que le président ait jamais eu l'intention de rencontrer le dictateur. La presse prit ces dénégations pour argent comptant et l'affaire se dégonfla au bout de quelques jours, sans que personne se soit posé de questions. Bobby Kennedy, chargé de réparer les dégâts, recourut à la méthode déjà utilisée contre Skinny D'Amato, le mafioso de Las Vegas : en 1963, Igor Cassini fut inculpé par le ministère de la Justice pour n'avoir pas déclaré le contrat signé avec le régime Trujillo.

Au printemps 1961, JFK avait décidé de s'occuper de ce dernier. Le sénateur George Smathers, qui avait connu Kennedy au Congrès, déclara en 1975 à la commission Church que le président lui avait demandé d'aller voir Trujillo et d'évoquer devant lui «la possibilité qu'il abandonne le pouvoir et quitte le pays». Smathers accepta mais ne réussit guère à émouvoir l'intéressé, avec qui il passa toutefois deux jours très agréables: «C'était quelqu'un de très, très intéressant. [...] Lorsque nous discutions, il sortait un pistolet calibre 45 qu'il posait sur son bureau, canon pointé dans ma direction. [...] Et voilà qu'un jour, avant que j'aie eu le temps de comprendre, j'apprends qu'il a été assassiné.» Rien dans les archives ne permet de savoir pourquoi le président avait approuvé ou encouragé les missions Murphy et Smathers. La question est toutefois évidente: voulait-il donner à Trujillo une chance de s'en aller avant qu'il ne soit trop tard?

Début avril 1961, après approbation de Bissell et de la Maison Blanche, on autorisa l'envoi en République dominicaine d'une seconde cargaison d'armes et de munitions – la première était partie en février –, qui serait livrée par la valise diplomatique et remise aux opposants.

On ne sera pas surpris d'apprendre que Washington avait changé d'attitude après le désastre de la baie des Cochons, le 14 avril. Trois jours plus tard, Dearborn se vit enjoindre de garder le matériel par-devers lui. Un câble cité par la commission Church expliquait que la décision de ne pas remettre les armes aux opposants était «fondée sur l'opinion que remplir un vide créé par un assassinat était désormais très problématique, au vu des conditions incertaines dans les Caraïbes». Le 30 mai 1961, Trujillo fut néanmoins exécuté par un petit groupe qui, selon un rapport ultérieur de la CIA, avait reçu des armes américaines au début de l'année. La Maison

Blanche, soucieuse d'éviter toute accusation de complicité, ordonna le départ immédiat de tous les agents de renseignement américains installés en République dominicaine. Selon la commission Church, le département d'État « câbla à la station de la CIA [...] de détruire toutes les archives concernant les rapports avec les opposants ».

Deux jours après le meurtre de Trujillo, Robert Kennedy dicta un mémorandum de quatre pages résumant la part qu'il avait prise dans l'affaire, que le rapport final de la commission sénatoriale cite en partie. Il s'y plaignait du manque d'informations fiables après l'assassinat mais ne s'inquiétait nullement de l'implication des États-Unis, qui avaient fourni des armes aux exécuteurs du dictateur. La commission nota aussi : « Aucune archive n'indique par ailleurs qu'on ait pris des mesures, après l'assassinat de Trujillo, pour réprimander ou censurer, sur place ou à Washington, les officiels américains impliqués dans l'affaire. » Toujours selon la commission, d'autres documents montraient que la CIA avait décrit comme « un succès » l'action de l'équipe Kennedy en République dominicaine, car celle-ci était passée « d'une dictature totalitaire à une démocratie de type occidental ».

Au cours des mille jours que dura sa présidence, Kennedy ne releva jamais publiquement les nombreuses allégations selon lesquelles les États-Unis étaient impliqués dans les assassinats de plusieurs dirigeants étrangers.

On peut avoir une idée de ce qu'il en pensait vraiment grâce à une interview de Smathers réalisée en mars 1964 pour la Bibliothèque Kennedy. Ce dernier avait eu l'occasion d'évoquer avec JFK les conséquences d'un assassinat de Fidel Castro, sujet dont ils avaient déjà discuté. Le président, nota Smathers, ne se préoccupait pas des aspects moraux du problème mais seulement de questions très pragmatiques : comment y parvenir sans laisser de traces. « Nous avons eu d'autres conversations là-dessus : quelles seraient les réactions internationales, celle de la population... Pour autant que je me souvienne, il se contentait de multiplier les questions. Il était certain qu'on pouvait y arriver, je me le rappelle très bien. Ce ne serait pas un problème. Mais la question était [...] de savoir si la réaction en Amérique du Sud serait bonne ou mauvaise. J'en ai parlé avec lui et, franchement, à cette époque, j'ai eu l'impression qu'il n'était pas un chaud partisan de l'assassinat, surtout dans la mesure où les États-Unis pouvaient en être accusés. »

Kennedy eut à ce propos une discussion très franche avec Hans Tofte. Ce responsable de la CIA, vieux routier des pays d'Asie, était une sorte de dandy qui avait ses entrées dans les meilleurs milieux. Un collègue le décrit comme « un fanfaron qui savait s'habiller comme personne et habitait une demeure charmante à Georgetown ». Apparemment, il devint l'ami de « John » – comme il l'appelait devant ses amis – du temps où Kennedy était au Sénat. Vers le milieu des années 1950, Tofte eut des ennuis avec ses supérieurs : il rapportait chez lui des documents classifiés. En 1979, les détails de l'affaire furent révélés dans *The Man Who Kept the Secrets*, remarquable biographie de Richard Helms due au journaliste Thomas Powers. Tofte, très mécontent de certains passages, demanda à le rencontrer. Lors d'une interview réalisée en 1994, Powers m'a déclaré qu'ils en étaient venus à parler de Kennedy.

Tofte (mort en 1987) lui raconta qu'il avait eu, en mars 1961, une extraordinaire conversation avec le président. À l'époque, il revenait tout juste de Colombie, où l'Agence lui avait demandé d'enquêter sur l'action du gouvernement local vis-à-vis de la *Violencia*, véritable guerre civile dont les campagnes colombiennes étaient le théâtre depuis des années. Tofte avait commencé ses recherches du temps d'Eisenhower, mais son rapport (en trois volumes) ne fut terminé qu'après l'entrée en fonctions de Kennedy. Combattre les guérillas communistes était pour celui-ci une question de la plus haute importance ; toujours soucieux de contacter des hommes de terrain, il convoqua Tofte à la Maison Blanche. Ce dernier déclara à Powers qu'il lui avait personnellement remis un exemplaire de son rapport (aujourd'hui à la Bibliothèque Kennedy, mais classifié) et décrit ce qui se passait en Colombie. Il eut aussi l'audace d'évoquer l'invasion de Cuba car, comme beaucoup de responsables de la CIA en Amérique latine, il avait entendu bien des rumeurs là-dessus. Selon lui, on n'arriverait à rien tant que Castro serait au pouvoir mais, s'il disparaissait, il n'y aurait plus de gouvernement cubain.

Kennedy l'écouta avec attention et répondit : « C'est déjà en cours. Ne vous inquiétez pas de ça. » Tofte comprit parfaitement ce que cela signifiait. Pourtant, plus tard, il fut stupéfait d'apprendre que l'invasion avait été lancée alors que Castro était toujours en place.

14

La baie des Cochons

Début 1961, Marcus Raskin, alors collaborateur d'un membre du Congrès, se vit faire une de ces propositions auxquelles on ne peut résister : serait-il tenté de rejoindre le Conseil national de la sécurité du nouveau président, pour devenir l'adjoint de McGeorge Bundy ? Raskin accepta et, début avril, fit la connaissance de son nouveau patron, quelques jours avant qu'une troupe d'exilés ne débarque sur une plage cubaine, dans un endroit connu sous le nom pittoresque de baie des Cochons. Officiellement, Raskin n'était au courant de rien mais, comme beaucoup de gens à Washington, il avait entendu dire que quelque chose se préparait. Le gouvernement brésilien venait de proposer de servir d'intermédiaire dans la conclusion d'un accord entre les États-Unis et Cuba. Raskin, qui n'hésitait jamais à donner son avis, proposa à son nouveau patron de prendre l'offre au sérieux. Ce à quoi Bundy répliqua : « Oh que non ! Un détachement suffira, et il [Castro] quittera le pays. »

Les rares initiés au courant du projet d'invasion partageaient la confiance de Bundy : la mystique présidentielle balayait le moindre doute, et chacun était convaincu que Kennedy ne pouvait pas se tromper. Richard N. Goodwin, un des collaborateurs préférés de JFK, dont il rédigeait les discours, m'a raconté lors d'une interview : « Je me souviens avoir dit : "Le problème avec les Cubains, c'est qu'ils se battront. Il se pourrait que nous devions tuer beaucoup de gens là-bas." Mais Kennedy se sentait sur un petit nuage. Il avait reçu l'investiture démocrate, il avait gagné les élections. Il était persuadé que les événements se plieraient à sa volonté. Une fois de plus, il a jeté les dés. »

Mais ceux-ci étaient pipés, et Bundy le savait – contrairement à Raskin et à Goodwin. À La Havane, les hommes de la mafia étaient à l'œuvre. Fidel Castro serait assassiné le jour où les exilés débarqueraient dans la baie des Cochons, ou juste avant. Il ne pouvait en être autrement.

Castro était la plus importante des trois cibles potentielles définies par les Américains. Sa mort, pensaient-ils, provoquerait un soulèvement général.

« Supprimer Castro faisait partie du plan d'invasion », se souvient Robert Maheu, l'agent de liaison de la CIA avec la mafia. Cela devait se produire « peu avant l'invasion ou, de préférence, en même temps ». Maheu passa le plus clair de l'hiver et du printemps 1961 à préparer le meurtre du *Lider Maximo* en retrouvant, dans des hôtels de Miami, Sam Giancana et deux autres truands, Johnny Rosselli et Santos Trafficante.

Richard Bissell finit par reconnaître publiquement que le projet d'invasion et l'assassinat de Castro étaient liés. Interviewé en 1984, soit plus de vingt ans après les faits, par Lucien S. Vandenbroucke pour *Diplomatic History* (un trimestriel universitaire au tirage confidentiel), il déclara : « L'assassinat devait renforcer le plan.

On pensait que Castro serait mort avant le débarquement. Mais très peu de gens étaient au courant.» Son interlocuteur préféra enterrer cet aveu dans une note de bas de page, en toute fin d'article.

Les Cubains et les Soviétiques, quant à eux, savaient. Les services de renseignement castristes, travaillant en étroite collaboration avec le KGB, avaient mis la main en janvier 1961 à La Havane sur une impressionnante cache d'armes. Deux universitaires russes, Aleksandr Fursenko et Timothy Naftali, ont récemment publié, dans *One Hell of a Gamble: Khrushchev, Castro and Kennedy, 1958-1964*[1], le contenu des dossiers soviétiques sur la question: le KGB avait estimé que ces armes étaient destinées «au meurtre de Fidel Castro». Et les auteurs de conclure: «L'administration Kennedy comptait bien qu'il meure avant de pouvoir diriger la lutte contre l'invasion.» Plus tard, services cubains et soviétiques déclareraient avoir mis au jour plus de vingt tentatives d'assassinat du même genre.

Dans sa biographie de Castro, *Fidel*[2], le journaliste Tad Szulc cite Ramiro Valdès, qui fut à l'origine de la création des services de renseignement cubains après la victoire castriste de 1959. Selon lui, ses agents avaient réussi à suivre, pas à pas, tous les préparatifs de l'invasion, et ce dès les premiers jours de l'entraînement militaire au Guatemala. Valdès ajoutait qu'il recevait tant d'informations de Miami qu'il était difficile de distinguer le vrai du faux.

Le rapport de la commission Church de 1975, et celui, top secret, rédigé en 1967 par l'inspecteur général de la CIA, permettent de reconstituer toute l'histoire. Elle

1. Norton, 1997.
2. Hutchinson, 1987.

commence avec Santos Trafficante. Vieil associé de Sam Giancana, ancien patron de la mafia cubaine, il voulait par-dessus tout se débarrasser de Castro et reprendre le contrôle des maisons de jeux de La Havane. C'est lui qui mit l'équipe de Giancana en contact avec des opposants cubains qui accepteraient d'exécuter le *Lider Maximo* en échange des 50 000 dollars promis par la CIA.

Le premier était Juan Orta Cordova, officiellement « directeur général du bureau du Premier ministre », c'est-à-dire secrétaire particulier de Castro. Il le voyait tous les jours et pourrait donc, du moins à l'en croire, glisser une solution empoisonnée dans un verre. Les scientifiques de la CIA étaient parvenus à mettre au point une pilule qui se dissolvait dans l'eau froide. Début février 1961, au moins six d'entre elles avaient été remises aux hommes de Giancana pour qu'ils les donnent à Orta. Mais celui-ci allait bientôt perdre les faveurs de Castro. Quelques jours avant les événements de la baie des Cochons, il se réfugia à l'ambassade du Venezuela où il demeura jusqu'en octobre 1964. Le régime lui permit alors de gagner le Mexique.

Giancana et Trafficante disposaient par ailleurs d'un autre plan. Par l'intermédiaire de Rosselli, ils avaient contacté, début 1961, « Tony » Varona (le docteur Manuel Antonio de Varona y Loredo), dissident qui avait tenté en vain de renverser Castro avec l'aide des milieux du jeu de La Havane. Il vivait désormais à Miami, où il dirigeait une coalition anticastriste, le Front révolutionnaire démocratique, qui serait très impliquée dans la préparation du débarquement dans la baie des Cochons. Si Orta ne parvenait pas à empoisonner Castro, Varona pourrait trouver, à Cuba même, des gens qui entreprendraient d'éliminer le dictateur. Comme les chefs de la mafia qu'il rencontrait souvent à Miami, il en savait davantage là-dessus que les agents de la CIA chargés au Guatemala de l'entraînement militaire des exilés cubains.

L'un d'eux choisit de ne rien savoir. À l'été 1960, Jacob B. Esterline fut nommé directeur des opérations relatives à la force d'intervention cubaine et placé sous la direction de Richard Bissell. Sa tâche essentielle était de veiller à ce que les Cubains qui débarqueraient sur les plages soient parés au combat. Il était à l'époque, comme il me l'a confié lui-même, très exalté, et croyait dur comme fer que la force d'invasion, une fois arrivée à Cuba, renverserait le régime. Peu avant la prestation de serment de Kennedy, Esterline fut convoqué par Sheffield Edwards, directeur de la sécurité de la CIA, qui lui exposa la situation. «Ce fut l'un des plus grands chocs de ma vie. D'un seul coup, j'allais devoir effectuer un paiement de 50 000 dollars [destiné aux assassins] avec un chèque en blanc.» Esterline, qui avait étudié la comptabilité en faculté, prenait très au sérieux ses responsabilités financières. Il refusa donc d'avaliser l'opération sans avoir été informé en détail de ses tenants et aboutissants. «On m'a dit que c'était pour un membre de la pègre, et que la Maison Blanche voulait que ce soit fait.» Au cours des mois qui suivirent, Esterline signa encore deux, peut-être trois chèques du même genre, d'un montant analogue. Peu avant le déclenchement de l'opération, il apprit que l'argent était destiné à Johnny Rosselli. On lui dit également qu'il ne devait laisser aucune trace écrite de ces paiements: «Je n'en ai parlé à aucun de mes collaborateurs, pas même à mon adjoint.»

Pendant la Seconde Guerre mondiale, Esterline avait été membre des commandos opérant derrière les lignes japonaises en Birmanie. Il savait qu'en de tels moments il ne fallait pas se montrer difficile: à l'époque, il payait ses agents en opium brut. Mais apprendre qu'il lui fallait travailler avec la pègre l'accabla: «Fricoter avec la mafia m'a vraiment révolté. Affronter un type face à face et chercher à le tuer par-derrière sont deux choses tout à fait différentes.» Il se tut, versa l'argent demandé et continua à former les exilés cubains. Jamais Bissell et Edwards ne lui révélèrent que l'assassinat de Castro faisait partie intégrante du projet d'invasion. Comme Esterline l'a reconnu à contrecœur lors de nos interviews, il choisit de ne pas regarder la vérité en face: «Les deux [assassinat et invasion] étaient censés se dérouler successivement, mais je ne voulais pas le croire. Comment dire aux gens de se préparer à un combat mortel, quand il existe une solution bien plus simple et plus rapide? Ils étaient sans pitié. Je crois que j'ai tout compris, mais j'étais pris au piège. Je ne pouvais quand même pas siffler la fin de la partie!»

Au sein du gouvernement Kennedy, personne n'aurait d'ailleurs voulu écouter de telles doléances. Avant même de prêter serment, le nouveau président avait demandé aux responsables de la CIA de se préparer à tuer. Après le fiasco de la baie des Cochons, son frère Bobby ne cesserait d'exiger d'eux la poursuite de leurs projets d'assassinat – autant d'instructions qu'on soupçonnait depuis longtemps, mais qui n'ont pu être confirmées avant ce livre. Comme d'habitude, le rôle de Bobby était à double détente: il représentait son frère tout en le protégeant d'éventuelles enquêtes du FBI et d'autres agences fédérales.

En avril 1961, John Kennedy avait toutes les raisons de croire que Sam Giancana et ses hommes parviendraient à leurs fins. Après tout, le mafioso lui avait bel et bien assuré la victoire à l'élection présidentielle et personne n'était plus doué que lui pour le meurtre.

Cette confiance excessive explique peut-être que le président, comme les responsables de l'Agence, n'ait tenu aucun compte des avertissements de ceux qui – à la CIA même, dans la presse ou ailleurs – cherchèrent à les mettre en garde : le projet d'invasion n'était pas longtemps resté secret et le régime cubain en était parfaitement informé. Fin 1960, Thomas Polgar, chef du bureau de la CIA à Hambourg, fut contacté par Axel Springer, le magnat de presse allemand, qui demanda à rencontrer Allen Dulles dans les plus brefs délais. Lors d'une interview réalisée en 1994, Polgar m'a déclaré que Springer avait dit à Dulles que « lui et ses interlocuteurs avaient entendu toutes sortes de récits sur l'entraînement militaire au Guatemala » en vue d'une invasion de Cuba. Springer ajouta que cela ne lui posait « aucun problème idéologique. Mais si mes journalistes peuvent l'apprendre, il est certain que les hommes de Castro aussi. » Pour toute réponse, Dulles éclata de rire et lança : « Il est vrai que nous entraînons des Cubains, mais c'est toujours mieux que de les inscrire au chômage ! »

La CIA était divisée en deux camps : les uns suivaient Bissell, les autres Richard Helms, directeur adjoint des opérations, qui restait convaincu qu'une invasion de grande ampleur mènerait au désastre. Fin 1960, Polgar se vit ainsi proposer par Bissell un poste de responsabilité dans l'opération cubaine. Il alla demander conseil à Helms qui lui dit : « Souvenez-vous que ce n'est pas moi qui vous ai proposé ce poste. »

À la même époque, Ernesto Betancourt, ancien partisan de Castro qui avait quitté le pays après la prise du pouvoir, dut affronter la même arrogance hostile quand il tenta de mettre en garde la Maison Blanche. Betancourt m'a confié avoir contacté le journaliste Charles Bartlett, confident de longue date de John Kennedy, pour lui dire que la nouvelle administration ne voyait le problème cubain que par rapport à la guerre froide, sans tenir aucun compte de la popularité de Castro à Cuba. «Mon jugement était que cette opération était une grave erreur historique. Personne [à Washington] ne comprenait la portée de ce que Castro avait fait.» Il s'adressa à Bartlett parce que «discuter avec lui, c'était comme discuter avec Kennedy». Quelques jours plus tard, le journaliste lui téléphona pour le «mettre en garde à propos du groupe [opposé à l'invasion] auquel j'étais lié». Les sous-entendus étaient clairs: Betancourt compromettait sa propre influence politique aux États-Unis. Bartlett a reconnu, lors d'une interview qu'il m'avait accordée, que Betancourt l'avait prévenu. «Tout le monde à La Havane savait qu'une invasion se préparait.» Choisissant toutefois de ne pas risquer d'«embêter John», il préféra transmettre les mises en garde de Betancourt à Allen Dulles. Lequel lui téléphona quelques semaines plus tard – l'invasion était désormais toute proche – pour lui dire «qu'il avait vérifié [son] histoire et qu'il était faux de prétendre que le contrôle de l'opération [leur] échappait». Il assura également Bartlett que «les Cubains n'avaient pas eu vent de l'invasion».

Le 17 avril 1961, ce fut le désastre. L'armée et les milices cubaines mirent en déroute les 1400 exilés qui tentèrent de débarquer sur les plages de la baie des Cochons, dans le sud de Cuba. On avait affirmé à Kennedy que leur arrivée provoquerait une révolte de masse contre le nouveau régime. Mais ils se heurtèrent à une farouche résistance: après deux jours de combats, 114 d'entre eux avaient été tués et près de 1200 capturés. Castro célébra sa victoire par un discours télévisé de quatre heures dans lequel il ridiculisa le gouvernement américain.

À l'époque, nul ne sut qu'à la veille de l'invasion Kennedy avait personnellement annulé une seconde frappe aérienne, pourtant considérée comme essentielle au succès du débarquement. Deux jours auparavant, huit sorties avaient été effectuées depuis le Nicaragua, sans que les pilotes aux commandes de vieux B-26 banalisés datant de la Seconde Guerre mondiale soient parvenus à anéantir les forces aériennes cubaines, certes beaucoup plus modestes mais redoutablement efficaces. En désespoir de cause, un neuvième appareil décolla pour atterrir à Miami, où son pilote déclara faire partie d'un groupe d'aviateurs cubains dissidents ayant procédé aux bombardements dans le cadre d'une révolte générale contre le régime castriste. L'histoire ne trompa personne et Kennedy, craignant qu'on n'accuse son administration d'être liée de trop près à l'invasion, refusa d'autoriser une seconde vague de bombardements, condamnant ainsi à mort les exilés débarqués sur les plages cubaines. La responsabilité du président dans l'échec de l'opération, son indécision seraient progressivement dévoilées au cours des quinze ans qui suivraient, mais elles restèrent secrètes à l'époque.

Kennedy lui-même mit un terme apparent aux controverses – qui avait ordonné quoi? – en déclarant, lors d'une conférence de presse le 21 avril: «Un vieux proverbe dit que la victoire a cent pères et que la défaite est orpheline… Je suis en charge de l'État, et notre échec est patent.» Qu'il semblât accepter la responsabilité de l'échec lui valut un soutien populaire sans précédent (le grand public partageait sa haine de Castro): sa cote de popularité grimpa en flèche. En privé, cependant, JFK se plaignait, y compris à des journalistes, de s'en être remis aux recommandations de la CIA et des chefs d'état-major. Lors d'une rencontre, quelques jours plus tard, avec Eisenhower – sous la présidence duquel, un an plus tôt, avaient commencé les préparatifs d'invasion –, Kennedy déplora : « Je n'ai fait que suivre leurs conseils. » À l'époque, aucun de ceux qui bénéficièrent de ses confidences n'en fit état publiquement. Ce n'est qu'en 1987 que l'un d'eux, Hedley Donovan, ancien rédacteur en chef de *Time*, écrivit dans un livre de souvenirs que le président « avait reçu des louanges absurdes et obtenu la faveur des sondages en reconnaissant sa responsabilité. Or, cet aveu était constitutionnellement obligatoire. Ce qui ne l'empêcha pas de dire à des dizaines d'amis, de sénateurs et de journalistes, sans beaucoup s'en cacher, que son erreur avait été de croire la CIA et les chefs militaires ».

C'est d'ailleurs la légende reprise dans le *Kennedy*[1] de Ted Sorensen, qui fut un énorme best-seller lors de sa parution en 1965. « John Kennedy était capable de faire de mauvais choix, mais ils n'étaient jamais stupides. Il savait parfaitement que, pour prendre une décision, il lui fallait examiner non seulement les faits, mais aussi *les faits et les hypothèses qui lui étaient présentés* » (les italiques sont de l'auteur). Sorensen ajoutait que si Kennedy avait été induit en erreur par la CIA et les militaires, c'est que les experts « les plus décidés à soutenir le projet » avaient répondu à ses questions et à ses doutes. Arthur Schlesinger précise de son côté que, peu de temps après la débâcle cubaine, JFK admit lors d'un déjeuner : « J'ai sans doute fait une erreur en maintenant Allen Dulles à la tête de la CIA. »

Toujours selon Schlesinger, le président se demandait si le débarquement de la baie des Cochons avait de réelles chances de succès. Mais il s'inquiétait aussi des

1. Ted Sorensen, *op. cit.*

problèmes que soulèverait l'annulation de l'opération : si les exilés cubains revenaient à Miami sans avoir combattu, ils n'hésiteraient pas à confier leur rancœur à la presse. Schlesinger rapporte ce propos de Kennedy : « S'il nous faut nous débarrasser [...] de ces hommes, autant le faire à Cuba plutôt qu'aux États-Unis, d'autant que c'est là-bas qu'ils veulent aller. » Annuler l'invasion aurait eu un prix politique très élevé : Kennedy aurait passé pour faible et indécis, les républicains l'accuseraient de mollesse face au communisme. Selon Schlesinger, le problème se posait toutefois en d'autres termes : si le président donnait l'ordre d'annuler l'opération, « il serait désormais hanté par l'idée que c'était grâce à ses scrupules que Castro avait pu se maintenir au pouvoir ».

Apparemment, Sorensen et Schlesinger ne savaient pas que le candidat Kennedy avait été informé, dès avant son élection, qu'une armée d'exilés envahirait bientôt Cuba, de même qu'ils ignoraient l'une des raisons essentielles de ses incertitudes de dernière minute : les hommes de main de Sam Giancana à Cuba avaient été incapables d'assassiner Castro dans les jours précédant la tentative d'invasion.

L'annulation d'une seconde vague de bombardements est l'une des décisions les plus controversées et les plus mal comprises de Kennedy. Ces dernières années, de très nombreux documents de la Maison Blanche relatifs à l'affaire de la baie des Cochons ont été déclassifiés, et aucun ne parle d'assassinat. Mais il se pourrait bien que la nécessité d'éliminer Castro avant le débarquement des premières vagues d'exilés et l'incapacité d'y parvenir aient convaincu Kennedy qu'il lui fallait limiter les dégâts. La mafia avait échoué : c'est un *Lider Maximo* bien vivant qui prit la tête de l'armée cubaine.

Les documents en question montrent que le président, ainsi que ses collaborateurs, dont Bundy, furent directement impliqués dans la préparation au jour le jour des projets d'invasion. Un mémorandum de Bundy à Kennedy, daté du 15 mars 1961, un mois avant l'invasion, est de ce point de vue primordial, dans la mesure où il établit que la décision ultérieure de JFK – restée secrète à l'époque – d'annuler le second bombardement fut prise en toute connaissance de cause : « Je pense que tout le monde est d'accord pour dire que les forces aériennes de Castro doivent être détruites à un moment ou à un autre. Mon opinion personnelle est que cette bataille aérienne doit se produire tôt ou tard et que, plus nous la retarderons, plus elle sera ardue. Même la révision du projet de débarquement dépend fortement d'une action rapide contre l'aviation castriste. » Bundy recommandait une frappe aérienne impliquant six ou huit B-26, « un peu *avant* l'invasion » (en italique dans le texte). Les projets définitifs, tels qu'approuvés par Kennedy, prévoyaient deux bombardements, les 15 et 17 avril, c'est-à-dire le matin du débarquement dans la baie des Cochons, afin de veiller à ce que les forces aériennes de Castro soient détruites. Mais, comme on l'a vu, la première sortie fut un échec et provoqua aussitôt des protestations cubaines et soviétiques à l'ONU et ailleurs.

Le refus du président d'autoriser un second bombardement, pourtant capital, ou encore d'annuler l'invasion elle-même, fut une décision non pas militaire mais politique. Pour les exilés cubains combattant sur les plages, elle équivalait à une condamnation à mort, et JFK en était parfaitement conscient. Mais Khrouchtchev et lui venaient tout juste de convenir, après des semaines de contacts discrets, de se retrouver début juin en Europe pour une rencontre au sommet. Une seconde frappe aérienne risquait de montrer à quel point les États-Unis étaient impliqués dans le débarquement à Cuba et mettrait en danger la rencontre de Kennedy avec son homologue soviétique, compromettant ses chances de remporter un triomphe diplomatique dès le début de son mandat. JFK comprenait parfaitement que, du point de vue de la politique intérieure, un échec dans la baie des Cochons était préférable aux reproches que n'auraient pas manqué de lui adresser les républicains et les démocrates conservateurs s'il avait renoncé à ses projets d'invasion. Il apparaîtrait comme un dangereux libéral, comme avant lui Adlai Stevenson, ce qu'il voulait à tout prix éviter – même si cela devait coûter la vie à des centaines de patriotes cubains.

Robert Maheu savait que l'assassinat de Castro faisait partie intégrante du projet d'invasion. Mais c'était là une information si sensible que James O'Connell, son contact avec la CIA, ne l'avait pas autorisé à en faire part aux mafiosi avec qui il travaillait. Comme Maheu me l'a confirmé, Giancana et ses hommes n'avaient aucun besoin d'être au courant de l'ensemble de l'opération. « Leur tâche était de se débarrasser de Castro, point final. »

À l'hiver et au printemps 1961, O'Connell rencontra plusieurs fois Maheu pour l'informer des progrès de l'opération. Les deux hommes étaient persuadés que, si la mafia ne parvenait pas à assassiner Castro, l'invasion aurait lieu tout de même, dès lors que le président autorisait une couverture aérienne et le bombardement des cibles militaires cubaines. « À notre connaissance, tous ceux qui étaient impliqués dans l'affaire avaient dit que l'invasion ne pourrait réussir sans bombardement et mise en place d'une protection aérienne. » À la veille du débarquement, Maheu apprit que Kennedy avait annulé la seconde frappe aérienne. « J'ai demandé si, par conséquent, l'invasion avait été annulée. Mais nous n'avons pas obtenu de réponse. Pour finir, nous en avons reçu une : négatif. » Maheu tenta aussitôt de joindre le président à la Maison Blanche, mais ne put franchir le barrage du standard. Il se tourna donc vers David J. McDonald, ami et ancien client, président de l'United Steelworkers of America, syndicat qui avait discrètement versé des millions de dollars aux démocrates pendant la campagne présidentielle. « Je l'ai supplié d'essayer de contacter le président pour qu'il suspende l'invasion. Dave m'a fait savoir qu'il n'avait pu le joindre. »

Maheu se souvient d'avoir alors pensé : « Je suis fichu. » Il boucla ses valises, repartit à Las Vegas, reprit son travail de consultant en sécurité et ne fit aucune déclaration publique sur Cuba et la CIA avant son témoignage en 1975 devant la commission Church. « Je ne voulais plus rien avoir à faire avec tout ça. Plus jamais je n'ai discuté avec Sam [Giancana]. »

Maheu pense aujourd'hui que le gouvernement Kennedy a fait preuve d'une irresponsabilité criminelle en laissant les exilés cubains débarquer dans la baie des Cochons sans leur assurer un soutien vital. « Quand nous avons annulé le [second] bombardement, nous avons hérité de la responsabilité d'annuler l'invasion. Nous ne pouvions laisser ces gamins débarquer sur les plages et se faire descendre par des armes que nous aurions dû détruire plusieurs heures auparavant. En ce qui me concerne, je pense que nous sommes directement responsables d'un massacre collectif. »

Et les « gamins » tombèrent tandis que Castro organisait la défense du pays. Les efforts de Sam Giancana pour le faire exécuter s'étaient révélés inutiles : Juan Orta chercha refuge à l'ambassade vénézuélienne, tandis que les amis de Tony Varona virent leurs plans systématiquement échouer.

Et tandis que l'invasion tournait au désastre, Kennedy entreprit de limiter les dégâts. Il interdit aux chasseurs et aux navires américains d'intervenir. Les forces de l'US Navy restèrent donc dans les eaux internationales, au large de l'île, et assistèrent à l'anéantissement des dissidents cubains par les forces castristes. Les militaires en furent d'autant plus mécontents que, détail méconnu, c'était la Maison Blanche, et non le Pentagone, qui supervisait les opérations, décidant directement des mouvements de chaque navire et de chaque avion.

Kennedy semblait craindre – comme au cours des crises ultérieures – de perdre le contrôle des militaires en cas d'échec de l'invasion. Les historiens n'ont guère accordé d'attention à une très importante interview d'histoire réalisée à l'US Naval Institute au début des années 1970. L'amiral Robert L. Dennison, commandant en chef des forces navales américaines dans l'Atlantique, y expliquait que le Pentagone lui avait ordonné de placer ses bâtiments à quinze milles des côtes cubaines, et d'y attendre les éventuels rescapés du massacre. Cet ordre, qui lui avait été transmis par le général Lemnitzer, chef d'état-major principal, s'accompagnait d'instructions très détaillées sur la marche à suivre. « Tout était expliqué de A à Z, comme si j'étais un bleu ! Je n'aurais pas envoyé ça à un capitaine… J'ai donc appelé Lemnitzer et je lui ai dit : “J'ai reçu bien des ordres dans ma vie, mais celui-là est le plus étrange… C'est le premier qui s'accompagne d'un mode d'emploi.” Lemnitzer m'a alors demandé : “D'où croyez-vous avoir reçu ces directives ?” “De vous.” Et il m'a répondu : "Non. L'ordre a été rédigé au 1600 Pensylvania Avenue[1]." »

Dennison, mort en 1980, n'ignorait rien des mœurs politiques de Washington. Il avait passé cinq ans auprès du président Truman avant de reprendre le service actif. Selon lui, nombre d'ordres donnés pendant la crise cubaine par les chefs d'état-major « provenaient en fait de la Maison Blanche ou de la CIA et ne témoignaient pas d'une grande compréhension de la situation. J'espère que quelqu'un comme Lemnitzer a tenu un journal ou quelque chose de ce genre. Toute cette histoire est trop incroyable pour qu'on n'en garde aucune trace. Mais, pour autant que je sache, le compte rendu que je possède est le seul qui existe. »

Lemnitzer n'écrivit jamais rien, et aucun récit sur la baie des Cochons et ses conséquences n'a jamais révélé à quel point la Maison Blanche avait directement dirigé les événements.

Comme l'invasion tournait au fiasco – ce qui entraînerait des retombées politiques désastreuses –, JFK se tourna vers son frère qui fut, pendant sa présidence, son seul véritable confident et, n'ayant peur de rien ni de personne, se chargea de le protéger. Ce fut donc Bobby qui annonça les mauvaises nouvelles, tandis que le président demeurait silencieux. Les deux hommes entreprirent de minimiser l'étendue des dégâts et, ce faisant, infligèrent une ultime humiliation à Bissell, pour qui l'échec cubain marqua la fin des espérances : il n'avait plus aucune chance de devenir directeur de la CIA.

Le 19 avril, les frères Kennedy furent informés d'une nouvelle inquiétante. Quatre pilotes américains,

1. Adresse de la Maison Blanche.

membres de la Garde nationale de l'Alabama et se trouvant au Nicaragua où ils entraînaient secrètement les Cubains, avaient désobéi à l'interdiction présidentielle et décollé, à bord de deux B-26, pour appuyer les troupes débarquées. Ils avaient infligé de graves dommages aux forces aériennes cubaines avant d'être abattus. On ne savait s'ils avaient survécu. Si c'était le cas, ils risquaient d'être présentés par Castro à la télévision cubaine – tout comme Francis Gary Powers avait été exhibé à Moscou par Khrouchtchev, un an plus tôt. La Maison Blanche ayant répété, y compris aux Nations unies, qu'aucun Américain n'était impliqué dans l'invasion, un démenti public aurait eu des conséquences catastrophiques.

Le 19 avril, dans l'après-midi, Bissell fut convoqué dans le bureau du président pour une entrevue avec les deux frères. Ce que les trois hommes se dirent à cette occasion, Bissell n'accepta de le révéler que trente-deux ans plus tard à Janet Weininger, la fille de l'un des pilotes abattus. En 1995, celle-ci m'a rapporté les propos de Bissell : « Quand tout a été terminé, je suis allé informer le président. Bobby m'a abordé comme j'entrais [dans le bureau de JFK]. Ses premiers mots ont été : "Il vaut beaucoup mieux pour nous que ces pilotes américains soient morts." Il ne voulait surtout pas d'une autre affaire Francis Gary Powers. Bobby ne se préoccupait que de l'image de son frère et de ce que les pilotes pourraient faire s'ils étaient capturés. » Bobby Kennedy déclara que la CIA « ferait mieux de faire taire les familles [des pilotes] ». Il exigea qu'on invente une histoire pour expliquer leur disparition. Selon Janet Weininger, « Bissell avait attendu longtemps avant de pouvoir partager la souffrance et la honte » qu'il avait ressenties durant cette scène à la Maison Blanche. Il confia à son interlocutrice qu'à l'époque de la baie des Cochons « il ne connaissait pas le véritable John Kennedy ».

Esterline, l'adjoint de Bissell, m'a confirmé lors d'une interview qu'il savait que son chef avait rencontré les deux frères. Il ajoute que son supérieur, manifestement accablé, eut avec lui, peu après la déroute cubaine, une conversation au cours de laquelle il lui confia : « Je n'aime guère avoir à vous dire cela, mais Bobby tenait absolument à ce que ces pilotes soient morts. »

Craignant des fuites, Bobby Kennedy chercha à ajourner ou à ralentir tout versement de pensions militaires aux familles des disparus. L'épouse de l'un d'eux contacta Oscar Wyatt, riche pétrolier texan qui avait ardemment soutenu la paire Kennedy-Johnson en 1960. « Je suis allé voir John, se souvient-il. Bobby était là. J'ai dit : "Cette femme a des enfants." Bobby a répondu : "Fichez-nous la paix avec ces conneries !" » Puis il laissa entendre qu'il voulait empêcher tout dédommagement financier pour qu'aucun rapprochement ne soit établi entre la disparition des pilotes et la politique de la Maison Blanche. Wyatt persista : « Écoutez, si vous vous obstinez, je fonce au *New York Times* et au *Washington Post* et je leur raconte toute l'histoire. » Le président coupa court à la discussion : « Bon, c'est d'accord. On versera les pensions. » La CIA eut recours aux services d'un avocat de Miami, Alex Carlson, pour jouer le rôle de « tampon » financier entre l'État et les familles. Celles-ci furent enfin dédommagées – mais pas aux tarifs en vigueur.

Comme il fallait s'y attendre, Bissell paya le prix de son échec : il fut autorisé à démissionner début 1962. Il passa quelques années paisibles dans un comité quelconque de Washington, mais sa carrière au sein de l'appareil d'État était terminée. Il finit par vivre cloîtré dans sa demeure de Hartford, Connecticut, passant son temps à lire, à faire du yachting et à ruminer son amertume.

Pour autant, en 1975, il afficha une loyauté sans faille aux présidents qu'il avait servis (ou du moins à la présidence) lors des auditions de la commission Church, qui cherchait à établir si Eisenhower et Kennedy avaient été informés, ou avaient approuvé, les projets d'assassinat de Castro. Les sénateurs ne semblèrent jamais comprendre ce qui était pourtant évident : la raison même d'une opération clandestine est d'offrir au président un moyen d'action secret lui permettant de mener sa politique étrangère sans avoir à en rendre compte. Les responsables de l'Agence, quand ils vinrent témoigner devant la commission, jugèrent de leur devoir de dissimuler la vérité derrière un rideau de fumée. La révéler aurait été renier la présidence.

Bissell initia les sénateurs aux mystères de la « dénégation plausible », une méthode mise au point avec le président et qui consistait à lui indiquer « l'objectif général de l'opération envisagée ». Ce qui donnait au président la possibilité d'y mettre un terme, tout en lui assurant « aussi peu d'informations [...] que possible au-delà d'une compréhension de son objectif global ». Il ajouta que le locataire de la Maison Blanche était ainsi en mesure « de nier avoir eu connaissance de l'opération dans ses détails si jamais elle était révélée ».

Ainsi, ceux qui donnaient à Kennedy des informations générales pouvaient affirmer en toute honnêteté qu'il n'était au courant de rien de précis. Un membre de la commission Church exprima sa surprise : Bissell et Dulles admettaient avoir prévenu Kennedy, qui n'avait pas encore prêté serment, des projets d'invasion de Cuba, mais affirmaient en même temps ne pas lui avoir parlé des projets d'assassinat de Castro. « Il paraît un peu trop étrange que vous l'ayez informé d'une chose et pas de l'autre.» La réponse de Bissell fut d'une rare ambiguïté: «Il est tout à fait possible que M. Dulles ait bel et bien évoqué une tentative, ou la possibilité, de recourir à des membres du Syndicat dans ce but. Mais je ne me souviens pas qu'il l'ait fait lors de cette réunion. Et si cela avait été le cas, il aurait employé des termes plutôt généraux, aucun de nous deux n'étant en position d'entrer dans les détails de cette question.»

Dans leurs livres, Schlesinger et Sorensen se sont efforcés de présenter John Kennedy comme une victime des ambitions de la CIA: le nouveau président avait hérité de son prédécesseur un projet d'invasion qu'il mit en œuvre à contrecœur. Selon Schlesinger, après la baie des Cochons, Kennedy s'était demandé pendant des mois «comment un État rationnel et responsable avait pu s'impliquer dans une aventure à ce point vouée à l'échec».

Marcus Raskin avait une réponse. Il prit ses fonctions auprès de McGeorge Bundy le jour même du débarquement sur les côtes cubaines. Quelques jours plus tard, il fut invité à une réunion dans le bureau de Walter W. Rostow, spécialiste d'économie politique du MIT et adjoint de Bundy, fort connu par ailleurs pour ses positions jusqu'au-boutistes. Il y avait là beaucoup de collaborateurs de la Maison Blanche parmi lesquels Schlesinger, Richard Goodwin et Bromley Smith. Selon le témoignage de Raskin, «Walt avait toujours des fruits dans son bureau et une douzaine d'entre nous étions en train d'en manger – un peu, sans doute, comme les généraux de l'Empereur romain, qui se bâfraient en évoquant les provinces et les guerres en cours – lorsque Bundy est entré et s'est exclamé: “Eh bien! J'ai l'impression que le Che a tiré plus d'enseignements que nous du Guatemala." » Ernesto « Che » Guevara était en effet considéré à Washington comme le « gourou » intellectuel de la révolution castriste. Et il se trouvait au Guatemala en 1954, quand la CIA avait renversé le président Jacobo Arbenz.

Raskin lança : « Peut-être, mais nous, qu'avons-nous tiré comme enseignements de Cuba ? » Il y eut un moment de silence, puis Bromley Smith fit remarquer : « Cessons ces vieilles querelles. C'est la fidélité qui compte. » Le lendemain, Raskin reçut un coup de fil de l'un des adjoints de Bundy : « Mac serait sensible au fait que vous vous absteniez désormais d'assister aux réunions. » S'il avait quelque chose à dire à son supérieur, il pourrait toujours le lui confier dans son bureau. Raskin demeura son collaborateur jusqu'en juin 1962 mais, comme il le rappelle en riant, « en terme d'efficacité, j'ai été lessivé en deux jours ».

Accablé par l'échec de la baie des Cochons, JFK se tourna vers son père. Rose Kennedy, dans ses mémoires, écrit qu'il téléphona à son mari le soir du 19 avril. « Jack avait parlé avec lui au téléphone pendant une bonne partie de la journée, et Bobby aussi. Je demandai à Joe comment il [John] se sentait, et il répondit : "Au bout du rouleau." Il avait pourtant tout fait pour essayer de lui remonter le moral après la débâcle cubaine... Jackie m'accompagna à l'étage en me disant qu'il avait été bouleversé toute la journée, presque en larmes, furieux d'avoir été mal informé par la CIA et les autres. Jamais elle ne l'avait vu aussi abattu, sauf au moment de son opération [en 1954]. »

Kennedy appela Clark Clifford, ancien conseiller de Truman, et lui demanda de reconstituer le Bureau des consultants sur les activités de renseignement mis en place par Eisenhower (ce Bureau faisait partie des nombreux services démantelés lors de l'accession de JFK à la présidence). Au cours de la campagne de 1960, Clifford avait été tenu à l'écart par la «mafia irlandaise» et son mécontentement restait encore très vif quand, en 1994, il m'accorda un entretien. «Je n'avais jamais vu de gens aussi déprimés! [Kennedy], surtout, était au trente-sixième dessous, totalement dépité...» Vétéran de la politique, Clifford explique qu'il avait vu venir le coup juste après les élections. «Et, trois mois plus tard, le toit leur est tombé dessus.»

La baie des Cochons était la première défaite politique de JFK. Désormais, il ferait tout pour se venger non seulement des conseillers et des agences fédérales qui, comme il le clamait à qui voulait l'entendre, l'avaient induit en erreur, mais aussi de Fidel Castro. Le *Lider Maximo* allait devenir sa cible privilégiée. JFK passa le restant de ses jours à tenter de le faire payer – de préférence de sa vie – pour avoir osé souiller l'honneur des Kennedy.

Mais il y avait dans le monde d'autres sujets de préoccupation plus immédiats, et ils n'étaient pas tous aux portes de l'Amérique. Le 21 avril, Walter Rostow fit parvenir au président un mémorandum. «Notre attitude ou nos prises de positions à l'égard de Cuba, expliquait-il, fragilisent considérablement notre politique extérieure. C'est à l'heure actuelle un problème crucial pour nous.» Il informait le président qu'il avait recommandé la prudence à Robert Kennedy, qui voulait en finir sur-le-champ, et brutalement, avec le régime castriste. «Comme je l'ai dit l'autre jour au ministre de la Justice, quand on se bat et qu'on perd l'équilibre, la chose la plus dangereuse à faire est de décocher des coups au hasard. De toute évidence, nous devrons nous occuper de Castro au cours des prochaines années [...] mais il faut d'abord procéder à un réexamen de la situation. »

Rostow concluait en disant que l'Amérique devait apprendre à faire face à l'agression communiste, et recommandait un terrain de choix : « Le Viêtnam est l'endroit où, pour reprendre une formule du ministre de la Justice, nous devons prouver que nous ne sommes pas un tigre de papier. Il nous faut démontrer que le Viêtnam et l'Asie du Sud-Est peuvent être défendus. »

Le 29 avril, lors d'une réunion du Conseil national de la sécurité, selon les *Pentagon Papers* – l'histoire secrète de la guerre du Viêtnam –, le président approuva une série d'opérations clandestines en vue de provoquer une escalade du conflit. Quelques semaines plus tard, quatre cents membres des Forces spéciales de l'armée de Terre étaient en route pour le Sud-Viêtnam, où ils formeraient des agents menant des opérations contre les troupes du Nord. Les Américains devaient aider les Sud-Vietnamiens à créer des réseaux de résistance, des bases clandestines et des équipes de sabotage et de désinformation. Le bourbier vietnamien prenait forme.

Ainsi, pour résoudre un problème de politique étrangère, John Kennedy recourait de nouveau au monde du renseignement et des armées parallèles. La baie des Cochons lui aurait au moins appris une leçon précieuse : au Sud-Viêtnam, tout devrait se dérouler dans le secret absolu, sous le contrôle exclusif de la présidence. Son frère et lui y veilleraient personnellement.

15

Service secret

Si la présidence fut épargnée par les conséquences politiques du fiasco de la baie des Cochons, s'il n'y eut ni auditions parlementaires ni articles polémiques à la une du *New York Times* ou du *Washington Post*, ce fut à coup sûr grâce au charisme de John Kennedy. Le grand public fit bloc derrière son président, dont la cote de popularité atteignit 83 %. La prestance de JFK fit de lui, comme on le dirait plus tard pour Reagan, un « président Teflon », sur qui les mauvaises nouvelles glissaient sans laisser de trace.

C'était là le résultat d'une extraordinaire entreprise de manipulation des médias. Le président passait pour un bourreau de travail et pour un époux attentionné. Mais il n'en était rien. Les agents du Service secret chargés de sa sécurité étaient à cet égard les mieux placés pour voir le vrai visage de John Fitzgerald Kennedy : celui d'un séducteur invétéré, obsédé par le sexe et prêt à prendre les plus grands risques pour satisfaire ses appétits. Il ne se présentait souvent qu'en fin de matinée dans le Bureau ovale et il arrivait fréquemment que ses collaborateurs immédiats, ou ses conseillers à la Sécurité nationale, ne puissent le joindre pendant plusieurs heures. Pour certains, la conduite de JFK était indigne de ses fonctions. Quatre de ses gardes du corps ont accepté de me raconter ce dont ils avaient été les témoins.

Le mythe commença à prendre forme peu après la prestation de serment de Kennedy. Journaux et magazines se remplirent d'articles montrant ce qu'était une journée présidentielle type et de photos (toujours « exclusives ») des nouveaux occupants de la Maison Blanche. Les publications les plus sérieuses succombèrent à la tentation : le numéro de mars 1961 du très austère *US News & World Report* contenait dix pages montrant JFK en plein travail. Le mois suivant, un photographe installa ses appareils dans le Bureau ovale et fit une série de clichés de Caroline, alors âgée de trois ans, bavardant au téléphone avec son grand-père Joe. Les photos firent le tour du pays.

Toujours en avril, un article de Hugh Sidey paru dans *Life* présentait Kennedy comme un lecteur « vorace », boulimique de journaux (à l'appui de cette assertion, une photo montrait le président parcourant un quotidien). Sidey précisait que Kennedy lisait à une allure « qu'on n'a pas déterminée, mais qui est au moins de 1 200 mots par minute, parfois plus (contre un rythme moyen de 250) ». Un conseiller de Kennedy déclara à Sidey qu'il avait vu JFK lire en dix minutes un rapport économique de 26 pages, avant de soumettre son auteur à « un feu roulant de 25 questions parfaitement pertinentes ».

Le photographe du magazine, Jacques Lowe, fut directement embauché par la famille Kennedy pour réaliser les photos officielles de la Maison Blanche. Et sans aucune contrainte : il pouvait se promener où il le souhaitait et prendre autant de clichés qu'il le désirait. Les grandes chaînes de télévision se virent accorder des faveurs analogues. En février 1961, CBS diffusa ainsi un documentaire d'une demi-heure en assurant aux téléspectateurs que c'était la première fois que la télévision pouvait montrer «comment se règlent réellement les affaires officielles». Deux mois plus tard, CBS fut invitée à tourner un autre film, cette fois sur la vie familiale du couple présidentiel. Jacqueline Kennedy déclara devant les caméras, apparemment sans ironie, qu'elle voulait que sa fille Caroline mène «une vie normale».

Kennedy fut le premier président à donner des conférences de presse télévisées, en moyenne une tous les quinze jours. On estime que 65 millions d'Américains suivirent la toute première, cinq jours après sa prestation de serment. JFK s'y montra sous son meilleur jour, répondant aux questions – surtout aux plus difficiles – avec charme et repartie. Ces conférences, comme les documentaires, renforcèrent l'image, définie des années plus tôt par Joe Kennedy, d'une star dont la présence inspirait confiance, fidélité, faisait vendre les magazines et assurait de grosses audiences aux chaînes de télévision.

En fait, le nouveau président se servit de celles-ci comme d'une tribune, tout comme Franklin Delano Roosevelt recourait à la radio pour ses fameuses «causeries au coin du feu». Avant de prêter serment, JFK avait, à Palm Beach, rencontré en privé un de ses anciens condisciples de Harvard, Blair Clark, devenu journaliste à CBS News. Il fut question d'un éventuel poste d'ambassadeur pour Clark, mais surtout de la façon d'utiliser la télévision dans un but politique. Comme Clark me l'a déclaré en 1997: «Je ne crois pas qu'en ce domaine John ait eu autre chose que de l'instinct. Il savait que les journaux avaient moins d'importance et aussi, intuitivement, qu'il était vital pour lui de savoir se servir de la télévision. » Et Clark d'ajouter que le futur président n'ignorait rien de ses dons d'acteur : « John Kennedy n'oubliait jamais qu'il tenait un rôle dans un grand drame collectif. Il avait un grand sens de l'humour, une séduction immédiate – là-dessus, c'était un vrai comédien. Et c'est ce qu'il faut. Roosevelt en était un aussi, bien sûr. »

Devenu par la suite vice-président de CBS, Clark parvint à convaincre Jackie Kennedy de laisser entrer les caméras à la Maison Blanche et à surmonter les craintes de son époux, qui redoutait qu'on lui reproche d'exploiter l'image de sa femme. Ce ne fut pas très difficile : « Elle et lui étaient si jeunes, si charmants – la nouvelle génération ! Et les gamins ! C'était un jeune couple qui n'avait pas de problèmes domestiques, mais des problèmes d'État. C'était très excitant. Quant aux choses sérieuses, au gouvernement du pays, mieux valait ne pas en parler. »

Comme son nouveau locataire, la Maison Blanche semblait plus ouverte, plus accessible. Fred Holborn, collaborateur de Kennedy au Sénat, suivit JFK après son élection. « Ce qui impressionnait les gens, m'a-t-il raconté en 1995, c'était sa franchise. Peu lui importait que vous soyez dans la pièce pendant qu'il répondait au téléphone. » Holborn restait quand même surpris d'un détail : l'absence de Joe Kennedy. « Chose étonnante, il appelait rarement et ne rendait visite à son fils qu'une ou deux fois par an. » En dépit de toutes les années passées aux côtés de JFK, Holborn ignorait un détail qu'Evelyn Lincoln m'a confié. La famille Kennedy avait fait installer une ligne privée reliant directement le Bureau ovale et celui de Joe à New York. Le président disposait aussi d'une autre ligne dans sa retraite privée. « C'était un petit bureau pourvu d'un sofa et d'un téléphone, se rappelle-t-elle. On l'appelait "la salle des prières". Quand il voulait parler en privé avec quelqu'un, il me disait par l'interphone "Ligne cinq" et allait prendre la communication. » Lorsque Joe appelait, elle se rendait dans le Bureau ovale et, si d'autres personnes étaient présentes, tendait au président un bristol où elle avait écrit « Votre père ». Il se dirigeait alors vers sa retraite.

Il y avait donc entre l'image montrée au grand public et la réalité une discordance qui ne fit que croître après le meurtre du président. Dans leurs ouvrages, Schlesinger[1] et Sorensen[2] présentent sa vie quotidienne comme entièrement consacrée au travail et à l'action. Le second écrit ainsi : « Toutes les journées du président étaient longues et épuisantes. Il travaillait jusqu'à 21 heures, revenait parfois dans son bureau après avoir dîné fort tard et lisait souvent des rapports jusqu'à minuit. » Même quand sa femme et lui recevaient des amis et s'installaient dans la salle de cinéma de la Maison Blanche, le président « quittait souvent les lieux au bout d'un quart d'heure pour ne retrouver ses convives qu'à la fin du film ». Toujours selon Sorensen, JFK ne trouvait guère de moments de détente qu'en début d'après-midi : il en profitait pour faire quelques longueurs de piscine en compagnie de son assistant, Dave Powers. Schlesinger est tout aussi idyllique dans sa description. Certes, les récits des deux hommes comportent un fond de vérité, mais ils sont loin d'en donner un compte rendu complet. Les agents du Service secret chargés de la sécurité du président, dont la tâche consistait à toujours se trouver à

1. Arthur Schlesinger, *op. cit.*
2. Ted Sorensen, *op. cit.*

ses côtés, prêts à prendre la balle qui lui était destinée, furent des observateurs autrement plus lucides. Ce qu'ils disent de la vie quotidienne de JFK ne ressemble guère à ce qu'on croyait en savoir. Leurs récits ont de surcroît un point commun : aucun d'eux, avant d'être assigné à la Maison Blanche – poste le plus prestigieux de tout le Service secret –, n'avait la moindre idée de ce qui s'y passait. Ce n'est qu'à l'occasion de ce livre qu'ils ont accepté de sortir de leur silence.

Larry Newman – premier de sa famille à faire des études supérieures – rejoignit le Service secret en 1960 et, à l'automne de l'année suivante, fut affecté à la Maison Blanche. Sa première mission importante fut d'assurer la sécurité du président lors d'une allocution qu'il devait prononcer à Seattle en novembre. Newman s'y rendit en compagnie de Clint Hill, un des responsables du service, dix jours avant l'arrivée de Kennedy. « La police de Seattle a collaboré avec nous sans aucun problème », m'a-t-il déclaré lors d'une interview en 1995. Et tout se déroula sans encombres : le président fit son discours puis repartit vers la suite qu'il occupait à l'Olympic Hotel. L'étage entier avait été interdit d'accès, sauf aux visiteurs munis d'un laissez-passer. Ce soir-là, Newman connut ce qu'il appelle son « baptême du feu ».

Peu après le retour de Kennedy, il entendit « du bruit près de l'ascenseur ». Un shérif du lieu, fervent démocrate, « en était sorti avec deux prostituées et les conduisait vers la suite présidentielle. Comme je l'arrêtai, il protesta bruyamment qu'elles étaient destinées au président ». L'homme était accompagné de policiers qui avaient assuré la sécurité lors du discours de Kennedy. Pour Newman, il était clair que tous savaient que les deux femmes étaient des call-girls de luxe. Dave Powers sortit de la suite présidentielle et, après avoir empêché le shérif d'y pénétrer, « le remercia d'avoir amené les filles, qu'il fit entrer dans la suite ».

Newman ne savait comment réagir. À un moment, il menaça le shérif de l'arrêter car il gênait le travail d'agents fédéraux. « Ça l'excitait de faire savoir au président quelle grande faveur il lui accordait, mais ce qu'il réclamait [lui présenter les deux femmes personnellement] était impossible. » Avant de partir, l'homme mit en garde les deux prostituées : « Si jamais ça se sait, je veillerai à ce que vous vous retrouviez toutes les deux bouclées à Stillicoom [un asile d'État]. »

« Je ne pouvais y croire, raconte Newman, mais c'est pourtant ce qu'il a dit. Un des policiers, un lieutenant, m'a demandé : "C'est comme ça tout le temps?" Je ne savais quoi répondre, alors j'ai dit : "Pendant la journée, non, on voyage. Mais le soir..." Les flics, les pompiers, tout le monde avait été prévenu de l'arrivée des filles et savait qu'elles venaient pour distraire le président. Aucun doute là-dessus. »

Un peu plus tard, Newman entama ce qui aurait dû être une ronde de routine dans les couloirs de l'hôtel. Les collaborateurs de Kennedy occupaient toutes les chambres de l'étage, les suites du président et de ses principaux collaborateurs, Powers et Kenny O'Donnell, se trouvant à l'extrémité d'un couloir. Six policiers de Seattle auraient dû surveiller les échelles d'incendie, mais Newman se rendit compte qu'ils s'étaient rassemblés près d'une issue de secours donnant directement sur la suite voisine de celle du président et observaient à la jumelle les ébats d'O'Donnell avec deux jeunes femmes du personnel de la Maison Blanche. « En m'apercevant, le sergent s'est excusé et chacun a repris son poste. J'étais abasourdi. »

«Ce que j'avais vu à Seattle est devenu chose courante pour moi et les autres quand nous étions en déplacement. En de telles occasions, Dave Powers jouait les rabatteurs : c'était lui qui trouvait les filles et les amenait au président.» Elles quittaient la suite au bout de trois ou quatre heures. «Cela a fini par beaucoup nous préoccuper, car nous ne savions rien d'elles et ne pouvions les fouiller. On levait les yeux, on voyait Dave Powers qui s'avançait dans le couloir en disant : "Salut, les gars !" et on ne pouvait rien faire. On nous avait dit de ne pas nous mêler de ça. Résultat : nous ne savions pas si, le lendemain, le président serait mort ou vivant.»

Newman, qui vit aujourd'hui à Fort Collins, dans le Colorado, s'empresse d'ajouter que ses confrères et lui adoraient Kennedy, qui avait fait l'effort d'apprendre leurs noms. «Tout ça était extrêmement frustrant, parce que nous gardions une très haute opinion de lui. Seulement nous n'aimions pas constater qu'il en avait une aussi médiocre de lui-même.» Bien entendu, on pouvait toujours accuser Powers, O'Donnell ou les assistants dévoués qui lui procuraient des femmes. «Selon moi, c'est vrai, son entourage n'était pas irréprochable. Et ses amis auraient pu avoir plus de respect pour les questions de sécurité. Eux qui ont écrit tant de livres pour faire savoir à quel point ils l'aimaient ! Ils prenaient vraiment de gros risques.»

Fin 1961, Newman apprit qu'un colonel de l'armée de Terre – dont il a oublié le nom –, apparemment lié à la CIA, allait donner un briefing aux membres du Service secret. «Les liens entre le Pentagone et la CIA étaient beaucoup plus étroits, à cette époque. Il nous a dit qu'ils avaient manqué Castro dans un chantier naval de La Havane.» C'était à l'occasion du lancement d'un navire. La foule était très bruyante, et on avait tiré sur le chef cubain sans parvenir à l'atteindre : les balles avaient touché l'hélice du bâtiment. « La situation était grave, souligne Newman. Le colonel était venu pour nous mettre en garde contre d'éventuelles représailles des services secrets cubains. Il voulait nous faire savoir à quel point nous devions être attentifs au président et nous montrer rigoureux sur les questions de sécurité. »

Pourtant, même en de telles circonstances, Newman et ses collègues n'avaient pas le pouvoir de faire appliquer des règles strictes. Il précise bien que, « du point de vue moral », lui et ses hommes ne se scandalisaient pas des histoires de femmes de Kennedy. Mais les hommes du Service secret n'avaient aucune estime pour Powers, qui les empêchait de faire leur travail – même fouiller les sacs à main des visiteuses. « Pourtant, il n'ignorait pas que nous essayions de protéger le président. Ces femmes pouvaient très bien dissimuler des micros, des seringues empoisonnées ou des appareils photo pour prendre des clichés compromettants. La fiabilité d'un système de sécurité s'évalue sur l'importance de son point faible et le nôtre, c'était Powers. »

Newman cite un exemple typique : « Je l'ai vu un soir se pointer avec deux starlettes aisément reconnaissables, même si l'une d'elles tenait un foulard sur son visage. Une voiture de la Maison Blanche était allée les prendre à l'aéroport et Powers les avait accompagnées jusqu'à la chambre du président. Si elles avaient refusé de marcher dans la combine, leur agent artistique les aurait sûrement lâchées. Beaucoup d'entre nous avaient de la peine de voir ces filles exploitées de cette manière. Jamais aucun remerciement : on se servait d'elles. » Par la suite, les ramenant à l'aéroport, Powers leur « conseillait » de garder le silence : « Si cela vient à se savoir, vous pouvez dire adieu à votre carrière. » La plupart du temps, les agents du Service secret ne connaissaient pas l'identité des visiteuses.

Bien entendu, ajoute Newman, ses collègues et lui voyaient bien que Powers «ne faisait que répondre à la demande du président. Tout partait du sommet. Ça n'était pas bon pour le moral du Service. Vous étiez affecté à un poste d'élite et vous vous retrouviez à contempler un ascenseur ou une porte derrière laquelle le président s'envoyait en l'air. Ça ne collait pas. Tout le monde pensait que vous risquiez votre vie et, en fait, vous étiez là pour veiller à ce qu'il ne soit pas dérangé pendant qu'il folâtrait sous la douche avec deux filles de la 12e Avenue... Lorsque Powers amenait des filles à l'hôtel, nous nous disions souvent que nous devrions tirer à la courte paille pour savoir lequel d'entre nous irait témoigner devant la Sous-commission de la Chambre des représentants si, d'aventure, on retrouvait le président assassiné dans sa chambre». Et Newman de se rappeler la plaisanterie favorite des hommes du Service secret: «Nous ne pouvons même pas le protéger des maladies vénériennes!»

Newman et ses collègues ignoraient que, de ce point de vue, il était déjà trop tard. Kennedy souffrit longtemps d'urétrite non gonococcique, une infection très douloureuse dont, en dépit de traitements répétés, il était toujours atteint quand il mourut. Un officier militaire m'a appris que les pathologistes qui, le 22 novembre au soir, procédèrent à son autopsie trouvèrent des traces de chlamydia. Il précise que leur rapport resta inédit à la demande de la famille.

Les dossiers médicaux du président furent découverts à la Bibliothèque Kennedy par le journaliste Nigel Hamilton, qui les évoque brièvement dans son ouvrage

JFK: Une jeunesse insouciante[1] (premier volume d'une biographie qui devait initialement en compter deux, mais l'auteur abandonna son projet en cours de route). J'ai réussi à me les procurer. Ils révèlent que le président avait été traité depuis 1940 pour une série de maladies vénériennes à l'origine, notamment, de vives douleurs durant la miction. En 1953, il recourut aux services du docteur William P. Herbst Jr., urologue réputé, qui le suivit jusqu'à la fin de ses jours. Le médecin prit des notes manuscrites, rendues publiques par la Bibliothèque Kennedy. Bien qu'incomplètes, elles montrent que JFK était réinfecté en permanence – et sans doute infectait-il aussi ses partenaires. Le traitement incluait des doses massives d'antibiotiques et des massages de la prostate. Les documents indiquent que la situation resta la même après que Kennedy se fut confié aux soins du docteur Janet Travell, médecin de la Maison Blanche, qu'il avait lui-même choisie et qui travaillait en étroite collaboration avec Herbst.

Kennedy était conscient des complications de sa maladie. Dans *President Kennedy: Profile of Power*[2], une biographie parue en 1993, l'auteur, Richard Reeves, cite un médecin de famille, dont il ne donne pas le nom, selon qui JFK, redoutant de ne pouvoir avoir d'enfants, fit procéder avant son mariage à un décompte spermatique.

Le dossier Herbst soulève bien des questions sur la santé du président, en particulier au moment des crises internationales. Le 14 avril 1961, par exemple, alors qu'il allait autoriser le débarquement de la baie des Cochons, Herbst, convoqué par Travell, vint à

1. Nigel Hamilton, *op. cit.*
2. Simon & Schuster, 1993.

la Maison Blanche le traiter pour « des sensations de brûlure au moment de la miction et des traces de mucus dans les urines ». Selon les notes de l'urologue, Kennedy avait souffert des mêmes symptômes trois semaines auparavant et « rapidement réagi » à des injections de pénicilline. Après examen, Herbst ordonna que JFK, s'il n'allait pas mieux dans les jours à venir, soit traité à 600 000 unités de pénicilline. Le président reçut une piqûre le 17 avril, alors même que les premiers combats éclataient sur les plages cubaines.

En 1995, à ma demande, le docteur Sidney Wolfe, directeur du centre de recherches de Public Citizen, groupe médical à but non lucratif de Washington, lut les notes du docteur Herbst. Selon lui, la piqûre du 17 avril représentait « une dose élevée pour l'époque » (mais, précise-t-il, moins inhabituelle de nos jours). Et d'ajouter : « S'il faisait l'amour très fréquemment, il devait être souvent réinfecté. » Kennedy présentait des symptômes assez semblables à ceux de la blennorragie, mais les notes de Herbst montrent qu'on n'avait pu découvrir les bactéries responsables de celle-ci dans son urine. Le président fut traité, avec succès, grâce à divers antibiotiques, parmi lesquels l'érithromycine, le nitrofuran et la tétracycline.

Wolfe ajoute que, selon lui, les dossiers montrent que Kennedy « souffrait, de toute évidence, d'une MST appelée urétrite non gonococcique », qui ne fut vraiment identifiée par les chercheurs qu'à la fin des années 1960 (on parle aujourd'hui d'infection chlamydienne). « Au départ, on la considérait plus comme une gêne que comme une véritable maladie – surtout de la part des médecins qui n'en souffraient pas ! » Elle est le plus souvent transmise par les femmes, pour qui elle présente de gros risques : la chlamydia peut en effet les rendre stériles, tout en ne provoquant chez elles que des symptômes d'allure bénigne. À l'heure actuelle, on estime qu'elle est responsable de 35 % des cas de stérilité féminine.

Selon les notes de Herbst, Travell lui téléphona six jours après la mort de Kennedy et lui demanda de lui confier ses dossiers pour en assurer la sécurité. « Ils appartiennent au pays, pas à moi », déclara-t-elle. Herbst nota : « Je ne partage pas cette opinion, mais je transmets le tout au docteur Travell pour qu'on en fasse le meilleur usage possible. » Il ajouta, sur la dernière page du dossier, que feu le président s'était « toujours montré courtois, affable, prévenant ».

De toute évidence, l'urologue n'éprouvait pas les mêmes sentiments envers sa collègue. Les dossiers de la Bibliothèque Kennedy montrent que Herbst, changeant d'avis, fit parvenir ses notes à Bobby Kennedy. Dans une lettre datée du 6 décembre 1963, il lui confiait « une copie des archives » relatives au traitement médical de JFK. Le même jour, selon les dossiers de la Bibliothèque, Travell, dans un mémorandum, faisait savoir que Bobby avait décrété que les dossiers médicaux de feu le président, considérés comme « documents privés », ne devaient pas être conservés dans des archives fédérales.

En 1966, lors d'un entretien accordé à la Bibliothèque Kennedy, Travell se garda bien de faire la moindre allusion aux maladies vénériennes de John Kennedy, tout comme, lors de la campagne de 1960, elle avait nié publiquement qu'il souffrait de la maladie d'Addison. Si les faits sont malgré tout connus aujourd'hui, c'est uniquement parce que Herbst prit la précaution de remettre une copie du dossier envoyé à Bobby à la Bibliothèque nationale de médecine de Washington. En 1982, les archivistes de l'établissement la découvrirent dans une armoire fermée à clé et la portèrent à l'attention du docteur Manfred Wasserman, chef de la section consacrée à l'histoire de la médecine. Au début de l'année suivante, il la fit parvenir à la Bibliothèque Kennedy, accompagnée d'une note expliquant que Herbst avait sans doute espéré que ce dossier «puisse, dans un avenir proche, être porté à la connaissance des chercheurs». Il ajoutait que l'urologue, fort estimé dans la communauté médicale de Washington (il avait été le médecin de Truman et de Lyndon Johnson), voulait que ces archives soient conservées «pour la postérité».

Lors d'une interview réalisée en 1995, Wasserman m'a déclaré que lui et ses collègues avaient estimé à l'époque que «des archives aussi délicates» étaient «bien plus du ressort de la Bibliothèque Kennedy que de celle de Médecine et appartenaient de droit aux archives présidentielles». Comme je lui demandai ce qu'il pensait de leur contenu médical, il m'a répondu: «On est amené à se demander si elle [la maladie vénérienne de Kennedy] a été transmise à d'autres.» Sans le savoir, les agents du Service secret voyaient donc juste: Kennedy faisait courir des risques à ses partenaires comme à son épouse.

Le docteur Max Jacobson, médecin new-yorkais qui, dans les années 1960, soigna bien des membres de la haute société, fut à l'origine d'autres tensions. Les registres de la Maison Blanche montrent qu'il s'y rendit plus d'une trentaine de fois. Il s'occupait également du président et de son épouse à Palm Beach et à Hyannis Port. Surnommé «Max le Miracle», il fournissait à JFK, comme à nombre de ses patients, des fioles de médicaments préparés spécialement à leur intention, ainsi que des seringues hypodermiques pour qu'ils puissent se les administrer eux-mêmes.

Mort en 1979, Jacobson fit, en 1968, l'objet d'une enquête des autorités fédérales, qui le soupçonnaient de trafic d'amphétamines. Sept ans plus tard, il fut radié de l'ordre des médecins de l'État de New York. Mais, dès 1961, plusieurs agents du Service secret se posaient des questions sur ses « remèdes ».

Selon Larry Newman, les piqûres de Jacobson étaient indispensables au président : « Après le déjeuner, la journée était finie pour lui s'il n'avait pas eu un petit remontant. » Newman ajoute que le médecin, avec sa trousse remplie d'aiguilles et de médicaments, entrait et sortait de la Maison Blanche « comme il voulait » – tout comme les femmes qu'on amenait à Kennedy. Il faisait partie « du cercle des intimes, avec Dave Powers, et personne d'autre ne pouvait y pénétrer ». Newman précise que l'un des agents « connaissait les manigances de Jacobson et a tenté de le tenir à l'écart du président et de son épouse ». L'agent déclarait qu'il ne l'avait pas vu procéder à ces piqûres mais savait que « pendant la journée [...] c'était toutes les six heures ».

Alors qu'il jouait au golf à Palm Beach avec le président, George Smathers s'aperçut lui aussi qu'elles lui étaient devenues nécessaires. « Nous avons fait sept ou huit trous, puis John m'a dit : "J'ai terriblement mal. Il me faut une piqûre d'antalgiques", ou quelque chose comme ça. On est donc retournés chez lui, et voilà que John s'allonge et nous dit, à moi et à mon frère Frank : "Il faut que quelqu'un me fasse une piqûre." Sur ses indications, Frank est allé chercher une seringue avec une aiguille longue d'au moins sept centimètres. John, toujours étendu, a dit : "Maintenant, Frank, prenez le flacon, puis la seringue [...] puis plantez-la-moi dans les fesses, ici." Et Frank s'est exécuté. [Kennedy] était accro à ce traitement – à l'époque, il se piquait toutes les six heures. »

C'est Charles Spalding qui, pendant la campagne présidentielle de 1960, présenta Jacobson à Kennedy. Lui-même avait rencontré le médecin par l'intermédiaire de Stanislaus Radziwill, dit «Stash», prince polonais en exil et beau-frère de Jacqueline Kennedy. Comme il me l'a déclaré: «Chaque fois que je voyais Stash revenir de chez Max, il était dans une forme olympique. Je crois qu'il nous donnait du *speed* [des amphétamines] ou quelque chose de ce genre.» Après avoir lui-même reçu une piqûre, il était passé voir les Kennedy. «Je bondissais littéralement. Ils m'ont dit: "Bon sang! D'où tires-tu toute cette énergie?" Après avoir vu Max, on pouvait battre le record du 100 mètres!» Betty, l'ex-épouse de Spalding, a gardé de Jacobson un souvenir beaucoup moins flatteur: «Chuck se piquait lui-même. Le médecin lui fournissait les flacons et les aiguilles. Je ne crois que pas que Chuck ait jamais su ce qu'il s'administrait.» Après une piqûre, «il devenait tout rouge, ses yeux prenaient un aspect vitreux – les blancs paraissaient pleins de mucus –, et il avait la bouche sèche». Elle-même n'a jamais cherché à savoir ce qu'il prenait.

Jacobson, dans un mémoire resté inédit, écrit qu'il fit sa première piqûre à Kennedy peu avant l'un des débats télévisés qui l'opposèrent à Nixon. En juin 1961, il suivit le nouveau président à Paris et à Vienne – son nom figure dans la liste officielle des collaborateurs accompagnant JFK. Kennedy reçut une autre injection quelques instants avant l'arrivée de Khrouchtchev à une réunion au sommet. Jacobson affirme aussi avoir traité JFK pendant les heures difficiles de la «crise des missiles», en octobre 1962. Les dossiers du FBI communiqués aux termes de la loi sur la Liberté de l'information montrent qu'en juin de cette année-là un des collaborateurs de Robert Kennedy au ministère de la Justice voulut faire analyser par un laboratoire un flacon de « médicaments » de Jacobson mais, l'échantillon étant insuffisant, tout test fut impossible. Le médecin affirme que le président lui avait dit « d'un ton hésitant » que son frère avait « demandé à ce qu'un échantillon de tous [ses] remèdes soit analysé par la FDA » [Food and Drug Administration]. Jacobson déclare avoir envoyé quinze flacons au ministère de la Justice, sans plus entendre parler de rien. Selon lui, John Kennedy n'avait aucunement l'intention d'interrompre le traitement. « Je me fiche que ce soit de la pisse de cheval ! aurait-il déclaré au médecin. C'est la seule chose qui me fasse du bien. »

Les frasques du président comme les piqûres de Jacobson n'étaient un secret pour aucun des collaborateurs de la Maison Blanche. Contrairement à ce qu'écrivent Schlesinger et Sorensen, si Kennedy nageait chaque jour dans la piscine, ce n'était pas seulement pour apaiser ses douleurs dorsales, mais aussi pour se donner du bon temps en galante compagnie. « Tout le monde à la Maison Blanche, raconte Newman, savait que quand le président déjeunait au bord de la piscine avec Unetelle et Unetelle, personne ne pouvait le déranger. » Ces deux jeunes employées de la Maison Blanche, amenées par Dave Powers, avaient en effet l'habitude de rejoindre « JFK dans sa piscine à midi pour batifoler avec lui ». Bobby et Teddy, les deux frères du président, se joignaient souvent à la fête.

En de tels moments, précise Newman, la piscine était formellement interdite d'accès, même aux membres du Conseil national de sécurité chargés des crises internationales. Un attaché militaire arriva un jour en toute hâte avec un câble de la première importance. « Il a déboulé à toute allure, puis s'est arrêté, a juré en me voyant là, à côté de la porte de la piscine, et a simplement demandé : “Ça fait combien de temps qu’il est là ?” Je n’ai pas répondu tout de suite. “Oh, environ une demi-heure.” Il a lancé : “Et ça va durer jusqu’à quand?” “Encore une demi-heure. Réfléchissez bien si vous voulez entrer. C’est vous qui décidez.” Il a lâché un nouveau juron et a dit : “J’attendrai !” Il est resté là, à battre la semelle, puis a fait demi-tour, est entré dans le Bureau ovale et en est ressorti. Kennedy a refait surface une demi-heure plus tard. Le type était un officier militaire de haut rang, mais même lui n’avait pas accès à cet endroit. »

Tous les agents avaient par ailleurs beaucoup d’affection et de respect pour Jacqueline Kennedy, ce qui créait des complications supplémentaires. « Nous pensions souvent à elle, et on se sentait pris entre le marteau et l’enclume. » Selon Newman, le président ne folâtrait pas quand son épouse était à la Maison Blanche, mais elle passait beaucoup de temps avec ses enfants, surtout le week-end, dans la retraite familiale de Glen Ora, près de Middleburg (Virginie). Clint Hill, agent du Service secret chargé de sa protection, l’y accompagnait souvent. « Quand Jackie partait pour Glen Ora, Kennedy quittait [le Bureau Ovale] et s’en allait piquer une tête avec les deux filles habituelles. Quand elle restait à la Maison Blanche, il se plaignait constamment de maux de tête, déprimait à vue d’œil, tout ça parce qu’il ne pouvait pas tirer son coup. C’était vraiment pitoyable. » Newman et ses collègues étaient toutefois convaincus que, en dépit des liaisons du président, son épouse « l’aimait sincèrement ».

Ce qui n’empêchait pas les tensions. Un agent du Service secret raconte que, lorsqu’il quitta la Maison Blanche au bout de deux ans, il avait « de la peine pour Jackie. Elle était très seule ». Il se souvient que, lorsqu’il la ramenait en voiture de certaines soirées, « elle semblait profondément malheureuse ». Selon Mary Gallagher, la secrétaire personnelle de Jackie, « le président était si occupé qu'elle était parfois obligée de prendre rendez-vous pour le voir le soir ». Dans des souvenirs parus en 1969, *My Life with Jacqueline Kennedy*[1], elle décrit la procédure habituelle : « J'appelais Evelyn [Lincoln] et je lui demandais : "Est-ce que le président a quelque chose de prévu jeudi soir ?" Ou bien : "Est-ce que ça lui dirait d'aller dîner puis danser avec sa femme ?" »

La piscine de la Maison Blanche était pour JFK un centre important d'activité sexuelle et on ne sera pas surpris d'apprendre que, au printemps 1961, Joe Kennedy la fit repeindre et redécorer à ses frais. On installa par exemple un système sonore qui permettait à ceux qui nageaient, ou se donnaient du bon temps, d'écouter de la musique. Plus important encore, le seul mur comportant des hublots fut réaménagé : les vitres furent recouvertes par une grande fresque représentant un lever de soleil sur les îles Vierges. Un chemin d'accès privé fut aussi créé, qui permettait au président et à ses hôtes d'accéder directement, depuis la piscine, à un ascenseur menant aux appartements que JFK occupait au premier étage. Le docteur Janet Travell, lors de l'interview réalisée pour la Bibliothèque Kennedy, souligne les avantages de la méthode : « Il nageait juste avant le déjeuner, passait un peignoir et des espadrilles puis se rendait directement à l'ascenseur sans être dérangé par personne, avant de se reposer et de déjeuner. »

Quelques jours après son arrivée à la Maison Blanche, Newman provoqua un début de panique parmi ses

1. David McKay Co, 1969.

supérieurs en flânant, une fois son service achevé, dans la sacro-sainte enceinte de la piscine ! Il s'accorda une sieste, puis piqua une tête dans l'eau. « J'ai dit à mon chef que c'était vraiment un endroit agréable, et j'ai bien cru qu'il allait exploser. Il a réussi à se dominer, mais m'a dit : "Ne me refais jamais ce coup-là." Je m'en suis donc bien gardé. » Nouveau venu, Newman se rendit peu à peu compte que ses supérieurs *savaient*. « Mais ils ne voulaient pas le dire aux agents. Personne ne voulait en parler parce que... personne n'avait envie d'être mis à la porte. On apprenait la chose par hasard. Ça donnait vraiment un sens nouveau à l'expression : "Apprendre sur le tas !" »

Newman m'a précisé que s'il acceptait de témoigner, c'était pour contrebalancer certaines vérités prétendument historiques. « Ça m'énerve que certains des gens qui ont travaillé avec lui tiennent des propos inexacts sur sa façon de gérer les affaires du pays et sa vie privée, et présentent sa présidence comme un vaste pique-nique. Bien des choses se tramaient dans l'ombre. » Il ajoute que lui et ses collègues « adoraient l'homme. Mais nous déplorions qu'il se conduise d'une façon qui nous rendait vulnérables et fragilisait le pays ».

Newman quitta la Maison Blanche en 1963, peu avant l'assassinat du président. Affecté au bureau du Service secret de San Francisco, il passa les vingt années suivantes sur la côte ouest, occupé notamment à poursuivre les faux-monnayeurs. Après sa retraite, il devint chef de la sécurité de la Western Union.

Au moment où Newman s'en allait, William T. McIntyre, de Phoenix, Arizona, arrivait plein d'espoir. « Il est rare qu'un type de vingt-huit ans ait l'occasion de prendre part à ce qui se passe autour du chef de l'État ! », m'a-t-il déclaré en 1995. « On attend de lui beaucoup de professionnalisme et d'intégrité. » Lui non plus ne fut pas prévenu des frasques présidentielles. Le nouveau venu fut rapidement formé par Jerry Behn, chef de la garde présidentielle, et aussitôt affecté à l'équipe de nuit. Il serait supervisé par Emory Roberts, homme fort respecté, qui le prit à part et le mit en garde : « Vous allez voir beaucoup de merdes, ici. Des choses avec le président. Oubliez ça. Gardez-les pour vous. N'en parlez même pas à votre femme. » Au cours des jours qui suivirent, McIntyre eut l'occasion « de voir arriver des filles, des prostituées. On ne les empêchait jamais d'entrer si Powers ou O'Donnell les accompagnaient. On ne les fouillait pas. » Ce qui rendait Roberts nerveux. « Emory disait : "Comment diable voulez-vous savoir ce qui se passe ? Peut-être qu'il est en train de se faire assassiner…" »

Lui aussi a son histoire de piscine. Il était de service le jour où Jacqueline Kennedy décida, sur un coup de tête, d'aller nager. Elle ne se doutait pas que son mari « était en pleine action avec deux nymphettes ». L'agent de service refusa de la laisser entrer. Furieuse, elle convoqua Clint Hill. « Le temps que Clint arrive, le président avait été alerté et avait quitté les lieux. » « On voyait des empreintes de pas humides – deux grandes et quatre petites – menant au Bureau ovale. » Selon McIntyre, le scandale était inévitable : « Il aurait sans doute éclaté l'année suivante, peut-être lors de la campagne [présidentielle de 1964]. »

McIntyre eut, comme certains de ses collègues, le sentiment d'être rabaissé. « Après tout, chaque agent est un défenseur assermenté de la loi. Quand un acte délictueux quelconque se produit sous vos yeux, vous avez l'impression qu'on se moque de vous – surtout s'il est le fait du président. Le proxénétisme est illégal. Et si le proxénète s'en vient parader devant vous, alors, en tant que défenseur de la loi, vous vous dites : "Bon sang, qu'est-ce qu'ils doivent penser de nous ?" Dans ce genre de circonstance, l'agent voit son autorité et sa légitimité réduites à néant. » McIntyre finit par comprendre qu'il avait compromis ses propres convictions, au point de se demander si « ce n'était pas le moment de partir. J'étais écœuré par ce que j'avais vu ».

Tony Sherman servit deux ans à la Maison Blanche avant de retourner à la base sur la côte ouest et à Salt Lake City. Les infidélités du président, à l'en croire, « n'arrivaient pas une fois tous les six mois ou à la Saint-Sylvestre. C'était régulier. Je suis sérieux dans mon travail et je ne voulais pas être mêlé à tout ça. C'est difficile de parler de moralité à propos d'autres gens, mais il n'est pas question des autres, ici, il est question du président des États-Unis. Il est question de mon pays et de gens de mon âge, des époux et des pères de famille, qui risquaient leur vie à chaque instant ».

« Il m'a fallu une semaine pour être au courant. » Sherman en fut informé sans ménagement : quelques jours à peine après avoir été affecté à la protection de JFK, il l'accompagna lors d'un week-end à Palm Beach et fut chargé des rondes de surveillance nocturne. Vers 2 heures du matin, il entendit du bruit près de la piscine. Arme au poing, il alla voir ce qui se passait et, à sa stupéfaction, découvrit le président nu en compagnie d'une femme de la haute société.

« Nos supérieurs étaient en place depuis un bon bout de temps. Leur attitude consistait à dire : "La Maison Blanche est une famille. Non seulement nous la protégeons, mais nous protégeons la volonté du président d'agir comme il l'entend au sein de cette famille." On en arrivait à se sentir blasés. Quand vous voyez des gens, nus, traverser les couloirs d'un air dégagé... Est-ce que ça nous préoccupait? Ça n'avait plus aucune importance. Il y avait des femmes partout. Très souvent, selon votre horaire, vous les voyiez se lever, ou bien s'en aller le matin [et quitter les appartements du président]. Plusieurs d'entre elles venaient régulièrement, sauf quand Jackie était là. On leur disait bonjour. Les domestiques passaient l'aspirateur, les huissiers s'activaient. Chacun faisait son boulot.»

Sherman fut également surpris de constater que, certains jours, Kennedy «ne travaillait pas du tout. Il se levait tard, se rendait dans son bureau. Après les réunions habituelles, il allait nager puis s'accordait une sieste et déjeunait. C'était si fréquent que nous ne savions que penser. Si le président est heureux de faire son travail, pensions-nous, on peut faire le nôtre. Mais je voulais m'en aller». Lui aussi quitta la Maison Blanche peu avant l'assassinat de Kennedy.

Sherman m'a raconté que l'une des tâches du Service secret était de veiller à ce que JFK ne soit pas surpris par son épouse au mauvais moment. Jackie «était à New York et il se passait des choses dans la piscine de la Maison Blanche. Puis on apprenait qu'elle allait atterrir, nous prévenions le président, et ses amies s'en allaient. Pendant les deux ans que j'ai passés là-bas, je n'ai jamais cru qu'elle ignorait réellement ce qui se passait. C'était impossible de ne rien voir». Le drame fut parfois évité de justesse. Ainsi, un jour, Jackie était déjà en route depuis l'aéroport lorsque les membres du Service secret apprirent son arrivée. Rassemblant tout son courage, l'agent de service courut jusqu'à la piscine et avertit Kennedy que sa femme serait rentrée dans moins d'un quart d'heure. Bobby et Teddy se trouvaient là aussi. «La porte s'est ouverte et tous les gens ont filé. Le président est sorti en courant et m'a tendu le Bloody Mary qu'il buvait en disant : “Prenez ça !” Puis il a disparu, ni vu ni connu. Encore une journée tendue... Bientôt, nous en sommes arrivés à ne plus nous inquiéter de savoir le président en compagnie d'inconnues dans la piscine, surtout quand ses frères étaient là. Avec eux, nous nous sentions en sécurité. » Les agents savaient en effet que Bobby et Teddy auraient fait n'importe quoi pour protéger JFK.

Sherman connut des moments très pénibles à l'occasion d'un voyage du président à Honolulu, où il devait assister à une cérémonie en souvenir de Pearl Harbor. Kennedy séjournerait dans la résidence de l'amiral Harry Felt, commandant en chef des forces navales dans le Pacifique. Sherman, assisté d'un colonel des Marines, eut pour tâche de veiller à ce que l'endroit soit sûr. On avait commandé les boissons et les plats préférés de Kennedy, qui arriva, dit bonsoir et disparut dans une chambre. Sherman raconte la suite : « Moins de dix minutes plus tard, un membre du personnel de la Maison Blanche gara sa voiture devant la maison et deux femmes qui n'étaient pas répertoriées sur les listes officielles en sortirent. Je ne connaissais pas leur identité mais comme il les accompagnait [...] je les laissai entrer. Je savais ce qu'elles venaient faire, évidemment. La routine habituelle. Le colonel s'est tourné vers moi et m'a dit : “De qui s'agit-il ?” J'ai répondu : “Ce sont des secrétaires, je suppose que le président a du travail pour elles ce soir.” »

« J'étais furieux. Ce n'est pas ainsi qu'aurait dû se comporter le président des États-Unis, au mépris de tous ceux qui étaient là. Le colonel des Marines, bien sûr, n'était pas né de la dernière pluie, et il y avait d'autres gens, des cuisiniers, les policiers dans la rue.

Que pouvaient-ils bien penser? J'étais furieux que le président ne traite pas la Maison Blanche comme son rang l'exigeait. Après tout, ces femmes étaient en contact direct avec lui et pouvaient avoir été envoyées par des personnes mal intentionnées. Il y avait d'énormes risques de chantage ou des choses de ce genre. Je n'ai jamais su qui étaient ces femmes, d'où elles venaient, rien. J'ouvrais la porte, nous échangions un bonsoir. Puis la porte se refermait et, le lendemain matin, le président était toujours en vie.»

Aujourd'hui encore, Joseph Paolella, de Los Angeles, est fier d'avoir été le premier agent du Service secret de souche italienne affecté à la Maison Blanche, d'autant plus qu'il vénérait Kennedy. Mais il partageait les inquiétudes de ses collègues et craignait que le président ne finisse par être victime d'un chantage. «On s'inquiétait à l'idée que l'une de ces femmes puisse être une espionne travaillant pour les Russes ou le Parti communiste.» (Parfois, ces préoccupations étaient moins sérieuses et concernaient le physique des partenaires du président. Un soir, un démocrate californien fort connu rendit ainsi visite à Kennedy «en compagnie de nanas squelettiques. On se disait: "Mais qu'est-ce que le président peut bien fricoter avec des filles pareilles?" Sûr, il aurait pu trouver mieux»...)

Paolella quitta le Service secret en 1964, après six ans d'activité, parce qu'il n'aimait pas Lyndon Johnson. Protéger John Kennedy avait été bien plus passionnant: célibataire, Paolella appréciait de pouvoir accompagner un président qui plaisait tant aux femmes. Certains des agents et des militaires qui entouraient JFK profitèrent d'ailleurs souvent de ses succès. Les voyages présidentiels devinrent bientôt des occasions de se donner du bon temps, surtout durant les week-ends à Palm

Beach ou à Hyannis Port. Paolella ne parla à personne de ce dont il avait été témoin à la Maison Blanche : « À l'époque, on m'aurait traité de fou. »

La situation dégénéra au point que, fin 1963, certains des agents du Service secret se retrouvaient régulièrement derrière les barreaux pour la nuit. Larry Newman m'a raconté qu'un cliché de leurs petites fêtes, au cours des mois précédant le meurtre du président, aurait provoqué la colère du grand public. L'ironie, ajoute-t-il, c'est que la faute en revenait à Kennedy. « Ce n'est pas qu'il nous ait pourris, mais il nous a donné une idée plutôt déformée de la façon très détendue dont les choses se passent au sommet de l'État. »

Ce qui ne se limitait pas à JFK. Selon Newman, Paolella et leurs collègues, trois femmes de la famille Kennedy firent des avances aux membres du Service secret. Quant au beau-frère du président, Peter Lawford, il était toujours éméché et se montrait violent envers les femmes. En décembre 1962, lors d'une bruyante soirée dans le gigantesque domaine de Bing Crosby à Palm Springs, les agents du Service secret – qui détestaient Lawford – vinrent à la rescousse d'une jeune hôtesse de l'air en proie à ses avances. Ils abandonnèrent Lawford, ivre mort, dans le désert.

Paolella considère que cette soirée marqua vraiment l'apogée des débauches présidentielles. Lui et ses collègues savaient que plusieurs des femmes présentes au bord de la piscine étaient des hôtesses de l'air travaillant pour une compagnie européenne. Bien entendu, ils ignoraient leurs noms. Les invités faisaient tant de bruit qu'une patrouille de policiers californiens de garde à l'entrée de la propriété (qui s'ouvre d'un côté sur le désert) pensa que les cris qu'ils entendaient étaient en fait des appels de coyotes.

Si Paolella a rechigné à me donner des détails supplémentaires, Newman, également de service cette nuit-là, s'est montré plus loquace. « Nous pensions que nous allions paisiblement patrouiller autour de la maison. Mais, comme la nuit tombait, les policiers de garde au-dehors nous ont appelés pour nous demander si nous n'avions pas vu des coyotes rôder aux abords de la propriété. » Newman et Paolella convinrent de se rendre au bord de la piscine pour jeter un coup d'œil. « Powers était occupé à baiser une hôtesse. À l'autre bout de la piscine, le président buvait un verre et s'amusait avec des filles. Tout le monde était à poil. » Un peu plus tard, ajoute-t-il, Powers se mit comme d'habitude à jouer au bouffon pour amuser le président. Après avoir lancé à JFK : « Hé, mon pote, regarde ça ! », il se rua dans la maison, en ressortit en portant de pleines brassées de costumes appartenant à Crosby et les jeta dans la piscine. « Le président a éclaté de rire. Seul Bing Crosby n'avait pas l'air de trouver ça drôle... » Plus tard, la Maison Blanche dut rembourser les vêtements.

Newman et Paolella, en observant la scène, continuaient à penser à leur travail. « Ça peut paraître tordu, mais nous étions inquiets parce que certaines des filles avaient un accent étranger. Et on devait absolument garder l'œil sur [le président] et veiller à ce qu'il ne lui arrive rien ou que quelqu'un ne surgisse pas brusquement du désert. Il fallait aussi tenir à distance la patrouille de la police californienne, pour qu'ils ne débarquent pas à la recherche de leurs coyotes. Pas question qu'ils voient le président nager au milieu de toutes ces femmes nues. Alors, nous avons dû leur mentir, leur dire qu'en effet il y avait des coyotes dans le coin et que, si on avait du mal à en venir à bout, on leur demanderait un coup de main. »

Lorsque Newman et Paolella discutèrent avec leurs supérieurs de ce qu'ils avaient vu, ils s'entendirent répondre : « Faites comme si rien ne s'était passé. » Un autre agent ajouta : « Vous êtes juste tombés sur deux coyotes en train de baiser. »

« Il fallait vraiment avoir de l'humour dans ces circonstances. Imaginez un peu : vous êtes là, c'est la guerre froide, vous protégez le chef du monde libre. Et voilà qu'une patrouille de police débarque et que vous devez l'empêcher de surprendre le président à poil. Vous êtes armé, vous êtes paré à toutes les éventualités, aux aguets, et tout ce que vous entendez c'est Peter Lawford ivre mort qui beugle dans le désert parce qu'il ne peut pas se faire une fille… »

16

La crise berlinoise

Le 20 janvier 1961, quand McGeorge Bundy et plusieurs de ses collègues de Harvard partirent pour Washington, où les attendaient de hautes fonctions gouvernementales, ce fut sans Henry A. Kissinger. Celui-ci, qui enseignait les sciences politiques, fut toutefois nommé consultant aux affaires européennes par le Conseil national de sécurité et, au début de l'été, il prit part à une réunion en comité restreint sur la crise berlinoise. Ce fut sa première occasion d'observer de près le fonctionnement réel du gouvernement Kennedy. Tout le monde attendait, assis autour d'une table, puis se leva, comme c'est la coutume, lorsque le président arriva. Un majordome de la Maison Blanche entra ensuite dans la pièce avec une soupière de potage aux palourdes. Il en servit à John Kennedy puis à Bobby, qui était assis à l'autre bout de la table. Les autres n'eurent droit à rien.

Kissinger confiera plus tard à un de ses collègues que JFK se comportait comme un roi et Bobby comme son connétable. Tout en eux proclamait le sentiment – et même la conviction – « d'avoir tous les droits ».

Plus que connétable, Robert Kennedy devint, après la baie des Cochons, le véritable Premier ministre de son frère, l'homme le plus puissant d'Amérique après le président. Avec l'approbation de celui-ci, et par l'intermédiaire d'un officier de renseignement soviétique installé à Washington, il entama des discussions secrètes avec Nikita Khrouchtchev. Les frères Kennedy passèrent ainsi les dix-huit mois qui suivirent à négocier des questions de politique étrangère – en dépit de l'opposition de leurs experts des problèmes soviétiques qui, s'ils étaient au courant de ces pourparlers, en ignoraient la teneur exacte. Au milieu de l'année 1961, Bobby fut le conseiller juridique, politique et diplomatique du président en même temps que son protecteur et son meilleur ami.

On ne peut se faire une idée complète de l'équipe Kennedy et de son action pendant la guerre froide sans une compréhension des accords passés entre Washington et Moscou. Pourtant, aucun document officiel traitant des relations secrètes entre Kennedy et Khrouchtchev n'a été publié par la Bibliothèque Kennedy. En ce domaine, les informations les plus détaillées sont venues des archives soviétiques après l'effondrement du communisme. Lors d'une interview pour la Bibliothèque – réalisée en 1964, mais rendue publique en 1978 seulement –, Bobby a révélé que son contact soviétique à Washington était un nommé Georgi N. Bolchakov, officier de renseignement prétendument journaliste. « La plupart des grandes questions touchant l'Union soviétique et les États-Unis ainsi que divers accords ont été discutés entre Bolchakov et moi [...] Nous nous rencontrions à peu près tous les quinze jours. »

Bolchakov avait, pendant la Seconde Guerre mondiale, servi dans le GRU, le service de renseignement de l'armée soviétique. Sa maîtrise de l'anglais lui valut en 1951 d'être envoyé à Washington, où il devint officiellement rédacteur de l'agence Tass. En 1955, il fut affecté à l'état-major du célèbre maréchal Joukov, alors ministre de la Défense. Il revint à Washington quatre ans plus tard et s'y lia d'amitié avec Frank Holeman, journaliste du *New York Daily News*, l'un des rares à ne pas craindre de déjeuner de temps à autre avec un diplomate soviétique. Holeman avait pour ami Edwin O. Guthman, ancien journaliste devenu attaché de presse de Bobby Kennedy. C'est ainsi que le ministre de la Justice et Bolchakov, homme d'allure posée et compréhensive, se rencontrèrent pour la première fois trois semaines après le fiasco de la baie des Cochons.

Pendant près d'un an et demi, le Soviétique devint essentiel aux frères Kennedy, à qui il servit d'intermédiaire dans les situations les plus tendues que le gouvernement Kennedy ait connues : sommet de Vienne, crise de Berlin, crise des missiles cubains. Bobby, dans son interview à la Bibliothèque, déclara : « Je ne sais pas pourquoi ils [les Soviétiques] tenaient à procéder de cette façon mais, en tout cas, ils ne voulaient pas passer par leur ambassadeur. » Celui-ci, Mikhail Menchikov, « se chargeait des questions de routine, et Bolchakov du reste. Je l'ai rencontré pour toutes sortes d'affaires ».

Bobby Kennedy reconnut aussi que la bureaucratie américaine avait été tenue à l'écart et ignorait à peu près tout de ce que le président et son frère pouvaient dire aux Soviétiques. « Malheureusement, par maladresse sans doute, je ne prenais aucune note écrite. Je me contentais de transmettre verbalement les messages à mon frère, et il agissait en fonction d'eux. Je crois qu'il lui arrivait parfois d'informer le département d'État – mais pas toujours. » Une fois de plus, Bobby se gardait bien de tout dire sur des questions vitales : s'il fournit des documents sur certaines de ses rencontres avec Bolchakov, ces papiers, s'ils existent encore, restent soigneusement sous clé dans les dossiers de la Bibliothèque Kennedy.

Tous les journalistes de Washington connaissaient bien Bolchakov, qu'ils savaient ami des Kennedy. Mais aucun d'entre eux ne se doutait de l'importance de son rôle. Dans son ouvrage *Conversations with Kennedy*[1], publié en 1975, Ben Bradlee, alors à *Newsweek*, raconte une soirée passée avec sa femme à la Maison Blanche, en compagnie du président et de son épouse. Ils étaient tous les quatre installés dans la chambre de Jackie et regardaient un documentaire télévisé sur le Kremlin. « Pendant que le président allait et venait en caleçon, se demandant si la vie était vraiment telle qu'on la présentait dans ce mausolée, Jacqueline nous parla du jour où Bobby avait appelé le Kremlin, furieux, à propos d'une rumeur quelconque qui courait en ville depuis un certain temps. Apparemment, il appelait Georgi Bolchakov [qui devait alors se trouver à Moscou], que nous considérions tous comme un espion, au même titre que l'ensemble des diplomates soviétiques (espion ou pas, il était en tout cas des plus sociables, ne se faisait jamais prier pour offrir des tournées générales et adorait les parties de bras de fer). Par cette anecdote, et même si Jackie précisa que le Kremlin n'avait pas répondu ce soir-là, les liens privilégiés unissant les frères Kennedy à Bolchakov se trouvaient confirmés. »

En enquêtant pour sa biographie officielle, *Robert Kennedy and His Times*[2], parue en 1978, Arthur Schlesinger put librement accéder à l'interview que Bobby avait accordée à la Bibliothèque Kennedy et à certaines de ses notes personnelles. Mais il ne put supporter l'idée

1. Norton, 1975.
2. Arthur Schlesinger, *op. cit.*

que les deux frères, qu'il admirait tant, aient discuté avec le Kremlin dans le dos de leur propre gouvernement. Il parla donc de Bolchakov comme d'un homme « plein d'allant et très disert », tandis que l'un des collaborateurs de Robert Kennedy (qui ignorait tout du véritable rôle joué par Bolchakov) le disait « tout en hochements de tête et petits sourires, parlant un anglais déplorable » mais qui avait su tirer parti « de la prédilection du ministre de la Justice pour les bouffons inoffensifs ».

La nécessité du secret était d'autant plus forte que les risques étaient grands. Le président prenait des décisions stratégiques d'importance sans avoir sollicité l'avis de ceux qui, au département d'État, à la Défense ou à la CIA avaient servi en URSS, en parlaient la langue, en connaissaient le peuple et l'histoire. Comme le dit Bobby dans l'interview destinée à la Bibliothèque : « John était son propre secrétaire d'État. »

Les deux frères défiaient ainsi les experts et les opposants de leur administration – dont certains, pensait le président, l'avaient assuré que le débarquement de la baie des Cochons serait une réussite. Par leur audace, John et Bobby prirent le contrôle de la politique américaine de la guerre froide. Mais, peu formés aux subtilités de l'establishment diplomatique, ils se préparaient des temps difficiles.

Tout commença pendant le désastreux printemps de 1961. Le 9 mai – selon les dossiers soviétiques cités dans *One Hell of a Gamble*[1] de Fursenko et Naftali –, Bobby Kennedy et Bolchakov eurent un premier entretien exploratoire à Washington. Il y fut question du prochain sommet de Vienne, début juin, qui inspirait à JFK des

1. Aleksandr Fursenko, Timothy Naftali, *op. cit.*

craintes justifiées. Les deux hommes se rencontrèrent et se téléphonèrent plusieurs fois avant la tenue de ce sommet mais ne parvinrent à résoudre aucune des questions en jeu. Ce fut pourtant l'occasion de créer un précédent et de transmettre au Kremlin un message important : le langage très ferme adopté publiquement par JFK n'impliquait « aucune volonté de renoncer à une rencontre constructive avec Khrouchtchev ». Bobby aurait aussi bien pu leur dire : souciez-vous de ce que fait mon frère, pas de ce qu'il dit.

Le sommet fut tendu. Khrouchtchev rudoya et menaça Kennedy, mal préparé, sur la permission faite aux Alliés d'accéder en permanence à Berlin-Ouest. À l'issue de la Seconde Guerre mondiale, l'Allemagne avait en effet été divisée en zones d'occupation et l'ancienne capitale, située en pleine zone soviétique, coupée en deux. Des milliers d'Allemands de l'Est, dont de nombreux intellectuels et scientifiques, fuyaient le communisme en franchissant simplement les points de contrôle situés entre les deux moitiés de la ville, ce qui humiliait le gouvernement de RDA et, à long terme, menaçait son existence économique. Khrouchtchev lança un ultimatum : les États-Unis, la Grande-Bretagne et la France auraient six mois pour négocier, avec la participation de l'URSS, un traité de paix déterminant le statut de l'Allemagne et qui entérinerait le contrôle de la RDA sur le trafic vers Berlin-Ouest. Ce qui, pour les Alliés, reviendrait à reconnaître *de facto* la division du pays. S'ils n'y consentaient pas, ajouta Khrouchtchev, les Soviétiques feraient cavalier seul et signeraient un traité avec l'Allemagne de l'Est. Sans accord, conclut-il, il y aurait un risque de guerre nucléaire. Kennedy en fut violemment ébranlé : il déclara à son vieil ami LeMoyne Billings que jamais il n'avait « affronté quelqu'un d'aussi foncièrement mauvais» qu'il qualifia, devant Kenny O'Donnell, de «salopard» et de «fils de pute».

Pour JFK, cette violente confrontation était liée à son propre échec à Cuba. Comme Bobby l'expliqua dans son interview: «Les Russes pensaient qu'ils pouvaient le brutaliser. Khrouchtchev s'était mis dans la tête [...] que John était quelqu'un de plutôt faible parce qu'il n'avait pas fait à Cuba ce que Khrouchtchev lui-même aurait fait: s'emparer de l'île. En outre, il s'imaginait qu'un président aussi jeune devait manquer de confiance en lui. Ce fut un choc [pour John] de constater qu'un adversaire politique pouvait se montrer aussi violent et cassant.»

De rares journalistes de Washington surent à quel point le président avait été ébranlé par sa confrontation à Vienne avec Khrouchtchev, mais jugèrent inutile d'en informer leurs lecteurs – et John Kennedy en était conscient. Dans ses mémoires, James Reston raconte comment, un samedi matin, il fut discrètement introduit à l'ambassade américaine de Vienne pour une interview exclusive avec JFK, à l'issue de l'une de ses rencontres avec Khrouchtchev. Le président arriva, un chapeau sur les yeux, «avec une heure de retard, apparemment secoué et furieux. [...] Il s'assit sur un sofa à côté de moi et soupira. Je dis que la session devait avoir été difficile. Bien plus qu'il ne l'aurait cru, répondit-il. Khrouchtchev l'ayant menacé sur Berlin, JFK avait tenté de le convaincre de la détermination américaine, mais en vain. Son interlocuteur lui avait laissé entendre que le fiasco de l'invasion cubaine montrait l'étendue de son incompétence et qu'un président capable d'une telle bourde n'avait pas de tripes. Il était désormais essentiel de faire la preuve de notre fermeté, et l'endroit pour ce faire, remarqua le président à ma stupéfaction, n'était autre que le Viêtnam! Je ne crois pas qu'il ait avalé son chapeau, mais je restai sans voix. [...] Khrouchtchev avait traité Kennedy avec mépris et [...] celui-ci se jugeait contraint d'agir. »

Pendant le sommet, les articles de Reston parurent en première page du *New York Times* mais le journaliste n'y évoqua jamais les menaces de Khrouchtchev ou la fermeté de Kennedy (d'ailleurs jamais cité directement) sur le Viêtnam. Pour autant, Reston confia ce qu'il avait appris à au moins un de ses confrères. En 1978, lors d'un entretien avec des universitaires, Joseph Alsop raconta avoir vu un Kennedy « très terne » lors d'une réception diplomatique à Londres, au lendemain du sommet. « Contrairement à Scotty Reston, je ne savais pas ce qui s'était passé à Vienne mais, bien entendu, celui-ci en avait été à ce point horrifié qu'il n'en avait pas parlé dans ses articles. Le président m'a pris à part et m'a dit : "Joe, je veux que vous le sachiez : peu importe ce qui arrive, je ne céderai pas, je ne renoncerai pas et je ferai tout ce que la situation exige." C'était un peu glaçant... je n'avais pas la moindre idée de ce qu'il fallait céder, de ce à quoi il fallait renoncer. Je savais qu'il y avait eu des pressions sur Berlin, mais j'ignorais l'existence d'un ultimatum. » Alsop, comme Reston, ne fit pas état des confidences présidentielles dans ses articles.

Hugh Sidey m'a raconté un entretien privé qu'il eut avec Kennedy, tout juste revenu de Vienne. « Je lui ai demandé : "Comment est Khrouchtchev ?" Il a répondu : "Je n'ai jamais rencontré d'homme comme lui. À un moment, je lui ai expliqué qu'une guerre nucléaire tuerait 70 millions de personnes en dix minutes, et il m'a juste regardé comme pour dire : "Et alors ?" J'ai eu l'impression que, s'il le fallait, il n'hésiterait pas une seconde. » Peu après, Sidey évoqua la détresse du président avec Bobby Kennedy et lui demanda : « Vous lui en avez parlé?» Le ministre de la Justice parut soucieux de convaincre son interlocuteur que son frère et lui ne faisaient qu'un: «Oh, oui, on discute de tout, tout le temps.» Mais Bobby dut admettre que c'était la première fois qu'il voyait John «à ce point retourné. Jamais je n'ai vu mon frère pleurer pour quelque chose de ce genre. J'étais en haut, dans la chambre, avec lui, et il m'a dit: «Bobby, s'il y a une guerre nucléaire, peu importe ce qui nous arrive à nous. Nous avons eu la bonne vie, nous sommes des adultes. Nous l'aurons bien cherché. Mais la pensée que des femmes et des enfants puissent mourir dans cette guerre... je ne peux même pas y songer.»

On ne sait quand Bolchakov et Robert Kennedy reprirent contact après le sommet de Vienne; aucun document soviétique relatif à cette période n'a été rendu public et Bobby n'en parle pas dans l'interview accordée à la Bibliothèque. Les frères Kennedy n'offrirent un aperçu de ces tractations qu'à de rares initiés de leur équipe, et les heureux élus estimèrent tous que c'était «un jeu dangereux», pour reprendre l'expression de l'un d'eux. Il y avait surtout une énorme différence de statut entre Kennedy et Bolchakov. Le premier était essentiel au fonctionnement du gouvernement de son pays, pas le second. Bobby pouvait répercuter au président de fausses informations qui compromettraient aussitôt JFK; le second, s'il était pris en flagrant délit de mensonge, serait simplement rappelé à Moscou. Llewellyn E. Thompson, ambassadeur en URSS, fut, à son retour en 1962, nommé conseiller spécial de John Kennedy sur les affaires soviétiques. Il critiqua vivement, et ouvertement, la méthode Bolchakov. «Ce fut une très grosse erreur, déclara-t-il lors d'une interview réalisée pour la Bibliothèque Kennedy. Les frères Kennedy ont tenté de vendre l'idée suivante : "Le département d'État est tellement monté contre nous qu'il nous est impossible d'arriver à quoi que ce soit. Si nous pouvions entrer directement en contact avec les Russes, le problème serait réglé." Mais c'était surtout une façon pour eux d'agir en secret, à l'insu de tous.» Thompson – mort en 1972 – craignait surtout que leurs conversations avec Bolchakov, relayées à Khrouchtchev, n'amènent les Soviétiques «à attacher une trop grande importance à des remarques faites incidemment».

Thompson s'exprimait après l'assassinat de JFK. On ne sait s'il fit part de ses réserves au président ou à son frère – mais il y a peu de raisons de croire qu'elles auraient été prises en considération. Bobby Kennedy, dans son interview, fait clairement comprendre qu'il se souciait peu des opinions de l'ambassadeur. Comme on lui demande si, d'après lui, Thompson avait joué un rôle important, il répond : «Je l'ignore. Je pense qu'ils [les Soviétiques] avaient une certaine confiance en lui, mais était-il plus qu'un messager? Je l'ignore. Peut-être a-t-il eu une certaine influence les deux ou trois premiers mois, quand ils le pensaient en contact avec le président.» Et à la question de savoir si l'ambassadeur avait été «contourné» par Bolchakov, la réponse de Bobby est évasive : «Je suppose que oui.»

Autre sujet d'inquiétude des responsables du département d'État : les Kennedy en savaient moins qu'eux sur le communisme et les affaires internationales. Début 1962, David Herbert Donald, historien de Harvard fort respecté et auteur de nombreux écrits sur Lincoln, fut invité à donner une conférence impromptue lors d'une réunion dans les appartements privés de la Maison Blanche. Y assistaient le président, son épouse, quelques amis et de hauts responsables gouvernementaux. Donald parla pendant près de trois quarts d'heure de la période de la Reconstruction (qui suivit la guerre de Sécession) puis répondit aux questions, dont la moitié furent posées par JFK, qui s'était montré très attentif. Donald eut ensuite avec lui une discussion en privé qui lui inspira certaines appréhensions, comme il l'écrivit quelques semaines plus tard à un ami dans une lettre dont j'ai obtenu communication : «Je n'ai pas trouvé sa connaissance de l'histoire des États-Unis très impressionnante. Elle reflète une culture scolaire très générale, un savoir de manuel vieux de vingt-cinq ans, et peu de familiarité avec les recherches et les découvertes récentes. Il est clair qu'il se fait de l'Histoire une conception très largement inspirée de considérations personnelles – les grands hommes et leur influence. Il m'a paru bien décidé à passer dans les livres d'histoire comme un grand président, et il voulait connaître le secret.»

Lors d'une interview qu'il m'a accordée en 1996, Donald a évoqué ses inquiétudes après cette discussion. Le président était fasciné par Lincoln et Franklin Delano Roosevelt : «Il pensait que, pour être un grand président, il fallait l'être en temps de guerre. Ça m'a vraiment fait peur. Je suis sorti de là en me disant : "Voilà un jeune homme qui ne comprend pas l'Histoire."»

Mais le jeune homme en question prenait toujours soin – même dans une ambiance détendue, comme avec le professeur Donald – de dissimuler sa véritable stratégie. Kennedy comprenait en tout cas que Berlin n'était pas l'endroit rêvé pour s'opposer à Khrouchtchev. Lui et son frère, au cours de la crise berlinoise de l'été 1961, recoururent à une méthode qui détermina les négociations entre superpuissances au cours des mois à venir :

montrer une extrême fermeté en public et accepter des compromis en privé pour éviter la guerre.

Cette stratégie avait un inconvénient : les conseillers de JFK à la Sécurité nationale, qui le vénéraient, ne voyaient que sa fermeté, son refus de céder. Se montrer aussi coriace que lui pendant les crises devint l'un des dogmes de son administration : tous ceux qui prêchaient le compromis et la conciliation – ainsi Adlai Stevenson, l'ambassadeur américain aux Nations unies, ou Chester Bowles, le sous-secrétaire d'État – se retrouvaient isolés. À l'été et à l'automne 1961, les conseillers du président lui présentèrent une série d'options visant à résoudre les problèmes de politique extérieure en Allemagne, à Cuba et au Sud-Viêtnam. Toutes étaient très fermes.

Au cours des semaines qui suivirent le sommet de Vienne, Kennedy donna, en public, l'impression d'être inflexible, alors même qu'il luttait pour retrouver son équilibre et que son administration cherchait la réponse au défi de Khrouchtchev sur le statut de Berlin. L'Ukrainien réitéra ses menaces de limiter les mouvements des troupes américaines dans la ville et à sa périphérie ; JFK répondit sur le même ton. Le 25 juillet 1961, lors d'un discours télévisé faisant écho aux thèmes de l'allocution prononcée lors de sa prestation de serment, il appela la nation à prendre les armes pour défendre Berlin, « le grand lieu de mise à l'épreuve du courage et de la volonté de l'Occident. [...] Nous sommes très clairs sur ce qui doit être fait et nous comptons bien le faire. »

L'Amérique, ajouta-t-il, doit « avoir un autre choix que l'humiliation ou la guerre nucléaire ». Il annonça toute une série de mesures militaires : il tripla le nombre d'appelés sous les drapeaux, accrut le personnel de l'armée de Terre, de l'Air et de la Marine de 200 000 personnes, donna au Pentagone l'autorisation de rappeler des réservistes. S'il fallait plus de troupes et, pour cela, des augmentations d'impôts, il « n'hésiterai[t] pas à les réclamer ». Il annonça enfin une augmentation de 3,25 milliards de dollars des dépenses militaires et pressa les Américains de se préparer au pire en construisant des abris antinucléaires dans leurs cours et leurs caves. Le budget de la Défense fut également accru de 200 millions de dollars destinés à la défense civile, ce qui provoqua de vives controverses : était-il moral de se faire construire un abri, puis de s'armer pour le défendre contre des voisins moins prévoyants qui, en cas de péril nucléaire, se retrouveraient sans protection ?

Le président présenta les menaces soviétiques sur la liberté et la paix comme dirigées non seulement contre Berlin, mais aussi – faisant écho à l'analyse de Walter Rostow après la baie des Cochons – contre le Sud-Viêtnam : « Il y a un vrai défi en Asie du Sud-Est. Là, les frontières sont moins bien gardées, les ennemis plus difficiles à débusquer et les dangers du communisme moins apparents à ceux qui possèdent si peu. [...] Nous serons toujours ouverts à la discussion, si cela peut être utile. Mais nous devons également être prêts à résister par la force si la force est utilisée contre nous. »

D'autres moyens, qui ne furent pas rendus publics, visaient à faire comprendre aux militaires soviétiques que les Américains possédaient des arguments de poids. Dans son interview à la Bibliothèque, Bobby Kennedy révéla ainsi que la flotte de sous-marins américaine avait été redéployée dans l'Atlantique nord en août et que des éléments du Strategic Air Command avaient été placés en alerte renforcée. Les permissions furent supprimées, l'envoi en Europe de matériel militaire et de munitions fut accéléré.

Du point de vue des relations publiques, le discours de Kennedy fut un succès spectaculaire. Les Américains, dans leur grande majorité, firent bloc autour de leur président comme après la baie des Cochons. Le courrier reçu à la Maison Blanche soutenait son action à plus de cent contre un. Le Congrès réagit tout aussi rapidement, votant avec enthousiasme l'augmentation des dépenses militaires. Un sondage Gallup montra que plus de 85 % des personnes interrogées étaient partisans d'un maintien de la présence militaire américaine à Berlin, 67 % estimant qu'il faudrait envoyer des troupes libérer la ville si d'aventure les Soviétiques osaient en bloquer l'accès.

Khrouchtchev recourut à une solution simple : isoler l'Est de l'Ouest de façon permanente. Le 13 août, en début de matinée, la police d'État de RDA commença à installer des fils barbelés le long des quarante kilomètres de frontières entre les deux parties de l'ancienne capitale – premier pas vers l'édification de ce qui deviendrait le mur de Berlin. Le gouvernement Kennedy ne fit rien pour en empêcher la construction, ce qui provoqua chez les habitants de Berlin-Ouest de vives angoisses mêlées de rancœur contre les Américains. Quelques jours plus tard, JFK réaffirma la présence des États-Unis en envoyant dans la ville un contingent de 1 500 hommes qui traversèrent les « couloirs d'accès » est-allemands. Le 30 août, il annonça que le général Lucius Clay, héros du fameux blocus de Berlin en 1948 et désormais à la retraite, serait son envoyé spécial – même si Clay, anticommuniste farouche, n'appréciait guère que Kennedy ait décidé de laisser le Mur s'édifier.

Aujourd'hui, les historiens ont pu avoir accès, à Washington comme à Moscou, à des documents démontrant ce qu'on a ignoré pendant plus de vingt ans : bien avant août 1961, le gouvernement Kennedy avait conclu que les États-Unis ne pouvaient rien faire pour empêcher la construction du Mur. Le président estimait – à juste titre, comme l'Histoire l'a montré – que Khrouchtchev et ses collègues avaient besoin de mettre un terme à l'hémorragie que représentait la fuite à l'Ouest des meilleurs cerveaux de RDA. Et le Mur, si odieux qu'il fût à de nombreux Américains – surtout les plus sensibles à la rhétorique présidentielle –, pouvait désamorcer la crise berlinoise. Certains hauts responsables américains y voyaient une provocation, le début d'une offensive soviétique de grande ampleur sur la ville. Pas Kennedy. « Pourquoi Khrouchtchev bâtirait-il le Mur s'il avait vraiment l'intention de s'emparer de Berlin ? », demanda-t-il à Kenny O'Donnell, selon les mémoires de celui-ci. « C'est sa manière à lui de se tirer d'un mauvais pas. Ce n'est pas une solution très agréable, mais ça vaut bigrement mieux qu'une guerre. » La prudence présidentielle était partagée par toute la famille : Joseph Kennedy déclara au journaliste William Manchester que vouloir défendre à tout prix l'ancienne capitale allemande « serait une sacrée erreur ».

John Kennedy recourut-il à Bolchakov pour informer Khrouchtchev de la politique non interventionniste des États-Unis sur la question du Mur ? Dans son interview à la Bibliothèque, Bobby déclara simplement que, avant sa construction, lui-même avait plus d'une fois mis Bolchakov en garde : les Américains « feraient la guerre pour Berlin », ce à quoi le Soviétique aurait répondu qu'il « transmettrait le message ». Le frère du président ajoutait que les entretiens avec le journaliste soviétique avaient été suspendus « pendant un moment » après la construction du Mur. « J'étais dégoûté à l'idée qu'ils en étaient arrivés là. » Mais cette interruption fut brève, à supposer d'ailleurs qu'elle ait bien eu lieu. Deux mois plus tard, les discussions Bobby-Bolchakov jouèrent un rôle décisif dans la résolution d'un affrontement entre chars américains et soviétiques à « Checkpoint Charlie », un point de contrôle très important entre les deux secteurs de la ville.

Si Robert Kennedy se prétendait « dégoûté », c'est peut-être pour dissimuler les tractations de la Maison Blanche avec Khrouchtchev. On ne sait trop si celui-ci communiqua avec JFK avant l'édification du Mur. David E. Murphy, responsable à cette époque des opérations de renseignement de la CIA à Berlin, pense que les deux hommes n'avaient aucun besoin de discuter spécifiquement de la question. Comme il me l'a déclaré en 1997, lors d'une interview, JFK avait, à l'été 1961, « envoyé message sur message », en public comme en privé, à son homologue soviétique. « Personne ne parlait de *mur*. Par contre, Kennedy a bien insisté sur le fait qu'ils [les Soviétiques] avaient tout à fait le droit de contrôler les mouvements de population dans leur secteur. » Murphy fut chargé en août 1961 de diriger la base d'opérations berlinoise, centre des activités de renseignement et d'espionnage de l'Agence à Berlin-Est et en RDA. Il rappelle que, le 30 juillet 1961, J. William Fulbright, sénateur de l'Arkansas et président de la Commission sénatoriale des Relations extérieures, déclara lors d'une interview télévisée : « Je ne comprends pas pourquoi les Allemands de l'Est ne ferment pas leurs frontières. Après tout, ils en ont le droit. » Selon Murphy, une telle phrase n'aurait pu être prononcée sans l'aval préalable du président. Et d'ajouter que, sur place, les agents de la CIA comprenaient parfaitement que JFK « n'avait jamais eu l'intention de s'opposer à la construction du Mur. Tout le monde le savait ».

Officier de renseignement, Murphy n'ignorait pas que les options s'ouvrant au président demeuraient très limitées. En mars 1961, Henry Kissinger, nommé consultant aux affaires allemandes auprès du Conseil national de sécurité, avait demandé à l'Agence quelles étaient les possibilités d'actions clandestines «en vue de soutenir la position américaine sur Berlin». Il n'eut droit qu'à une réponse décevante, comme Murphy l'a révélé en 1997 dans son ouvrage *Berlin Battleground*[1], écrit en collaboration avec Sergei Kondrachev, son homologue du KGB. La CIA fit savoir que certaines activités de propagande pourraient se révéler utiles mais qu'une insurrection ouverte contre le régime – du même genre que celle qu'on s'efforçait de susciter à Cuba – ne constituait pas «une opération clandestine réalisable». Lors d'une réunion au quartier général de l'Agence, à Washington, Harvey, qui avait dirigé à Berlin ce genre d'activités sept ans durant, au cours des années 1950, affirma qu'il serait «irréaliste», de la part des dirigeants américains, de croire que la CIA pourrait organiser efficacement des groupes de résistance en Allemagne de l'Est. Selon Murphy, il expliqua: «Nos moyens ne sont pas à la hauteur de cette tâche, comparés aux capacités de défense» des services de sécurité de la RDA. Le gouvernement Kennedy fit savoir à l'ambassade américaine de Bonn, dans un câble daté de fin juillet, que «les États-Unis ne pourraient pas faire grand-chose» si l'Allemagne de l'Est renforçait les contrôles sur Berlin.

Fin octobre 1961, des chars américains et soviétiques se retrouvèrent face à face à Checkpoint Charlie, lieu de passage (on disait autrefois: «carrefour de Friedrichstrasse») entre les deux Berlin. D'un côté comme de l'autre, les véhicules étaient armés, et avaient reçu la permission d'ouvrir le feu si nécessaire.

---

1. Yale University Press, 1997.

Tout commença quand les gardes-frontières de RDA arrêtèrent la voiture d'Allan Lightner, le plus haut diplomate américain de Berlin. Avec sa femme, il se rendait à Berlin-Est pour assister à une représentation d'opéra. Il refusa de montrer son passeport : ç'aurait été reconnaître l'autorité de l'Allemagne de l'Est, et non de l'Union soviétique, sur la moitié orientale de la ville, donc faire une concession à laquelle les Américains se refusaient. Se voyant ainsi dénier le droit de passage, il revint accompagné d'un escadron de militaires américains et de quatre chars. Cette fois, les gardes n'insistèrent pas : le diplomate et son épouse purent passer. Le général Clay téléphona au président, qui lui donna la permission de faire monter les enchères. C'est ainsi que les civils américains, ignorant les gardes-frontières, se mirent à entrer en voiture dans Berlin-Est, accompagnés par des troupes aux effectifs toujours plus nombreux. Le 26 octobre, trente-trois chars soviétiques arrivèrent à Berlin-Est – soit très exactement le nombre de tanks américains placés en réserve de l'autre côté du Mur. L'affrontement commença dès le lendemain : dix véhicules blindés russes s'avancèrent jusqu'au point de contrôle, tandis que l'autre côté dix chars américains faisaient de même.

Comme Clay le déclara à sa biographe, Jean Edward Smith, Kennedy le soutint publiquement tout au long de la crise. Un jour, le président lui téléphona pour le presser de ne pas « perdre son calme », ce à quoi Clay répondit : « M. le président, nous n'avons aucune inquiétude en ce qui nous concerne. Mais nous craignons que vous autres à Washington ne perdiez le vôtre. » « Beaucoup de gens ici sont dans ce cas, mais pas moi », le rassura Kennedy. Bien entendu, il tenait en privé des propos tout à fait différents, déclarant ainsi à un de ses collaborateurs : « Si nous avons envoyé Lightner là-bas, ce n'est pas pour aller à l'opéra!» Son frère et lui se tournèrent, de nouveau, vers Georgi Bolchakov. Dans son interview à la Bibliothèque Kennedy, Bobby déclara : «J'ai pris contact avec Bolchakov et lui ai dit que le président aimerait qu'ils retirent leurs chars dans les vingt-quatre heures. Il m'a répondu qu'il en parlerait à Khrouchtchev – et ils se sont exécutés dans le délai prévu. Quand la question était importante, il tenait ses promesses.»

Trente ans plus tard, dans la revue *Foreign Policy*, Raymond L. Garthoff, ancien responsable de la CIA et du département d'État, donna de l'incident une analyse du point de vue soviétique qui, curieusement, passa inaperçue. Ayant eu accès aux archives du Kremlin et interrogé des responsables à Moscou, Garthoff découvrit que le général Clay avait en secret, sans même que les frères Kennedy en soient informés, fait construire une réplique du Mur dans un quartier discret de Berlin-Ouest et demandé aux ingénieurs militaires de trouver des moyens efficaces de l'abattre. Le haut commandement soviétique eut vent de la chose, pensa qu'elle avait reçu l'approbation de la Maison Blanche et conclut que les Américains songeaient à envahir militairement Berlin-Est. Garthoff interrogea Valentin Falin, haut dirigeant du Parti et, à l'époque, conseiller de Khrouchtchev. Ce dernier lui déclara que les agents de renseignement soviétiques, découvrant les activités de Clay, avaient pris des photos qu'ils avaient présentées aux dirigeants de l'URSS le 21 octobre.

Le même jour, Roswell Gilpatric, sous-secrétaire à la Défense, prononça un discours personnellement revu par le président. Il y révélait que l'Amérique disposait, face à l'Union soviétique, d'une large supériorité nucléaire. Citant des chiffres et faisant directement allusion à Berlin, Gilpatric déclara que les États-Unis possédaient « une force de représailles nucléaires d'une telle puissance que si l'ennemi forçait Washington à y recourir, cela équivaudrait, de sa part, à un suicide. [...] Nous sommes donc certains que les Soviétiques ne déclencheront pas de conflit nucléaire de grande ampleur. Les États-Unis ne comptent pas être vaincus. » Un discours aussi chauvin, qui tordait le cou aux craintes sur un éventuel « retard en missiles » américain, avait été prévu depuis longtemps, mais Moscou l'ignorait. Le XXIIe congrès du Parti était en cours : ses dirigeants affrontaient les critiques de l'Albanie et de la Chine, et redoutaient – comme Garthoff l'apprit trente ans plus tard – que les États-Unis ne cherchent à ouvrir un second front en Europe en tirant profit des difficultés du pouvoir soviétique. Ils avaient aussi une raison supplémentaire de s'inquiéter : quatre jours plus tôt, dans son discours d'ouverture, Khrouchtchev avait publiquement retiré l'ultimatum enjoignant à l'Amérique de négocier un traité de paix avec l'Allemagne avant la fin de l'année. Le discours de Gilpatric parut être la réponse de Kennedy au recul soviétique.

Autant de facteurs qui poussèrent le chef de l'URSS et ses conseillers à conclure que la décision prise par Clay de faire avancer les chars américains « semblait inquiétante et délibérée ». Les Américains allaient-ils abattre le Mur, déverser troupes et véhicules blindés dans Berlin-Est ? C'est à ce moment, déclara Falin à Garthoff, que le canal Kennedy-Bolchakov fut remis en service. Les échanges furent beaucoup plus complexes et beaucoup plus décisifs que Bobby ne l'avait laissé entendre.

Comme Garthoff l'écrit dans *Foreign Policy* : « Le président Kennedy demanda bel et bien à Khrouchtchev de retirer ses blindés, mais seulement dans le cadre d'un désengagement mutuel. Il lui promit que, s'il s'exécutait, les chars américains se retireraient aussi. » Loin de réclamer, comme le prétendait Robert Kennedy, un retrait unilatéral, le message transmis par Bolchakov était « une démarche du président en faveur d'une désescalade militaire, et il demandait à Khrouchtchev de faire le premier pas ». Dans ses mémoires, l'ancien dirigeant soviétique, sans évoquer ses contacts en coulisse avec JFK, déclare simplement qu'il donna aux militaires russes stationnés à Berlin l'ordre de retirer leurs tanks, commentant à l'époque : « Je suis sûr qu'ils cherchent un moyen d'en sortir, alors nous allons leur en donner un. Nous retirerons nos chars et ils suivront notre exemple. » Garthoff ajoutait que « jusqu'à présent, on considérait la décision de Khrouchtchev comme une invention *a posteriori*, ou un pari heureux. Il est désormais clair qu'il avait reçu des assurances de Kennedy ».

« Certains dirigeants soviétiques, Falin compris, avaient vu dans cette crise la plus dangereuse confrontation de la guerre froide. Aujourd'hui, cela paraît justifié : un assaut américain contre le mur de Berlin aurait menacé les intérêts soviétiques les plus vitaux », conclut Garthoff. En tout cas, l'affrontement de Checkpoint Charlie fut, selon lui, « le dernier affrontement grave de la crise berlinoise ». La ville demeurerait coupée en deux durant les trois décennies à venir.

John Kennedy s'était, secrètement, retenu pour désamorcer une confrontation potentiellement dévastatrice. Les responsables du Kremlin étaient conscients de sa prudence, mais ceux qui entouraient le président, ignorant tout de ses discussions secrètes, crurent que le « recul » de Khrouchtchev légitimait la fermeté de JFK. À l'automne, Robert Kennedy avait déclaré lors de l'émission télévisée « Meet the Press » que, « sans l'ombre d'un doute », son frère ordonnerait le recours aux armes nucléaires, s'il le jugeait nécessaire pour sauvegarder la liberté à Berlin-Ouest.

À la même époque, John Kennedy recevait beaucoup de recommandations similaires. Tous ses collaborateurs, à la notable exception de Dean Rusk, lui suggéraient de renforcer l'engagement américain au Sud-Viêtnam, en y envoyant au moins huit mille soldats. Le tout nouveau conseiller militaire du président, le général Maxwell Taylor, grand partisan des méthodes de contre-insurrection, s'était rendu là-bas en octobre. Il conseilla à JFK de se montrer encore plus agressif – recommandation pour le moins hasardeuse, comme l'avenir le montrerait. Réclamant un déploiement de troupes, Taylor dépeignait le Sud-Viêtnam comme « un endroit dans lequel on peut manœuvrer sans grande difficulté et sans prendre trop de risques ». Une grande partie du terrain, ajoutait-il, était « comparable à certaines parties de la Corée, où les troupes américaines ont appris sans trop d'efforts à vivre et à travailler ». Il assurait par ailleurs Kennedy que le Nord-Viêtnam serait « extrêmement vulnérable aux bombardements conventionnels ».

Les notes prises par JFK lors d'une réunion montrent qu'il redoutait « une guerre sur deux fronts ». Il demanda si l'engagement américain au Sud-Viêtnam ne mettrait pas en danger le fragile équilibre auquel Khrouchtchev et lui étaient parvenus sur Berlin. S'il finit par repousser la suggestion de Taylor en n'envoyant pas de troupes au Sud-Viêtnam, il accepta d'accroître fortement – et en secret – le soutien militaire américain au gouvernement en place. Deux compagnies héliportées furent ainsi envoyées là-bas, tandis que le président autorisait des « formateurs » de l'aviation à entreprendre des opérations de combat dans le Sud. Fin 1961, toujours avec l'accord du président, 2 200 conseillers américains furent affectés dans des unités de combat sud-vietnamiennes – soit une augmentation de près de 300 % par rapport au mois de janvier de la même année. Les Américains essuyèrent leurs premières pertes au combat – sans que cela soit annoncé publiquement – tout comme les Vietnamiens – beaucoup plus nombreux, soldats comme civils. JFK, s'il hésitait à soutenir le régime de Saïgon par de gros envois de troupes, n'était nullement défavorable à la multiplication des actions clandestines, y compris au recours, dès janvier 1962, à des avions américains pour déverser des défoliants dans les zones contrôlées par la guérilla. L'objectif de l'opération, baptisée Ranch Hand, était de priver l'ennemi de la protection que lui offrait la jungle et de toute possibilité de se nourrir. Ce qui violait directement les accords de Genève de 1954, dont les États-Unis étaient signataires.

Si, face à la montée de la guerre au Sud-Viêtnam, Kennedy gardait un profil bas, c'était pour dissimuler à quel point il s'y impliquait. Le débat politique sur cette question, tel que le révélèrent les *Pentagon Papers*, ne portait pas sur la question de savoir s'il convenait de sauver ce pays du communisme, mais de la meilleure manière de s'y prendre. À l'issue d'une des premières réunions tenues dans ce but, le général Lionel McGarr, chef des conseillers militaires américains à Saïgon, informa ses supérieurs du commandement dans le Pacifique que le président Kennedy et le général Lyman Lemnitzer, chef d'état-major principal, avaient « fait valoir de manière répétée que le Viêtnam ne devait en aucune manière passer derrière le Rideau de Bambou, et que nous devions faire tout ce qui était en notre pouvoir pour l'en empêcher ». Selon McGarr, JFK semblait persuadé que c'était là « d'abord un problème militaire », et que les responsables américains de Saïgon ne devaient pas se sentir liés par les accords de Genève.

En 1961, Kennedy eut l'occasion de se désengager au Sud-Viêtnam. Il préféra, discrètement et indirectement, partir en guerre, suivant en cela ses principaux conseillers, qui le pressaient d'y envoyer des troupes américaines pour affronter l'expansionnisme soviétique en Asie du Sud-Est.

La prudence dont le président fit preuve à Berlin et sa crainte de représailles soviétiques ne jouèrent aucun rôle dans ses réflexions sur la situation au Sud-Viêtnam, et encore moins dans son attitude envers Fidel Castro. Le leader cubain restait une cible privilégiée, comme tous ses alliés potentiels.

Le 25 octobre 1961, tandis que les chars américains et soviétiques se faisaient face de chaque côté de Checkpoint Charlie, JFK eut une entrevue, apparemment de pure routine, avec le docteur Cheddi Jagan, devenu un mois plus tôt Premier ministre de Guyane britannique après le triomphe de son parti, le People's Progressive Party. Ce minuscule pays (600 000 habitants, essentiellement Indiens et Noirs) était encore une colonie britannique mais devait bientôt se voir accorder l'indépendance pour devenir le Guyana. Jagan était venu à Washington solliciter une assistance américaine.

La Maison Blanche voyait les problèmes financiers du nouveau dirigeant en termes de guerre froide : quel serait le niveau d'aide nécessaire pour empêcher Jagan de se tourner vers l'Union soviétique – beaucoup pensaient qu'il en était fortement tenté ? Apparemment, son erreur fut de dire au président que, fervent socialiste, il croyait à la planification d'État. Selon Schlesinger, la réaction de Kennedy fut des plus courtoises : « Nous avons souvent aidé des pays qui ne connaissent guère la liberté individuelle, comme la Yougoslavie, du moment qu'ils maintiennent leur indépendance nationale. C'est là un point fondamental. Aussi longtemps que c'est ce que vous faites, peu nous importe que vous soyez socialiste, capitaliste, pragmatiste ou tout ce que vous voudrez. »

Mais Jagan n'obtint aucune assistance. Quelques mois plus tard, des agitations syndicales et des émeutes raciales provoquèrent la mort de plus de deux cents personnes ; le centre de Georgetown, la capitale, fut incendié. Des troupes britanniques intervinrent pour rétablir l'ordre. De nouvelles stations de radio firent leur apparition, tandis que les journaux répandaient de fausses nouvelles. Jagan s'accrocha au pouvoir jusque fin 1964, quand lui succéda un gouvernement de coalition dirigé par Forbes Burnham, un Noir farouchement anticommuniste.

Trente-trois ans après la visite de Jagan à Washington, le *New York Times* révéla ce qui s'était passé après qu'il eut quitté le Bureau ovale. Comme l'écrivit le journaliste Tom Weiner : « Kennedy eut une réunion secrète avec les responsables de la Sécurité nationale. Un plan prit forme. Des documents, toujours classifiés, décrivent, avec un rare luxe de détails, un projet de renversement du docteur Jagan sur l'ordre direct du président. » Citant des sources gouvernementales anonymes, mais « familières des documents secrets », Weiner ajoutait que les dossiers de la CIA constituaient « des preuves assez rares : un témoignage écrit très clair, sans paroles apaisantes ou dénégations, que le président avait donné l'ordre de renverser un Premier ministre étranger ».

Les hommes de l'Agence infiltrés au sein des mouvements syndicaux déclenchèrent les émeutes, l'argent de la CIA finança les stations de radio et ses experts en propagande rédigèrent les fausses nouvelles qui ne firent qu'aggraver l'agitation.

Comme le *Times* demandait son opinion à Arthur Schlesinger, il rendit la CIA responsable de tout, comme après la baie des Cochons. Il reconnut également volontiers que Jagan n'était pas communiste. « Mais la CIA a décidé qu'il représentait une menace, et a montré les dents. [...] Nous avons très mal analysé les luttes qui se passaient là-bas. »

Peut-être Schlesinger ignorait-il, ou préférait-il ignorer, que John Kennedy, en écrasant le malheureux Jagan, n'envoyait à Khrouchtchev aucun signal diplomatique, aucune mise en garde implicite. Le Premier ministre de Guyane britannique avait en fait servi de bouc émissaire à JFK, en lieu et place de la véritable cible des obsessions présidentielles – Fidel Castro. Au moins, face à Cuba, le président pouvait-il satisfaire son besoin de vivre dangereusement sans mettre en péril l'ensemble de l'humanité.

17

Objectif: Castro

À l'automne 1961, Robert Kennedy, à peine sorti des négociations secrètes lors de la crise berlinoise, se chargea d'une nouvelle mission : il devint l'inspirateur d'une autre tentative américaine d'assassiner Fidel Castro et de renverser son régime. Son enthousiasme, sa volonté d'y parvenir à tout prix firent de lui le responsable gouvernemental le plus redouté, mais aussi le plus méprisé, de la CIA. Mais tout le monde comprenait qu'il ne faisait qu'exécuter les volontés de son frère.

Comme me l'a déclaré Samuel Halpern, qui fut le collaborateur de trois directeurs aux opérations clandestines : « On avait constamment les Kennedy sur le dos : il fallait infliger encore plus de dégâts à Cuba, provoquer un soulèvement, nous débarrasser de Castro et de son régime. C'était chez eux une véritable obsession... À ma connaissance, aucun des hauts responsables avec qui j'ai discuté n'avait l'impression que Castro devait disparaître. Mes amis et moi nous demandions tout le temps : "On n'arrivera nulle part, pourquoi on fait ça ?" Nous l'ignorions mais, comme on nous l'avait demandé, on le faisait. Nous étions de bons soldats. »

La carrière d'agent de renseignement de Halpern avait commencé en 1943, avec son entrée à l'OSS. À l'automne 1961, il quitta l'Extrême-Orient pour rejoindre Washington, où il fut nommé responsable administratif de l'opération cubaine. La bureaucratie de l'Agence croissait sans cesse, en raison des exigences de la Maison Blanche. En quelques mois, ce qui devint la plus grosse station de la CIA était installée sur le campus de l'université de Miami, et six cents agents dirigeaient les activités de trois mille exilés cubains rétribués. Des dizaines d'équipes infiltrèrent Cuba par bateau, collectant des renseignements et se livrant à des activités de sabotage. L'administration Kennedy avait changé de méthode après la baie des Cochons. Le nouveau plan, qui devint l'opération Mangouste, s'appuyait sur la propagande, le sabotage économique, l'infiltration de petits groupes, pour créer les conditions d'une révolte dans l'île même. John Kennedy en confia la responsabilité à Edward G. Lansdale, général d'aviation dont les exploits d'agent secret aux Philippines et au Viêtnam étaient légendaires (on dit qu'il servit de modèle à l'*Américain bien tranquille* [1955] de Graham Greene). William Harvey, toujours responsable de « l'action administrative » (ZR/RIFLE), serait « l'éclaireur » de la CIA pour l'opération Mangouste. Désormais, Johnny Rosselli et ses amis de la mafia travailleraient directement pour lui.

L'Agence était sous pression. Après le fiasco de la baie des Cochons, les frères Kennedy méprisaient ses responsables. Bobby l'explique sans ambages dans son interview de 1964 à la Bibliothèque : « À l'origine, la CIA avait des gens qui n'étaient pas très bons. J'essayais d'intervenir, en particulier de les convaincre de nous donner des idées sur ce qu'il convenait de faire. »

Au sein de l'Agence, on voyait les choses différemment. Selon Halpern : « On ne savait pas ce qu'était la pression avant que ces deux fils de pute la mettent sur nous. On avait l'impression d'agir à Cuba non pour le bien des États-Unis, mais pour satisfaire une obscure vendetta familiale. » Il ajoute que les Kennedy s'en prenaient à Castro « pour des raisons personnelles : l'honneur de la famille avait été souillé par l'affaire de la baie des Cochons. Ce n'était pas une question de sécurité nationale. En fait, ils agissaient conformément à ce que leur père leur avait toujours dit : "Ne vous énervez pas et rendez coup pour coup." Nous savions qu'il s'agissait en réalité d'un règlement de comptes interne. »

Et tandis que le projet Mangouste prenait forme, Richard Bissell, qui devait bientôt quitter l'Agence, reçut son ordre de bataille : éliminer Castro. Il y eut une réunion très tendue à la Maison Blanche, confia-t-il à Halpern. « Il [Bissell] m'a dit qu'il avait rencontré le président et son frère. Il s'était fait marcher dessus, on lui avait ordonné de se magner le cul et d'entreprendre quelque chose contre le régime castriste pour débarrasser les États-Unis de Castro. Cela revenait à lui faire comprendre qu'il glandait depuis la baie des Cochons et qu'il était temps de se remettre à l'action. »

Nouveau venu, Halpern demanda à Bissell ce qu'il fallait entendre exactement par « se débarrasser de ». « Il m'a répondu : "Servez-vous de votre imagination". Tout était permis. » Bien entendu, Halpern ajoute que personne ne parlait de meurtre : « C'est trop précis, personne ne s'exprime ainsi dans ce genre d'opérations, même la mafia. On savait ce qu'on faisait : c'est tout ce qu'ils voulaient. »

En ce qui le concernait, Bill Harvey comprenait quels étaient les ordres. Quelques semaines après la convocation de Bissell à la Maison Blanche, il prit part à une conférence, qui dura cinq jours, au quartier général de l'Agence nationale de sécurité. Les Britanniques avaient fait des progrès spectaculaires dans le cassage des codes. Parmi les personnes présentes, Peter Wright, l'un des meilleurs responsables anglais de la guerre secrète, pour qui combattre les insurrections passait par le renseignement, non par la force. Au cours d'une interruption de séance, écrit Wright dans son ouvrage *SpyCatcher*[1], Harvey vint le trouver pour lui demander ce que les Britanniques feraient contre Castro. Wright resta prudent car ses collègues et lui étaient persuadés que la CIA « se plantait complètement » aux Caraïbes.

Harvey lui ayant explicitement demandé s'il chercherait à faire abattre le leader cubain, Wright répondit que ce genre de chose appartenait au passé. L'Américain, baissant la voix, lui expliqua : « Nous mettons sur pied une nouvelle structure au sein de la Compagnie pour traiter ce genre de problèmes et nous sommes en quête de compétences. » L'Agence recherchait « du personnel discret, et des "mécanismes de livraison" fiables ». Wright préféra l'éconduire.

En vieux routier, Harvey ne parla pas à son interlocuteur des pressions que les frères Kennedy exerçaient sur la CIA. Quatorze ans plus tard, toutefois, il révéla tout ce qu'il savait à la commission Church. Lors d'un entretien avec un collaborateur de celle-ci, il se vit demander si les frères Kennedy voulaient simplement renverser Castro. Selon le compte rendu de la discussion, resté inédit jusqu'à présent, Harvey répondit que non. « Bissell a déclaré clairement que la Maison Blanche avait témoigné du même intérêt pour une structure d'action

1. Penguin Viking (USA), 1987.

administrative.» Interrogé plus avant, Harvey ajouta qu'il «était possible» que le président et son frère aient approuvé le principe de l'assassinat de Castro sans être mis au courant des détails. Selon le résumé de l'entretien, «il n'aurait pas été conforme» aux pratiques de l'Agence que celle-ci donne aux frères Kennedy «des précisions sur l'affaire, ou un compte rendu quotidien de ses progrès».

En tout cas, ni John ni Bobby ne s'embarrassaient de subtilités. Le 19 janvier 1962, l'opération Mangouste enfin sur les rails, Robert Kennedy convoqua une réunion. Richard Helms, qui allait bientôt remplacer Bissell, prit des notes minutieuses, plus tard déclassifiées. Elles indiquent que Bobby déclara que Cuba constituait «la priorité numéro un du gouvernement américain. Tout le reste est secondaire. On ne doit épargner ni le temps, ni l'argent, ni les moyens». Il conclut en disant que, la veille, le président lui avait déclaré que «le dernier chapitre [sur Castro] n'avait pas encore été écrit mais qu'il devait l'être et qu'il le serait».

Des témoignages montrent que l'opération Mangouste comprenait des projets d'assassinat distincts de ceux de la CIA. L'un des responsables de celle-ci, qui travailla avec Lansdale, m'a déclaré lors d'une interview que les premiers projets de travail partaient de l'idée que Castro «mourrait lors des combats sur l'île». À la demande du président Kennedy, précise mon informateur, de telles formules disparurent de tous les documents relatifs à l'opération. Il ajoute, en haussant les épaules: «Castro devait-il être tué à l'occasion du soulèvement? Oui. Il ne comptait pas accepter une invitation à quitter l'île en échange d'une retraite dorée.»

En février 1962, Bill Harvey prit officiellement la tête du détachement spécial W, et se lança dans ce qu'il pensa toujours, déclara-t-il à la commission Church, être une nouvelle tentative d'assassinat de Castro, comme il y en avait eu dès avant la baie des Cochons. Début avril, il rencontra Rosselli à New York et lui donna les pilules empoisonnées préparées par les scientifiques de l'Agence. Le gangster déclara à la Commission avoir informé son interlocuteur que, selon les Cubains, il faudrait aussi exécuter Che Guevara et Raul Castro, le frère de Fidel. Harvey avait approuvé. La CIA organisa aussi une livraison de fusils à lunettes avec viseurs infrarouges ainsi que de radios et de radars, qui seraient remis en mai, à Miami, à l'équipe de tueurs. Les tentatives d'assassinat se poursuivirent jusqu'en février 1963, au témoignage de Harvey, bien que dès septembre 1962 il ait eu bien des doutes. Là encore, ce fut Tony Varona qui se chargea de la livraison – et, une fois de plus, la mafia ne tint pas ses promesses.

« Bill Harvey était un sacré fils de pute, se souvient Halpern, mais, placé au pied du mur, lui non plus n'a pas tenu ses promesses. Quand il s'agissait d'éliminer quelqu'un, il n'avait pas plus d'expérience que vous et moi. Nous n'avons jamais tué personne – mais ce n'est pas faute d'avoir essayé ! »

Jusqu'à sa mort, Robert Kennedy nia constamment que lui ou son frère aient été liés en quoi que ce soit aux tentatives d'assassinat du leader cubain, y compris lors des interviews d'avril et de mai 1964 réalisées pour la Bibliothèque Kennedy. Aux questions de savoir si quelqu'un avait essayé ou même projeté d'éliminer le *Lider Maximo*, il répondit d'un « non » franc et massif.

Au milieu de l'année 1961, le président et son frère avaient la haute main sur la politique étrangère et les opérations militaires. Les chefs d'état-major restaient muets et Robert McNamara, le secrétaire à la Défense, portait à JFK une admiration proche de la servilité. Les frères Kennedy terrorisaient la CIA.

Bobby s'était fait une première idée du monde clandestin de l'Agence quand il avait passé deux mois au sein de la commission chargée d'enquêter sur le désastre de la baie des Cochons. Elle était présidée par Maxwell Taylor, ancien chef d'état-major de l'armée de Terre, désormais en retraite. John Kennedy l'admirait car, du temps d'Eisenhower, Taylor avait rompu avec ses collègues pour prêcher la méthode de la « réponse flexible » : combattre localement les insurrections communistes plutôt que se fier à des représailles massives pour convaincre Khrouchtchev de ne plus soutenir les guerres de libération.

Les deux autres membres du groupe étaient Allen Dulles qui, à l'époque, dirigeait encore l'Agence, et l'amiral Arleigh Burke, chef des opérations navales. Certains éléments montrent que Taylor apprit très vite ce que Kennedy et Dulles savaient déjà : les tentatives d'assassinat faisaient partie intégrante de l'invasion ratée.

Un mémorandum de J. Edgar Hoover, toujours aussi méthodique, permet de l'établir. Le 22 mai 1961, alors que la commission interrogeait les participants à l'opération, le chef du FBI le fit parvenir à Robert Kennedy, déclarant notamment avoir été informé du contenu des déclarations de Richard Bissell – autorisé à témoigner, mais seulement devant Taylor et Bobby. Il avait par la suite déclaré à Sheffield Edwards, du bureau de sécurité de la CIA (lequel avait rapporté la chose au FBI, précisait Hoover), qu'il leur avait parlé « du recours à Giancana et à la pègre » lors des « coups fourrés » contre Castro.

Pour autant, Taylor, par fidélité au président, n'y fit aucune allusion dans son rapport final. Il se garda bien, par ailleurs, de confier ce qu'il savait à l'amiral Burke, qu'on suspectait d'être plus respectueux de la vérité que de JFK. Le mémorandum de Hoover, toutefois, resta enfoui dans les dossiers du ministère de la Justice.

Le contenu du rapport de Taylor, bien qu'officiellement classifié, fit l'objet de fuites en direction de la presse à l'été 1961. Il est vrai qu'il comblait alors les vœux du président, qui n'aurait pu espérer mieux. Il dénonçait violemment la menace représentée par Castro: «À long terme, il est impossible de l'avoir comme voisin. Sa présence au sein de la communauté de l'hémisphère, en tant que partisan influent du communisme et de l'anti-américanisme, constitue une réelle menace, capable de renverser les gouvernements élus dans une ou plusieurs des républiques latino-américaines.» Le document, qui ne fut déclassifié que vingt ans plus tard, mettait en cause la CIA, accusée de n'avoir pas «fait clairement comprendre» au président que deux frappes aériennes seraient nécessaires avant le débarquement dans la baie des Cochons. Il s'en prenait aussi aux chefs d'état-major, qui n'avaient avoué aucune de leurs réserves sur le projet d'invasion, «donnant aux autres l'impression de l'approuver».

Le rapport était en fait un simple rideau de fumée et nombre de responsables de l'Agence et de militaires le savaient parfaitement. Graystone Lynch, agent de la CIA qui débarqua dans la baie des Cochons avec la première vague d'exilés cubains, attendit plus de trente ans pour rédiger un mémoire détaillant son témoignage devant la commission présidée par Taylor. Ce manuscrit, resté inédit, m'a été communiqué. Lynch y précise que le général en retraite s'intéressait essentiellement aux faits, et ne contredit pas Lynch lorsque, durant son interrogatoire, celui-ci estima l'aviation, qui s'était révélée incapable de détruire la flottille cubaine, responsable de l'échec de l'invasion. Toujours selon Lynch, Bobby Kennedy n'entendait pas qu'on s'intéresse aux décisions prises par son frère et posa des questions très précises et très techniques, qui voulaient montrer que « l'invasion aurait échoué, même avec les frappes aériennes. C'était impossible à prouver ». Comme beaucoup de gens à la CIA, Lynch était convaincu que le président avait condamné les exilés cubains en annulant le second bombardement à la dernière minute. Il demanda donc la permission de faire une déclaration selon laquelle « si les avions de Castro avaient été détruits au sol, comme prévu », l'opération aurait réussi. Il ajoute qu'il ne fut pas surpris d'apprendre que le rapport de Taylor, non seulement blanchissait le président sur ce point, mais faisait porter la responsabilité de cette décision « à ceux-là mêmes [au sein de l'Agence] qui l'avaient mis en garde contre toute annulation des frappes aériennes ».

L'amiral Burke, lui aussi, ne fit part à personne des sentiments que lui inspirait le rapport. Très respectueux de la présidence, il avait été stupéfait des réactions gouvernementales au fiasco de la baie des Cochons. Comme Gerry M. McCabe, officier de marine qui fut l'un des collaborateurs militaires de JFK, me l'a déclaré en 1995 : « Quand on a appris que c'était un désastre, tous les civils » – McGeorge Bundy compris – « ont plié bagage et sont rentrés chez eux à 16 h 30. Le président est resté jusqu'à 18 heures. Il n'y avait plus personne. » Burke arriva quelques instants plus tard et, avec l'aide de McCabe, se mit à coordonner les efforts en vue de sauver ce qui restait de la petite armée d'exilés cubains alors en pleine déroute. McCabe déclare avoir été très étonné de voir à quel point l'amiral connaissait les lieux de débarquement : « Il pouvait dire aux gars [les capitaines des navires] jusqu'à quelle distance s'approcher du rivage. Si certains s'en sont sortis, c'est grâce à lui.» Une semaine après, m'a précisé McCabe, Burke réunit ses amiraux et leur ordonna de garder le silence sur ce qui s'était réellement passé à Cuba. Il écrivit aussi à JFK une lettre personnelle dans laquelle il déclarait, entre autres: «la marine et les militaires ont les épaules larges» et accepteront de porter la responsabilité de cet échec «pour le bien de la présidence et du pays».

Kennedy ne faisait guère confiance à l'amiral, toujours très franc. Le deuxième jour de l'invasion, lors d'une réunion de crise, JFK refusa d'autoriser une contre-attaque navale sur Cuba, répétant: «Je ne veux pas que les États-Unis soient impliqués.» Ce à quoi Burke répliqua: «Bon dieu, monsieur le président, mais c'est déjà fait!»

L'amiral prit sa retraite l'année suivante. Il en profita pour entamer une enquête personnelle sur les événements, rédigeant un essai qu'il ne publia jamais. Parmi la documentation connexe, la transcription d'une conversation téléphonique qu'il eut en juin 1961 avec le général Lyman Lemnitzer, alors chef suprême des forces armées américaines. Ce document, resté inédit jusqu'à aujourd'hui, montre que Lemnitzer était furieux car Taylor comptait dire que «les chefs d'état-major avaient approuvé le projet» de débarquement dans la baie des Cochons. «Ça me fiche en rogne..., expliqua-t-il à Burke. Je ne suis pas d'accord avec cette déclaration, mais il tient à la reproduire dans son rapport.» Burke se rappela, avec Lemnitzer, qu'il avait déclaré au président que les chances de l'opération étaient «de cinquante-cinquante».

Lemnitzer: Et voilà qu'il veut faire croire qu'on a approuvé à 100 %! C'est totalement faux!

Burke: Je vous ai déjà dit pourquoi, finalement, j'avais approuvé ça? Je suis allé aussi loin que j'ai pu jusqu'à ce que Bobby dise: «Nous écrirons, à propos des autres sites de débarquement [envisagés lors de l'opération de la baie des Cochons] mentionnés précédemment, que les chefs d'état-major ont examiné ces trois alternatives pendant une vingtaine de minutes.»

– Faux, encore une fois ! En ce qui me concerne, j'y ai réfléchi beaucoup plus longtemps que ça.

– Il a dit qu'il ferait connaître la chose [à la presse] et, s'il le fait, on sera dans le pétrin. C'est peut-être faux, mais difficile à réfuter.

– Mais ça n'est quand même pas son affaire de présenter les choses comme ça, et de dire que les chefs d'état-major ont donné leur approbation. C'est une fausse déclaration, ni plus ni moins.

– Oui, en effet. Mais ils ont dit: «Pourquoi n'avez-vous pas fait d'objections?»

– Ah, la barbe avec ça !

Comme Burke, Lemnitzer resta silencieux. Le rapport Taylor correspondait parfaitement à ce que voulait le président et personne, parmi les militaires, n'osa plus le contester, même en privé.

En septembre 1961, John Kennedy annonça qu'Allen Dulles serait remplacé par John A. McCone, républicain californien connu pour être un vigoureux partisan de la guerre froide. Il partageait la haine de JFK pour Castro. En 1975, il déclara à la commission Church que le dirigeant cubain était «un homme qui a passé des années à insulter notre pays, notre gouvernement, notre peuple, de la manière la plus violente et la plus injustifiée. [...] Il a cédé le sol sacré de Cuba pour qu'on y implante des missiles». Toutefois, comme me l'a déclaré un de ses adjoints, Walter N. Elder, McCone «avait toujours considéré que Bobby agissait sur ordre» quand il était question de Cuba. « Bobby s'était mis dans l'idée que Castro avait personnellement insulté sa famille lors de la baie des Cochons, et c'est lui qui à présent sonnait la charge, notamment en inspirant le lancement de l'opération Mangouste. Il intervenait à l'Agence par des moyens détournés. C'était une vengeance après une humiliation, non seulement des États-Unis, mais aussi de la lignée Kennedy, qui était sacrée à ses yeux. » Et Elder d'ajouter : « Nous avions l'impression que Bobby jouait les porte-flingues de John et qu'il voulait de l'action. Les gars de la CIA étaient très méprisants envers lui. » Thomas A. Parrott, responsable de l'Agence qui collabora avec Taylor sur les questions de renseignement, confirma ce témoignage en me lançant, en 1995 lors d'une interview : « Pour moi, Bobby n'était qu'un petit salopard sans principes. »

Taylor avait toujours prôné les méthodes de contre-insurrection, ce qui lui valait le dédain de ses collègues étoilés du Pentagone. Début 1962, pourtant, il fut nommé président de ce qui deviendrait l'un des plus importants rouages du gouvernement Kennedy en matière de politique étrangère : le Groupe spécial de contre-insurrection (CI). Parrott se souvient : « Les frères Kennedy étaient fous de ce concept. Tout serait "contre-insurrection" ! J'ai fait office de secrétaire. » Bobby Kennedy était lui aussi membre de ce groupe. Selon Parrott, il arrivait systématiquement en retard aux réunions et posait les pieds sur la table, « sans doute pour que l'on puisse admirer ses semelles ». Il tenta un jour d'imposer au sein du groupe la présence d'Arthur Goldberg, secrétaire au Travail. Ce dernier avait assisté à une précédente séance, mais Taylor et Parrott l'avaient trouvé trop bavard. Taylor refusa, Bobby Kennedy menaça d'en discuter avec son frère. Au grand accablement de Parrott, les autres

– McGeorge Bundy, Roswell Gilpatric, le général Lemnitzer, le général Cabell et Edward R. Murrow (ancien correspondant de CBS devenu directeur l'agence de presse USIA) – cédèrent à son caprice (seul Cabell préféra louvoyer, prétextant qu'il n'avait pas assisté à la précédente réunion). Mais Taylor demeura inflexible. Sur quoi « Bobby referma son carnet, s'exclama : "L'homme le plus important du pays après le président vient encore d'être bafoué !", sortit de la pièce à grand fracas et claqua la porte, comme un gamin. »

L'idée même de l'opération Mangouste ne sortit pas d'une réunion à la Maison Blanche mais de la fertile imagination de Tad Szulc, journaliste du *New York Times* qui, en janvier 1961, avait fait état des projets d'invasion de Cuba. Considéré comme un expert des questions latino-américaines, il était très proche des milieux anticastristes de Miami et cherchait aussi à nouer des contacts avec de hauts responsables du gouvernement Kennedy. En octobre 1961, il rendit visite, tard le soir, à Robert A. Hurwitch, directeur adjoint du bureau des Affaires cubaines du département d'État. Comme me l'a raconté Hurwitch au cours d'une série d'entretiens – et comme il l'avait écrit dans un mémoire privé qu'il m'a communiqué –, le journaliste déclara avoir réfléchi à la situation : « Si les communistes sont capables de lancer des guerres de libération nationale, pourquoi n'y parviendrions-nous pas ? »

Hurwitch repoussa cette idée, déclarant à son visiteur que, pour cela, « il fallait une opposition interne armée, bien organisée et hautement motivée », ce qui n'était pas le cas à Cuba. Szulc insista, affirmant que, selon ses informateurs cubains, « c'était le bon moment ». Il ajouta qu'il avait contacté plusieurs personnes, dont Richard

Goodwin, nommé coordinateur des affaires cubaines à la Maison Blanche après la baie des Cochons. Quelques jours plus tard, Szulc revint voir Hurwitch, à qui il déclara qu'il progressait et pourrait même rencontrer le président à ce sujet. Comme Hurwitch l'écrit dans son mémoire : « Sottement, je crus qu'il fanfaronnait. »

Szulc et Hurwitch ignoraient que Goodwin était tombé en disgrâce et quitterait bientôt la Maison Blanche pour se retrouver au département d'État. Avec sa chevelure ébouriffée, ses yeux pétillants et son teint basané, il faisait tache au milieu des collaborateurs très collet monté du président. Tout le monde reconnaissait ses talents de rédacteur de discours et ses compétences à la tête de la *Harvard Law Review* ou comme assistant à la Cour suprême mais, aux yeux de ceux qui entouraient JFK, cela n'excusait pas son esprit d'indépendance, son ambition et sa désinvolture à l'égard de ses supérieurs. Goodwin n'ignorait pas que John Kennedy n'était guère porté à respecter les formes dès lors qu'il s'agissait de comploter contre Fidel Castro. Il savait aussi quel pouvoir ont les flatteries bien placées. Il adressa ainsi au président des mémorandums pleins de louanges à l'égard de son frère. Le 1er novembre, dans un de ces textes – obtenu aux termes de la loi sur la Liberté de l'information –, il s'appropria l'idée de Szulc, défendant la création d'une « structure de commandement » qui s'occuperait de définir « une approche globale du problème cubain ». « Je crois, écrivait-il, que le ministre de la Justice en serait le chef le plus efficace. » Et de recommander la nomination d'un adjoint à Bobby – lui-même, par exemple…

Le lendemain, Goodwin revint à la charge : « Pour ce qui est de la propagande, j'ai pensé que nous pourrions demander à Tad Szulc de se mettre en congé du *Times* et de travailler sur ce dossier. » Une semaine plus tard, le journaliste rencontra Bobby Kennedy au ministère de la Justice et passa ensuite plus d'une heure dans le Bureau ovale en compagnie du président et de Goodwin.

À cette occasion, Szulc prit des notes qu'il remit plus tard à la commission Church et qui, depuis, ont été reproduites dans bien des ouvrages. Il n'y est aucunement question d'une offre que JFK lui aurait faite. Selon le journaliste, le président discutait de la nécessité de contrôler la CIA. Puis, soudain, « il se pencha et me demanda : "Quelle serait votre réaction si je donnais l'ordre de faire assassiner Castro?" Je répondis que ce serait une très mauvaise idée parce que, primo, cela ne suffirait sans doute pas à renverser le régime [...] et, secundo, je pensais, en ce qui me concernait, que les États-Unis ne devaient pas recourir à l'assassinat. JFK me dit alors qu'il m'avait mis à l'épreuve, qu'il avait la même opinion que moi et conclut : "J'en suis heureux." ». Kennedy déclara qu'il avait soulevé la question parce qu'il était « soumis à de terribles pressions pour approuver le meurtre de Castro » – pressions dont Szulc ne pouvait préciser si elles venaient de ses conseillers ou des responsables du renseignement.

Lors d'une interview réalisée en 1994, Goodwin m'a expliqué : « En fait, Tad passait un entretien d'embauche : Kennedy s'apprêtait à le recruter. » Certes, le président faisait assez confiance au journaliste pour parler d'un assassinat politique, mais Goodwin reconnaissait qu'il était beaucoup plus probable que JFK ait avant tout cherché à se dédouaner. Il est en effet surprenant qu'il ait abordé le sujet. « La seule explication, c'est qu'il ne voulait pas que Tad le croie impliqué. » En d'autres termes, Kennedy voulait que Szulc lui serve d'alibi au cas où Castro serait assassiné, et certifie que le président ne l'avait pas voulu.

Quoi qu'il en soit, ni Goodwin ni Szulc ne furent recrutés pour l'opération Mangouste. Selon Hurwitch, en novembre 1961, peu après que le journaliste lui eut rendu visite pour la seconde fois, il y eut à la Maison Blanche une conférence top secret que JFK ouvrit par ces mots: «Je viens juste de rencontrer un célèbre journaliste.» Il se contenta ensuite de résumer le projet de Szulc – provoquer une insurrection contre Castro – et annonça qu'un détachement spécial dirigé par son frère serait créé à cet effet. Le général Lansdale serait chargé d'en superviser l'encadrement au jour le jour. Comme l'écrit Hurwitch dans son mémoire inédit: «Je restai sans voix et commis l'erreur de ne pas objecter à ce qui me semblait être une aventure romanesque vouée à l'échec.» Il m'a avoué ce qu'il avait préféré ne pas coucher noir sur blanc: «Que voulez-vous faire face au frère du président des États-Unis? J'avais une famille à nourrir.» Il était conscient que quiconque aurait émis la moindre objection à cette guerre secrète contre Cuba se serait vu, professionnellement parlant, éliminé. Il fut nommé représentant du département d'État dans ce qui devint l'opération Mangouste. «Après la première réunion, écrit-il, je regrettai plus que jamais de n'avoir soulevé aucune objection lors de notre rencontre à la Maison Blanche. [...] Figure pittoresque, grand manipulateur d'images, à commencer par la sienne, Lansdale devint le chouchou de beaucoup de gens qui se virent métamorphosés, par procuration, en "experts" en politique étrangère. [...] Sa totale ignorance de l'Amérique latine en général et de Cuba en particulier n'avait eu aucun poids face aux nombreuses relations qui lui avaient permis de décrocher ce poste.»

En 1987, à la mort de Lansdale, William Cosby, ex-directeur de la CIA, déclara qu'il avait été «l'un des plus grands espions de l'Histoire». Walter Rostow, dans un livre publié en 1972, affirmait déjà qu'il «en savait plus que n'importe qui sur la guérilla en Asie». De la même façon, le journaliste David Halberstam voyait en Lansdale – qui retourna à Saïgon après l'assassinat de JFK – «le bon citoyen par excellence, l'homme moderne, exactement ce que Kennedy cherchait».

Le général passa un an à la tête de l'opération Mangouste, pendant lequel il s'efforça de transformer la communauté des exilés cubains en force politique capable de mobiliser l'opposition à Castro. Mais celle-ci ne se matérialisa jamais: ce qui aurait pu en tenir lieu moisissait dans les prisons cubaines ou vivait confortablement, à Miami, des subsides versés par la CIA. L'opération Mangouste fut incapable de provoquer la création d'un mouvement politique anticastriste, mais sa propagande, ses actions de sabotage, réussirent bel et bien à créer, chez les Cubains, une sorte de mentalité d'assiégés et contribua à pousser le pays dans les bras de l'Union soviétique. En avril 1962, Castro vint à bout de ses derniers opposants – pour une bonne part, des dirigeants communistes de la vieille garde – et signa avec l'URSS un traité commercial de 750 millions de dollars.

D'anciens responsables de la CIA m'ont bien fait comprendre, lors de plusieurs interviews, que l'opération Mangouste n'avait aucune justification du point de vue de la sécurité nationale. Ainsi Sam Halpern: «Aucun d'entre nous, du moins à ma connaissance, ne pensait que Cuba présentait une telle importance. Cela fait maintenant trente-cinq ans que Castro est au pouvoir: il est encore là, mais nous aussi. La seule explication que j'aie, c'est qu'ils [les frères Kennedy] avaient des remords à l'idée d'avoir annulé tout support aérien» lors de la baie des Cochons. «Je crois qu'ils se voyaient obligés de compenser en jouant les durs. Je n'ai pas d'autre explication. » Selon Walter Elder, John McCone déclarait en privé « que toute l'affaire était condamnée d'avance », mais rien ne permet d'établir qu'il l'ait fait savoir au président. Des dossiers de la CIA rendus publics en 1996 montrent même qu'il préféra prétendre le contraire quand, en janvier 1962, Bobby Kennedy lui demanda son opinion « franche et personnelle » : McCone l'assura que l'Agence n'épargnerait aucun effort « et apporterait tout son soutien », à l'opération Mangouste, bien que celle-ci « n'ait jamais été entreprise auparavant » et serait donc « extrêmement difficile à mener à bien ».

Mais tous ceux qui, à la CIA, exprimaient leurs critiques en privé n'étaient pas en mesure de les faire connaître à la Maison Blanche. Aucun de leurs supérieurs n'eut le courage de dire au président et à son frère que l'opération était vouée à l'échec – même pas Lansdale, qui avait pourtant des doutes.

Richard Goodwin m'a révélé qu'il avait discuté avec le général des difficultés de provoquer une contre-insurrection à Cuba. Lansdale était ravi de travailler pour le gouvernement Kennedy mais, comme il l'expliqua à Goodwin, qui n'avait pas son expérience : « Il n'y a pas de guérilla dans les collines, pas de forces rebelles ni même de mouvement clandestin qui en vaille la peine. Or, sans cela, il est inutile d'espérer arriver à quoi que ce soit par les méthodes de contre-insurrection. » Et Goodwin de commenter : « Mais Lansdale était Lansdale. Ce n'était pas lui le patron et il se bornait à émettre une opinion. »

L'opération Mangouste fut un échec monumental, en premier lieu parce que ses objectifs, tels que Lansdale les décrit dans une série de documents top secret datant du début de 1962, étaient tout simplement irréalistes.

Elle devait se développer en six phases successives, des actions de guérilla au milieu de l'été à la révolte ouverte dans la première quinzaine d'octobre. Lansdale fixait même au 20 octobre 1962 la mise en place du nouveau gouvernement cubain. L'analyse de Sam Halpern est sans appel : « C'était complètement absurde ! On était censé organiser le défilé de la victoire dans les rues de La Havane pour la dernière semaine d'octobre. Comme par hasard, ça correspondait aux États-Unis à des élections au Congrès. [...] Dans le secteur du renseignement clandestin, on ne se fixe pas un plan où l'on prévoit de recruter trois personnes mercredi, cinq vendredi et douze deux jours plus tard. Comment diable pourriez-vous y arriver ? Certaines des directives d'Ed étaient risibles. Mais c'était le genre d'ordres qu'il nous donnait. Il n'a jamais été qu'un type en costume de flanelle tout droit venu de Madison Avenue. On disait de lui qu'il aurait pu vendre des réfrigérateurs à des Esquimaux mais, en ce qui me concerne, je n'ai jamais eu une très haute opinion de ses capacités. On a essayé beaucoup de choses mais rien ne marchait. On avait des réunions pour savoir combien de brochures de propagande devraient être lâchées par avion, combien de bateaux avaient été sabotés... »

Il n'y avait rien de commun entre les ambitions de Lansdale et ce que la CIA pouvait réellement faire à Cuba. « J'ai dit à Helms, poursuit Halpern : "Dick, on n'a même pas un pot de chambre, là-bas ! Tous ceux qu'on connaissait ont été lessivés quand Castro est arrivé. Il nous faut un an pour reconstruire une base !" On ne savait pas ce qui se passait. On n'avait pas de renseignements. Dick ne m'a pas cru : "Ça ne peut pas être aussi grave que ça !" Le problème de Helms, c'est qu'il devait traiter avec la Maison Blanche. Lansdale avait réussi à vendre sa camelote aux Kennedy. Au téléphone, on l'appelait "le Maréchal". »

L'opération Mangouste et le détachement spécial W, coûtèrent au moins 100 millions de dollars au contribuable américain – sans pour autant menacer Castro, ni compromettre sa popularité auprès de la population cubaine. Nombre d'opérations entreprises par les Américains défiaient le sens commun. Ainsi, lorsqu'un cargo soviétique, à la suite d'une avarie, fut contraint de relâcher dans un port des Caraïbes et d'y décharger sa cargaison de sucre cubain, un agent de la CIA, s'introduisant dans un entrepôt, l'aspergea d'un produit chimique destiné à le rendre immangeable… « Tout ça était puéril, commente Halpern. Mais on travaillait sous pression. »

Les hommes du détachement spécial W eurent droit à d'autres humiliations de la part de Bobby Kennedy qui, de plus en plus agacé de voir la situation piétiner, décida au printemps 1962 de lancer sa propre opération. Une fois de plus, il se tourna vers la mafia. Sur son ordre, un agent de la CIA spécialiste des opérations clandestines, nommé Charles Ford, devint son agent personnel. C'était là une requête sans précédent qui remonta jusqu'au général Marshall Carter, nouveau directeur adjoint de l'Agence. Jusqu'à l'assassinat de John Kennedy, Ford passa son temps à contacter en secret les chefs de la mafia aux États-Unis et au Canada, tout en continuant à servir dans le détachement spécial W avec Harvey et Halpern. Selon ce dernier, « Bobby était absolument convaincu que la pègre avait maintenu une présence à Cuba, car elle détenait encore beaucoup d'avoirs là-bas : casinos, maisons de jeux, prostitution et Dieu sait quoi d'autre. Il pensait qu'en se servant de ça on pourrait obtenir certains renseignements sur ce qui se passait à Cuba. L'idée même était idiote : la mafia n'avait pas de réseau clandestin sur place, c'était beaucoup trop compliqué à installer. Et Castro disposait de services de sécurité à la hauteur : il était impossible de nouer des contacts dans les grandes villes. C'est bien pourquoi nous opérions dans les campagnes. »

Il est bien possible, ajoute Halpern, que Bobby Kennedy ait aussi, par l'intermédiaire de Charles Ford, cherché à damer le pion à Bill Harvey en réussissant à trouver quelqu'un pour assassiner Castro. « Charlie rencontrait Kennedy dans son bureau et, bien entendu, le contactait régulièrement par téléphone. Jamais il ne m'en a rien confié, comme d'ailleurs à qui que ce soit. Il était l'homme de Bobby et personne ne touchait à lui. »

Halpern ajoute que Robert Kennedy prenait parfois l'initiative d'appeler Ford, mais qu'en règle générale c'était sa secrétaire, Angie Novello, qui s'en chargeait. Celle-ci, contactée par téléphone en 1994, m'a déclaré se rappeler Halpern mais ne garder « aucun souvenir » d'avoir jamais appelé des responsables de la CIA, Ford compris. Celui-ci accomplissait, en moyenne, deux voyages par mois pour le ministre de la Justice, à qui il faisait parvenir ensuite des rapports écrits. « Je sais qu'il est allé dans des endroits tels que Chicago, San Francisco et une fois au Canada, dit Halpern. Mais jamais nous n'avons eu le moindre document là-dessus. » Les rapports de Ford, s'ils existent encore, doivent sans doute se trouver dans les millions de pages des archives de Bobby que la Bibliothèque John F. Kennedy est loin d'avoir rendues publiques dans leur intégralité : elles occupent plus de 500 mètres linéaires, dont le tiers à peine est accessible aux chercheurs.

Halpern et ses collègues s'inquiétaient de la sécurité de leur collègue : « Nous aimions contrôler nos lieux de rencontre et nous nous méfiions des endroits inconnus. »

Ford, qui avait servi au Japon et savait beaucoup de choses sur les activités de l'Agence dans l'archipel, se vit donner des papiers d'identité et une couverture soigneusement montée pour que la mafia ne sache pas qu'il travaillait pour la CIA.

Et Halpern ajoute: «Je ne sais pas comment Bobby Kennedy pouvait justifier ça à ses propres yeux. D'un côté, il était censé vouloir détruire la mafia, de l'autre il se servait d'elle pour avoir des informations sur Cuba. Peut-être avaient-ils passé un marché. Qui sait?» D'après lui, Ford, mort à la fin des années 1980, ne parla jamais de ses missions pour Kennedy, même des années plus tard.

Bobby Kennedy n'était pas simplement «censé» s'en prendre aux mafiosi. Quelques jours après être entré en fonctions en janvier 1961, il avait annoncé le lancement d'une campagne sans précédent, dont le but serait de faire emprisonner les criminels les plus notoires en les traînant en justice pour répondre de toutes les accusations, quelles qu'elles fussent, qui pourraient être prouvées devant un tribunal. Il redonna vigueur au département chargé, au ministère, de lutter contre le crime organisé, et déclara que la lutte contre la mafia serait la première de ses priorités. Il réussit à faire voter au Congrès une loi faisant de la transmission, par téléphone ou télégraphe, de renseignements sur les jeux et les paris, un crime fédéral, ce qui portait gravement atteinte aux juteuses activités de la pègre en ce domaine.

Ses rapports, jusque-là inconnus, avec Charles Ford jettent toutefois une nouvelle lumière sur une réunion qui eut lieu au ministère en mai 1962. Schlesinger et beaucoup de partisans des Kennedy en ont souvent fait état pour nier que Bobby ait été impliqué dans les tentatives d'assassinat de la CIA et pour affirmer qu'il refusait toute collaboration avec le crime organisé.

Il y avait un différend entre la CIA et le FBI : ce dernier voulait faire juger Sam Giancana en tirant parti d'enregistrements qui n'existaient que grâce à la jalousie du mafioso. L'incident s'était produit en octobre 1960. Giancana et Robert Maheu étaient dans le même hôtel de Miami, cherchant un moyen de faire assassiner Castro. Le truand était persuadé que sa maîtresse, la chanteuse Phyllis McGuire, le trompait à Las Vegas avec le comédien Dan Rowan. Maheu tenait à ce que Giancana reste en Floride, et voulait peut-être lui rendre un petit service pour s'assurer ses bonnes grâces. Après avoir obtenu l'accord de ses contacts au sein de la CIA – ainsi que l'argent nécessaire –, il fit installer des micros dans la chambre d'hôtel de Rowan. Un nommé Arthur J. Balletti fut chargé de cette mission, mais une bonne découvrit le matériel et appela la police, qui interpella le « plombier » maladroit.

L'affaire fut transmise au FBI, dont les agents apprirent, fin avril 1961, que la CIA travaillait avec Sam Giancana et la pègre. Leur informateur n'était autre que Robert Maheu – choqué par l'attitude de John Kennedy pendant la baie des Cochons. Selon Sam J. Papich, adjoint de Hoover chargé des relations entre les deux agences – une des tâches les plus sensibles de la profession –, les réactions au FBI furent très violentes. En 1975, Papich déclara aux enquêteurs de la commission Church – selon un résumé obtenu aux termes de la loi sur la Liberté de l'information – que l'implication de la CIA posait un énorme problème si l'on voulait inculper Sam Giancana pour pose illégale d'appareils d'écoute. Des deux côtés, la discussion remonta au plus haut niveau : Sheffield Edwards, directeur du bureau de sécurité de l'Agence, passa plusieurs mois à tenter de convaincre le FBI et le ministère de la Justice d'abandonner les poursuites et de garder le secret.

Rien ne fut résolu avant avril 1962, quand Lawrence Houston, principal conseiller juridique de la CIA, rencontra Herbert J. Miller, chargé de la division criminelle du ministère de la Justice. Houston nota, dans un mémorandum que se procura la commission Church, qu'il ne prévoyait « aucune difficulté dans l'interruption des mises en accusation », ce qui permettrait à l'Agence de garder le secret sur ses rapports avec la mafia. Trois semaines plus tard, le 7 mai, Houston et Sheffield Edwards rencontrèrent Bobby Kennedy et lui « racontèrent toute l'histoire », pour reprendre les propos d'Edwards devant les enquêteurs qui, en 1967, rédigèrent le rapport de l'IG sur les tentatives d'assassinat.

Ils interrogèrent aussi Houston, selon qui Bobby Kennedy avait déclaré qu'il « comprenait le problème, et n'entreprendrait pas de poursuite contre ceux [Giancana et les autres] impliqués dans l'affaire ». Sur quoi il ajouta, « d'un ton très ferme » : « Je suis persuadé que si jamais vous essayez de nouveau de faire affaire avec le crime organisé, vous en préviendrez le ministre de la Justice au préalable. » À l'époque, bien entendu, Edwards et Houston ignoraient, de toute évidence, que Bobby Kennedy était précisément en train de « faire affaire » avec la mafia, aidé par Charles Ford. Il poussait aussi la CIA à se débarrasser de Castro par tous les moyens et savait, comme son frère, qu'une très jolie femme nommée Judith Campbell se chargeait de transmettre des messages en ce sens à Sam Giancana et Johnny Rosselli. Quatre jours après la réunion, en tout cas, Bobby en demanda à Edwards et Houston un compte rendu qui lui fut remis le 14 mai. C'était là un document d'une valeur inestimable :

il attesterait officiellement que le ministre de la Justice avait été furieux d'apprendre qu'on recourait à la mafia dans le cadre des activités anticastristes et qu'il avait ordonné à la CIA de le prévenir avant toute nouvelle initiative de ce genre. Bien entendu, il n'y était à aucun moment question des tentatives – passées, présentes et futures – d'assassinat de Fidel Castro.

Le rapport de l'IG de la CIA, rédigé en 1967 mais qui ne fut rendu public qu'en 1993, concluait qu'Edwards et Houston, en informant Bobby Kennedy que l'Agence avait contacté la mafia à l'automne 1960 et au printemps 1961, lui avaient fait croire que l'opération «avait pris fin suite au désastre de la baie des Cochons». Le rapport ajoute que les deux hommes s'abstinrent de lui dire que les tentatives d'assassinat se poursuivaient.

Ce rapport, comme celui de la commission Church, huit ans plus tard, accusait Edwards d'avoir délibérément induit Bobby Kennedy en erreur, lors de la réunion comme dans le compte rendu qu'il rédigea par la suite. Il est possible que ces deux documents contiennent la même erreur. À l'automne 1961 – soit plusieurs mois avant la rencontre entre les deux hommes –, les projets de meurtre de Castro étaient placés sous la direction de Bill Harvey, bien connu pour sa discrétion absolue. En 1975, Edwards, alors très malade, dut témoigner devant la commission Church: il affirma que, lors de sa rencontre avec Bobby, il ne «savait pas» que les projets d'assassinat étaient de nouveau à l'ordre du jour, précisant toutefois: «Je jugeais que M. Harvey avait vraiment tort de poursuivre toutes ces affaires.» Il se montra extrêmement réticent à l'idée d'aborder la question, en dépit des encouragements du sénateur Church: «Je crois que si vous prononciez ce mot [assassinat], vous pourriez surmonter la difficulté.» Ce à quoi Edwards répliqua:

« Alors, que voulez-vous que je dise, sénateur ? Que dois-je dire ? » De toute évidence, il comptait bien emporter ses secrets dans la tombe.

Le rapport de l'IG de la CIA, celui de la commission Church, disent en substance : le 7 mai 1962, le ministre de la Justice, venant d'apprendre que la CIA avait recouru aux services de Giancana et de Rosselli pour assassiner Castro, dès avant la baie des Cochons, se borna à demander à l'Agence de ne plus traiter avec la mafia sans l'en avertir au préalable. Il se garda bien de relever des noms, n'entreprit aucune enquête et ne fit rien pour veiller à ce que de telles tractations ne se reproduisent pas. Le compte rendu incomplet, et peut-être truqué, que Houston et Edwards donnèrent de leur réunion avec Kennedy permit à Schlesinger, dans sa biographie de Bobby, d'affirmer que « les Kennedy n'étaient pas au courant des projets d'assassinat de Castro avant et après la baie des Cochons ».

Sam Halpern, quant à lui, est persuadé que la réunion du 7 mai avait un sens tout différent : « Bobby ne nous disait pas d'arrêter, mais de ne pas recommencer sans le prévenir. » S'il a raison, Robert Kennedy, lors de la réunion avec Edwards et Houston, se fixait un double objectif : obtenir un compte rendu officiel déclarant que la CIA avait mis fin à ses projets d'exécution et, plus important encore, veiller à ce que l'Agence n'autorise pas d'opération clandestine de nature à compromettre les rencontres de Charles Ford avec les chefs de la mafia.

L'acteur le plus efficace à l'opération Mangouste fut le Pentagone : ses stratèges se virent enjoindre de préparer des plans en vue d'une action à Cuba à l'automne 1962, au cas où les projets de Lansdale permettraient de provoquer une révolte dans l'île. Des centaines de milliers de soldats et de matelots américains prirent ainsi part à des exercices militaires dans les Caraïbes, sous l'œil attentif des services de renseignement cubains. En août, plus de 65 000 hommes participèrent à l'opération *Swift Strike*[1] II, dont l'objectif était, manifestement, de simuler une attaque sur une île ressemblant d'assez près à Cuba... Plus tard, 7 500 Marines prirent à leur tour d'assaut une autre île proche de Porto Rico, qu'on avait baptisée « Ortsac » – « Castro » à l'envers. À l'automne 1962, le Pentagone se vit ordonner de préparer des troupes et du matériel en vue d'une invasion massive de Cuba. Si le président l'ordonnait, 100 000 hommes venus des bases militaires de la côte est pourraient déferler sur les plages de l'île en huit jours.

L'amiral Robert Dennison, commandant en chef de la flotte atlantique, dirigeait les travaux de planification militaire et prenait sa tâche très au sérieux. Il déclara en 1973, dans le cadre d'un projet d'histoire orale du US Naval Institute : « J'avais sous mes ordres cinq divisions de l'armée de Terre plus deux de Marines, et les opérations prévoyaient de les mettre en œuvre en différents points de débarquement à Cuba. Il faudrait pour cela un soutien naval et aérien. [...] Mes projets furent approuvés par les chefs d'état-major et le président, bien entendu, en avait eu connaissance : il fallait qu'il sache ce que nous pouvions faire, et comment. Nous serions confrontés à des forces terrestres très puissantes, aussi faudrait-il prévoir des bombardements. Beaucoup de gens seraient tués, ce serait inévitable. Puis, après avoir occupé l'île, les États-Unis devraient prendre en charge sa reconstruction et la création d'un nouveau gouvernement, tâche qui nous aurait occupés pendant des années. »

---

1. Littéralement, « frappe rapide ».

Bien entendu, les Cubains et leurs protecteurs soviétiques n'ignoraient rien de ces préparatifs. Le caractère agressif des démonstrations américaines joua un rôle dans la décision prise par Khrouchtchev d'installer des missiles à Cuba, à l'origine de la fameuse crise d'octobre 1962. Comme l'a écrit en 1997 John Lewis Gaddis, historien renommé de la guerre froide : « il semble désormais probable que son principal objectif était non pas de bouleverser l'équilibre stratégique », comme la Maison Blanche l'affirma à l'époque, « mais plutôt de sauver la révolution cubaine. [...] On dispose depuis longtemps de témoignages prouvant que le gouvernement Kennedy s'efforçait de se débarrasser de Castro *par tous les moyens, invasion exceptée.* Étant donné l'importance sans précédent des activités militaires américaines dans les Caraïbes lors des mois et surtout des semaines précédant le déclenchement de la crise, il semble absurde d'affirmer qu'on s'en serait tenu là – surtout si l'un des nombreux projets d'assassinat de la CIA avait bel et bien réussi. »

18

Judy

Judith Campbell n'avait jamais entendu parler de John F. Kennedy quand, le 7 février 1960, elle lui fut présentée par Frank Sinatra au Sands Hotel de Las Vegas. Elle ne savait pas qu'il était sénateur, candidat à la présidence – et marié. En revanche, elle le trouva aussitôt sublime et, le lendemain, en était tombée amoureuse. Ce fut une erreur qui ruina son existence – mais qu'elle répéterait de nouveau aujourd'hui, dit-elle tristement.

Campbell fut placée sous les feux des projecteurs quand, en novembre 1975, la commission Church, dans son rapport, nota discrètement posséder des preuves qu'une «amie intime du président avait été en contact fréquent avec lui de fin 1960 au milieu de l'année 1962. Les rapports du FBI, comme certains témoignages, indiquent qu'elle était aussi l'amie de John Rosselli et de Sam Giancana, qu'elle vit souvent pendant cette période». Ces deux phrases provoquèrent une véritable tempête. La presse apprit bientôt ce que la commission aurait préféré tenir sous le boisseau: «l'amie intime» en question était une jeune femme du nom de Judith Campbell Exner (elle était alors mariée au golfeur Dan Exner), et avait témoigné deux mois plus tôt, déclarant aux sénateurs que ses relations avec le président Kennedy avaient été d'ordre purement privé et qu'elle ignorait tout d'éventuels contacts entre JFK et Giancana.

Exner renouvela ses démentis lors d'une conférence de presse à San Diego en décembre 1975 : elle accusa la presse de se livrer à « des spéculations sans fondement » et de laisser entendre qu'elle avait servi d'intermédiaire entre le président et le gangster, tout en entretenant une liaison avec chacun d'eux. Deux ans plus tard, elle publia *My Story*[1], rédigé avec Ovid Demaris, où elle donnait la liste de ses nombreux rendez-vous galants avec Kennedy. Au cours d'une série d'interviews qu'elle m'a accordée pour cet ouvrage, elle a reconnu avoir, à l'époque, quelque peu travesti les faits. Le 19 juin 1975, Sam Giancana avait été abattu chez lui, la veille du jour où il devait rencontrer un avocat de la commission Church – à laquelle, terrorisée, elle n'avait osé dire toute la vérité. Ce qui d'ailleurs, m'a-t-elle précisé, lui fut chose facile : pendant sa déposition, personne ne lui posa les bonnes questions.

Le livre d'Exner contenait beaucoup d'incohérences et de mensonges, en particulier sur ses relations avec Giancana, mais aussi nombre de détails, impossibles à réfuter, sur ses rencontres avec le président, dont elle donnait par exemple les numéros de téléphone privés. Après des années de rumeurs sur les escapades de JFK, elle était la première à reconnaître publiquement avoir été sa maîtresse alors qu'il était à la Maison Blanche. L'insouciance de Kennedy durant cette liaison porta un coup très dur à son image, car elle signifiait qu'il s'était ainsi, durant tout ce temps, exposé au chantage de la pègre.

---

1. Judith Exner, *op. cit.*

En août 1962, sous les yeux des limiers du FBI, l'appartement de Judith Campbell Exner fut cambriolé par deux frères qui repartirent dans une voiture appartenant à leur père, chef de la sécurité de General Dynamics Corporation, une des plus grosses firmes américaines traitant avec le ministère de la Défense. Trois mois plus tard, la société, à qui personne n'accordait beaucoup de chances en ce domaine, signa un contrat de 6,5 milliards de dollars – le plus gros de toute l'histoire des États-Unis – pour un avion de chasse expérimental, le TFX (*Tactical Fighter Experimental*). Ce qui provoqua de nombreuses controverses : une commission du Sénat enquêta pendant des mois, sans trouver de preuves de collusion entre la General Dynamics et d'éventuels responsables gouvernementaux. Les sénateurs mirent fin à leurs investigations après l'assassinat de Kennedy ; l'argent du contribuable américain fut englouti dans la mise au point d'une version navale de l'appareil qui se révéla un échec retentissant.

Née en 1934, Judith Exner, comme on l'appelle aujourd'hui, grandit à Los Angeles dans une famille catholique très stricte, en compagnie de quatre frères et sœurs. L'argent ne manquait pas : son père, Frederick Immoor, était un architecte renommé, spécialiste des hôpitaux. À la fin des années 1930, la famille vivait à Pacific Palisades, dans une villa de style méditerranéen de trois étages donnant sur l'océan, que l'acteur Joseph Cotten devait racheter plus tard. Les parents côtoyaient de nombreuses célébrités de Hollywood, en particulier Bob Hope. Jacqueline, la sœur aînée de Judith, commençait à se faire connaître au cinéma sous le nom de Susan Morrow. Comme me l'a déclaré Exner : « J'ai grandi en pensant que ces gens n'étaient en rien différents des autres.» Timide, peu sûre d'elle, Judith connut une enfance difficile: elle avait horriblement peur du noir, du bruit et n'osait jamais lever la main en classe. Très proche de sa mère, Katherine, elle fut traumatisée lorsque, à la suite d'un accident de la circulation, celle-ci fut gravement blessée. Son père décréta qu'elle quitterait son école privée catholique et qu'un précepteur se chargerait de lui donner des leçons à domicile. Il ne fut jamais question pour elle d'études supérieures.

À seize ans, elle acheva ses études secondaires et prit l'habitude de passer les après-midi au bureau de l'attachée de presse de sa sœur, répondant au téléphone et tapant le courrier. Johnny Grant, plus tard producteur de télévision – il était en retraite quand je l'ai interviewé – avait travaillé là-bas à l'époque. Il se souvient d'Exner: «Une des plus jolies filles que j'aie jamais vues de ma vie, et l'une des plus gentilles. Elle venait d'une famille huppée, savait s'habiller, avait un sourire merveilleux et aucun désir d'être mannequin ou actrice. Je discutais souvent avec elle. Je l'aimais bien.»

Sa beauté captivait les hommes. À en croire James Bacon, représentant de l'Associated Press à Hollywood, «elle était dans la catégorie "Elizabeth Taylor": superbe, vraiment superbe!» Elle rencontra un acteur nommé William Campbell et l'épousa en 1952 malgré l'opposition de ses parents – elle n'avait que dix-huit ans.

Sans devenir une grosse vedette, son mari, dans les années 1950, ne manqua jamais de travail, tournant pour la Warner, la MGM ou Universal. «À l'époque, quand vous étiez acteur, se souvient Exner, il fallait assister à chaque première, chaque événement mondain, poser pour les magazines de cinéma, être toujours sous l'œil du public.» Plus belle que jamais, elle devint une jeune femme uniquement préoccupée de son allure: prendre un bain, se maquiller, puis faire un choix dans sa garde-robe pouvait lui prendre quatre heures. La carrière de Campbell connut son apogée quand il tourna dans *Cellule 2455, couloir de la mort*, la biographie de Caryl Chessman. Mais le couple traversait une passe difficile et divorça en 1958.

Exner découvrit à cette occasion qu'il était infiniment flatteur d'être entourée d'hommes aux petits soins pour elle. Comme elle l'écrit dans *My Story*[1]: «Pour la première fois de ma vie, je commençai à sortir comme le font les lycéennes. La vie devint très agréable. Je dormais jusqu'à 9 heures, 10 heures si je m'étais couchée tard. J'essayais de consacrer chaque matin deux heures à la peinture. Je déjeunais avec des amis, ou au studio avec Jackie [sa sœur]. L'après-midi, je me remettais à peindre ou j'allais faire du lèche-vitrines. Je ne dînais jamais chez moi, et jamais seule ou avec d'autres femmes. Aujourd'hui encore, dîner sans compagnie masculine me déplaît. Lorsque je voyage seule par le train, je ne quitte jamais mon compartiment. Même chose pour les hôtels: je me fais toujours servir dans ma chambre.»

À l'automne 1959, Exner entama avec Frank Sinatra une brève liaison. Dans son livre, elle raconte comment, à sa grande horreur, le chanteur invita un soir une autre femme à partager leur lit. «Je me suis figée sur place: personne n'aurait pu déplacer mes bras ou mes jambes.» Sinatra s'excusa. Lors de nos interviews, sans chercher à se présenter comme naïve ou ignorante, elle m'a simplement déclaré: «Il n'était pas pour moi. Ce n'était pas exactement le chevalier servant idéal. Mais c'était un excellent ami.»

---

1. Julie Exner, *op. cit.*

Tous deux restèrent en contact. Elle accepta ainsi son invitation de venir au Sands Hotel de Las Vegas, le 7 février 1960, où le fameux « Rat Pack » – Sinatra et ses amis, parmi lesquels Dean Martin et Sammy Davis Jr. – se produisait ce soir-là. John Kennedy fit son apparition un peu plus tard. Rien ne permet de penser que sa rencontre avec Exner fut préparée. Il avait passé la matinée au Nouveau-Mexique pour y faire campagne et comptait repartir pour l'Oregon quand il décida brusquement de faire une pause à Las Vegas. Il finit par se retrouver au Sands Hotel en compagnie de deux journalistes, Blair Clark de CBS et Mary McGrory du *Washington Star*. Clark revoit encore la scène : « Le téléphone sonne, c'est Frank Sinatra qui me dit : "John veut que vous et Mary descendiez boire un verre." Nous les rejoignons et, là, nous rencontrons Judith Campbell Exner. »

Selon celle-ci, Sinatra la présenta à John Kennedy, ainsi qu'à son frère Teddy, responsable de sa campagne dans les États des montagnes Rocheuses. C'est d'ailleurs ce dernier qui la raccompagna jusqu'à sa chambre en fin de soirée. Elle eut le plus grand mal à l'éconduire… Puis, le lendemain matin, John lui téléphona et lui proposa de déjeuner en sa compagnie au bord de la piscine. « Quand je suis descendue, il donnait une conférence de presse devant une dizaine de journalistes, et m'a lancé : "J'arrive, Judith !" Ils ont tourné la tête dans ma direction mais il a continué à parler comme si de rien n'était. » Elle ajoute : « Je n'y ai pas pensé sur le moment, parce que je ne savais pas qu'il était candidat à la présidence. Je ne m'intéressais pas du tout à la politique, ça ne voulait rien dire pour moi. De surcroît, étant californienne, je n'avais aucune raison d'avoir entendu parler d'un sénateur du Massachusetts ! »

Le déjeuner prit du temps. «Il a été très intéressé d'apprendre que je venais d'une famille nombreuse et que j'étais catholique. Nous avons parlé de beaucoup de choses, celles dont on discute avec quelqu'un que l'on trouve attirant. Il était étonnant. Vous aviez l'impression d'être la seule personne de la planète! Il n'oubliait jamais rien de ce que vous lui disiez, il écoutait vraiment, il ne faisait pas semblant. Il absorbait tout.» Il y eut un autre rendez-vous le soir, un autre spectacle du Rat Pack. «Je ne savais pas qu'il était marié. Je n'ai même pas eu l'idée de le lui demander. Personne ne m'a rien dit.»

Kennedy repartit en campagne, mais se mit à téléphoner régulièrement. «Il demandait toujours si je comptais prendre l'avion pour venir le voir. C'était un peu trop tôt pour moi. J'en avais très envie, mais j'étais prudente. Il appelait presque chaque jour.» C'est à cette époque, précise-t-elle, qu'elle apprit qu'il était marié. «Je sais que je n'aurais pas dû, mais mon cœur l'a emporté sur ma tête. Inutile de me chercher des excuses.» Ils devinrent amants au Plaza Hotel de New York, le 7 mars, veille de la victoire de JFK aux primaires du New Hampshire. Trois semaines plus tard, alors qu'il était en campagne dans le Wisconsin, Exner se rendit à Miami pour assister à un autre spectacle de Sinatra, cette fois au Fontainebleau Hotel. Lors de la soirée qui suivit, le chanteur l'appela et dit: «Je veux que tu rencontres Sam Flood.» Il s'agissait de Sam Giancana – qui, selon le FBI, n'utilisa pas moins de dix-neuf faux noms au cours de sa carrière. Judith prétend n'avoir pas su qui il était – beaucoup de gens à Hollywood voyagent sous pseudonyme. Il lui fit une remarque, qu'il pensait innocente, sur un bijou fantaisie qu'elle portait: «"Une femme comme vous devrait avoir de vrais bijoux." Il croyait que j'allais prendre ça comme un compliment, mais je me suis sentie insultée parce que j'aimais beaucoup cette babiole. Je l'ai regardé et j'ai répondu : "Une femme comme moi en porte souvent." Il a ri. »

Comme d'habitude, Kennedy téléphona, très tard. « Il voulait toujours savoir où j'étais, qui je voyais, avec qui je dînais. Il adorait les ragots, à tel point qu'il m'arrivait de lui répondre : "Va donc acheter un magazine de cinéma !" » Elle lui parla de sa rencontre avec « Sam Flood ». « Il a dit : "Ah, je vois. Sam Giancana." J'ai répondu : "C'est son vrai nom ?" "Oui." Du reste, ça ne m'évoquait toujours personne. À l'époque, les gens n'avaient pas encore entendu parler de lui. »

Ce n'était pas le cas de la famille Kennedy. Quelques mois plus tôt, Joe et le gangster avaient conclu un accord aux termes duquel la mafia apporterait son aide à JFK lors de l'élection de 1960.

Le 6 avril 1960, Exner et Kennedy furent de nouveau amants, dans la demeure qu'il partageait à Georgetown avec son épouse et leur fille. Enceinte de leur second enfant, Jackie était partie pour la Floride. La veille, JFK l'avait emporté sur Hubert Humphrey lors des primaires du Wisconsin, mais d'une courte tête ; il allait désormais devoir faire campagne en Virginie-Occidentale. Cette fois, il y serait vainqueur, et il le savait, grâce non pas à des discours mais à de fortes sommes d'argent – le problème essentiel étant de remettre discrètement des sacoches remplies d'argent liquide. Bien entendu, Exner n'y songeait nullement : « Vous ne pouvez pas savoir ce que j'éprouvais [...]. Être dans la demeure de son épouse... seule une femme peut comprendre ça. Un autre homme était présent lors du dîner. Ils ont parlé des primaires et, toute la soirée, il n'a pratiquement été question que de politique. » JFK déclara qu'il désirait vivement se débarrasser de Hoover, et discuta aussi pour savoir si oui ou non «il garderait Evelyn Lincoln». Judith et la secrétaire de Kennedy étaient déjà devenues «de grandes amies par téléphone: elle transmettait toujours mes messages à John, qui ne manquait jamais de me rappeler». Elle s'immisça donc dans la conversation pour dire à son amant que Lincoln «devrait rester en place».

Elle se souvenait simplement que l'interlocuteur de JFK était un homme de grande taille, qu'il s'appelait Bill et qu'il était dans les chemins de fer.

Les relations très étroites entre Bill Thompson et Kennedy furent toujours soigneusement dissimulées aux journalistes accrédités à la Maison Blanche. Les seules photos les montrant ensemble furent publiées en mars 1962 dans le *Miami Herald*: on y voyait le président en grande conversation avec Thompson, alors directeur de la Florida East Coast Railway, et le sénateur George Smathers, qui les avait présentés l'un à l'autre vers le milieu des années 1950. Les trois hommes se surnommaient «les trois mousquetaires». JFK fut le témoin de Thompson quand celui-ci se remaria en 1958. C'était un coureur de jupons notoire et les amis et collaborateurs de Kennedy qui en savaient un peu plus sur lui ne l'appréciaient guère. Comme me l'a déclaré Charles Bartlett: «Il servait de maquereau à John.» Jerry Bruno, collaborateur de JFK au Sénat, m'a confié quant à lui: «Il représentait le côté sombre de John Kennedy.»

Thompson était par ailleurs très drôle, et ne craignait pas de plaisanter aux dépens de son illustre ami. Hyman Raskin m'a ainsi raconté qu'il avait réussi à obtenir d'Evelyn Lincoln un chéquier sur le compte de JFK. Celui-ci, grippe-sou notoire, n'avait jamais d'argent liquide sur lui – habitude qu'il conserva une fois entré à la Maison Blanche –, ce qui lui permettait de ne jamais payer sa part au restaurant ou dans un bar. Selon Raskin, en de telles circonstances, Thompson « sortait un chèque et le passait à John en disant : "Signez ici !" Kennedy adorait ça. »

Les deux hommes restèrent très liés après la victoire à la présidentielle. Selon George Smathers, que j'ai interviewé en 1994, « Thompson était le pourvoyeur de John. Quand nous voguions sur le *Honey Fitz* [le yacht présidentiel], Bill partait à la recherche de trois ou quatre filles et retrouvait John à une trentaine de kilomètres en aval. » Gail Laird, la fille de Thompson et sa seule parente encore en vie, se souvient qu'adolescente elle décrocha le téléphone dans leur maison de Virginie et fut saluée par le président, qui téléphonait personnellement. Son père était un excellent cuisinier : il préparait souvent à dîner, plaçait le tout dans l'une de ces grosses marmites dont on se sert dans les chemins de fer et la portait en voiture jusqu'à la Maison Blanche. En octobre 1962, pendant la crise des missiles cubains, Laird m'a déclaré que son père y avait passé « des jours entiers », « était là-bas tout le temps ». Elle comprenait ce qui unissait les deux hommes : « Ils aimaient les femmes. C'était une de leurs passions communes. » Mais Thompson savait se montrer discret : « Jamais il ne parlait de Kennedy, jamais. Il me disait toujours : "Pas de bavardages sur le président." »

Bobby Baker, collaborateur de Lyndon Johnson au Sénat, m'a décrit Thompson comme un lobbyiste qui tirait profit de ses relations avec le président pour ses affaires professionnelles, « bien qu'il ne connaisse rien aux chemins de fer. Ce n'était pas quelqu'un de très distingué. Mais il suffisait qu'il intervienne pour que le principal actionnaire ait des ennuis à Washington ». Aux dires de Baker, il possédait un autre atout, « une qualité très rare : il n'avait pas d'ennemis ». Thompson resta fidèle jusqu'au bout et mourut en 1970 sans avoir jamais rien révélé de ses relations avec JFK.

Exner revient sur son dîner avec JFK et Thompson. «À la fin, Jack m'a demandé si j'accepterais d'arranger pour lui une rencontre avec Sam Giancana. J'ai été un peu surprise, mais j'ai répondu : "Bien sûr, j'en serais ravie. Pourquoi ? Mais je ferais peut-être mieux de ne pas demander ?" Il m'a dit : "Je crois qu'il peut m'aider dans la campagne. Quand tu t'en iras, appelle-le." Il m'a expliqué où il serait lors des cinq jours à venir, puis a ajouté : "Nous trouverons un moment qui nous conviendra." Il avait une grande sacoche, il m'a demandé si cela m'ennuyait de la remettre à Sam. J'ai dit : "Pas du tout." Il a poursuivi : "Je veux que tu saches ce qu'il y a dedans." Il l'a ouverte : c'était de l'argent.»

Kennedy précisa qu'elle pouvait parfaitement dire non. Mais Exner tenait à lui rendre service et il le savait. «Je me suis dit que c'était pour la campagne. Que ça puisse être étrange ne m'est pas venu à l'esprit. Il me demandait de lui rendre un service que je sentais très important pour lui. Et puis il me faisait entrer dans sa vie, ça comptait beaucoup pour moi.» Exner ajoute qu'en voyant l'argent – près de 250 000 dollars en billets de cent –, elle demanda si cela ne poserait pas de problèmes. «Il m'a répondu : "Non, quelqu'un veillera sur toi dans le train."» Kennedy ne voulut pas lui en apprendre davantage, déclarant que moins elle en saurait, mieux cela vaudrait. Exner n'en demanda pas plus, étant surtout soucieuse de faire admirer son nouveau manteau de vison – que JFK lui proposa de payer. «"Je ne peux rien faire pour toi. On ne peut pas sortir ensemble, on ne peut pas aller au restaurant. Laisse-moi au moins ça." J'ai refusé.» Plus tard, Kennedy lui donna une enveloppe, raconte-t-elle dans *My Story*[1], en lui disant de ne l'ouvrir que quand il serait parti. Elle contenait deux billets de mille dollars et un message lui suggérant de s'acheter « quelque chose de spécial ». Elle décida de conserver l'argent. « Tout le monde essaie de transformer ça en un truc sordide, m'a-t-elle déclaré, comme si j'avais été payée pour organiser la rencontre. Il voulait juste se montrer gentil. »

Le voyage vers Chicago, par le train de nuit, se déroula sans anicroches. Elle fut accueillie par Giancana : « Il m'a pris la sacoche sans qu'un seul mot soit échangé. C'était convenu. Les plans avaient été préparés sans moi, bien à l'avance. » Elle passa les quelques jours qui suivirent en compagnie du gangster, raconte-t-elle dans son livre. Il lui fit visiter Chicago et découvrir son principal point de chute, l'Armory Lounge. « Il traita beaucoup d'affaires devant moi, mais toujours en dialecte sicilien. » Pour autant, elle affirme ne pas avoir deviné « qui il était. Peut-être avait-il l'air d'un truand pour la police ou le grand public. Tout ce que je peux dire, c'est qu'il était différent en ma compagnie. Je sais que ça peut paraître terriblement naïf de ma part »... Elle précise qu'à l'époque tous deux n'étaient pas encore amants. « Cela ne se produisit qu'un an et demi plus tard. Un soir, Sam se fit particulièrement pressant mais, après que je lui eus confié quels sentiments j'éprouvais pour John, il n'insista plus pendant au moins un an. Je fus impressionnée par sa patience, au point de me sentir coupable. Quand j'y repense, il est possible que Sam ait tiré de notre relation exactement ce qu'il voulait » – à savoir, un éventuel moyen de pression sur Kennedy.

1. Judith Exner, *op. cit.*

Les déclarations de Judith Exner sur ce voyage à Chicago ont été confirmées, lors des recherches menées pour ce livre, par un témoignage de Martin E. Underwood, agent politique de Richard Daley, le maire de Chicago, qui fut placé au service de Kennedy pour la campagne électorale de 1960. Underwood travaillait avec Kenny O'Donnell qui, en avril 1960, lui demanda de prendre le train Washington-Chicago et de garder l'œil sur la jeune femme. Underwood s'exécuta et vit Exner, le lendemain matin, remettre la sacoche à Sam Giancana. Il se dit que le gangster «allait s'occuper de quelqu'un», mais ne posa de questions à personne. O'Donnell lui avait raconté que, lors de la fameuse rencontre à Las Vegas, Teddy Kennedy avait été le plus rapide mais que John, toujours en rivalité avec ses frères, «avait vite repris l'avantage». Exner déclare dans son livre que, tout au long de leur relation, JFK ne cessa de plaisanter là-dessus, lançant ainsi une fois, alors qu'ils étaient au lit: «Si Teddy nous voyait, il en serait malade!»

Exner m'a déclaré n'avoir eu aucun scrupule à servir de messagère quand Kennedy et Giancana convinrent d'une rencontre – sans doute au Fontainebleau Hotel de Miami, le 12 avril. «J'ai demandé à John: "Tu veux que je sois là?" Il a répondu: "Tout à fait!" » Mais, là encore, Exner insiste sur le fait qu'elle ignorait toujours que Giancana était un chef de la mafia. «Je savais simplement que c'était un homme important. C'était un ami de Frank [Sinatra], il déjeunait souvent avec lui. Quand, comme moi, on a grandi entouré de gens importants, on ne peut juger de leur statut qu'à la manière dont les autres les traitent. Ce n'est que plus tard que j'ai découvert la vérité sur Sam.»

Exner ne fut pas témoin de la rencontre des deux hommes à Miami; Kennedy, qui ne resta que peu de temps sur place, lui dit simplement que les choses s'étaient bien passées. Pour la première fois, cependant, il parla de son mariage: «Il m'a déclaré qu'ils en étaient tombés d'accord: s'il n'obtenait pas l'investiture démocrate, ils se sépareraient. C'était une décision prise bien avant qu'il me rencontre. Il ne voulait pas que je pense que j'en étais la cause.»

Début août, peu après son écrasante victoire à la convention de Los Angeles, Kennedy demanda à Exner si elle verrait un inconvénient à remettre à Giancana une seconde sacoche d'argent. Un appartement qu'elle sous-louait à New York servit de boîte aux lettres. Comme elle me l'a déclaré: «Je ne suis pas du genre à poser des questions aux gens. C'est lié à la manière dont j'ai été élevée: on m'a appris que les autres vous diront toujours ce qu'ils veulent que vous sachiez et qu'il est très grossier de leur tirer les vers du nez.» Quelques jours plus tard, Exner organisa une rencontre entre les deux hommes: «Je suis allée dans ma chambre et j'ai attendu qu'ils aient fini de discuter.»

Exner m'a expliqué certaines des techniques auxquelles elle recourait pour arranger les contacts entre Kennedy et Giancana: «J'appelais Sam, et j'employais un code. D'ordinaire, je disais: "Demandez-lui de rappeler la fille de l'Ouest", ou bien, si ça devait se passer en Floride: "Peut-il le rencontrer dans le Sud?" J'étais très douée pour ça et je crois que ça m'amusait aussi. Au demeurant, je ne faisais rien d'autre que d'arranger un rendez-vous.»

Exner m'a par ailleurs déclaré être convaincue que Kennedy, et non Giancana, avait décidé qu'elle serait parfaite dans le rôle de l'intermédiaire: «J'étais la seule, dans son entourage, qui n'avait besoin de rien, qui ne cherchait pas à obtenir quelque chose de lui. Ma grand-mère m'avait laissé suffisamment d'argent.» Après la victoire de JFK à la présidentielle, mais avant sa prestation de serment, elle s'impliqua davantage encore. Cette fois, il fut question du meurtre de Castro.

Quelques jours avant la cérémonie officielle, raconte-t-elle, Kennedy lui demanda «de transmettre certaines informations à Sam. Il m'a expliqué de quoi il était question. Il voulait me laisser la possibilité de refuser si ça me mettait mal à l'aise». Il lui précisa donc que les documents contenus dans l'enveloppe qu'il lui remit étaient relatifs à «l'élimination» du leader cubain. «Je savais de quoi ils parlaient, et que Sam et Johnny [Rosselli] avaient été engagés par la CIA. John m'a expliqué cela dès le début.» «Je dois souligner qu'il n'a pas parlé une seule fois d'assassinat. J'emploie ce mot aujourd'hui, parce que j'en sais davantage qu'à l'époque. Pour moi, "élimination" signifiait simplement que Castro serait chassé du pouvoir. Si j'avais compris de quoi il était vraiment question, j'aurais été bien plus inquiète.»

Au cours de l'année suivante, Exner fit au moins une dizaine de voyages à l'occasion desquels elle remit à Giancana et Rosselli les enveloppes que JFK lui avait confiées: «Je ne voyais pas ça comme une affaire d'État, je le faisais pour quelqu'un que j'aimais. C'était un peu comme si mon mari, avocat, m'avait demandé de lui rendre un service – transmettre des papiers à un client, ou quelque chose de ce genre... Jamais je ne me suis doutée à quel point c'était important. J'étais bien trop heureuse qu'il me fasse confiance. Je n'y ai pas pensé. Après tout, étais-je censée avoir plus de bon sens et de jugement que le président des États-Unis?»

Bobby devint peu à peu «partie prenante de tout ça». Après avoir fait l'amour, elle et JFK dînaient souvent au premier étage de la Maison Blanche. «Bobby arrivait avec une enveloppe kraft contenant des informations, qu'il tendait à John. Ils en discutaient un peu, devant moi, comme si ça n'était pas très important. C'est comme ça que ça se passait.»

Elle se souvient de l'un de ses voyages: «Je suis allée à Chicago et j'ai simplement attendu une heure à l'aéroport. Sam a jeté un coup d'œil sur les documents, les a remis dans l'enveloppe et me l'a rendue. Je suis partie pour Las Vegas, je l'ai donnée à Johnny Rosselli, puis j'ai repris l'avion pour la Californie. Mais je n'ai pas tardé à revenir à Washington. C'était souvent comme ça.» Exner notait toutes ses allées et venues dans son journal, qu'elle a tenu toute sa vie, et conservait tous ses billets.

Les enveloppes n'étaient pas toujours scellées, mais jamais, m'a-t-elle affirmé, elle ne lut les documents qu'elles contenaient. Elle se souvient avoir entendu les frères Kennedy citer certains noms, mais ceux-ci lui étaient inconnus. Exner pensait que les papiers provenaient non du FBI, mais de la CIA. Sa dernière livraison date de la fin de l'année 1961.

Au cours de la première année de Kennedy à la Maison Blanche, il rencontra Sam Giancana à deux reprises. Le 28 avril 1961, moins de quinze jours après la baie des Cochons, JFK assista à un grand dîner destiné à fêter son élection à la présidence. Exner, arrivée de Chicago la veille, prit une chambre à l'Ambassador East Hotel, non loin de l'endroit où se tenait la réception. Quelques heures avant que le président ne prononce son discours, «Sam est arrivé dans ma chambre, suivi, peu après, par John». Les deux hommes se serrèrent la main. Le gangster appelait Kennedy par son prénom. «J'ai demandé à John: "Tu veux que je m'en aille?" Il a répondu: "Non. Ne sors pas dans le couloir"» (où les agents du Service secret montaient la garde). Exner poursuit : « Je suis donc allée dans la salle de bains et me suis assise sur le rebord de la baignoire en attendant. Puis [Kennedy] est venu frapper à la porte et je suis sortie. Il s'est excusé. Je savais qu'il ne pourrait pas passer plus de temps avec moi. »

Exner m'a déclaré qu'à sa connaissance la dernière rencontre entre les deux hommes eut lieu à Washington le 8 août 1961, alors que la crise berlinoise prenait mauvaise tournure. Les registres officiels de la Maison Blanche montrent, ce jour-là, un trou dans l'emploi du temps du président, de 13 à 16 heures. Dans son livre, Exner décrit un déjeuner assez tendu auquel assista Dave Powers, vieux collaborateur du président. Celui-ci avait tenté en vain de convaincre la jeune femme d'aller piquer une tête dans la piscine en sa compagnie. Au milieu du repas, et devant Powers, JFK évoqua une anecdote au cours de laquelle, une fois de plus, Exner avait très mal réagi lorsque Kennedy avait convié une autre femme à prendre part à leurs ébats. Elle fut très choquée, dit-elle, de l'entendre aborder de tels sujets en présence de Powers. Ce soir-là, Sam Giancana vint la voir dans sa chambre et lui dit qu'il venait tout juste de rencontrer Kennedy. On ne sait où, ni même si cela est vrai ; mais les souvenirs d'Exner sont étayés par la découverte, trente ans plus tard, que le gangster était bel et bien à Washington ce jour-là, pour solliciter un passeport auprès des services compétents. Une copie de sa demande montre qu'il se présenta comme travaillant dans « l'industrie hôtelière ». Le même jour, selon les dossiers, les agents du FBI pénétrèrent dans l'Armory Lounge et y installèrent des micros.

Bien entendu, tout au long de sa liaison avec Kennedy, la jeune femme fut étroitement surveillée par le FBI. Elle l'apprit, déclare-t-elle, le 4 novembre 1960, quatre jours avant l'élection, quand deux agents – l'un du FBI, l'autre du fisc – vinrent chez elle, à Los Angeles, pour l'interroger sur Sam Giancana. « C'était horrible ! Ils m'ont traitée avec un tel mépris ! Je les ai fait entrer sans problèmes, et eux se sont comportés d'une façon... J'ai fini par leur demander de sortir. » Dans son livre, elle précise que les deux visiteurs lui décrivirent le gangster en termes crus, ajoutant : « Ce n'est pas le genre d'homme qu'une gentille fille comme vous devrait fréquenter. » Si elle avait été prévenue plus tôt, sans doute « l'idée d'être liée à un chef de la pègre aurait-elle été plus inquiétante. Mais, désormais, je connaissais Sam et je ne leur aurais rien dit sur lui, quand bien même ma vie en aurait dépendu [...]. Je me répétais : "Voilà comment ils traitent les gens innocents !" Je me considérais en effet comme sans reproche, ce que, bien entendu, on peut aujourd'hui discuter. » « Le FBI interrogea non seulement tous mes amis, mais aussi tous ceux qui avaient eu le malheur de prendre l'ascenseur en même temps que moi. C'était d'une hypocrisie ! » L'une des petites amies de Rosselli, questionnée au sujet d'Exner, se borna à dire : « Je crois qu'elle sort tout juste de la Maison Blanche. Pourquoi ne pas aller demander au président ? » L'agent qui l'interrogeait ne répondit rien.

JFK ne fut pas d'un grand secours. Après la visite du FBI, Exner l'avait bien sûr aussitôt appelé. « Mais il s'est contenté d'un : "Ne t'inquiète pas pour ça." Ils me suivaient partout, ils interrogeaient tous mes amis, et lui me répétait : "Il ne faut pas que tu aies peur. Tu n'as absolument rien à te reprocher. Tu sais bien que Sam travaille pour nous." »

L'opinion du FBI sur Exner était des plus tranchées : les rapports de ses agents la décrivent invariablement comme « une très belle fille », « une amie de Rosselli et de Giancana ». L'un des limiers de J. Edgar Hoover, désormais à la retraite, m'a déclaré en 1997 que ses collègues et lui la considéraient comme « une putain de luxe » qui vendait ses charmes aux deux chefs de la pègre. L'agent en question, William R. Carter, est aujourd'hui détective privé à Oklahoma City. Selon lui, Exner fut identifiée comme liée aux mafiosi début 1960 : « Nous pensions tous qu'elle faisait commerce de ses charmes et couchait avec les deux. Manifestement, elle en recevait beaucoup d'argent. » (Mais Carter ne peut fournir aucune preuve à l'appui de ses allégations et les dossiers du FBI, en dépit d'années de surveillance, ne contiennent rien qui puisse laisser croire qu'elle se prostituait.)

Carter et ses collègues découvrirent la liaison entre Exner et Kennedy au cours de la convention démocrate, alors que JFK venait juste de recevoir l'investiture de son parti. Cette information, obtenue peut-être grâce à des micros installés dans l'appartement de la jeune femme, fut « gardée sous le coude » par les supérieurs de Carter – qui la transmirent, sans aucun doute, à J. Edgar Hoover. L'ancien policier déclare : « Les agents étaient écœurés. Un tel comportement, de la part d'un haut personnage de l'État, leur paraissait indéfendable. C'était vraiment démoralisant. Nous étions convaincus que Kennedy ne valait pas mieux que Giancana et Rosselli. » Ils en voulaient aussi beaucoup à Exner, « une vulgaire putain ».

Pendant la présidence Kennedy, Carter se souvient qu'il parlait souvent de cette affaire avec ses collègues de Los Angeles. Tout cela leur paraissait contradictoire avec la tapageuse campagne contre le crime organisé menée par Bobby Kennedy. « On voyait bien que c'était un simple coup politique : en terme d'image, combattre la pègre augmente votre popularité. » Selon Carter, il était peu probable que Hoover et les hauts responsables du FBI aient pu faire usage publiquement de leurs informations sur Exner et Kennedy. Celles-ci ayant été obtenues par des moyens de surveillance parfaitement illégaux, la nouvelle aurait provoqué un scandale portant tort à l'image du FBI – « Hoover n'avait donc pas le choix. »

Début 1962, toutefois, le FBI avait découvert des liens irréfutables entre Exner et la Maison Blanche : la jeune femme téléphonait régulièrement au président. Le 27 février 1962, Hoover, en bon bureaucrate, fit parvenir à Bobby Kennedy un mémorandum lui signifiant officiellement que Judith Campbell, connue pour être liée à Sam Giancana et Johnny Rosselli, avait, en une semaine, contacté deux fois de suite Evelyn Lincoln – précisant : « Nous ignorons la nature des relations entre elles, tout comme l'objectif de ces appels. »

Bien entendu, le ministre de la Justice était parfaitement au courant. Il disposait aussi, au sein même du FBI, de sources pouvant l'éclairer sur l'enquête menée sur Exner. En 1995, Jane Leahy, qui fut l'une de ses secrétaires, m'a déclaré avoir vu une photographie de la jeune femme dans les dossiers de Kennedy. Quand une enveloppe non classifiée, venue du FBI, lui passa entre les mains, elle n'hésita pas à jeter un coup d'œil. « C'était une photo de Judith Exner, seule, marchant dans la rue. » De toute évidence, les limiers de Hoover en prirent bien d'autres à la même époque.

Le mémorandum de Hoover signifiait aussi que la liaison de JFK avec la jeune femme et les liens de celle-ci avec Giancana seraient bientôt connus de dizaines d'agents et de responsables du FBI, ainsi que de fonctionnaires du ministère de la Justice. Comme son frère, Bobby Kennedy avait besoin de se protéger : le premier défenseur de la loi du pays ne pouvait laisser révéler son implication dans les activités anticastristes de la pègre de Chicago. Il se tourna vers Joseph Dolan, l'un de ses plus proches collaborateurs. Au cours d'une interview qu'il m'a accordée en 1995, ce dernier – encore flatté de la confiance que le ministre lui témoignait – me raconta avoir été convoqué dans le bureau de Bobby, fin février 1962 : il put prendre connaissance du mémorandum de Hoover, et du dossier constitué par le FBI sur Exner. Il était impossible de douter des appels de celle-ci à Evelyn Lincoln et, pire encore, de ses rapports avec Giancana et Rosselli. « Une heure plus tard, je reviens le voir à propos d'une autre affaire et il remet le sujet sur le tapis. J'ai pensé : "Il a peur d'en parler à son frère." Bobby m'a demandé ce que j'en pensais : je l'ai regardé bien en face et lui ai dit que Mme Lincoln ne devrait plus prendre ses appels. Il m'a regardé comme si j'étais tombé de la Lune. » Dolan conseilla de rédiger un mémo destiné à Evelyn Lincoln pour lui expliquer le problème. Kennedy lui lança : « Allez-y ! » et, comme son collaborateur quittait la pièce : « Et aujourd'hui même ! » Dolan s'en alla à la Maison Blanche voir la secrétaire du président qui, en apprenant la vraie nature des relations entre Exner et JFK, lui déclara : « C'est terrible, jamais je n'aurais cru ça d'elle. »

John Kennedy était président des États-Unis et Dolan se rendait bien compte que personne, y compris son frère, n'oserait lui demander de cesser de voir une femme qui lui donnait du plaisir. Les archives officielles du ministère de la Justice, mises en 1975 à la disposition de la commission Church, montrent que J. Edgar Hoover dut assumer le rôle de porteur de mauvaises nouvelles. Le 22 mars, il s'en vint déjeuner à la Maison Blanche avec JFK, pour la seconde fois seulement depuis que celui-ci était entré en fonctions.

Les deux hommes avaient chacun leur ordre du jour. Hoover comptait mettre en garde le président, sans pour autant lui dire que le FBI savait qu'il entretenait depuis l'été 1960 une liaison avec une femme liée à Giancana et Rosselli. Kennedy, de son côté, avait été averti par son frère de ce que Hoover manigançait et de ce qu'il comptait faire.

Au cours des trente ans qui suivirent, cette rencontre donna lieu à bien des supputations, en grande partie à cause de la commission Church. Celle-ci écrivait en effet dans son rapport : « Selon les registres officiels de la Maison Blanche, le dernier contact téléphonique avec l'amie du président eut lieu quelques heures après le déjeuner. » (En fait, Exner m'a dit que le président et elle se téléphonèrent plusieurs fois au cours des mois qui suivirent.) La commission prit pour argent comptant les mensonges de la jeune femme, qui nia avoir été informée des projets d'assassinat de Castro ou servi d'intermédiaire entre Giancana et Kennedy. Les sénateurs conclurent donc que le fameux déjeuner avait en fait permis à Hoover de « faire son devoir » en prévenant le président que plusieurs éléments montraient « l'implication de Giancana dans une opération de la CIA comprenant certains "coups fourrés" ». Judith Exner n'avait rien à voir avec tout cela et sa liaison avec JFK n'était, de la part de celui-ci, qu'une imprudence, certes assez grave.

La plus grosse erreur de la commission fut en fait de ne pas interroger davantage Exner. Pour commencer, c'est à elle qu'on doit le seul récit du déjeuner. John Kennedy, furieux, lui téléphona juste après pour lui dire d'aller chez sa mère et de l'appeler de là. Ce qu'elle fit : il la prévint que son téléphone n'était pas à l'abri des indiscrétions du FBI. « Il m'a raconté qu'il venait juste de discuter avec Hoover, qui lui avait dit être au courant de notre liaison, savoir que je remettais des documents relatifs au complot contre Castro à Sam Giancana et John Rosselli – et enfin que tous deux travaillaient pour la CIA. »

La colère du président s'explique, selon Exner, parce que « Hoover avait eu l'audace de venir le voir pour le mettre en garde. Il l'a traité de fils de pute et s'est exclamé : "Il essayait de s'en servir comme d'un moyen de pression." JFK était outré qu'il ait eu l'audace de vouloir l'intimider ; il en était livide. » Pour autant, le président « savait fort bien que Hoover était au courant de ses moindres faits et gestes, et ne s'en souciait guère. Son côté casse-cou lui valait de se retrouver dans ce genre de situation. En fait, jamais il n'aurait dû avoir de relation avec moi. Ils auraient voulu se débarrasser de Hoover et ne pouvaient pas, à cause des informations qu'il avait sur eux – et pas seulement sur John. »

Exner n'a évoqué qu'avec la plus grande réticence un autre aspect de ses relations avec JFK : elle était aussi l'intermédiaire d'un groupe de businessmen californiens soucieux d'obtenir des contrats militaires, et remettait leurs pots-de-vin au président. Elle m'a dit avoir été impliquée dans tout cela en raison de son amitié avec un de ses voisins, Richard Ellwood – mort en 1966 –, vice-président d'une petite compagnie d'électronique de Culvert City. Il lui présenta deux hauts responsables du Pentagone, qu'elle se mit à fréquenter au cours de ses nombreux séjours à Washington. Ils sont aujourd'hui décédés, mais la veuve de l'un d'eux m'a confirmé en 1996 qu'elle et son mari avaient rencontré Exner, à l'époque, au Mayflower Hotel. Elle n'avait pas oublié la rencontre parce que la jeune femme avait « dit à notre petit groupe : "Si une voiture de la Maison Blanche vient me prendre, continuez à boire et à faire la fête." Et c'est ce qui s'est passé». Elle a ajouté que tout le monde avait compris qu'Exner avait une liaison avec le président.

Exner m'a déclaré, pour finir, avoir apporté «au président, à la Maison Blanche, les pots-de-vin d'hommes d'affaires californiens». Au départ, elle ne voulait pas: «J'ai posé la question à John et il a pensé que c'était une bonne idée.» Elle se souvenait de trois propositions de contrats liés à ces versements: «Une enveloppe était pour un véhicule tout-terrain sans conducteur, un des premiers dans le domaine de la robotique. Il était énorme, de la taille d'un tank.» Le second projet était consacré à la désalinisation de l'eau de mer – secteur de recherche auquel l'État américain, à l'époque, investit beaucoup de crédits, et le troisième à l'équipement d'un chasseur de combat. Comme je lui demandais qui avait pris l'initiative de ces versements, Exner m'a répondu: «Ça venait des deux côtés. Je sais que tout le monde travaillait ensemble. J'ai vu ça quand il y avait des transferts de fonds. Ils étaient tous concernés.» Elle remettait personnellement l'argent à Kennedy, avec d'autres enveloppes contenant des données techniques.

Elle a ajouté n'avoir jamais parlé de cela parce qu'elle n'avait ni reçus ni preuves et pensait que personne ne la croirait. En 1975, déjà, rares furent ceux qui jugèrent crédibles les révélations sur les liens qui existaient, par son intermédiaire, entre JFK et Giancana. Mais Exner savait, précise-t-elle, que le FBI n'ignorait pas qu'elle était liée à Ellwood et avait investi dans une de ses affaires. «Ils sont allés voir Dick [Ellwood] pour lui poser des questions sur moi, comme ils le faisaient avec tout le monde.» Il tenta de la protéger en disant qu'il lui avait prêté les fonds qu'elle investissait chez lui – craignant apparemment que la jeune femme n'ait pas déclaré ces sommes au fisc.

Kennedy s'inquiétait-il de ce que savait Hoover? «Je ne crois pas, parce que John n'a pas le moins du monde changé de comportement.» Exner ajoute que tous deux continuèrent à se voir, bien que leur liaison, autrefois si passionnée, commençât à tourner à l'aigre. Elle écrit dans son livre: «Le poids de ses fonctions se faisait toujours plus lourd, et il avait changé. Il n'était plus insouciant, gai et détendu comme avant [...]. Début 1962, je redoutais d'aller à la Maison Blanche. Je voulais voir John, mais pas là-bas.»

Le donjuanisme de JFK avait plus d'une fois mis sa carrière en danger mais, jusqu'à présent, il ne menaçait que lui-même. Sa liaison avec Exner présentait des risques beaucoup plus graves. Apparemment, à la fin de l'été 1962, elle était connue de certains responsables de General Dynamics Corporation, la firme qui avait décroché, contre toute attente, un contrat avec le Pentagone pour la fabrication du chasseur TFX.

À l'issue de son déjeuner avec John Kennedy, Hoover ne se sentit pas assez rassuré pour mettre un terme à la surveillance que l'antenne de Los Angeles exerçait nuit et jour sur l'appartement d'Exner. Le 7 août 1962, Carter, alors de service, vit deux jeunes gens s'y introduire en passant par le balcon. Ils s'enfuirent un quart d'heure plus tard. Carter et ses collègues surveillaient les lieux depuis que la jeune femme s'y était installée début mars – avant la rencontre Hoover-JFK –, et n'avaient jamais rien remarqué d'anormal. Ses supérieurs décidèrent toutefois de ne pas signaler l'infraction à la police de Los Angeles, ce qui est pourtant la règle en pareil cas. Carter se vit expliquer que «cela mettrait l'opération en danger».

Il n'en sut jamais davantage. On s'abstint notamment de lui dire que, trois jours plus tard, les responsables du

FBI avaient retrouvé la piste des intrus, grâce à leur voiture – un véhicule appartenant à I. B. Hale, ancien agent du FBI demeurant à Fort Worth, Texas. Les cambrioleurs n'étaient autres que ses fils jumeaux, Bobby et Billy, tous deux âgés de vingt et un ans. Mort en 1971, I. B. Hale était alors responsable à la sécurité de General Dynamics.

À l'époque, la société n'avait pas beaucoup de chances de décrocher le contrat pour le TFX, et ses dirigeants ne le savaient que trop. Pour améliorer la situation, on ne pouvait rien écarter, même le recours à un ex-agent du FBI qui pourrait réunir des informations compromettantes. Que les frères Hale soient entrés par effraction dans l'appartement de Judith Exner soulève, on s'en doute, une question évidente : s'agissait-il d'une tentative de chantage menée par une compagnie aux abois ?

En 1962, General Dynamics n'était pas au mieux de sa forme : elle avait perdu 400 millions de dollars au cours des deux années précédentes et décrocher le contrat du TFX – 6,5 milliards de dollars – était indispensable à sa survie. Mais les choses se présentaient mal. Son principal concurrent, Boeing, était de loin le favori des militaires. Comme me l'a déclaré en 1997 George A. Spangenberg, alors chef du service d'évaluation technique de la marine : « Sur tous les plans, Boeing était toujours le meilleur des deux. » Ses chefs firent tout pour empêcher que le contrat n'aille à General Dynamics : « On ne voulait surtout pas se retrouver avec un avion inutilisable sur les bras. »

Les choses étaient d'autant plus compliquées que McNamara, le secrétaire à la Défense, avait tenu, pour des raisons d'économies, à ce que l'appareil satisfasse aussi bien les besoins de l'armée de l'Air que ceux de la marine. Celle-ci protesta en faisant valoir qu'il devait être assez léger pour se poser sur un porte-avions, donnée incompatible avec le long rayon d'action indispensable aux aviateurs. À l'époque, les services du Pentagone procédaient à six évaluations successives, les recommandations finales – avant d'être soumises à McNamara – étant du ressort des secrétariats de l'Aviation et de la Marine. En 1961 et 1962, la procédure fut répétée à quatre reprises et, à chaque fois, Boeing l'emporta.

Le Pentagone et les commissions militaires du Congrès furent donc stupéfaits d'apprendre, en novembre 1962, que McNamara avait préféré General Dynamics. L'année suivante, des auditions menées par les sénateurs, emmenés par John McClellan, de l'Arkansas, n'apportèrent guère de lumières sur cette décision inattendue. À l'époque, on y vit – c'est encore le cas aujourd'hui – une querelle de préséance : McNamara voulait imposer certaines règles aux contrats de ce genre. Kennedy se borna à soutenir publiquement sa décision, sans d'ailleurs beaucoup s'engager : « Tout ce que j'ai lu et vu sur le TFX confirme mon impression que McNamara a fait le bon choix », déclara-t-il ainsi lors d'une conférence de presse.

Mais McNamara avait tort, et le président était impliqué dans la décision, comme les enquêteurs du Sénat le découvrirent presque aussitôt. Jerome S. Alderman dirigeait les investigations sénatoriales. Au cours d'un entretien avec Roswell Gilpatric, sous-secrétaire à la Défense, il apprit que JFK avait su à l'avance que le contrat serait accordé à General Dynamics. Un tel aveu troubla David McGiffert, collaborateur de McNamara, qui assistait, en tant qu'avocat, à l'entretien. Gilpatric violait en effet le premier commandement de tous ceux qui ont affaire aux commissions d'enquêtes parlementaires : protéger le président à tout prix. McGiffert déclara plus tard à la journaliste Deborah Shapley, auteur d'une biographie de McNamara, *Promise and Power*[1] (1993), que Gilpatric, connu pour sa fidélité à la Maison Blanche, avait, en agissant ainsi, sans doute pensé « désamorcer la bombe » et venir en aide à Kennedy. McClellan, lui-même démocrate, pourrait être tenté d'étouffer l'affaire s'il savait que le président était impliqué. McGiffert déclara à Shapley avoir eu le sentiment que l'aveu de Gilpatric « ne faisait qu'aggraver les choses ».

Les auditions de la commission sénatoriale furent suspendues à la mort de Kennedy et ne reprirent jamais. Le TFX, plus tard rebaptisé F-111, devint l'un des projets les plus critiqués de l'histoire de l'armée américaine, et un bel exemple pour les militaires se plaignant de l'ingérence des civils dans leurs affaires. McNamara tint bon, même après la disparition de JFK, bien que, au milieu de l'année 1966, les coûts aient triplé. Pour finir, la marine, qui prévoyait initialement d'en acheter 1 700 exemplaires, n'accepta que sept prototypes – dont aucun ne servit jamais dans des conditions réelles (la version navale du F-111, de 800 kg trop lourde, était incapable de se poser sur un porte-avions) – avant d'annuler le contrat en 1968. L'aviation, de son côté, n'en acquit que 600 sur les 2 400 prévus. De 1962 à 1970, le prix moyen d'un appareil était passé de 2,8 à 22 millions de dollars.

Les rapports et les câbles – non censurés – du FBI sur l'intrusion des frères Hale dans l'appartement d'Exner ont été obtenus aux termes de la loi sur la Liberté de l'information. Ils furent transmis en toute hâte, sous forme codée, à J. Edgar Hoover. Un compte rendu du bureau de Los Angeles de l'Agence, daté du 17 août

1. Little Brown, 1993.

1962, lui apprenait, incidemment, quelque chose qu'il savait déjà : Exner était liée à Giancana et à Rosselli, et elle avait contacté Evelyn Lincoln. En revanche, le chef du FBI ignorait que la famille Hale et General Dynamics fussent liés à la mystérieuse effraction. « Un homme répondant au signalement de l'individu ayant pénétré dans l'appartement a été vu quittant les lieux à bord d'une voiture enregistrée au nom de I. B. Hale, ancien agent du FBI, qui réside désormais à Fort Worth, Texas. Notre bureau de Dallas nous a fait savoir [...] que Hale était employé par General Dynamics [...]. Il y est responsable de la sécurité. » Le rapport précisait également que les faits dont ses agents avaient été témoins « [n'avaient] pas encore été signalés à la police de Los Angeles ».

Un autre câble envoyé à Hoover, en date du 24 août, précisait les antécédents professionnels de Hale, notant qu'il s'était toujours montré coopérant avec le bureau local du FBI. Hale avait été, avant-guerre, une vedette de l'équipe de football américain de l'Université chrétienne du Texas. Il était « bien connu à Fort Worth et très actif dans de nombreuses affaires de la communauté. [Le bureau de] Dallas pense que toute enquête sur l'intrusion de Los Angeles attirerait l'attention de Hale. Il pense aussi que celui-ci serait tout à fait prêt à répondre à nos questions. Toutefois, vu le caractère très sensible de l'enquête menée à Los Angeles, Dallas n'a entrepris aucune action supplémentaire ». En d'autres termes, le FBI était plus soucieux de poursuivre sa surveillance de l'appartement de Judith Exner que de chercher à savoir ce que les deux fils de Hale pouvaient bien y avoir trouvé.

William Carter m'a déclaré que ses collègues et lui avaient pensé que les deux jeunes gens s'y étaient introduits « pour installer des micros ». Selon les documents du FBI, personne, apparemment, ne songea à prévenir la jeune femme – ce qui d'ailleurs aurait pu compromettre les écoutes des agents de Hoover.

La piste s'est perdue à Fort Worth, voilà plus de trente ans. Au cours des cinq années de recherches préalables à la rédaction de ce livre, j'ai plus d'une fois, mais en vain, cherché à découvrir comment General Dynamics avait bien pu apprendre quels liens unissaient Exner à John Kennedy. En dépit d'efforts répétés, il m'a été impossible de contacter Billy et Bobby Hale.

Jamais le FBI n'enquêta sur l'entrée de Billy et Bobby Hale dans l'appartement d'Exner. Il ne faut pas pour autant y voir un complot. Le passé de joueur de football de Hale lui avait valu la considération de Hoover du temps où il appartenait au FBI : il était presque inévitable que ses anciens collègues se trouvent de bonnes raisons pour ne pas l'interroger. Au demeurant, les relations de Judith Exner et du président, comme la surveillance dont la jeune femme faisait l'objet, étaient considérées comme des secrets d'État qu'il fallait protéger, et cela passait avant toute autre considération.

Judith Exner n'apprit que quinze ans plus tard qu'on était entré dans son appartement, quand elle obtint communication de son dossier – fortement censuré – en invoquant la loi sur la Liberté de l'information. Elle dut d'ailleurs, pour cela, intenter une action en justice. Les documents – toujours inaccessibles dans leur intégralité – n'évoquent ni I. B. Hale ni la General Dynamics. En août 1962, sa liaison avec JFK avait pris fin. Bobby l'avait remplacée par Charles Ford, désormais chargé des contacts avec le crime organisé. Quant à John, il n'était jamais à court de femmes.

Dès l'automne, raconte Exner dans *My Story*[1], Sam Giancana avait pris sa place. « C'était moins excitant qu'avec John, mais [...] j'éprouvais un sentiment de réconfort et non plus un vide dévorant. J'avais l'impression de savoir comment manier Sam. Une fois intimes, il ne changea pas, ne redevint pas un homme possessif. » Lors de nos entretiens, elle a reconnu ce qu'elle avait tu dans son livre : Giancana avait ses raisons de maintenir des relations avec elle. « Je ne suis pas naïve au point de croire que son amitié envers moi n'avait pas pour lui d'effets bénéfiques. Il pouvait en tirer parti si besoin était. »

John Kennedy, ajoute-t-elle, « s'était servi de Sam dans ses propres intérêts et, bien entendu, Sam escomptait en tirer quelque chose. Je n'aime pas que l'amitié soit utilisée de cette façon. John ne jouait pas selon les règles habituelles. Il s'était forgé les siennes propres, comme, du reste, tous les Kennedy. Ils ne se comportent pas comme nous. C'est plutôt triste. »

À la fin de l'été 1962, raconte Exner, « j'étais de nouveau très perplexe, à cause de la surveillance du FBI et de l'insouciance de John à ce sujet. Il m'a dit une fois ou deux qu'il en parlerait avec Bobby et qu'ils verraient comment ils pourraient y remédier, mais je n'ai pas l'impression qu'ils aient essayé quoi que ce soit. Nous avions des difficultés parce que je ne voulais pas revenir à Washington. Après que nous avons plus ou moins rompu, il m'a convaincue de le revoir encore une fois. »

Ces derniers temps, Exner mène un vigoureux combat contre le cancer : elle a été prévenue, il y a dix ans, qu'il ne lui restait que quelques années à vivre. Dans nos interviews, comme dans un article paru en 1996 dans

1. Judith Exner, *op. cit.*

Vanity Fair, elle a fait une nouvelle révélation : à la suite de sa dernière rencontre avec Kennedy, elle se retrouva enceinte – et c'est ce qui la poussa dans les bras de Sam Giancana.

Elle m'a ainsi déclaré que, après qu'elle en a averti le président, tous deux convinrent qu'elle ne pouvait garder l'enfant. « Il m'a demandé : "Est-ce que Sam pourrait nous aider?" J'ai posé la question à Sam, qui a accepté, tout en étant furieux contre John. » Selon elle, le gangster « avait l'impression de m'aider. Beaucoup de gens vont dire : "Ah, c'est toujours quelque chose dont il aurait pu se servir contre Kennedy." Peu importe. Je sais, moi, qu'il m'a sauvé la vie. »

C'est à ce moment qu'elle devint la maîtresse de Giancana. Apprenant qu'elle était enceinte, il lui avait demandé de l'épouser. « Je lui ai dit : "Sam, tu n'en as aucune envie." Je savais qu'il était amoureux de Phyllis [McGuire]. Il a répondu : "Tu mérites qu'on te le demande." »

Ce récit contredit quelque peu, chronologiquement parlant, celui qu'on lit dans *My Story*[1]. Il se peut, comme elle le proclame, qu'elle ait été fidèle à JFK tant que dura leur liaison. Elle peut aussi avoir été la maîtresse des deux hommes en même temps. Cela ne diminue en rien l'importance de son témoignage.

Quoi qu'il en soit, Exner reste convaincue que « John [l]'aimait, dans la mesure où il pouvait aimer quelqu'un. Beaucoup de gens pensent que je me monte la tête, mais je le connaissais, je l'ai suffisamment fréquenté. Il y avait dans sa vie une place pour chaque chose et il n'y consacrait jamais qu'une part de lui-même, que ce soit pour l'amour, le travail ou la détente. » De ce point de vue, « il

1. Judith Exner, *op. cit.*

imitait son père, comme tous les garçons de la famille.» Exner reste persuadée d'une chose: JFK devait avoir en elle une confiance sans limite pour avoir fait d'elle son intermédiaire avec la pègre.

Si, à l'automne 1962, Judith Exner était sortie de la vie de JFK, le FBI, de son côté, maintenait la pression. Il fut question de la contraindre à venir déposer à Los Angeles devant un grand jury. Son avocat, qui lui avait été recommandé par Johnny Rosselli, «[la] faisait aller d'un hôtel à l'autre, pour que le FBI ne puisse pas [lui] remettre de citation à comparaître». «J'avais l'impression de courir de terribles dangers», qu'ils proviennent de la mafia ou de l'État, ce qui pour elle revenait au même: «Il n'était pas question de bien et de mal, de blanc et de noir; tous ne pensaient qu'à sauvegarder leurs propres intérêts.»

C'est à cette époque, en mars 1963, qu'elle rencontra par hasard, à Palm Springs, Johnny Grant, qu'elle avait connu autrefois. Il était désormais journaliste à NBC. «Je lui ai dit ce qui se passait. Johnny était là, heureusement pour moi – et malheureusement pour lui: je crois que je lui ai flanqué la trouille. Mais cela faisait du bien d'avoir un ami à qui se confier.»

Grant se souvient parfaitement de cet épisode: «Je l'ai à peine reconnue. Elle avait le regard vide, on voyait bien qu'elle avait de gros problèmes.» Ils convinrent de se revoir le soir même. Comme ils discutaient autour d'un verre, «elle m'a dit qu'elle fréquentait à la fois John Kennedy et Sam Giancana». Il fut persuadé qu'elle était la maîtresse des deux.

Ils montèrent en voiture et roulèrent jusque dans le désert. Là, ils s'arrêtèrent. Exner lui raconta tout: les sacoches pleines de billets de banque, les messages entre la Maison Blanche et le mafioso, les documents évoquant l'élimination de Castro. « Je lui ai demandé : "Comment ça ? Élimination ou assassinat ?" Elle a répondu : "John disait élimination." »

« Il ne m'est pas venu à l'esprit qu'elle pouvait me raconter des salades, poursuit Grant. Je me suis dit : "Pauvre andouille, tu es tombé sur quelque chose que tu aurais mieux fait d'ignorer." J'étais terrorisé. À cette époque, quand on ne voulait plus vous voir, on pouvait très vite vous faire disparaître. » Il se souvient d'avoir déclaré à Exner en la quittant : « Surtout, ne dis à personne que tu as discuté avec moi. »

Grant n'eut jamais l'idée de rendre publiques ces révélations. Il rentra chez lui, à Los Angeles, annonça à son chef : « S'il m'arrive quelque chose, ce sera la mafia ou la CIA. » « Je ne me suis pas précipité chez un avocat pour tout raconter ; j'ai préféré me saouler. » Par la suite, pendant des années, « si un gland tombait sur le toit, je me levais d'un bond ».

Judith Exner aurait compris de telles angoisses : aujourd'hui encore, elle dort toujours avec un pistolet sous son oreiller.

19

Premier mariage

À la mi-1962, les rapports de JFK avec Judith Exner et Sam Giancana représentaient le plus grave danger pour les frères Kennedy. Pourtant, ce n'est pas ce qui retint leur attention. Un autre scandale, sans aucun rapport mais tout aussi explosif, menaçait le président, sous la forme de rumeurs selon lesquelles il avait, bien avant son mariage en 1953 avec Jacqueline Lee Bouvier, épousé en secret une jeune femme de la bonne société de Palm Beach nommée Durie Malcolm.

Charles Spalding a été le premier à reconnaître devant moi que lui et bien d'autres savaient que ces rumeurs étaient fondées. Kennedy et Malcolm avaient été mariés, certes très brièvement, début 1947. Spalding avait connu la jeune femme, alors adolescente, à Lake Forest, Illinois, riche banlieue de Chicago. Selon lui, c'était une sportive accomplie, remarquable joueuse de hockey sur glace et de basket, mais aussi une séductrice invétérée. «Elle ne pouvait pas s'empêcher de prendre des airs… elle était toujours entourée d'hommes très empressés…» Début 1947, quand Kennedy s'éprit d'elle, Malcolm avait été mariée deux fois et allait de nouveau divorcer (ce fut fait le 24 janvier).

En ami fidèle, Spalding a cherché à faire du mariage de JFK une simple plaisanterie – « une farce de lycéen qui serait allée trop loin ». Se marier sans prévenir quiconque « était le genre de blague qui ne pouvait que plaire à Durie ». Le tout ne dura que « vingt-quatre heures. Ils ont fait tout ce qu'il fallait, on se serait cru à Halloween. Je me souviens avoir dit à John qu'il était cinglé ».

Certains témoignages montrent toutefois que la relation était plus sérieuse qu'on ne le penserait. Dans sa rubrique mondaine du 20 janvier 1947, Charles Ventura, journaliste au *New York World Telegraph*, faisait savoir que le jeune JFK allait recevoir à Palm Beach « l'Oscar de la réussite dans le domaine sentimental ». À en croire cet article, il aurait fait à la jeune femme « la cour la plus effrénée de la saison. [...] Seul son devoir de membre du Congrès, qui le retient à Washington, l'a empêché de recevoir en personne son Oscar, qui sera peut-être remis à Durie. Tous deux étaient inséparables lors des réunions mondaines et des événements sportifs. Ils sont même allés à Miami pour assister à des parties de football et à des courses de chevaux en se tenant par la main ».

Selon Spalding, il était clair, dès cette époque, que le père de John Kennedy le destinait à la Maison Blanche. Joe faillit donc avoir une attaque cardiaque lorsqu'il apprit la nouvelle car, non content d'avoir divorcé à deux reprises, Malcolm était membre de l'Église épiscopalienne. « Le vieux Joe a exigé que la question soit réglée. La famille avait peur que l'affaire ne s'ébruite. »

Spalding m'a déclaré : « Je suis allé là-bas [sans doute au tribunal du comté de Palm Beach] et j'ai fait disparaître tous les papiers [relatifs au mariage]. C'est John qui me l'avait demandé. » Il précise qu'il se fit aider d'un avocat de Palm Beach.

En Floride, la loi n'exige aucun test sanguin avant qu'un couple ne se marie. Avant 1983, cependant, les nouveaux époux ne recevaient qu'au bout de trois jours les documents les déclarant officiellement unis. Si John Kennedy et Durie Malcolm se marièrent bel et bien, la chose fut donc décidée à l'avance et ne fut pas la simple «farce» dont parle Spalding.

À ma demande, les responsables du comté ont cherché, en vain, des traces d'un éventuel mariage. Un représentant de la municipalité m'a toutefois expliqué qu'à l'époque les documents officiels étaient rédigés à la main, sans être classés par ordre alphabétique. Il lui avait été «impossible de déterminer si, oui ou non, certaines pièces avaient disparu». Il se peut que le couple ait songé au mariage, puis changé d'avis. Il se pourrait aussi que Kennedy et Malcolm (qui, par la suite, eut deux nouveaux maris) aient été, au sens strictement légal, bigames : au cours des recherches que j'ai menées pour cet ouvrage, je n'ai découvert nulle part trace d'un divorce.

En 1997, l'épouse d'un ami de JFK du temps de Palm Beach m'accorda une interview téléphonique, à condition de garder l'anonymat. Il fut question du mariage Kennedy-Malcolm. Persuadée qu'il avait bien eu lieu, elle me supplia de n'en rien dire : «Pensez-y : John n'a jamais été marié légalement à Jackie, et il ne reste de lui que ses deux enfants et ses petits-enfants. Parler de tout ça ferait d'eux [Caroline et John Jr.] des bâtards. Ce serait très perturbant. Ils ont déjà connu suffisamment d'épreuves avec la mort de leur père.»

En Angleterre comme aux États-Unis, la presse à sensation a plus d'une fois évoqué la question. C'est ainsi que le *Daily Mail* du 24 janvier 1997 reproduisait une photo de Durie Malcolm jeune, en robe de mariée, accompagnée d'une légende disant: «A-t-elle été la première épouse secrète de JFK?» Désormais octogénaire et veuve – son quatrième mari, Frank Appleton, est mort en 1996 –, l'intéressée a toujours démenti les rumeurs depuis leur divulgation publique en 1961. En 1996, elle déclara au *Sunday Times*: «Je n'aurais pas épousé John Kennedy pour tout l'or du monde, et je vais vous dire pourquoi: je n'ai jamais supporté ces cathos irlandais et le vieux Joe était un homme épouvantable.»

Contactée à l'automne 1997 par un ami commun, elle a catégoriquement refusé que je l'interroge: «Dites-lui que je n'ai jamais été mariée à John Kennedy et qu'il est hors de question de discuter de quoi que ce soit!»

Il s'est révélé impossible de retrouver des connaissances ou des parents: Malcolm a survécu à beaucoup de membres de sa famille et je n'ai pu localiser aucun de ses amis des années 1940 cités dans les potins mondains de l'époque.

Charles Spalding avait soixante-dix-neuf ans quand je l'ai interrogé, et souffrait de pertes de mémoire. Son récit est toutefois étayé, indirectement, par l'ancien archevêque de Boston, feu le cardinal Richard Cushing. Celui-ci, préoccupé d'action sociale, avait fondé en 1958 la St. James Society, rassemblant des jeunes prêtres voués au travail missionnaire dans les pays d'Amérique latine. En 1964, lors d'une visite en Bolivie, le prélat passa la soirée à discuter, autour d'une bouteille de scotch, avec une douzaine d'entre eux, dont le père James O'Rourke, aujourd'hui prêtre de la paroisse de Brighton, Massachusetts. «Mes camarades et moi voulions savoir ce qui se passait chez nous, dans le diocèse, m'a-t-il raconté. Quelqu'un a demandé: "Votre Éminence, si John Kennedy avait voulu se représenter, croyez-vous qu'il aurait été réélu?" Nous étions tous persuadés qu'il allait répondre: "Bien sûr!" Mais il a dit: "Ah! n'oubliez pas que les républicains auraient présenté [Nelson] Rockefeller, qui est quelqu'un de très populaire, le seul dont l'image puisse se comparer à celle de Kennedy. Les démocrates auraient tenté de tirer profit du divorce de Rockefeller [...] mais les républicains auraient soulevé la question du premier mariage de John Kennedy."»

«Je ne crois pas qu'un seul d'entre nous ait jamais entendu parler de ça, se souvient O'Rourke. Nous sommes restés bouche bée. Et le cardinal a ajouté: "Oh, ils n'auraient rien trouvé. On a arraché la page du registre." Puis il a gloussé et la conversation en est restée là.» Voyant à quel point son auditoire était stupéfait, Cushing lança: «Oui, Kennedy a été marié avant, mais on s'est occupé de ça.»

O'Rourke m'a expliqué par ailleurs que si le mariage Kennedy-Malcolm n'avait pas été bénit par un prêtre catholique, JFK – à supposer qu'il y ait tenu – n'aurait eu nul besoin de solliciter son annulation par le Vatican. Au demeurant, a-t-il ajouté, si les Kennedy avaient voulu entreprendre de telles démarches, «je crois qu'ils auraient contacté l'archevêque Cushing. Mieux vaut s'adresser au bon Dieu qu'à ses saints!»

L'ex-épouse de Spalding, Betty, confirme par ailleurs les déclarations de Charles. Elle se souvient en particulier qu'Eunice Kennedy, la sœur cadette de JFK, lui avait raconté: «Il y a eu une soirée pendant laquelle on a beaucoup bu, et ils [John et Durie Malcolm] sont allés trouver un juge de paix pour se marier» – à 2 heures du matin. Eunice affirmait que Malcolm «refusait de coucher avec John tant qu'il ne l'aurait pas épousée». Betty Spalding se rappelle aussi avoir entendu dire par la suite: «Le Vieux a failli en avoir une attaque et a tout fait annuler.»

Comme toujours, Joe sut se faire obéir de son fils. Le 11 juillet 1947, Durie Malcolm épousa Thomas Shevlin, lui aussi membre de la bonne société de Palm Beach. Leur union dura jusqu'à la mort de Shevlin en 1973. La famille de celui-ci semblait être au courant du mariage secret de la jeune femme avec JFK. C'est du moins ce qu'en dit Frances Howe, qui fut mariée treize ans durant à Deering Howe Jr., le neveu de Shevlin : « Je connaissais tout le monde, à Palm Beach, et toute la famille » était au courant.

Peu après son mariage, elle rencontra Durie Malcolm lors d'une soirée. « Elle m'a tapoté la joue du doigt et m'a dit : "Ma pauvre enfant, vous n'auriez jamais dû entrer dans cette famille !" » Howe la trouva très sympathique, évoqua avec elle l'histoire de la lignée. Plus tard, lors d'un match de polo, elle lui demanda « si la fameuse histoire était vraie. Elle a répondu : "Oui." » Frances Howe crut comprendre que « Joe, fou furieux, avait annulé le mariage et fait disparaître toutes les archives ». Selon les rumeurs familiales, « John aimait vraiment Malcolm et aurait voulu vivre avec elle. Mais le jeune Joe [Joseph Jr., l'aîné de JFK] étant mort, c'était à son cadet de briguer la présidence ».

Le premier mariage de JFK resta secret jusqu'en 1957, date à laquelle Louis L. Blauvelt fit imprimer trois cents exemplaires de l'arbre généalogique de sa famille. Ce retraité avait, en amateur, consacré trente ans de sa vie à cette tâche, remontant jusqu'à Gerri Hendricksen Blauvelt, débarqué en Amérique en 1638. À la onzième génération, l'entrée numéro 12427, consacrée à Durie Malcolm, précisait qu'elle avait été mariée en troisièmes noces à « John F. Kennedy, fils de Joseph P. Kennedy, ancien ambassadeur en Angleterre ». Le texte comportait bien des scories : le nom de la jeune femme était écorché, comme celui de ses deux premiers époux, et son mariage ultérieur avec Shevlin n'était pas mentionné. L'ouvrage n'attira guère l'attention (il s'agissait d'une édition privée) avant 1961, quand certains adversaires politiques de JFK firent circuler le passage concernant Durie Malcolm. Les journalistes ne tardèrent pas à être informés.

Benjamin Bradlee, qui fut comme Charles Bartlett un ami de JFK, raconte dans ses mémoires, *Conversations with Kennedy*[1], qu'il apprit la rumeur en août 1961, au début de la crise berlinoise. « Une femme membre des "Filles de la révolution américaine[2]" était passée au *Washington Post,* prétendant détenir les preuves d'un premier mariage de Kennedy. Elle avait déjà proposé l'information au *Chicago Tribune*, qui avait refusé de la divulguer. » La visiteuse avait cité la généalogie établie par Blauvelt, dont la Bibliothèque du Congrès possédait un exemplaire. Bradlee, qui travaillait alors pour *Newsweek*, décrocha aussitôt le téléphone : « On me répondit, d'un ton lourd de sous-entendus, que le livre était sorti et que la liste d'attente comptait dix membres du Congrès. »

JFK fit appel à Clark Clifford, qui lui était déjà venu en aide dans des circonstances analogues. Il raconte dans ses mémoires, *Counsels to the President*[3] : « Kennedy et ses collaborateurs tentèrent de faire face à la rumeur en l'ignorant purement et simplement mais, quand elle fit surface dans quelques périodiques, certes de peu d'importance, il m'appela : "Je me souviens tout au plus

1. Benjamin Bradlee, *op. cit.*
2. Organisation conservatrice fondée en 1890, ouverte aux seules descendantes des combattants de la guerre d'Indépendance et vouée à la défense des valeurs traditionnelles de l'Amérique. *(N.d.T.)*
3. Random House, 1991.

qu'il y a quelques années j'ai rencontré très brièvement une jeune femme nommée Durie Malcolm. J'ai dû sortir deux fois en sa compagnie, la première pour un dîner, à l'occasion duquel nous avons dansé ; la seconde, si je me souviens bien, pour un match de football." »

Clifford téléphona à Malcolm, qu'il avait rencontrée du temps où elle était encore mariée avec son second époux, Firmin V. Desloge. Niant les faits, elle lui donna des précisions très similaires à celles de JFK. Selon lui, elle accepta même de signer une déclaration selon laquelle jamais John Kennedy et elle n'avaient été mariés.

C'est ici que Ben Bradlee entre en scène. Lors d'une rencontre avec le président et Pierre Salinger, l'attaché de presse de la Maison Blanche, ils évoquèrent le document signé par Durie Malcolm – mais celui-ci, à supposer qu'il ait bel et bien existé, n'a jamais été rendu public. « Kennedy, se rappelle Bradlee, m'a confirmé par la suite qu'il était sorti avec elle une fois, mais qu'elle était en fait la petite amie de son frère aîné, Joe. » Le journaliste tenta en vain de la contacter par téléphone. Il découvrit aussi que la généalogie dressée par Blauvelt comportait des contradictions. Mais l'intéressé était mort en 1959, à l'âge de soixante-dix-neuf ans, et rien dans ses dossiers, déclara-t-on à Bradlee, ne prouvait que le fameux mariage avait bien eu lieu. Il rapporta la chose au président, qui dit d'un ton léger : « Benjy, pas la peine de vous acharner ! Vous essayez tous de me coincer avec une fille quelconque et aucun d'entre vous n'y parvient, parce que ça ne s'est tout simplement pas produit. » Le journaliste ajoute que Jackie Kennedy, qui assistait à la scène, écoutait son époux « avec un grand sourire ».

À l'époque, ni Bradlee ni aucun de ses collègues accrédités à la Maison Blanche ne crut bon d'écrire un article sur la question. Certains de leurs collègues poursuivaient néanmoins l'enquête. Ainsi, un jeune reporter du magazine *Look* s'était rendu à St. Louis pour interroger la famille Desloge. Accordant cet été-là une interview à Laura Bergquist, du même magazine, Kennedy aborda brusquement la question : « J'ai entendu dire que quelqu'un de chez vous [...] fouinait dans mon passé à propos de ce mariage secret. » Elle décida de se montrer franche : « Vous êtes-vous marié en secret ? » JFK répondit : « Non. Je la connaissais, je l'ai emmenée à un match de football, c'est tout. » Le président semblait « crispé », aux dires de Bergquist. Il expliqua avoir appris la nouvelle par son frère, puis lança : « Imprimez ça et je pourrais bien me retrouver propriétaire de *Look*. » « Ce qui m'a paru une menace. Il plaisantait, mais pas tout à fait », commenta Bergquist lors de l'entretien accordé à la Bibliothèque Kennedy en 1977.

Mais les rumeurs, sans avoir encore été reprises par aucun journal à grand tirage, ne disparurent pas pour autant. À l'automne, J. Edgar Hoover se vit ainsi communiquer, en l'espace de quelques semaines, trois rapports de ses bureaux régionaux lui annonçant avoir reçu des lettres à ce sujet. Toutes citaient la généalogie établie par Blauvelt. Le 22 novembre 1961, Hoover aborda la question avec Bobby qui, selon un mémorandum du chef du FBI, obtenu aux termes de la loi sur la Liberté de l'information, reconnut que « plusieurs journalistes lui en avaient parlé ». Il ajouta « espérer vivement » que ces allégations seraient rendues publiques : « Nous [la famille Kennedy] pourrions tous prendre notre retraite avec ce que nous obtiendrions en dommages et intérêts. »

Des paroles aussi vindicatives ne pouvaient éluder un fait : le scandale éclaterait si Durie Malcolm, ou un ami du président comme Charles Spalding, décidait de parler. JFK ne pourrait être réélu en 1964 si le grand public, et surtout l'électorat catholique, croyait qu'il s'était marié en secret et avait menti à ce sujet.

Il se peut que de telles craintes expliquent la susceptibilité dont Kennedy fit preuve à propos de menus potins journalistiques, d'apparence anodine. High Sidey fut ainsi surpris de le voir « furieux » parce que *Time*, fin 1961, l'avait décrit dansant le twist lors d'une soirée mondaine à Palm Beach. « Ces petites questions personnelles semblaient le dévorer. Elles le préoccupaient davantage que ce qu'on pouvait dire de la baie des Cochons ou de ce qu'il allait faire à Berlin. » En février, Kennedy s'offusqua de nouveau : *Time* avait écrit, à tort, qu'il avait revêtu un costume gris sombre pour poser en couverture du magazine *Gentlemen's Quarterly*. Sidey n'était pas au courant et ne put se défendre : « Il a jeté *Time* sur le bureau, est venu vers moi, a agité le poing et lancé : "Bande de fils de putes, vous passez votre temps à remuer la merde ! Vous voulez ma peau, c'est ça ? Mais pourquoi, bon sang !" Je me suis fait remonter les bretelles, mais je n'ai pas eu l'occasion d'éclaircir la question, parce que ça s'est arrêté net : il est passé à d'autres sujets. Il avait juste eu besoin de vider son sac. De toute évidence, quelque chose d'autre le préoccupait, mais c'est sorti comme ça, de manière très bizarre. »

Quelques mois plus tard, les frères Kennedy furent scandalisés en prenant connaissance d'une publication interne de *Time*, dans laquelle Sidey décrivait, en termes peu flatteurs, une folle soirée de la Saint-Sylvestre à Palm Beach. Le journaliste était en ville ce soir-là, en quête de Pierre Salinger ou de son adjoint, Andrew Hatcher, à la recherche d'une réponse officielle à une question de politique étrangère. Mais « Salinger était parti Dieu sait où avec une fille qui ne lui était liée ni par le sang ni par la loi, et Hatcher se la coulait douce en Jamaïque avec des mannequins. Alors je me suis baladé. Il n'y avait personne. Tout le monde faisait la fête. Je dois dire que j'ai eu le sentiment que ça allait trop loin et que ça n'était sans doute pas comme ça qu'on gérait la présidence, surtout en pleine guerre froide». Sidey fit parvenir à ses supérieurs new-yorkais une note destinée à un bulletin hebdomadaire intitulé *The Washington Memo.* Le journaliste y citait une blague féroce des correspondants de presse réunis autour du bar, la veille de la traditionnelle soirée de nouvel an à la Maison Blanche : qui serait le gigolo de Rose Kennedy cette nuit-là ? Sidey pensait que le bulletin ne circulait que parmi le personnel du magazine, or il apprit plus tard qu'il était en fait envoyé à tous les annonceurs.

En avril, Sidey se vit convoqué au ministère de la Justice. Bobby Kennedy était furieux : « Il avait lu le mémo que j'avais écrit. [...] J'avais commis l'erreur de me laisser aller à une plaisanterie pas drôle. Il m'a dit : "Si nous étions en Angleterre, nous vous poursuivrions en justice pour diffamation. Sidey, je n'ai jamais rien lu de pire. Je vous avais cru honnête, jusqu'à présent." J'ai répondu : "Bobby, je ne faisais que rapporter l'ambiance du moment, ce que les journalistes me disaient." L'allusion à sa mère l'avait tout particulièrement choqué. Il tremblait en me parlant. » Sidey s'excusa par écrit. John Seigenthaler, un des proches adjoints du ministre de la Justice, lui raconta par la suite que « jamais il ne l'avait vu aussi furieux. Il pensait que Bobby ne me le pardonnerait pas. C'est peut-être ce qui s'est passé »...

En mai 1962, *The Thunderbolt*, bulletin raciste de l'Alabama, fit paraître un article sur le mariage Kennedy-Malcolm citant abondamment l'ouvrage de Blauvelt.

Une autre publication du même genre, *The Winrod Letter*, de l'Arkansas, reprit la nouvelle un mois plus tard. En septembre, la rumeur parvint à la grande presse : le magazine *Parade*, supplément dominical d'un quotidien à grand tirage, recycla l'histoire dans une rubrique rédigée par Lloyd Shearer. Celui-ci relevait les erreurs de Blauvelt et affirmait que jamais les deux jeunes gens n'avaient été mariés. Mais c'était assurer à l'information une très large audience.

JFK se tourna vers Ben Bradlee, qui avait à se faire pardonner après avoir commis l'erreur de laisser entendre, dans des déclarations publiées en août par *Look*, que la lune de miel entre Kennedy et la presse touchait à sa fin («Il est à peu près impossible d'écrire un article qu'ils [John et Bobby] aimeront. Même s'il leur est très favorable, ils trouveront toujours un paragraphe sur lequel chipoter»). Aujourd'hui, Bradlee reconnaît volontiers qu'il avait été «idiot» de tenir de tels propos – et surtout de dire la vérité ! «Ah, vous autres ! s'était écrié le président. La Maison Blanche vous en accorde plus qu'à vos confrères et voilà comment vous nous remerciez !» «Je ne l'ai pas revu pendant deux ou trois mois, se souvient Sidey, et il ne répondait plus au téléphone.»

L'impasse prit fin en septembre 1962 : Bradlee accepta de collaborer avec la Maison Blanche pour mettre un terme définitif aux rumeurs. Dans ses mémoires, il explique : «Je ne voulais pas que *Newsweek* nous coiffe au poteau avec cette histoire. J'en ai parlé à Salinger, tout en lui disant que j'aurais besoin de renseignements solides, certifiés par le FBI, sur les organisations et les journalistes qui faisaient circuler l'histoire Blauvelt.» Clark Clifford, quant à lui, donne un récit un peu contradictoire : «Afin de "contrôler" l'histoire, il [Kennedy] invita un de ses plus proches amis, le journaliste Benjamin Bradlee

[...] à publier l'information en la présentant comme une fausse rumeur, qui serait analysée et démentie. À la demande du président, je racontai donc à Ben de quelle manière j'avais été impliqué dans l'histoire.»

Dans ses mémoires, le journaliste rapporte que Pierre Salinger lui téléphona quelques jours plus tard et lui fit la proposition suivante: «Si j'acceptais de montrer l'article définitif au président et si je me rendais à Newport, où il prenait un peu de repos, on me remettrait des documents du FBI dans un motel de la ville [...], ce que je ne devrais en aucun cas reconnaître.» Bradlee en discuta avec ses supérieurs: «Nous avons décidé d'accepter, bien que rechignant à donner à qui que ce soit, fût-il président des États-Unis, le droit d'approuver ce que nous pouvions écrire.»

Le journaliste avait une autre raison d'accepter: «Je voulais que nous soyons de nouveau amis. Bien entendu, ne plus pouvoir accéder à la Maison Blanche m'était pénible, mais c'était surtout notre complicité qui me manquait.» Selon Bradlee, les dossiers du FBI ne recelaient aucune révélation: «Ils comportaient deux ou trois documents classifiés, mais guère plus. Pour l'essentiel, ils se réduisaient à des coupures de presse.» Plus tard, il vint soumettre son article au jugement de Kennedy: «Je n'avais pas vu le président depuis un moment. Je suis entré, il m'a lancé: "Bonjour!", comme si de rien n'était. Puis il a jeté un coup d'œil au texte et me l'a rendu.»

L'article de Bradlee, publié dans le *Neewsweek* du 24 septembre 1962, désamorçait la rumeur tout en s'en prenant aux groupes racistes et aux échotiers mondains qui la faisaient circuler. Il citait, sans le nommer, un parent de Blauvelt selon qui l'entrée consacrée à Malcolm était une bourde colossale et qui soupçonnait ce dernier d'avoir puisé ses informations dans un journal à scandales. Lors d'une interview réalisée en 1996, Sue Waite, la petite-fille de Louis Blauvelt, a cependant nié avec véhémence de telles déclarations. Loin d'être un chercheur médiocre, son grand-père – mort avant l'élection de Kennedy – «était au contraire un passionné d'histoire, membre de la Genealogical Society et de la New York Historical Society». Vétéran de la guerre hispano-américaine, il professait le plus grand respect pour la présidence «et n'aurait jamais souhaité que tout cela se produise». En 1961, la famille fut contactée par Pierre Salinger, qui demanda à consulter les dossiers de Blauvelt. Il lui fut répondu qu'ils ne contenaient rien de relatif au mariage Kennedy-Malcolm. Selon Waite, cela ne signifie pas pour autant que la famille considérait que Blauvelt s'était trompé. Son opinion personnelle est qu'il avait entièrement raison. Mais les preuves sur lesquelles il s'appuyait n'existent plus.

L'article de Bradlee fut intégralement reproduit dans le *Washington Post*, et fréquemment cité dans les journaux du monde entier. *Time* y ajouta un démenti catégorique de Durie Malcolm, alors en vacances en Italie avec son mari, Thomas Shevlin: «Tout cela est faux et absolument ridicule. Je connais bien la famille du président, je l'ai rencontré à Palm Beach il y a des années et je suis allée une fois avec lui et ses parents assister à un match de football à Miami. J'ai rarement eu l'occasion de le revoir depuis.»

L'opération fut une réussite complète, ainsi que l'écrit Clark Clifford: «Comme les Kennedy l'espéraient [...], une fois la rumeur dénoncée publiquement, elle se réduisit à une curieuse note de bas de page dans le grand livre du mythe JFK. Aujourd'hui encore, je suis convaincu que toute l'affaire ne fut rien d'autre que la conséquence d'une erreur commise par un homme âgé qui n'avait pas pris la précaution de vérifier ses sources. »

Dans les années 1950, Kennedy et son épouse s'étaient liés d'amitié avec un de leurs voisins de Georgetown, John Sherman Cooper, un républicain qui représentait le Kentucky au Sénat. Sa femme Lorraine et lui sortaient souvent dîner en leur compagnie. Ces relations se poursuivirent après l'arrivée à la Maison Blanche de JFK, dont Cooper demeura un confident très apprécié, bien qu'il fût officiellement un de ses adversaires politiques. À Washington, peu de gens savaient que Lorraine Cooper avait été la première épouse de Thomas Shevlin. Un soir, bien des années après l'assassinat du président, la journaliste Maxine Cheshire, du *Washington Post*, assista à un dîner chez les Cooper. Elle m'en fit le récit lors d'une interview réalisée en 1995 : « C'était à Georgetown, nous étions en train de manger des crabes. Soudain, Lorraine sourit et nous raconte [qu'à un dîner de ce genre], John Kennedy avait annoncé aux convives : "Lorraine et moi sommes apparentés par mariage." Après quoi tous deux avaient éclaté de rire, sans que personne comprenne de quoi ils voulaient parler. »

20

La crise des missiles

La crise d'octobre 1962 valut à John F. Kennedy son plus grand triomphe politique. Tandis que le reste de la planète suivait avec angoisse les événements, les États-Unis et l'Union soviétique semblaient au bord de la guerre nucléaire : Nikita Khrouchtchev, pris la main dans le sac alors qu'il fournissait à Castro des missiles nucléaires et confronté à un président américain résolu, céda à la pression américaine et accepta de les retirer. Comme le déclara Dean Rusk, alors secrétaire d'État, lors d'une réunion de crise : « Nous nous regardions droit dans les yeux et je crois que l'adversaire a cillé. » La formule, reprise dans le monde entier, parut résumer la complète victoire américaine. JFK, quand il discutait de la question avec ses amis, s'exprimait encore plus crûment : « Je lui ai coupé les couilles ! »

À l'apogée de la crise, le président décida la mobilisation de forces importantes, prêtes à attaquer Cuba et peut-être à déclencher un holocauste nucléaire. Le plan d'invasion de l'île prévoyait le plus important lâcher de parachutistes depuis le débarquement de Normandie. Le Pentagone estimait que 18 500 Américains seraient tués ou blessés lors des dix premiers jours de combat. Les 1 436 B-52 et B-47 et les 172 missiles intercontinentaux du Strategic Air Command furent placés en alerte maximale, dite « DefCon 2[1] », dernier indice d'alerte avant la guerre totale. Au cours du mois qui suivit, un bombardier sur huit fut constamment en vol, prêt à lâcher sur des cibles cubaines et soviétiques des armes nucléaires dévastatrices. Au cours des vingt-quatre premières heures de l'invasion, les 579 chasseurs du Tactical Air Command accompliraient 1 190 sorties. Le carburant et le matériel nécessaires furent stockés dans le sud de la Floride et sur une base britannique des Bahamas. Plus de 100 000 fantassins furent déployés dans les ports de la côte est, à quelques heures à peine de Cuba. Une flotte impressionnante soutenue par 40 000 Marines croisait dans les eaux internationales des Caraïbes et de l'Atlantique sud. La machine de guerre américaine était « aussi prête qu'on peut l'être », selon des documents militaires rendus publics beaucoup plus tard, et n'attendait plus que le signal de la Maison Blanche. La détermination du président et ses démonstrations de force lui permirent apparemment de l'emporter. Il eut droit à tous les éloges, non seulement pour son triomphe, mais aussi pour le calme et l'assurance dont il fit preuve, de la découverte des missiles sur le sol cubain le 15 octobre à la capitulation de Khrouchtchev treize jours plus tard.

Au fil des trente-cinq années qui suivirent, de très nombreux témoignages – mémoires, entretiens, documents tirés des archives soviétiques – ont toutefois révélé que beaucoup de ce que le gouvernement

1. Pour *DEFense CONdition.*

Kennedy déclarait à l'époque, en privé comme en public, était tout simplement faux. Le mensonge le plus grave – qui pèse encore sur l'histoire de ces treize jours – venait des frères Kennedy, toujours soucieux de dissimuler leurs projets d'assassinat de Castro. Contrairement au KGB et à Khrouchtchev, le peuple américain en ignorait jusqu'à l'existence. Plus inquiétant encore, nombre des hauts responsables du comité de crise – le « ExComm[1] » – n'étaient au courant ni de l'opération Mangouste dirigée par Edward Lansdale, ni de la création du détachement spécial W de Bill Harvey. Kennedy a d'autant plus travesti la vérité sur l'affaire des missiles soviétiques à Cuba que c'était sa propre politique qui avait conduit à leur installation.

Historiens et journalistes débattent depuis des années pour savoir si Khrouchtchev, en les introduisant secrètement à Cuba, voulait avant tout défendre l'île, comme il l'affirmait, ou modifier l'équilibre stratégique international, comme le prétendait Kennedy. En tout cas, quels qu'aient été ses motifs, JFK et son frère se rendaient très certainement compte que leur volonté de maintenir la pression sur Castro avait donné à l'Ukrainien un prétexte idéal. Le déploiement des missiles était pour lui un moyen d'affirmer le statut de superpuissance de son pays. L'Union soviétique disposait de sous-marins capables de lancer des bombes nucléaires sur New York, Washington et d'autres grandes villes américaines. C'était cette menace qui comptait, et non son origine – depuis la pleine mer, ou depuis une île située à 150 kilomètres du continent américain. Peu de gens à Washington croyaient sérieusement qu'une dizaine de missiles balistiques installés à Cuba bouleversaient les

1. Pour *EXEcutive COMMittee.*

données géostratégiques de la planète, l'Union soviétique était trop en retard. À l'automne 1962, l'arsenal américain comptait 3000 têtes nucléaires et près de 300 rampes de lancement – bien plus que l'URSS, qui en possédait respectivement 250 et entre 25 et 45.

Le gouvernement américain ne manqua pas de claironner que le pays était prêt, ce qui fit oublier un détail important : au cours de la crise, il n'y eut, en Union soviétique même, aucun déploiement militaire de grande ampleur. Ses lance-missiles intercontinentaux – à carburant liquide, nécessitant plusieurs heures pour être opérationnels – ne furent mis en alerte à aucun moment. Il n'y eut ni rappels de réservistes ni menaces contre Berlin.

La crise fut bel et bien provoquée par Khrouchtchev, du moins publiquement : en installant ses missiles à Cuba, il se montra même plus impudent encore qu'on ne l'aurait cru. C'est ainsi qu'à l'été et à l'automne 1962 il fit savoir à Kennedy, par l'intermédiaire de Bolchakov et d'autres, qu'il ne tentait rien sur l'île alors même que le président américain ne cessait de recevoir de ses agences de renseignement des rapports démontrant le contraire.

JFK choisit pourtant de croire son adversaire plutôt que ses propres services, peut-être parce qu'il se trouvait confronté à des difficultés à la fois personnelles et politiques : son administration ne s'était pas montrée particulièrement active au Congrès et les élections approchaient – elles étaient prévues pour le 6 novembre. Il lui fallait aussi songer à la future campagne présidentielle de 1964. Une nouvelle crise cubaine rappellerait fâcheusement la baie des Cochons et donnerait aux républicains un sujet de polémique tout trouvé.

Il est vrai qu'ils avaient déjà les droits civiques. Fin septembre, poussé par son frère, le président décida à contrecœur d'intervenir dans le Sud à l'occasion de nouveaux affrontements entre Blancs et Noirs, et pesa de tout son poids pour permettre à un étudiant noir nommé James Meredith de s'inscrire à l'université du Mississippi, ce à quoi il parvint finalement. Dans leur grande majorité, les Américains, révulsés par les violences des policiers sudistes, semblaient approuver leur président – c'est du moins ce que ses spécialistes des sondages lui affirmèrent. Mais personne ne pouvait dire si oui ou non cela vaudrait des gains de voix aux démocrates.

JFK devait aussi gérer une série de crises personnelles qui, toutes, pouvaient mettre un terme à sa carrière et impliquaient des femmes : Durie Malcolm, Judith Exner, Marilyn Monroe (dont le suicide au mois d'août avait fait naître toutes sortes de spéculations, bien que sa liaison avec le président n'eût pas encore été révélée par la presse).

Le 16 octobre au matin, quand Kennedy apprit que Khrouchtchev n'avait cessé de lui mentir sur les missiles cubains, il comprit aussitôt que ses ambitions électorales étaient menacées. Une fois de plus, comme à Vienne, il risquait d'être perdant sur Cuba et humilié par son homologue soviétique. Bien entendu, il lui restait toujours la possibilité d'entreprendre une action diplomatique : affronter Khrouchtchev en privé et négocier discrètement le retrait des missiles.

Mais Kennedy était toujours aussi obsédé par Cuba, et bien décidé à humilier publiquement Khrouchtchev. Pendant les treize jours qui suivirent, JFK s'adonna donc au jeu terrifiant du défi nucléaire, sans être d'ailleurs informé de tous les faits. Pour la première fois depuis son entrée à la Maison Blanche, il donna libre cours à sa témérité personnelle, à sa conviction que les règles habituelles de comportement ne s'appliquaient ni à lui ni à sa politique étrangère. Le 27 octobre, à l'apogée de la crise, un avion espion américain fut abattu. Les événements menaçant d'échapper à son contrôle, il fut contraint de chercher un compromis et de se fier au bon sens de Khrouchtchev, comme à sa crainte d'une guerre nucléaire, pour éviter l'affrontement des superpuissances. Comme toujours, le président se tourna vers son frère pour qu'il le sorte de cette mauvaise passe.

Si John Kennedy mentit sur sa vie personnelle et sur l'élection présidentielle de 1960, ce n'est rien à côté de ce que son frère et lui firent croire pendant les jours et les semaines qui suivirent la crise des missiles. JFK mena le monde au bord de la guerre nucléaire pour s'assurer une victoire politique et humilier un adversaire qui l'avait autrefois ridiculisé. Mais le grand public s'entendrait dire que son vaillant jeune président avait remporté la crise par une démonstration de force et finirait par le croire. Les leçons ainsi apprises hanteraient les responsables américains lors des négociations de paix avec le Nord-Viêtnam et rendraient plus difficile à Johnson et à Nixon l'acceptation d'un compromis – perpétuant ainsi une guerre qui coûta la vie à des milliers d'Américains et à des millions d'Asiatiques.

C'est en mai 1962 que Nikita Khrouchtchev décida le pari le plus audacieux de sa carrière : il installerait en secret des missiles nucléaires soviétiques à Cuba, premier déploiement d'armes de ce genre en dehors du continent eurasiatique.

Il ne fait aucun doute qu'un facteur stratégique intervenait dans sa décision. Un an plus tôt, sans tenir compte de ses objections, Kennedy avait approuvé l'octroi d'un statut opérationnel à quinze missiles Jupiter de moyenne portée installés en Turquie, juste en face de l'URSS – le président Eisenhower en avait d'ailleurs pris la décision dès 1959. Khrouchtchev, qui avait une résidence d'été en Géorgie, se montra scandalisé (plus tard, il demanderait souvent à ses hôtes, surtout s'ils étaient américains, d'observer les rampes de lancement à la jumelle, de l'autre côté de la mer Noire. « Des missiles américains en Turquie, pointés tout droit sur ma datcha ! », s'exclamait-il). Quelques missiles soviétiques à Cuba ne suffiraient sans doute pas à mettre en péril l'équilibre géopolitique, mais des dizaines de grandes villes américaines seraient à leur portée, et cela rappellerait au jeune président que l'URSS exigeait d'être traitée en égale. Bien des questions de politique étrangère restaient sans solution entre les deux superpuissances : les Américains exigeaient de pouvoir accéder librement à Berlin tout en s'engageant de plus en plus profondément au Sud-Viêtnam ; et, en mars, la Maison Blanche avait décidé, pour répondre à des essais nucléaires soviétiques, de procéder aux mêmes types d'essais, en atmosphère.

La menace que les États-Unis faisaient peser sur Cuba constituait un second facteur. L'opération Mangouste, les tentatives infructueuses, mais constamment réitérées, d'assassiner Castro, avaient poussé le régime dans les bras de Moscou. Depuis le milieu de l'année 1960, l'URSS avait fourni aux Cubains près de 250 millions de dollars en armes et en matériel. Les Américains réagirent par l'intimidation : en avril 1962, JFK se rendit en avion à Norfolk, Virginie, pour assister à un exercice militaire de grande ampleur au cours duquel 40 000 hommes procédèrent à des débarquements amphibie sur des plages de Caroline du Nord, ainsi qu'à Porto Rico, à moins de 100 kilomètres de Cuba. Dans *One Hell of A Gamble*, Fursenko et Naftali[1], qui ont eu accès aux archives

1. Aleksandr Fursenko, Timothy Naftali, *op. cit.*

soviétiques, estiment que Khrouchtchev «en était venu à penser», dès les premiers mois de 1962, que «John F. Kennedy était prêt à envahir l'île» – ce que le président entendait bien lui faire croire.

Pour veiller au secret de l'opération, Khrouchtchev recourut aux services de Georgi Bolchakov, tirant parti de la fascination des frères Kennedy pour les négociations secrètes. En juillet 1962, selon Foursenko et Naftali, le journaliste soviétique et Bobby se rencontrèrent au moins six fois. Bolchakov fit remarquer que Washington aurait de meilleures relations avec Moscou si les Américains mettaient un terme à la surveillance aérienne des navires soviétiques croisant dans les eaux internationales, surveillance qui constituait selon lui «un véritable harcèlement». Les frères Kennedy, quant à eux, s'inquiétaient surtout de la possibilité d'un affrontement à Berlin. Fin juillet, ils invitèrent Bolchakov à une réunion privée dans le Bureau ovale. Là, le président parut accepter – c'est du moins ce qu'on crut en URSS – de se montrer moins curieux si Khrouchtchev plaçait la question berlinoise «au congélateur». Les dossiers soviétiques montrent que Bolchakov fut autorisé, début août, à dire au président que le dirigeant soviétique était satisfait de la promesse de Kennedy. Rien ne montre pour autant que la surveillance ait bien été réduite (fin août, les services de renseignement américains étaient toujours en mesure d'annoncer que 55 navires soviétiques avaient accosté à Cuba au cours du mois, soit quatre fois plus qu'en août 1961).

C'est à la fin de l'été que les premiers rapports concluant à la présence de missiles sol-air à Cuba commencèrent à circuler à Washington, tandis que Khrouchtchev n'épargnait aucun effort pour duper les frères Kennedy. Le 6 septembre, Alexandre Dobrynine, le nouvel ambassadeur soviétique, leur fit ainsi savoir que «rien, avant les élections au Congrès, ne serait entrepris qui puisse compliquer la situation internationale ou aggraver les tensions dans les relations entre [leurs] deux pays». Charles Bartlett reçut des assurances similaires de la part d'Alexandre Zintchouk, diplomate en poste à Washington. Comme Bartlett me l'a expliqué, le message à transmettre à JFK était très chaleureux: «Khrouchtchev veut que le président sache qu'il comprend ses préoccupations à l'approche des prochaines élections, et l'assure que lui-même ne s'en mêlera en aucun cas.» Ces messages n'auraient pu tomber à un meilleur moment. Le président se voyait critiqué par Kenneth Keating, sénateur républicain de New York, qui affirmait que la Maison Blanche avait enterré des rapports signalant l'installation de missiles à Cuba. Bolchakov, alors en congé à Moscou, reçut l'ordre de dire à JFK, par l'intermédiaire de Bobby, que l'Union soviétique ne fournissait à Castro que des armes «à caractère défensif».

Il ne fait aucun doute que Khrouchtchev, à cette époque, fit preuve de duplicité, encore qu'il prit soin de ne pas mentir ouvertement. Tout au long de la crise, comme au cours des années qui suivirent, il maintint que les missiles installés à Cuba étaient purement défensifs – tout comme les responsables américains qualifiaient les Jupiter installés en Turquie de «dissuasifs».

Une fois de plus, Cuba faisait la première page des journaux. La Maison Blanche fut contrainte de publier un communiqué selon lequel rien ne prouvait la présence à Cuba de missiles «ou autre puissance offensive, qu'elle soit aux mains des Cubains ou sous contrôle soviétique». Le 13 septembre, lors d'une conférence de presse, le président mit sa crédibilité en jeu: si jamais il se révélait que l'URSS avait fourni des armes offensives au régime castriste, « notre pays ferait tout ce qui est en son pouvoir pour assurer sa sécurité et celle de ses alliés ».

Au même moment, JFK recevait un flot ininterrompu de câbles et de rapports de John McCone, le directeur de la CIA, signalant que des missiles soviétiques, susceptibles d'être équipés de têtes nucléaires, étaient sur le point de parvenir à Cuba. La première mise en garde explicite est datée du 22 août. McCone y expliquait à Kennedy ce qu'il répétait depuis deux semaines lors des réunions du comité pilotant l'opération Mangouste : la CIA avait su, par des sources cubaines, que des missiles sol-air étaient en route vers l'île. Le directeur de l'Agence ajoutait – selon un document déclassifié en 1996 – que l'on passerait sans doute ensuite à des armes à moyenne portée. Un autre mémorandum d'une rencontre avec le président, rendu public en 1992, montre que JFK posa explicitement la question de savoir ce qu'ils pouvaient faire « contre les sites de missiles soviétiques à Cuba ». Selon le même document, on parla aussi des Jupiter installés en Turquie : « McCone a mis en doute leur intérêt [...]. McNamara a convenu qu'ils étaient inutiles mais que, politiquement, il était très difficile de les retirer. » Le directeur de la CIA prôna une invasion immédiate de l'île, avec des forces suffisantes pour « occuper le pays, détruire le régime, libérer le peuple et faire de Cuba un pays pacifique ».

En septembre, McCone renouvela ses mises en garde dans des rapports confidentiels destinés au président et à de hauts responsables. Il réclama également un survol de Cuba par un avion U-2. Les Américains avaient à peu près renoncé à ce type de mission depuis le mois d'août, redoutant qu'un appareil soit abattu.

Les renseignements de McCone, comme sa volonté de faire partager ses vues aux responsables de la

Sécurité nationale, confrontaient les frères Kennedy à un dilemme politique. Début octobre, un mois avant les élections au Congrès, Bolchakov répéta une fois de plus à Bobby que les armes soviétiques livrées à Cuba étaient de nature défensive. Le président décida de croire le journaliste soviétique plutôt que le directeur de la CIA, et c'est le 9 octobre seulement qu'il autorisa un U-2 à survoler l'île. La bourde venait donc de JFK – mais ce fut McCone qui paya les pots cassés.

Dans *Thirteen Days*[1], son récit de la crise (paru de manière posthume en 1969), Bobby Kennedy prétendit tout simplement que les renseignements fournis par le directeur de l'Agence n'existaient pas (à l'époque où le livre fut publié, aucun des rapports de McCone n'avait encore été rendu public) : « Nous avions été trompés par Khrouchtchev, mais nous nous étions aussi dupés nous-mêmes. [...] Aucun responsable gouvernemental n'avait jamais suggéré au président que l'escalade militaire soviétique à Cuba pourrait inclure des missiles », ce qui était faire bon marché des affirmations du sénateur Keating. Dans l'interview – rendue publique en 1988 seulement – qu'il accorda à la Bibliothèque Kennedy, Bobby répéta que McCone n'avait jamais averti son frère de la présence de ces missiles, accusant le directeur de la CIA du pire péché dont on pût se rendre coupable à l'époque : la déloyauté envers le président. « Il ne se montrait pas aussi loyal que, par exemple, Robert McNamara, écrit Bobby Kennedy. Il était très soucieux de sa propre position. C'est pourquoi il a survécu, après tant d'années passées à Washington. [...] Je crois qu'il aimait beaucoup le président, mais il y avait quelqu'un qu'il aimait plus encore, et c'était John McCone. [...] Nous

1. Norton, 1969.

savions qu'il allait voir sénateurs et congressistes en s'efforçant de leur vendre cette idée [qu'il avait prévenu le président de la présence des missiles soviétiques]. C'est d'ailleurs ce qui lui valut d'être sacqué. Si l'on ignorait la présence des missiles à Cuba, à qui la faute? À la CIA. Il n'entendait pas en être tenu responsable.»

Le premier vol de U-2 fut un succès. Le 15 octobre au soir, les responsables des services du renseignement firent savoir à McGeorge Bundy que, désormais, ils possédaient des clichés montrant la présence à Cuba d'un site de lancement de missiles soviétique. Le président en fut informé le lendemain matin (Bundy expliqua par la suite n'avoir pas voulu le déranger avant; il avait passé la journée à faire campagne et paraissait très fatigué). Peu de temps après, Bobby rencontra Richard Helms, de la CIA. «Dick, est-ce que c'est vrai?», lui demanda-t-il. Son interlocuteur, racontant la scène à un journaliste des années plus tard, répondit que oui. «Merde!», s'exclama le ministre de la Justice.

Les deux frères étaient convaincus d'avoir été dupés par Khrouchtchev lors de leurs négociations en coulisse. La Bibliothèque Kennedy ne conserve ni notes ni archives permettant de savoir ce que le président put bien penser, mais son action, au cours des jours qui suivirent, semble avoir été brillamment conçue. Il fallait s'attendre à ce que John McCone et les gradés du Pentagone s'écrient: «Je vous l'avais bien dit!» et réclament des frappes aériennes immédiates ou une invasion de l'île en vue de détruire les sites de missiles. Prôner une action militaire n'avait jamais porté tort à la carrière ou à la réputation des collaborateurs de JFK. Il lui faudrait agir vite pour garder le contrôle sur eux et empêcher les républicains de réclamer une commission d'enquête sur le ratage des services de renseignements à Cuba. Il ne tenait pas à ce qu'elle interroge le président sur ce qu'il savait à ce sujet.

Son premier geste fut de réorganiser l'ExComm et d'imposer le secret des délibérations. Il aurait un objectif unique : les missiles installés à Cuba devaient disparaître, soit par un blocus des navires soviétiques, soit par une action plus résolue. C'était un moyen de tenir à l'écart des hommes qui auraient pu critiquer sa façon de gérer la crise et de les réduire à des discussions privées, tandis que son frère et lui tireraient un profit politique d'une situation confuse provoquée par leur volonté d'en finir avec le régime castriste. Les membres du comité, parmi lesquels Dean Acheson, ancien secrétaire d'État jusqu'au-boutiste, et l'avocat et financier new-yorkais Robert A. Lovett, furent chargés de planifier bombardements aériens et projets d'invasion. Mais les véritables décisions étaient prises ailleurs. Le grand public ne serait informé que quand le président l'aurait décidé – c'est-à-dire six jours plus tard. Jusque-là, les responsables soviétiques ignoreraient également qu'ils étaient percés à jour. John Kennedy aurait tout le temps de réfléchir à ce qu'il convenait de faire.

La première victime ne fut autre qu'Edward Lansdale, dont la carrière à la Maison Blanche connut un terme abrupt. Le 16 octobre, dans l'après-midi, Bobby Kennedy trouva le temps de prendre part à une réunion prévue avec Lansdale et les membres du Groupe spécial. Selon un mémorandum rédigé le même jour par Richard Helms, le ministre de la Justice donna libre cours à son exaspération : l'opération Mangouste « n'était pas parvenu[e] à influencer de manière significative le cours des événements à Cuba ». Elle était « en cours depuis un an » sans qu'aucun acte de sabotage important ait été mené à bien. Le texte de Helms, lourd de sous-entendus, précise que Bobby insista sur le fait que celui qui la dirigeait avait été « personnellement nommé par le président ». L'opération Mangouste prit fin après la crise des missiles. Lansdale s'en alla occuper d'autres fonctions au Pentagone.

Peu convaincu de son efficacité, comme de celle de Harvey, JFK se demandait depuis des mois ce qu'il conviendrait de faire si, comme le prédisaient les responsables du renseignement, des missiles soviétiques étaient bel et bien livrés à Cuba. Des documents rendus publics au début des années 1990 montrent que, le 23 août, il demanda au Pentagone de lui préciser quelles seraient les réactions possibles au cas où les Cubains seraient en mesure de lancer une attaque nucléaire contre les États-Unis. Le 3 octobre, l'amiral Robert Dennison, commandant en chef de la flotte atlantique, se vit ordonner de mettre sur pied un projet de blocus de Cuba – projet qui, selon les rumeurs courant au Pentagone, était prêt avant même que la crise des missiles ne soit annoncée publiquement.

Le 18 octobre, alors que les membres de l'ExComm discutaient pour savoir s'il fallait bombarder Cuba, envahir l'île ou empêcher les navires soviétiques d'y parvenir, le président reçut – la rencontre était prévue depuis longtemps – le ministre soviétique des Affaires étrangères, Andreï Gromyko, venu assister à l'ouverture de la session d'automne de l'assemblée générale des Nations unies. Selon Robert Kennedy, leur visiteur ne fit que répéter la ligne officielle du parti : « Cuba ne voulait que la coexistence pacifique [...] et n'avait aucune intention d'exporter son système politique dans les autres pays d'Amérique latine. » Gromyko garda le silence sur les missiles que l'URSS installait à Cuba, déclarant que son pays avait simplement envoyé là-bas certains spécialistes chargés « de former les Cubains au maniement de certains types d'armement uniquement défensifs ». Le seul objectif de l'Union soviétique, ajoutait-il, était « de donner du pain à Cuba pour empêcher la famine dans ce pays ».

John Kennedy déclara plus tard à Kenny O'Donnell : « C'était incroyable de le voir assis là et d'écouter les mensonges lui sortir de la bouche. » Ce thème deviendrait plus tard un élément obligé du récit de la crise dans les quotidiens et les magazines. Un responsable du département d'État permit même à un journaliste du *New York Times* de consulter la transcription officielle de l'entrevue pour bien démontrer la « perfidie » du Soviétique.

En réalité, c'était un piège – dans lequel Gromyko s'empressa de tomber. Comme Ted Sorensen le raconte dans sa biographie, le président s'attendait à ce que son interlocuteur ne dise rien des missiles installés à Cuba : « Kennedy l'espérait, croyant que cela donnerait plus de poids à notre cause devant l'opinion mondiale. »

Mais JFK avait lui aussi pris sa part dans ce mensonge. Pourquoi ne présenta-t-il pas à Gromyko les photographies, prises par les U-2, donnant ainsi à Khrouchtchev la possibilité d'ordonner le démantèlement sans tapage des sites de missiles ? Dans *Thirteen Days*[1], Bobby explique que son frère préféra s'en abstenir : « Il n'avait pas encore décidé de ce qu'il ferait, et révéler ce que nous savions aurait pu donner l'initiative aux Russes. »

Il y a une réponse plus plausible. Avant même sa rencontre avec Gromyko, John Kennedy avait décidé le blocus, accompagné d'un ultimatum au cas où les Soviétiques le violeraient. Il voulait mettre Khrouchtchev à

1. Robert F. Kennedy, *op. cit.*

genoux, quel qu'en soit le prix. Il se peut aussi qu'il ait, au tout début de la crise, estimé que, si ses menaces restaient sans effet, il marchanderait un compromis secret – comme à Berlin un an plus tôt.

Le *Cold War International History Project Bulletin*, dans son numéro de l'hiver 1996-1997, a donné la version soviétique de l'entrevue Kennedy-Gromyko en y ajoutant un détail essentiel. Comme le ministre le fit savoir à Moscou, le président lui proposa un accord en bonne et due forme : il n'y aurait pas d'invasion de Cuba si les Soviétiques acceptaient de réduire leurs livraisons d'armes. Gromyko ajoutait que Kennedy lui avait déclaré avoir déjà dit à Khrouchtchev que le débarquement de la baie des Cochons « avait été une erreur », avant de donner l'assurance « qu'il n'y aurait aucune nouvelle tentative d'invasion de la part des réfugiés cubains ou des forces armées américaines ».

Si ces paroles apaisantes avaient pour but d'endormir Gromyko et ses collègues du Politburo, ce fut un succès complet : le ministre des Affaires étrangères, selon les documents cités par le *Bulletin*, déclara que tout allait bien : « Tout ce que nous savons de la position américaine sur la question cubaine nous permet de conclure que la situation d'ensemble est tout à fait satisfaisante. [...] Il y a des raisons de croire que les États-Unis ne préparent aucune invasion de Cuba et s'efforcent avant tout de gêner ses relations économiques avec l'URSS et les autres pays. [...] Dans ces conditions, il est quasiment impossible d'imaginer une manœuvre militaire américaine contre l'île. »

Contrairement aux frères Kennedy, Gromyko et Khrouchtchev savaient d'ailleurs, selon les archives moscovites, que l'URSS avait livré en secret à Cuba au moins 134 têtes nucléaires, et peut-être plus. Elles seraient opérationnelles en quelques heures en cas d'invasion ou d'attaque aérienne grâce aux troupes soviétiques installées sur l'île : 42 000 hommes, soit le double des estimations américaines. (Selon Sam Halpern, la station de Miami de la CIA avait d'ailleurs donné le chiffre exact, mais les responsables de Washington le jugeaient beaucoup trop élevé.) Ils étaient commandés par le général Issa Pliyev, forte tête qui avait combattu à Stalingrad et commandé à Moscou une des divisions qui avaient fait reculer les Allemands. Il disposait de douze missiles nucléaires tactiques à courte portée, les « Luna », armés de têtes nucléaires de deux kilotonnes. Tout porte à croire qu'il n'aurait pas hésité à s'en servir en cas d'invasion américaine. Mais cette possibilité ne fut jamais évoquée lors des délibérations de l'ExComm. Roswell Gilpatric, secrétaire adjoint à la Défense, déclara en 1970 lors d'une interview accordée à la Bibliothèque Kennedy : « Nous n'avons jamais eu de preuves certaines qu'il y avait des armes nucléaires soviétiques à Cuba. Si vous me demandez mon opinion, je répondrai que non. Sans doute y eut-il des projets pour en envoyer là-bas, mais je ne crois pas qu'elles aient été [...] montées sur les lance-missiles. » Huit ans après les événements, Gilpatric se trompait encore.

Le lundi 22 octobre, six jours après avoir appris la présence des missiles soviétiques à Cuba, Kennedy finit par révéler ce qu'il savait aux Américains – et à Nikita Khrouchtchev. Ce fut un discours glacial, très agressif, dans lequel il compara la révolution castriste au Troisième Reich : « Et les années 1930 nous ont appris une leçon : le comportement agressif, si on se garde d'y répondre, finit toujours par mener à la guerre. » JFK annonça un blocus de tout matériel militaire soviétique à destination de Cuba, déclarant que c'était là « l'action la plus conforme au caractère et au courage de notre nation. [...] Le prix de la liberté est toujours élevé mais les Américains l'ont toujours payé. Et il y a un chemin que nous ne suivrons jamais : celui de la soumission et de la reddition. » Avant de conclure : « Nous considérerons tout missile nucléaire lancé de Cuba contre toute nation du monde occidental comme une attaque lancée par l'Union soviétique contre les États-Unis, nécessitant des représailles complètes contre elle. »

Kennedy avait défini les enjeux ; le destin de l'humanité reposait désormais entre les mains de Khrouchtchev. Bien entendu, le président ne pensait pas qu'à Moscou, mais aussi à ses adversaires républicains : lors des élections, personne ne pourrait lui reprocher d'avoir reculé à Cuba.

En début de journée, JFK avait téléphoné à Eisenhower, qui coulait désormais des jours paisibles à Gettysburg, pour le prévenir qu'il allait ordonner le blocus. Il donna à Evelyn Lincoln l'ordre d'enregistrer la conversation sur le système Dictabelt de la Maison Blanche. Après l'assassinat du président, elle retira quatorze enregistrements du même genre des Archives nationales. Jamais rendus publics, ils ont été transcrits pour le présent ouvrage.

Face à son prestigieux prédécesseur, Kennedy se montra à la fois fataliste et résolu. Il l'assura que les États-Unis continueraient à surveiller Cuba grâce aux U-2, tout en ajoutant : « Je m'attends à ce que Khrouchtchev déclare que toute attaque contre l'île sera considérée comme dirigée contre l'Union soviétique. Il faut partir du principe que si la surveillance des U-2 continue, ces sites de missiles SAM pourront en abattre un. » Il ajouta que ses conseillers et lui réfléchissaient à ce qu'il conviendrait de faire en pareil cas. « Je n'en sais rien. Il se pourrait que nous nous retrouvions en pleine invasion au bout de quelques jours, mais il le faudra. »

Eisenhower approuva sa fermeté et les deux hommes discutèrent de la possibilité d'une guerre nucléaire généralisée.

— Bien entendu, reconnut Eisenhower, du point de vue militaire, [envahir Cuba] est la chose à faire.

— En effet.

— Comme vous avez pris votre décision, il vous faut en finir. Mais vous devez tenir compte de l'opinion mondiale [...].

— Et de Berlin [...]. Je suppose que c'est ce qu'ils vont essayer de marchander.

— Mon idée est la suivante : ces fichus Soviétiques feront tout ce qu'ils voudront du moment qu'ils pensent que c'est bon pour eux. [...] Je peux me tromper, mais ma conviction est qu'il n'y aura pas beaucoup de points communs entre ces deux affaires [Cuba et Berlin] [...].

— Mais, mon général, si Khrouchtchev annonce demain, comme je le crois, qu'il déclenchera une guerre nucléaire si nous attaquons Cuba ?

— Oh, je ne crois pas qu'ils le feront.

— En d'autres termes, vous prendriez ce risque si la situation paraissait favorable ?

— Que pouvez-vous faire ? Si c'est quelque chose de si grave, [...] il faut que vous trouviez un moyen de mettre ces gens [les Soviétiques] au pied du mur. Je ne crois pas qu'ils auront le cran de presser le bouton. [...] Mais il faut que notre peuple soit vigilant.

Les deux hommes éclatent de rire et Kennedy conclut :

— Dans ce cas, accrochez-vous !

L'Amérique était prête à la guerre. Ce soir-là, à 19 heures, alors que le président commençait son discours, le Pentagone plaça les forces armées au niveau d'alerte DEFCON 3, lançant ainsi la plus grande mobilisation depuis la Seconde Guerre mondiale. Deux jours plus tard, le Strategic Air Command décida, de sa propre initiative, de passer en DEFCON 2, tout en déployant sa flotte de bombardiers sur plus de trente aérodromes civils dispersés à travers les États-Unis. Des armes nucléaires furent installées à bord des appareils stationnés sur les bases du SAC en Espagne, au Maroc et en Angleterre. Plusieurs sous-marins Polaris armés de missiles quittèrent leurs bases écossaises et commencèrent à patrouiller dans l'Atlantique nord. À leur bord, assez d'armes atomiques pour détruire toutes les grandes villes de Russie.

Il y eut d'ultimes contacts avec Bolchakov – lequel s'était montré plus fidèle à l'URSS qu'aux Kennedy, ce qui ne surprendra personne. Après le discours du président, Bobby contacta Charles Bartlett et le chargea de téléphoner à son confrère soviétique en lui faisant savoir que son frère et lui étaient furieux de ses manipulations. Le journaliste s'exécuta puis, quelques instants plus tard, fut rappelé par Bobby, qui lui reprocha de ne pas s'être montré très subtil : de toute évidence, le ministre de la Justice avait mis l'un des deux hommes sur écoute. De plus, les journalistes de Washington ne tardèrent pas à apprendre quel avait été le rôle de Bolchakov qui, ayant accompli sa mission, fut rappelé à Moscou.

Débarrassé de lui, Robert Kennedy se tourna vers Alexandre Dobrynine, le nouvel ambassadeur. Les documents soviétiques montrent que les deux hommes se rencontrèrent à l'ambassade d'URSS le mardi 23 octobre. Bobby semble surtout avoir voulu faire comprendre que son frère ne plaisantait pas, si l'on en croit le compte rendu de Dobrynine, aussitôt envoyé par câble à Moscou. Robert Kennedy, « manifestement excité », expliqua que le président comprenait « la gravité de la situation », et « quelles sortes de conséquences dangereuses » pourraient naître d'un refus des navires soviétiques d'accepter le blocus américain dans les Caraïbes. Mais, poursuivit Bobby, son frère « ne pouvait agir autrement ». Il avait été dupé par Khrouchtchev, à qui « il avait toujours fait confiance sur le plan personnel [...] en dépit d'importants désaccords et de fréquentes aggravations des relations entre [leurs] deux pays ».

Dobrynine ajoutait qu'au moment de partir Robert Kennedy avait demandé « comme s'il venait d'y penser : "Quelles consignes les capitaines des navires soviétiques se dirigeant vers Cuba ont-ils reçues, après le discours du président hier soir ?" » L'ambassadeur lui répondit qu'on leur avait ordonné « de ne pas s'arrêter ni d'accepter une fouille en pleine mer ». Ce à quoi Bobby répondit : « Je ne sais pas comment tout ceci finira, mais nous avons l'intention de les arrêter. »

Dans ses mémoires, parus en 1995 sous le titre *In Confidence*[1], Dobrynine – âgé de quarante-deux ans à l'époque, ce qui en faisait le plus jeune des ambassadeurs soviétiques nommés aux États-Unis – reconnaît qu'au moment de la visite de Robert Kennedy on ne l'avait aucunement informé de la présence de missiles soviétiques à Cuba. Des années plus tard, à Moscou, un haut responsable lui expliqua que cette absence d'instructions et de renseignements, en pleine crise, traduisait « la stupéfaction de Khrouchtchev et de ses collègues après que leur petit complot [pour installer secrètement des missiles à Cuba] eut pris un tour aussi inattendu ».

Dobrynine reçut l'ordre de poursuivre ses discussions en privé avec Bobby Kennedy. Rétrospectivement,

1. Times Books, 1995.

c'était sans doute l'une des plus importantes décisions de toute la crise. Tout au long de celle-ci, les deux hommes se rencontrèrent en secret, généralement après minuit, «à l'ambassade ou dans son bureau du ministère de la Justice» précise Dobrynine, qui se souvient: «Quand il me rendait visite, je venais l'accueillir à l'entrée et nous montions au second étage, jusqu'à mon salon, où nous discutions dans le parfait silence de la nuit [...]. Tout cela se déroulait dans une ambiance un peu mystérieuse et en même temps reflétait l'atmosphère tendue qui régnait alors à Washington. Tension d'autant plus marquée que Robert Kennedy était loin d'être quelqu'un de sociable et manquait du sens de l'humour [...]. Il était impulsif et excitable.»

Le mercredi, toute la nation se retrouva devant la télévision tandis que les premiers des vingt navires marchands soviétiques approchaient du blocus mis en place par la marine américaine. Comme d'habitude, John Kennedy resta imperturbable. Charles Bartlett et sa femme dînaient ce soir-là à la Maison Blanche avec le couple présidentiel. «Il était très maître de lui, et pourtant très sensible aux conséquences de ce qui se passait. C'était terrifiant. Il ne savait vraiment pas quelle serait la réaction soviétique. Nous sommes rentrés assez tôt et il l'ignorait toujours. Puis il m'a appelé vers 22h30 et m'a dit: "On vient d'apprendre qu'ils ont fait demi-tour." Il était resté parfaitement calme toute la soirée.»

Nikita Khrouchtchev battit en retraite. Les navires soviétiques s'arrêtèrent net ou repartirent vers l'URSS. Pour autant, John Kennedy maintint la pression. Il contrôlait l'ExComm, dont les membres soutenaient unanimement le blocus. Les forces armées restaient en état d'alerte, prêtes à frapper. Journaux et chaînes de télévision furent convoqués à une conférence de presse de Dean Rusk, qui déclara que les tensions n'avaient pas pris fin avec la capitulation soviétique en haute mer. Les survols aériens de Cuba montraient que la construction des sites de missiles se poursuivait à un rythme frénétique. Selon la presse, Bobby Kennedy, McGeorge Bundy et Robert McNamara étaient partisans d'une invasion de l'île si cela s'avérait nécessaire. Dobrynine écrit dans ses mémoires qu'il prévint Moscou que JFK, «comme un joueur, mettait en jeu sur l'issue de la crise sa réputation d'homme d'État et ses chances de réélection en 1964. C'est pourquoi nous ne pouvions écarter la possibilité d'une réaction irréfléchie, surtout compte tenu de la personnalité très agressive de certains membres de son entourage».

Toutefois, on s'abstint de communiquer au grand public une information essentielle: les services de renseignement américains ne découvrirent aucun signe de mise en alerte des forces soviétiques, comme Sam Halpern et ses collègues du Détachement spécial W, qui suivaient la crise de près, s'en rendirent compte – même si les troupes russes installées à Cuba continuaient à travailler vingt-quatre heures sur vingt-quatre. «Le 26 [octobre], explique Halpern, nous étions tous à nous dire: "Qu'est-ce qui se passe?" Pas de réaction soviétique, personne n'a l'air prêt à nous tirer dessus. On se demandait: "On a déjà gagné?" Les Soviétiques ne faisaient rien, bien qu'ils aient eu [à Cuba] des armes nucléaires dont nous ignorions l'existence.» Plus important encore, l'URSS s'abstint de mettre en état d'alerte les missiles déployés sur son propre territoire.

Fidel Castro jouait aussi un rôle essentiel dans la crise. Il est stupéfiant de constater que la Maison Blanche n'en tint aucun compte. Le dirigeant cubain, convaincu que les Américains allaient débarquer – il savait parfaitement que les frères Kennedy voulaient sa mort –, s'offusquait de plus en plus du refus du général Pliyev d'abattre les appareils de reconnaissance ennemis. Pourtant, ils survolaient le territoire cubain à très basse altitude, en toute impunité, et tout laissait croire qu'ils rassemblaient les informations nécessaires à une invasion terrestre. Castro demanda donc au général d'obtenir la permission d'utiliser contre eux des missiles sol-air. Pliyev accepta et, selon les documents soviétiques cités par Fursenko et Naftali, reçut le feu vert le 27 octobre.

Ce matin-là, selon *One Hell of a Gamble*[1], Castro paniqua et déclara à ses interlocuteurs soviétiques qu'en « certaines circonstances » – à savoir l'éventuelle perte de Cuba – lancer une attaque nucléaire contre une cible américaine était parfaitement justifié. Il écrivit à Khrouchtchev que si les Américains « devaient réellement envahir Cuba, ce serait le moment d'éliminer à jamais une telle menace par le biais d'un acte de légitime défense, si cruelle et terrible que paraisse une telle solution ». Il déclara aussi à un diplomate soviétique : « Nous ne devons pas attendre de faire l'expérience de la perfidie impérialiste en les laissant frapper le premier coup et en acceptant que Cuba soit rayé de la carte. »

Khrouchtchev perdait le contrôle des événements. Confronté à un double fanatisme – celui de Castro comme celui de JFK –, le dirigeant soviétique décida de mettre un terme au bras de fer entre superpuissances. Il fit parvenir à Kennedy une longue lettre dans laquelle il proposait une issue au conflit : « Ce n'est [...] un secret pour personne que la menace d'une agression armée a plané et plane toujours sur Cuba. C'est la seule raison qui nous a poussés à répondre à la requête du gouvernement cubain et à l'aider à renforcer ses capacités de

1. Aleksandr Fursenko, Timothy Naftali, *op. cit.*

défense. Si le président et le gouvernement des États-Unis donnaient l'assurance qu'ils ne prendront aucune part à une attaque contre Cuba et empêcheront les autres de s'y livrer, si vous rappeliez votre flotte, cela changerait tout, et sans tarder. » Le dirigeant soviétique acceptait l'offre faite par Kennedy à Gromyko, une semaine auparavant, avant que la présence de missiles à Cuba ne soit annoncée publiquement.

Foursenko et Naftali, citant des documents soviétiques, estiment qu'à cette époque 24 missiles balistiques à moyenne portée étaient opérationnels sur l'île. Quelques heures auraient suffi pour les doter de têtes nucléaires. Pourquoi donc Khrouchtchev, qui avait imposé à un Politburo réticent la présence de ces armes à Cuba, ne releva-t-il pas le défi de JFK? «En pleine crise, expliquent les deux auteurs, Khrouchtchev recula [...]. Entre 1956 et 1961, il avait plus d'une fois brandi la menace de représailles nucléaires afin de pouvoir négocier au mieux ses objectifs politiques. Mais il n'avait aucune envie de recommencer si cela pouvait réellement mener à un conflit généralisé. »

Le lendemain, cependant, sous la pression du Politburo, Khrouchtchev se livra à une manœuvre de dernière minute pour renforcer sa position et sa primauté politique à Moscou. La Maison Blanche reçut de lui une proposition d'échange : les missiles américains en Turquie contre ceux de Cuba. Les Jupiter étaient, stratégiquement parlant, d'une importance à peu près nulle, et très vulnérables à une attaque soviétique. L'offre de Khrouchtchev posait donc problème au président. «De toute évidence, écrit Robert Kennedy dans *Thirteen Days*[1], il ne souhaitait pas retirer les fusées de Turquie

---

1. Robert F. Kennedy, *op. cit.*

sous la menace soviétique. D'un autre côté, il ne voulait pas impliquer les États-Unis et le reste de l'humanité dans une guerre dévastatrice pour des missiles technologiquement dépassés et inutiles. » McGeorge Bundy et Ted Sorensen, toujours portés à la fermeté devant le président, déclarèrent à Kennedy que retirer les Jupiter de Turquie saperait la crédibilité américaine au sein de l'OTAN.

Ce matin-là, cependant, des mauvaises nouvelles parvinrent de Cuba. Les analystes de la CIA, après examen des photos prises par les appareils de reconnaissance, avaient conclu, à juste titre, que la construction des vingt-quatre sites de missiles était désormais achevée. Six à huit heures suffiraient pour que les missiles, d'une portée de près de 2000 kilomètres – susceptibles, donc, de frapper Washington – soient opérationnels. Le FBI fit par ailleurs savoir que les diplomates soviétiques semblaient convaincus de l'imminence d'une guerre : ils brûlaient dossiers et archives dans leur ambassade de Washington, comme dans leur enclave des Nations unies, à Long Island.

La crise s'aggrava encore dans l'après-midi, lorsqu'on apprit qu'un missile sol-air venait d'abattre un avion espion U-2 en mission de reconnaissance. Or, tous les membres de l'ExComm étaient tombés d'accord : en pareil cas, il conviendrait de riposter en détruisant un site de missiles soviétiques. Depuis le début de la crise, les chefs d'état-major prônaient des frappes aériennes massives si les Soviétiques refusaient de démanteler ces sites. Le général Maxwell Taylor, nommé depuis peu chef suprême des forces armées américaines, recommanda, avec l'appui de ses collègues à quatre étoiles, que les bombardements s'accompagnent d'une invasion. « Nous savions, écrit Bobby Kennedy, qu'il fallait prendre des mesures militaires pour protéger nos pilotes. Nous nous rendions compte qu'apparemment l'Union soviétique et Cuba se préparaient à se battre. Et nous avions le sentiment que le nœud coulant se resserrait sur nous tous, sur les Américains, sur l'humanité, et que les moyens d'en sortir s'effondraient. »

C'était au tour de Kennedy de perdre le contrôle de la situation.

Sur la suggestion de Bundy, JFK décida de répondre à la première lettre de Khrouchtchev et de ne tenir aucun compte de la seconde. Dans la biographie[1] qu'il consacra en 1965 au président, Ted Sorensen raconte ce qui se passa ensuite : « À la requête du président, la copie d'une lettre fut remise par Robert Kennedy à l'ambassade soviétique accompagnée d'un message verbal : l'escalade était proche. Les États-Unis pouvaient choisir la voie de la paix et du désarmement ou, pour reprendre les termes du ministre de la Justice, entreprendre "des actions de représailles écrasantes [...] à moins qu'il [le président] ne soit immédiatement informé d'un retrait des missiles". » Le lendemain matin, poursuit Sorensen, le Kremlin annonça que les conditions de Kennedy étaient acceptées. « J'eus beaucoup de mal à y croire. » Le président « avait gagné une place dans l'Histoire par ce seul acte [...]. Cuba, théâtre de son pire échec, devenait désormais celui de son plus grand triomphe. »

Mais ce sont là des demi-vérités. Sorensen savait – il attendit vingt-sept ans pour le reconnaître – que la crise avait été dénouée quand Robert Kennedy, représentant son frère, avait rencontré *in extremis* Dobrynine et accepté de conclure un accord secret

1. Ted Sorensen, *op. cit.*

entérinant la proposition de Khrouchtchev : retrait des Jupiter de Turquie contre retrait des missiles soviétiques de Cuba.

En 1995, le *Cold War International History Bulletin* publia, sans beaucoup attirer l'attention, le câble secret envoyé à Moscou par l'ambassadeur. Selon lui, Bobby avait proposé un compromis tout en rappelant que le temps était compté : « Il y a beaucoup de gens déraisonnables chez les généraux [américains], et pas seulement les généraux, qui brûlent de se battre. La situation pourrait échapper à tout contrôle, avec des conséquences irréversibles. » Bobby ajouta que son frère faisait l'objet de « très fortes pressions » pour autoriser des représailles de l'aviation américaine si des avions de reconnaissance étaient abattus. « Or les États-Unis ne peuvent renoncer à de tels vols, car c'est le seul moyen qui nous permette d'avoir rapidement des informations sur la construction des sites de missiles à Cuba. » Si jamais ces bombardements américains avaient lieu, il en résulterait une guerre nucléaire entre les USA et l'URSS. « En réponse, déclara Bobby, le gouvernement soviétique réagirait sans aucun doute de la même manière, quelque part en Europe. Ce serait le début d'une véritable guerre, dans laquelle mourraient des millions d'Américains et de Russes. Nous voulons éviter cela à tout prix. »

« Au cours de notre réunion, commente Dobrynine, Robert Kennedy s'est montré très nerveux. En tout cas, je ne l'ai jamais vu dans un tel état [...]. Il n'a même pas essayé d'imposer ses vues sur chaque question, comme il le faisait d'habitude. Il en revenait toujours au même problème : le temps nous est compté et nous ne devons pas laisser filer cette occasion. »

Les deux frères perdaient le contrôle de la situation parce qu'un avion espion américain avait été abattu ;

leur apparente revanche sur la baie des Cochons les menait peu à peu vers une guerre mondiale. Or, tous deux étaient trop soucieux de se montrer fermes devant leurs pairs pour se sortir seuls du bourbier. Il leur fallut donc se tourner vers Nikita Khrouchtchev.

Bobby Kennedy s'empressa d'enjoindre Dobrynine au plus grand secret en lui expliquant qu'à Washington deux ou trois personnes seulement étaient au courant des marchandages. « Le président ne peut rien déclarer publiquement à ce sujet. » Les missiles installés en Turquie étaient, nominalement, sous le commandement de l'OTAN. JFK ne pourrait donner l'ordre unilatéral de les retirer sans créer de graves tensions avec ses alliés européens. « Toutefois, ajoutait Bobby, le président est prêt à parvenir à un accord sur cette question avec Nikita Khrouchtchev. Je crois qu'il nous faudra quatre ou cinq mois pour que ces bases soient démantelées. » Kennedy concluait en disant que si les Soviétiques acceptaient, son frère et Khrouchtchev pourraient continuer à collaborer, Dobrynine servant d'intermédiaire.

Dans ses mémoires, l'ancien ambassadeur décrit trois autres rencontres avec Bobby pendant la crise des missiles. Le dimanche 28 octobre, Dobrynine reçut de Moscou la permission de dire au ministre de la Justice que Khrouchtchev acceptait la décision de Kennedy. Bobby, soulagé, sourit en apprenant la nouvelle, et lança : « Je vais enfin pouvoir retrouver mes enfants. Mais je crois que j'ai oublié le chemin pour rentrer chez moi ! » Le lendemain, Khrouchtchev fit savoir qu'il acceptait de garder le secret sur l'échange de missiles. Dans un câble envoyé à Moscou le 30 octobre, reproduit dans le *Cold War International History Project Bulletin*, Dobrynine annonça au Kremlin que les frères Kennedy « n'étaient pas disposés à coucher un tel accord par écrit, même sous la forme d'un échange de courrier ultra-confidentiel entre la Maison Blanche et le dirigeant soviétique».

«Pour parler franc, expliqua Bobby, je n'ai, en ce qui me concerne, aucune intention de prendre le risque de transmettre une telle lettre, car qui sait où et quand une telle correspondance pourrait refaire surface, bouleversant le cours des événements. La découverte de tels documents pourrait porter des torts irréparables à ma future carrière politique.»

Ce fut, pour les dirigeants soviétiques, l'occasion de recevoir une leçon de dissimulation donnée par un spécialiste. Toujours selon le câble de Dobrynine, Bobby ajouta: «Je ne peux vous donner que ma parole. De surcroît, je peux vous dire que, à part le président, deux personnes seulement sont au courant de cette affaire» – il s'agissait de Dean Rusk et de Llewellyn Thompson, l'ancien ambassadeur américain à Moscou. «Sur la question turque et autres sujets confidentiels, précise Dobrynine, il était prêt à maintenir un contact direct avec moi [...]. J'ai répondu que j'y étais disposé pour l'avenir et que, comme il le suggérait lui-même, nous passerions par-dessus tous les intermédiaires.»

Le câble envoyé par l'ambassadeur soviétique ne mentionnait pas la plus remarquable des déclarations de Robert Kennedy; sans doute jugea-t-il bon de la réserver à ses futurs mémoires: «Il a ajouté qu'un jour, qui sait, il pourrait se présenter à la présidence, et que son avenir serait compromis si l'accord secret sur les missiles installés en Turquie était connu.»

John Kennedy comptait bien être réélu et passer les six années à venir à la Maison Blanche. Ensuite, son frère lui succéderait pour deux mandats. Les dirigeants soviétiques, avec ou sans lettre, auraient ainsi, pendant quatorze ans, l'occasion de les anéantir publiquement en révélant sur quels mensonges reposait leur apparent triomphe. Pour se sortir d'une crise, les deux frères plaçaient leur crédibilité future entre les mains de leurs adversaires – manœuvre que n'auraient pas reniée les philosophes existentialistes !

Les Américains, qui ignoraient tout de ces tractations, acclamèrent leur président, devenu un véritable héros. Ceux qui avaient mis en doute ou critiqué sa manière de gérer la crise durent se dédire publiquement, comme Khrouchtchev. Walter Lippmann, qui avait reproché à JFK sa brutalité envers Gromyko, lui reconnut le mérite d'avoir montré « non seulement le courage d'un guerrier, en prenant les risques nécessaires [...], mais aussi la sagesse de l'homme d'État, en ne recourant à sa puissance qu'avec lucidité ». Quelques jours plus tard, l'éditorialiste déjeuna à la Maison Blanche avec le président et se vit montrer une partie de la correspondance secrète avec Khrouchtchev. Bien entendu, elle ne comportait aucune allusion aux concessions faites par JFK.

Kennedy se garda bien de raconter toute l'histoire à Eisenhower, son nouveau confident téléphonique. Il lui annonça d'un ton triomphal qu'il avait rejeté les exigences de Khrouchtchev concernant les missiles installés en Turquie.

— Il était hors de question de conclure un tel accord.

— Bien sûr. Mais, monsieur le président, a-t-il posé des conditions ?

— Non, si ce n'est que nous n'envahissions pas Cuba. [...] Pour le moment, c'est la seule. Mais comme, de toute façon, nous n'en avons pas l'intention, nous serons en meilleure position si nous réussissons à les faire partir.

— Tout à fait d'accord. Je me demandais simplement s'il n'essaierait pas de nous imposer des déclarations ou des engagements qui, un jour, pourraient se révéler très embarrassants.

— Je ne crois pas que l'affaire cubaine soit terminée [...]. S'ils se lancent dans la subversion, s'ils se livrent à des provocations, alors tous les paris sont ouverts. De plus, je crois qu'à la fin du mois prochain nous serons au coude à coude à Berlin. La situation actuelle est donc primordiale parce qu'elle impose à Khrouchtchev de battre en retraite.

Pour autant, certains déploraient l'issue de cette affaire. Certes, les missiles soviétiques quitteraient Cuba, mais les Américains prenaient l'engagement de ne jamais envahir l'île. Sam Halpern se souvenait avoir déclaré, à l'époque, à un de ses collègues du détachement spécial W : « Nous avons désormais une base soviétique dans le monde occidental, et elle est protégée par les États-Unis. » Halpern, il est vrai, savait parfaitement que l'attitude du président envers Castro resterait la même et qu'il continuerait à réclamer à la CIA l'élimination du leader cubain.

Pour tirer un profit politique d'une querelle diplomatique, les frères Kennedy n'hésitèrent pas à mener le monde au bord d'un conflit nucléaire. Ils ne survécurent qu'en faisant des concessions secrètes à un homme qu'ils avaient cherché, quelques jours auparavant, à humilier devant la planète entière. John Kennedy était disposé à lui confier des informations qui, rendues publiques, auraient mis fin à sa présidence. Bobby, quant à lui, se montrait prêt à exposer sa future carrière politique aux caprices d'un gouvernement étranger qui pouvait, à tout moment, faire connaître les termes de l'accord conclu sur l'échange de missiles.

Robert Kennedy ne put jamais se décider à dire la vérité, que ce soit dans son récit de la crise des missiles ou dans l'interview accordée à la Bibliothèque Kennedy. JFK accepta l'adulation de toute la nation, qui voyait en lui un défenseur de la paix, tout en déclarant à ses amis qu'il avait « coupé les couilles » à son adversaire. Les membres de l'ExComm furent loués par les médias pour avoir constamment encouragé le président à la fermeté. Dans les sondages, la cote de popularité de John Kennedy atteignit les 77 % – presque autant qu'après la baie des Cochons. JFK commanda chez Tiffany, le célèbre bijoutier new-yorkais, plusieurs exemplaires d'un calendrier en argent présentant le seul mois d'octobre, où étaient gravés les treize jours de la crise. Il en offrit à tous les membres de l'ExComm ainsi qu'à ceux de ses collaborateurs qui avaient pris une part active à la gestion de la crise.

Une fois celle-ci terminée, Kennedy y alla même de sa critique envers Adlai Stevenson, ambassadeur américain aux Nations unies et seul membre de l'ExComm à avoir eu le courage de suggérer l'échange des missiles cubains contre les Jupiter de Turquie. Cela lui valut, à l'époque, la réprobation de ses pairs. Six semaines plus tard, Charles Bartlett et Stewart Alsop signaient un article l'accusant d'avoir voulu « un nouveau Munich ». John Kennedy nia avoir eu connaissance de cet article, mais Stevenson apprit par la suite que les deux journalistes avaient préalablement montré leur texte au président. Alsop reconnut par la suite : « Il est vrai que Kennedy l'a lu et a proposé un ou deux changements mineurs. »

Les rares hommes qui étaient au courant des coulisses de cette affaire gardèrent le silence, et la crise des missiles demeura l'événement le moins bien compris et le plus mal décrit de toute l'histoire de la guerre froide.

McNamara n'a jamais révélé ce qu'il savait. Dean Rusk attendit 1987 pour reconnaître que le président, en envoyant son frère rencontrer Dobrynine dans la nuit du 27 octobre, cherchait désespérément un compromis. Il autorisa Rusk à rédiger le projet d'une déclaration destinée à U Thant, alors secrétaire général des Nations unies. Ce dernier proposerait un échange des missiles soviétiques contre les Jupiter américains, et JFK s'empresserait de donner publiquement son aval.

Ted Sorensen, véritable auteur de *Thirteen Days*[1] (rédigé à partir du journal intime de Robert Kennedy), n'a admis qu'en 1989, après les protestations de Dobrynine, avoir dissimulé dans le livre que les deux frères avaient contacté Khrouchtchev en secret et accepté de retirer de Turquie leurs missiles Jupiter. Sorensen expliqua « qu'à l'époque la chose était encore un secret d'État, même du côté américain », et laissa entendre que Bobby, s'il avait vécu assez longtemps, l'aurait révélé dans son ouvrage. Rien ne le laisse pourtant supposer.

Dans le monde où vivait John Kennedy, tout valait mieux que de devoir reconnaître devant ses partisans – comme devant les chefs militaires – que leur héroïque président avait en fait accepté des compromis pour éviter la guerre.

---

1. Robert F. Kennedy, *op. cit.*

21

Trahisons

Le triomphe cubain de John Kennedy eut des conséquences électorales immédiates lors du scrutin du 6 novembre, neuf jours après la fin de la crise. Les démocrates gagnèrent quatre sièges au Sénat, en perdirent autant au Congrès : c'étaient là les meilleurs résultats obtenus par le parti au pouvoir depuis 1934, lors du premier mandat de Franklin Delano Roosevelt. Parmi les élus, Teddy Kennedy, désormais représentant du Massachusetts au Sénat ; au nombre des vaincus, Homer Capehart, sénateur républicain de l'Indiana qui, à l'automne, n'avait cessé de reprocher au président sa mollesse sur la question cubaine.

Le 17 décembre 1962, les trois grandes chaînes de télévision diffusèrent simultanément un entretien d'une heure avec JFK, qui répondit avec la plus grande aisance aux questions que lui posaient des journalistes intimidés. Comme on lui demandait quel avait été le processus de décision pendant la crise des missiles, Kennedy reprit la fiction d'un travail collectif : les membres de l'ExComm avaient « travaillé dur pendant cinq ou six jours [...]. Après que toutes les alternatives eurent été examinées, un consensus général s'est peu à peu établi [...] comme quoi, la voie que nous avions finalement adoptée était la bonne». Bien entendu, le président s'abstint de préciser que l'ExComm avait été tenu à l'écart des ultimes marchandages avec Khrouchtchev.

Plusieurs hauts responsables civils et divers membres du Congrès se posaient toutefois une question plus gênante : pourquoi le gouvernement américain avait-il ordonné le retrait de Turquie des quinze missiles Jupiter? Début 1963, les chefs d'état-major demandèrent à Alexander M. Haig, alors lieutenant-colonel de l'armée de Terre affecté au Pentagone, de rédiger une analyse de la crise des missiles du point de vue militaire. Dix ans plus tard, Haig deviendrait secrétaire général de la Maison Blanche, sous la présidence Nixon. Dans ses mémoires, *Inner Circles*[1], parus en 1992, il raconte que ses collègues et lui restaient perplexes : McNamara, le secrétaire à la Défense, avait signé l'ordre de retrait des Jupiter le lendemain de la capitulation de Khrouchtchev. «On avait vraiment l'impression qu'il y avait eu un accord secret : missiles soviétiques à Cuba contre missiles américains en Turquie.» Haig fit allusion à la question dans son rapport – ce qui provoqua la fureur de Maxwell Taylor, chef de l'état-major interarmées. «Il le jeta sur la table et déclara que jamais il n'admettrait de le voir transmis au président. Il ne fut plus question de notre travail.»

Face au Congrès, les hommes du président eurent recours à une tactique très simple : ils mentirent. En janvier 1963, Rusk se vit ainsi demander par Bourke B. Hickenlooper, sénateur de l'Iowa et membre de la Commission des relations extérieures, de confirmer que le retrait des Jupiter «n'était en aucune façon lié,

1. Easton Press, 1992.

directement ou indirectement, au règlement de la crise des missiles». Rusk déclara qu'en effet cela n'avait rien à voir. Un mois plus tard, John C. Stennis, sénateur du Mississippi, posa la même question à Robert McNamara. «Il n'y a aucun rapport», déclara le secrétaire à la Défense qui, apparemment, ne put résister à la tentation d'embellir un peu les choses: «Le gouvernement soviétique a bien soulevé la question, mais le président a absolument refusé d'en discuter.» En février, au cours d'une autre discussion, McNamara – qui, comme Dean Rusk, connaissait l'accord secret conclu avec Khrouchtchev – en rajouta encore. Si Khrouchtchev avait battu en retraite, c'est parce que l'ExComm avait «envisagé [...] la possibilité d'un recours aux armes nucléaires. Khrouchtchev le savait et c'est la raison, la seule raison, pour laquelle il a retiré ses armes.»

Au printemps, McGeorge Bundy, dans une lettre à Raymond Aron, fit allusion aux rumeurs qui circulaient en Europe concernant un éventuel accord secret. Selon lui, ceux qui les diffusaient devaient certainement «être aveuglés par leur méfiance envers les États-Unis». Le rapport annuel du Pentagone pour l'année 1963 citait la Turquie comme l'une des nations ayant «annoncé leur décision de renoncer progressivement» à leurs missiles à moyenne portée.

La cote de popularité de Kennedy lui permit de poursuivre en secret les tentatives d'assassinat de Castro. «Après la crise des missiles, m'a raconté Sam Halpern, nous sommes repartis de zéro et avons de nouveau tenté de renverser le régime castriste.» Les frères Kennedy demandèrent à la CIA d'entreprendre davantage d'opérations de sabotage. Une liste dressée à l'époque recensait neuf objectifs, dont les raffineries de pétrole, confisquées à la Texaco, de La Havane et de Santiago de Cuba.

Bill Harvey, qui dirigeait le département spécial W, restait sceptique et ne craignait pas de le faire savoir : un conflit larvé l'opposait à Bobby Kennedy, en qui il voyait un amateur ignorant tout des opérations clandestines. Quelques semaines avant la crise des missiles, le ministre de la Justice avait sidéré les participants à une réunion tenue à la Maison Blanche en s'en prenant à Harvey, qui somnolait un peu, comme toujours après le déjeuner. En 1975, le général Charles E. Johnson III, représentant l'armée de Terre au sein du Groupe spécial, déclara à la commission Church qu'il n'avait jamais rien entendu d'aussi violent. La diatribe de Bobby dura « huit à dix minutes », sans que John McCone juge bon de prendre la défense de son subordonné. « Je ne crois pas, expliqua le général, qu'il s'agissait d'une tirade contre l'échec de l'opération Mangouste. Il semblait y avoir autre chose derrière. » Johnson ignorait sans doute que Harvey et ses contacts de la mafia n'avaient pas réussi à faire assassiner Castro.

Harvey riposta au cours d'une réunion tenue au début de la crise des missiles. Selon Halpern, il lança au président et à son frère : « Nous n'aurions pas tant de problèmes si vous aviez eu des couilles pendant la baie des Cochons ! » Tout le monde en resta bouche bée : « Ce n'est pas le genre de chose qu'on dit au président dans son propre bureau, mais Harvey était le seul qui ait assez de cran pour ça. » John McCone voulut le renvoyer sur-le-champ, mais Richard Helms le sauva en suggérant qu'il soit nommé chef du bureau de la CIA à Rome. Fin 1962, peu avant de quitter le détachement spécial W, Harvey rédigea un ultime mémorandum sur Cuba qu'il adressa à McCone. Ce document, obtenu aux termes de la loi sur la Liberté de l'information, soulignait que la promesse du président de ne pas attaquer Cuba plaçait la CIA dans une situation impossible. JFK voulait toujours renverser le régime castriste mais s'était privé de son meilleur atout, à savoir le recours à une intervention armée. L'accord secret JFK-Khrouchtchev condamna ainsi l'un des plans favoris de la CIA : l'invasion de Cuba en réponse à une opération anti-américaine *provoquée* – par exemple, une attaque contre Guantanamo, la base navale américaine installée sur l'île.

L'administration Kennedy souhaitait depuis longtemps provoquer « une révolte intérieure à Cuba », mais cet objectif était désormais dépourvu de sens. Selon Harvey, une telle révolte « serait totalement écrasée par le régime en quelques heures, au mieux en quelques jours, dès lors qu'elle ne serait pas soutenue par un engagement militaire américain de grande ampleur ». Il était inutile de rappeler à McCone que les plans chimériques concoctés par Lansdale dans le cadre de l'opération Mangouste reposaient précisément sur l'hypothèse d'un tel soutien. Harvey terminait par une petite pique à l'intention de Bobby : « Les opérations de commando et de sabotage ne servent pas à grand-chose, sauf en de rares cas très particuliers. »

À la fin de l'année, peu avant Noël, Robert Kennedy réunit, en sollicitant des donateurs privés, près de 33 millions de dollars de médicaments et de machines agricoles, qui furent remis à Castro en échange de la libération des membres de la Brigade cubaine 2506, capturés pendant l'invasion d'avril 1961. Le 27 décembre, ils rencontrèrent à Miami un John Kennedy contrit, qui leur dit regretter ce qui s'était passé lors du débarquement dans la baie des Cochons. Selon les comptes rendus de presse, il leur demanda également si, lors du débarquement, ils avaient compté sur un soutien aérien américain. Pepe San Roman, le commandant de la brigade, répondit par l'affirmative. Dans *The Bay of Pigs*, paru en 1964, Haynes Johnson précise qu'il déclara au président: «Nous nous y attendions, naturellement, car on nous avait dit que nous nous serions rendus maîtres du ciel, et nous savions que les B-26 n'y suffiraient pas.» JFK, écrit Johnson, «prit un air grave». Pour autant, il se garda de dire à ses interlocuteurs qu'il avait personnellement décidé d'annuler une seconde frappe aérienne, pourtant vitale. Deux jours plus tard, Kennedy et son épouse prirent part à une réunion à l'Orange Bowl de Miami. JFK, comme pour s'excuser, se dirigea vers les hommes de la brigade et distribua des poignées de main. Certains des journalistes accrédités à la Maison Blanche déclarèrent à Haynes Johnson qu'ils n'avaient jamais vu le président «agir de manière si informelle, si enthousiaste». Le discours présidentiel fut au diapason: «Je peux vous assurer que le vœu le plus cher de notre pays est qu'un jour Cuba soit de nouveau libre et que votre brigade marche en tête de la colonne de la liberté.» De toutes les paroles prononcées par Kennedy pendant son mandat, peu étaient aussi sincères.

Desmond FitzGerald, vieux briscard de la CIA spécialiste de l'Extrême-Orient, succéda à Bill Harvey à la tête du détachement spécial W. Il était tout le contraire de son prédécesseur: membre de la bonne société new-yorkaise, ayant fréquenté des établissements scolaires de renom, appartenant à tous les clubs huppés, il possédait une demeure à Georgetown et avait, comme Max Taylor et Ed Lansdale, cette allure athlétique et ce charisme qui inspiraient confiance aux Kennedy (à qui, d'ailleurs, beaucoup des membres de l'Agence le croyaient, à tort, apparenté, à cause de son nom).

Mort en 1967, FitzGerald était tout disposé à satisfaire les deux frères. Evan Thomas lui a consacré une biographie, *The Very Best Men*[1], parue en 1995, dans laquelle il cite une lettre qu'il écrivit à sa fille, la romancière Frances FitzGerald : « Ma première tâche a été de convaincre l'administration que quiconque s'occupe de la situation cubaine n'est pas forcément un fou voué courant droit au désastre. » Son but, ajoutait-il, était « de rendre les opérations de l'Agence aussi acceptables que respectables, ce qui n'était manifestement plus le cas depuis la baie des Cochons ». En bref, il s'agissait surtout de faire oublier le tumultueux Harvey.

FitzGerald avait toutefois un problème : Robert Kennedy. Il voyait en lui « un jeune voyou », si l'on en croit les déclarations de sa fille à Evan Thomas. Toutefois, selon sa bru Barbara Lawrence, « il avait peur du pouvoir de Bobby et se sentait menacé. Il avait l'impression que Bobby était là simplement parce qu'il était le frère du président. Il voyait en lui un amateur et ne l'appréciait guère ». Toujours selon Thomas, FiztGerald, lorsqu'on lui demanda s'il lui était agréable de succéder à Harvey, répondit : « Tout ce que je sais, c'est que je dois détester Castro. »

En 1963, c'est sous son contrôle que la CIA commença à procurer des fonds, des armes et des renseignements à des groupes d'exilés violemment anticastristes qui agissaient seuls, sans être suivis par le bureau de Miami. Les gouvernements cubain et soviétique ne manquèrent pas, à l'époque, de dénoncer leurs activités, dont le gouvernement Kennedy nia de façon systématique être responsable, de près ou de loin.

1. Simon & Schuster, 1995.

Sam Halpern m'a déclaré que l'idée de la CIA était la suivante : « Laisser les exilés se débrouiller seuls et leur donner de l'argent pour qu'ils se procurent des armes. Le tout sous la direction de Des [FitzGerald] ». Très peu de gens étaient au courant : « Il n'y avait qu'un type, parlant bien espagnol, qui travaillait là-dessus, et il faisait son rapport à Des qui rendait compte à Bobby. »

Halpern ajoute que la Maison Blanche avait été prévenue : « Nous ne pouvions les contrôler. Il y avait toujours un risque pour qu'ils s'en prennent à des cibles que nous n'aurions pas choisies. Nous menions une guerre non déclarée et des gens mouraient des deux côtés. » Selon lui, au moins 25 membres des groupes d'exilés furent tués en 1963, et beaucoup plus parmi les soldats qui les affrontaient et les civils cubains. Et l'Agence ne se contentait pas de les financer. « Nous leur disions où acheter des armes, qu'ils ne se fassent pas voler. » La CIA leur donnait aussi des renseignements, dans les rares cas où les groupes clandestins « [les] prévenaient de ce qu'ils comptaient faire ».

Le gros problème, explique Halpern, est que Bobby Kennedy avait tendance à se mêler des affaires de l'Agence. Un des groupes qu'elle subventionnait avait pour chef Manuel Artime, le fondateur de la Brigade 2506, emprisonné en 1959 par Castro. Il s'était évadé puis avait pris part au débarquement de la baie des Cochons, ce qui lui valut un nouveau séjour derrière les barreaux. Dans diverses interviews, peu avant sa mort en 1977, Artime affirma qu'il avait plusieurs fois rencontré Robert Kennedy en 1963, dans son bureau comme dans sa demeure de Hickory Hill, au moment où lui et ses hommes menaient de violentes attaques contre des cibles dispersées sur tout le territoire cubain.

Dans sa biographie, Evan Thomas évoque la fureur de FitzGerald en apprenant que Bobby Kennedy fréquentait les chefs cubains en exil, les recevant chez lui, ou les retrouvant dans un hôtel de Washington où la CIA les avait installés. Ils convenaient à l'avance de leurs opérations avec le ministre de la Justice, ce qui ôtait toute justification au soutien que leur accordait l'Agence puisqu'il s'agissait au départ de faire écran et de nier toute relation entre eux et le gouvernement américain. Comme le dit Sam Halpern, les exilés « recevaient des ordres différents de la part de Bobby, et nous ne savions jamais ce qui se passait ».

FitzGerald, si soucieux de bien faire, se retrouvait dans une position intenable. « Il travaillait comme un fou pour parvenir à ce qu'on voulait de lui et ça ne marchait pas », se souvient Halpern. Dans une lettre à sa fille Frances, citée par Thomas, FitzGerald exprimait son sentiment : « J'ai autrefois eu affaire à bien des exilés, mais aucun ne surpasse les Cubains en puérilité et en bêtise pure. Parfois j'ai de la peine pour Castro, sculpteur d'une glaise aussi sotte. »

Tandis que les groupes d'exilés se montraient de plus en plus actifs, le président et son frère menaient une opération à double détente. La CIA se voyait demander de monter des actions de propagande et de sabotage contre le régime castriste sous le contrôle de son bureau de Miami ; mais la véritable campagne était dirigée par Bobby Kennedy. Du point de vue de la sécurité nationale, pourtant, rien ne justifiait ces opérations, comme le reconnaissait JFK lui-même – en privé. Dans *Conversations with Kennedy*[1], Ben Bradlee raconte que

1. Benjamin Bradlee, *op. cit.*

Kennedy lui fit part de ses conceptions en février 1963, lors d'un dîner privé à la Maison Blanche : « La présence de 17 000 soldats soviétiques à Cuba [...] est une chose à considérer en elle-même, mais elle prend un sens différent quand on sait que 27 000 soldats américains sont postés en Turquie, tout près de la frontière soviétique, et ce depuis plusieurs années. » Kennedy prévint Bradlee « qu'il ne fallait pas rendre publique cette information : non seulement elle était classifiée, mais de surcroît il serait politiquement suicidaire de mettre publiquement les deux faits en parallèle ». « Ce ne serait pas judicieux d'envisager les problèmes de Khrouchtchev de cette façon », conclut-il doucement.

Le soutien des frères Kennedy aux raids des exilés cubains se devine lors d'une étrange réunion de l'ExComm, le 29 mars 1963. JFK, comme lors de la crise des missiles, s'était abstenu de parler franc à des hommes censés être ses conseillers les plus écoutés. Selon des notes préparées par Bromley Smith, du Conseil national de sécurité, et publiées en 1996 par le département d'État, le président entama la séance en déclarant qu'il voulait qu'on « discute » d'une récente série d'attaques lancées par les groupes anticastristes : deux jours plus tôt, un navire soviétique au mouillage dans un port cubain avait été gravement endommagé, ce qui avait donné lieu à une protestation officielle de l'URSS.

Tous les membres de l'ExComm convinrent aussitôt que les États-Unis devraient tout faire pour mettre un terme à de tels raids. Dean Rusk déclara : « Si quelqu'un doit tirer sur les Russes, c'est bien nous, pas des Cubains qui agissent sans que nous puissions les contrôler. » Les frères Kennedy savaient à quoi s'en tenir, comme le montre un passage des notes qui cite les commentaires ironiques du président: «Ces raids étaient sans doute passionnants et très agréables pour ceux qui les menaient. Une petite heure à peine à risquer sa vie, c'est sans doute plus drôle que de passer des mois dans les collines, pourchassés par les forces militaires castristes.» Robert McNamara, pourtant confident de JFK, ne semble pas avoir compris où celui-ci voulait en venir. Il suggéra que les États-Unis interviennent pour «arrêter les agresseurs avec l'aide de la marine» ou, au moins, «entraver leur action, les dissuader de s'en prendre à des cibles que nous n'aurions pas choisies». Le président déclara alors: «D'abord, nous prévenons les Britanniques puis, discrètement, nous faisons savoir à la presse que les assaillants de Cuba viennent des Bahamas.» De toute évidence, Kennedy était persuadé que les journalistes de Washington reproduiraient fidèlement tout ce que la Maison Blanche leur dirait.

JFK finit quand même par aborder la question la plus grave: les exilés, de par leurs actions – soutenues par la CIA – créaient des tensions inutiles entre les États-Unis et l'URSS. Contrairement à son frère, il ne semblait pas voir à quel point certains groupes échappaient à tout contrôle. L'Agence leur fournissait argent, armes, informations – mais ne leur donnait aucune instruction. Le président proposa néanmoins «de leur dire qu'ils ne doivent pas attaquer les navires soviétiques, mais plutôt des cibles purement cubaines». Aucun des participants à la réunion ne fit remarquer que, si les Américains finançaient et approvisionnaient certains groupes d'exilés particulièrement extrémistes, c'était précisément parce qu'ils étaient incontrôlés et portaient au régime castriste des coups très appréciés des frères Kennedy. Le président fit en tout cas clairement comprendre qu'il tenait à ce que les raids se poursuivent, précisant que le problème du contrôle des exilés devait « être géré de manière à ne pas passer pour une persécution des patriotes cubains ». Les notes prises par Smith lors de la réunion s'achèvent sur la proposition de JFK que le groupe se retrouve le lendemain pour poursuivre la discussion. Mais les historiens du département d'État m'ont fait savoir en 1996 qu'ils avaient été incapables de retrouver des comptes rendus de cette rencontre, à supposer qu'elle ait eu lieu. En fait, l'ExComm avait vécu : il n'eut plus jamais l'occasion de se réunir.

En juin 1963, JFK, tout à fait informé des aspects négatifs de l'opération, approuva formellement le soutien de la CIA aux raids des exilés – présentés, selon des documents déclassifiés, comme des « groupes autonomes ».

À cette époque, l'opération Mangouste avait pris fin, Bill Harvey était à Rome où il faisait la sieste et buvait des Martini, tandis que le détachement spécial W de Desmond FitzGerald avait été rebaptisé SAS (Special Activities Staff). La mafia n'était plus partie prenante des projets d'assassinat de Castro ; le rôle de Johnny Rosselli avait pris fin avec le départ de Harvey. Les frères Kennedy, pourtant, voulaient toujours la mort du dirigeant cubain. Cette tâche fut confiée à l'infortuné FitzGerald, qui tenta notamment de mettre à profit le goût du *Lider Maximo* pour la plongée sous-marine. En 1975, Sam Halpern déclara devant la commission Church : « M. FitzGerald est arrivé un matin au bureau avec des coquillages auxquels était fixé un crochet [...]. Je lui ai demandé ce que c'était et il m'a répondu que nous pourrions peut-être recourir à un coquillage d'allure exotique qui attirerait l'attention de Castro et qu'on pourrait bricoler pour qu'il explose. L'idée m'a paru totalement stupide, et je le lui ai dit. Il m'a tout de même demandé d'en discuter avec nos techniciens [...]. Pour autant que je sache, l'idée a été abandonnée. » Un autre projet, tout aussi puéril, prévoyait qu'une combinaison de plongée empoisonnée soit offerte, on ne savait trop comment, au dirigeant cubain. Apparemment, elle ne sortit jamais du laboratoire.

Comme me l'a dit Halpern à propos de son ancien supérieur : « C'était un bon soldat. » FitzGerald persisterait dans ses efforts pour assassiner Castro après la mort de Kennedy.

Le 10 juin 1963, JFK prononça un discours – que les historiens considèrent comme le meilleur de sa carrière – devant les étudiants de l'American University de Washington. Il déclara que le temps était venu, pour les États-Unis, de reconsidérer leur opinion de l'Union soviétique et de la guerre froide. Jamais il n'avait tenu de tels propos : plus de mises en garde, de menaces de représailles immédiates. Dans *The Crisis Years*[1], une étude des rapports Kennedy-Khrouchtchev, Michael Beschloss écrit : « Les Américains, dans leur grande majorité, pensaient qu'il avait fait la preuve de son courage en triomphant des Russes sur la question cubaine. Il pouvait donc, désormais, prôner de meilleures relations entre les deux pays sans craindre d'être accusé de faiblesse. »

Le président parla de paix mondiale : « À quelle sorte de paix fais-je allusion ? [...] Pas à une *Pax Americana* imposée au monde par des armes de guerre américaines. Pas à la paix du tombeau, à la sécurité de l'esclave. Je veux parler d'une paix authentique, dans laquelle la vie vaut la peine d'être vécue, qui permet aux hommes et aux nations de grandir, d'espérer, de préparer à leurs enfants un avenir meilleur. Pas seulement la paix pour les Américains, mais pour tous les hommes

1. Michael R. Beschloss, *op. cit.*

et les femmes ; pas seulement la paix pour aujourd'hui, mais pour toujours. »

Le président traitait l'Union soviétique en superpuissance de même rang que les États-Unis. « Les dirigeants russes et américains ont un intérêt mutuel à fonder une paix authentique et juste, à stopper la course aux armements [...]. Si, aujourd'hui, nous ne pouvons mettre un terme à nos différences, nous pouvons au moins contribuer à faire du monde un endroit où la diversité sera respectée. Car, en dernière analyse, ce qui nous unit tous, fondamentalement, est que nous habitons cette petite planète. Nous respirons le même air. Nous chérissons tous l'avenir de nos enfants. Et nous sommes tous mortels. [...] Parmi les nombreux traits communs qui unissent nos deux peuples, aucun n'est plus marqué que notre haine de la guerre. Chose exceptionnelle entre les grandes puissances, nous n'avons jamais été en guerre l'une contre l'autre [...]. Il ne s'agit pas de distribuer des blâmes ou de montrer du doigt des responsables. Nous devons affronter le monde tel qu'il est, non tel qu'il aurait pu être si l'histoire des dix-huit dernières années avait été différente. »

Il se peut qu'un autre passage du discours ait eu des résonances particulières pour le président, vu ce qui s'était vraiment passé pendant la crise des missiles : « En outre, et tout en défendant leurs intérêts vitaux, les puissances nucléaires doivent éviter ces confrontations qui ne laissent à l'adversaire que le choix entre la guerre totale et une retraite humiliante. Adopter ce genre d'attitude à l'ère nucléaire ne témoignerait que de la faillite de notre politique – ou d'un désir de mort collectif pour le monde [...]. Nous pouvons chercher à apaiser les tensions sans baisser notre garde. Et, pour notre part, nous n'avons pas besoin de recourir aux menaces pour prouver notre résolution. »

Nikita Khrouchtchev confia à Averell Harriman, émissaire spécial de Kennedy à Moscou, que c'était là « le meilleur discours d'un président américain depuis Roosevelt ». En moins de deux mois, l'URSS mit un terme à deux ans de maquignonnages sur les inspections de sites de missiles et autres problèmes de surveillance, signant avec le gouvernement Kennedy un traité qui interdisait les essais nucléaires atmosphériques ou sous-marins – à l'avenir, ils ne pourraient plus être que souterrains.

Un discours aussi passionné indiquait-il que JFK avait tiré la leçon de ses manipulations et de ses mensonges pendant la crise des missiles? Tout indique que non. À l'époque, la nation tout entière était terrorisée par le strontium 90 – élément radioactif présent dans les retombées des essais nucléaires américains et soviétiques, qu'on avait retrouvé dans le lait et dans les os des vaches. Proposer une interdiction partielle de ces tests était une bonne politique. Dans *The Crisis Years*, Michael Beschloss conclut que les déclarations de Kennedy « étaient avant tout le produit d'un calcul politique. Elles avaient pour but d'assurer le soutien du grand public au projet de traité d'interdiction partielle des essais, d'apaiser Khrouchtchev [...] et de surmonter le scepticisme soviétique ».

De son côté, Khrouchtchev avait lui aussi des exigences politiques. L'économie de l'URSS était en pleine stagnation. Il était persuadé que tout ce qui pourrait réduire le coût extravagant de la course aux armements serait indispensable à la production de biens de consommation. Il allait par ailleurs avoir sous peu, à Moscou, des réunions très difficiles avec les dirigeants communistes chinois qui avaient violemment critiqué son attitude lors de la crise des missiles.

Bien entendu, promouvoir l'idée d'une interdiction des essais nucléaires n'était pas simple calcul pour Kennedy : il était convaincu – cette idée remontait à son passage au Sénat – qu'elle aurait pour effet secondaire d'empêcher d'autres nations de détenir l'arme atomique et, en ce domaine, pensait tout particulièrement à la Chine populaire. Au demeurant, il savait, contrairement à son homologue soviétique, que les chercheurs du Pentagone étaient prêts à des essais souterrains. Le traité ne ralentirait pas la course aux armements, tout en confortant l'énorme avantage que les États-Unis avaient pris sur l'Union soviétique.

Au cours des audiences du Sénat relatives à la ratification du traité, il devint clair que Kennedy était prêt à marchander pour obtenir ce qu'il voulait. Les chefs d'état-major se montrant sceptiques, il les assura que, s'ils le soutenaient, ils pourraient multiplier les essais nucléaires souterrains. Au cours des années qui suivirent, les fonds alloués à ces recherches augmentèrent de manière considérable. En 1968, les responsables du Pentagone maniaient des charges nucléaires de l'ordre de la mégatonne, soit cinquante fois la puissance de la bombe lancée sur Hiroshima. À la même époque était mise au point une arme de type nouveau, le MIRV (*Multiple Independantly Targeted Vehicle*), missile capable de lancer depuis l'espace jusqu'à quatorze têtes nucléaires qui s'en iraient chacune frapper une cible différente, avec la précision que permettait un appareillage électronique aussi sophistiqué. Il ne s'agissait pas d'une simple amélioration, mais d'un véritable saut qualitatif. Le système de défense antimissiles faisait par ailleurs de gros progrès.

En dépit des fortes paroles de Kennedy lors de son discours, il ne fut nullement question, au Sénat, de l'inutilité d'une course aux armements, même réglementée. Le traité sur l'interdiction partielle des essais nucléaires fut même décrit par les sénateurs hostiles à tout contrôle nucléaire comme une victoire. Dans sa biographie de JFK, Sorensen – principal rédacteur du discours de l'American University – rappelle que Kennedy ne redoutait pas l'opposition du Sénat, mais le refus de Moscou de signer : « Dans la mesure où ce traité entérinait une *supériorité américaine permanente* [c'est moi qui souligne], il préférait ne pas trop compter sur le succès » des négociations avec le Kremlin.

Khrouchtchev aurait d'ailleurs immédiatement mis un terme aux pourparlers s'il avait pu prévoir ce que Robert McNamara déclarerait devant la commission des Relations extérieures du Sénat le 13 août 1963 – huit jours après la signature soviétique. Redoutant les critiques de la droite, le secrétaire à la Défense décrivit un accroissement exponentiel de la course aux armements. D'ici à 1966, l'Amérique triplerait sa flotte de missiles intercontinentaux, qui passerait de 500 à 1700 unités. Il en irait de même pour les missiles transportés par des sous-marins nucléaires. Le système antimissile en cours de réalisation « aurait de fortes probabilités de détruire les têtes nucléaires soviétiques, même si elles comportaient des technologies encore en avance sur l'époque ». I. F. Stone, dans un article paru en 1970 dans *The New York Review of Books*, écrivit ironiquement : « Lorsque les déclarations de McNamara furent connues à Moscou, l'opposition à Khrouchtchev – qui s'était beaucoup renforcée depuis la crise des missiles cubains – dut penser qu'il était fou d'avoir cru que le traité serait un premier pas vers un ralentissement de la course aux armements. »

Il se pourrait que Khrouchtchev soit toujours resté perplexe devant Kennedy, comme d'ailleurs les journalistes de Washington ou les collaborateurs de la Maison Blanche. En tout cas, il ne lui survécut guère, politiquement parlant : en octobre 1964, il fut renversé par ses adversaires et privé de toute responsabilité au sein de l'État comme du Parti.

22

Ellen

La chance de John Kennedy commença à l'abandonner à l'automne 1963, bien avant le 22 novembre. Au Sud-Viêtnam, il était confronté à une situation sans issue : Ngô Dinh Diêm, le despote que JFK avait armé et soutenu, faisait de plus en plus la guerre à ses opposants directs, non à la guérilla appuyée par les communistes. JFK traversait aussi une crise domestique, comme Larry Newman et Tony Sherman l'avaient prédit : une des femmes que le président retrouvait dans la piscine de la Maison Blanche se révéla être originaire d'Allemagne de l'Est – découverte réalisée, non par JFK ou l'un de ses collaborateurs, mais par un groupe de sénateurs républicains menant l'enquête sur un scandale de corruption et de ballets roses au Capitole. Les frasques présidentielles risquaient d'être révélées publiquement.

La femme en question s'appelait Ellen Rometsch et était extrêmement séduisante, ce qui suffisait au président – en ce printemps 1963, rien d'autre ne comptait. Kennedy ignorait qu'elle était née en 1936 à Kleinitz, en Allemagne, petit village qui, après la guerre, ferait partie de la RDA. Rometsch fut membre des Jeunesses communistes puis adhéra au Parti. Elle s'enfuit pourtant en Allemagne de l'Ouest en 1955 avec sa famille puis, après l'échec d'un premier mariage, s'installa en 1961 aux États-Unis avec son second époux, un sergent de l'aviation affecté à l'ambassade allemande à Washington. Kennedy ne semblait pas se rendre compte – ou peut-être ne s'en souciait-il pas – que si ses relations avec la jeune femme venaient à être connues, beaucoup de gens la soupçonneraient d'être une espionne communiste.

Âgée de vingt-sept ans, Rometsch remplissait également un autre critère essentiel : c'était une professionnelle, une prostituée qui acceptait l'argent qu'on lui donnait, faisait ce qu'on lui demandait et savait garder le silence. Il la rencontra, comme d'habitude, par l'intermédiaire de l'un de ses nombreux rabatteurs, Bill Thompson.

Début 1963, Rometsch s'était liée avec Bobby Baker, passant en sa compagnie de nombreuses soirées au Quorum Club, lieu de rencontre discret des politiciens et des lobbyistes du Capitole. Secrétaire du Parti démocrate au Sénat, Baker était celui qui faisait tourner la machine législative, tout en se chargeant de satisfaire ses confrères en leur procurant discrètement ce dont ils avaient besoin, femmes comprises.

Il était arrivé à Washington en 1943. Ce natif de Pickens, en Caroline du Sud, entra à l'âge de quatorze ans comme « page[1] » au Congrès, où il progressa peu à peu en même temps que son mentor, Lyndon Baynes Johnson. Il devint ainsi, comme il l'écrit dans ses mémoires, un « opérateur du Capitole ». En 1963, il fut accusé de trafic d'influence pour avoir reçu de l'argent de certains hommes d'affaires de ses amis,

1. Adolescent travaillant pour un parlementaire, et se chargeant pour lui de toutes sortes de menus travaux. *(N.d.T.)*

qui avaient décroché des contrats fédéraux grâce à lui. Le 7 octobre, il démissionna du Sénat alors qu'il faisait l'objet d'une enquête du ministère de la Justice, comme d'ailleurs de la Commission des règlements. La minorité républicaine voulait tirer parti de l'affaire, en prévision de la prochaine campagne présidentielle. En définitive, Baker ferait dix-huit mois de prison dans un pénitencier fédéral après avoir été condamné pour fraude fiscale et escroquerie.

Rien de tout cela ne s'était encore produit quand, au printemps 1963, il fut contacté un soir, au Quorum Club, par Bill Thompson. « "Qui donc est cette jolie fille ? m'a demandé Thompson. On dirait Elizabeth Taylor." J'ai répondu : "Elle est allemande, son mari est sergent et travaille à l'ambassade. C'est une vraie pro. Tous ceux qui sont sortis avec elle ont toujours été satisfaits de ses services." "Baker, reprend-il, vous croyez que si je l'invitais à la Maison Blanche, elle viendrait avec moi rencontrer le président ?" J'ai ri. "C'est une vraie nazie ! Obéissante et disciplinée !" Je me suis approché d'elle pour lui poser la question, et elle a déclaré qu'elle serait ravie. » Il fut convenu que Thompson irait prendre Rometsch à son appartement. Selon Baker, la jeune femme lui dit plus tard que JFK « était quelqu'un de très drôle, et qu'elle avait été enchantée d'être en sa compagnie ». Lorsque lui-même se rendit à la Maison Blanche, le président lui confia « qu'elle était la femme la plus excitante qu'il ait jamais vue ».

Rometsch était très demandée à cette époque. « Charmante, très séduisante [...] toujours superbement vêtue. Elle avait de bonnes manières, était très accommodante. Près de cinquante de mes amis sont sortis avec elle et personne ne s'est jamais plaint ! »

Toujours selon Baker, Kennedy savait parfaitement que c'était une professionnelle rétribuée. « Il ne s'agissait pas de simples relations mondaines. Quand [Thompson] amenait des filles à la Maison Blanche, il était bien entendu que c'était dans un but précis. » Baker avait procuré des partenaires à JFK depuis qu'il était au Sénat. Il raconte en riant qu'une femme fit passer au jeune parlementaire un message disant : « Vous pouvez placer vos chaussures sous mon lit quand vous voulez ! »

« Beaucoup de gens célèbres sont pourchassés par certaines personnes », ajoute Baker, qui précise que le président « adorait ça ». Il se souvient avoir été invité dans le Bureau ovale peu après l'entrée en fonctions de Kennedy : « Il n'avait aucune envie de parler du Sénat. Il m'a simplement expliqué : "J'ai mal au crâne si je ne peux pas tirer mon coup chaque jour." »

Au cours des mois qui suivirent, Rometsch aida vaillamment le président à surmonter ses migraines, non sans donner de nombreux détails à Baker. Il y eut des épisodes autour de la piscine pendant lesquels « tout le monde se baladait à poil ». Le 18 mai 1963, lors d'un voyage en autocar au champ de courses de Pimlico avec un certain nombre de congressistes et d'amis, Baker se retrouva assis à côté de Rometsch. « Elle me raconta qu'elle était allée à la Maison Blanche l'avant-veille. Tout le monde s'était retrouvé dans la piscine, il devait y avoir cinq types et une douzaine de filles. » En tout, estime Baker, Rometsch dut rendre une dizaine de visites au président au printemps et à l'été 1963.

Ce qui se transforma en cauchemar pour Kennedy, pourtant difficile à ébranler – le seul scandale, sans doute, que ni son frère ni lui (s'il avait vécu) n'auraient pu étouffer.

En Angleterre, le gouvernement de Harold Macmillan fut ébranlé, en juin, par une tempête qui provoqua la démission de John Profumo, le ministre de la Défense, après qu'il eut reconnu avoir menti devant la Chambre des communes. Il avait en effet une liaison avec une prostituée nommée Christine Keeler – par ailleurs maîtresse d'Evguéni Ivanov, attaché naval de l'ambassade soviétique. Cet aveu était d'autant plus choquant que Profumo était jusqu'alors un citoyen irréprochable, ayant servi vaillamment pendant la Seconde Guerre mondiale. Il avait épousé Valerie Hobson, célèbre actrice anglaise, mais adorait lui aussi folâtrer autour d'une piscine en compagnie de jolies filles – outre Keeler, on citait une beauté chinoise nommée Suzy Chang et Maria Novotny, une Tchèque platinée. On redoutait qu'il ait répondu à des questions (évidemment inspirées par Ivanov) qu'elles auraient pu lui poser sur la politique nucléaire anglaise. À supposer toutefois que la sécurité nationale eût été en danger, cela avait moins d'importance que l'inconvenance même de l'affaire : un membre du gouvernement batifolant avec des prostituées ! Macmillan démissionna en octobre et, l'année suivante, le parti conservateur perdit les élections.

On se doute que JFK fut fasciné par l'affaire. Ben Bradlee rapporte dans ses mémoires : « Il avait tout lu à ce sujet. Elle offrait tout ce qui l'intéressait : basse débauche dans la haute société anglaise, sexe, espionnage. Apparemment, quelqu'un au département d'État lui avait fait parvenir, tout au début, un câble de David Bruce, l'ambassadeur à Londres. Kennedy ordonna que tout ce qu'il enverrait là-dessus lui soit communiqué sans délai. »

Il ne s'agissait pas, bien entendu, d'un intérêt purement académique. Maria Novotny et Suzy Chang exerçaient leurs talents à New York aussi bien qu'à Londres. Comme la première l'expliqua plus tard aux journalistes, toutes deux avaient offert leurs services à JFK, avant comme après l'élection présidentielle. Il avait même emmené Suzy Chang dîner au Club 21, célèbre restaurant new-yorkais.

Une fois de plus, le président se tourna vers son frère, qui prit des mesures quelques jours à peine après que, début juin, les journaux eurent révélé le scandale. Le 11 – Kennedy avait prononcé son discours à l'American University la veille –, Charles Bates, le conseil juridique du FBI à Londres, reçut un câble de J. Edgar Hoover lui enjoignant de « suivre l'affaire de très près [...] et de tenir le Bureau informé du moindre de ses développements, en s'intéressant tout particulièrement aux allégations impliquant des citoyens américains ». Le message de Hoover ne fut déclassifié qu'en 1986, après avoir été fortement coupé.

John McCone adressa la même demande à la station londonienne de la CIA, m'a rapporté Cleveland Cram, qui en était alors le sous-chef. Il en parlait volontiers avec Charles Bates, représentant du FBI à Londres. « Il y avait beaucoup de rumeurs là-dessus, vous vous en doutez, et nous nous sommes dit aussitôt que c'était lié aux Kennedy. » Cram reçut l'ordre de contacter Roger Hollis, le chef du MI5 britannique, afin de solliciter sa pleine coopération – qu'il obtint, à sa grande surprise, sans difficulté. Il passa « trois ou quatre semaines » au siège du service de renseignement britannique à examiner les dossiers relatifs à l'affaire : « J'avais l'impression de progresser dans une toile d'araignée. C'était très excitant ! » Ce fut aussi l'occasion de se faire une idée des exceptionnelles capacités d'espionnage du MI5 – qu'un des voisins de Cram, apprit-il ainsi, renseignait régulièrement.

À l'époque, il ne douta pas un instant que sa mission avait pour but de découvrir si « un des Kennedy » avait eu affaire aux filles entourant Profumo. « Ils voulaient être prévenus, au cas où des noms d'Américains auraient été rendus publics. » Charles Bates confia à son collègue que, si ses ordres venaient de Hoover, ils trouvaient leur origine à la Maison Blanche. De son côté, Cram se livra à quelques investigations qui lui apprirent qu'il avait été envoyé auprès du MI5 « à la requête expresse du président Kennedy ».

Comme il n'avait pas rapporté aussitôt ses découvertes à la CIA, McCone rappela vertement à l'ordre ses collaborateurs. « "Qu'est-ce que vous fabriquez ? Vous trouvez quelque chose ? Les Britanniques refusent de nous aider ?" Nous avons répondu : "Non, ils coopèrent à 100 %, mais on n'a tout simplement rien déniché." Ils nous asticotaient tous les deux jours, c'était abominable. Jamais nous n'avions reçu une telle mission et, à ma connaissance, jamais ça ne s'est reproduit. »

Cram ajoute que, au cours de ses recherches, il ne découvrit aucune preuve que des Américains avaient été impliqués. Les relations Profumo-Keeler ne semblaient pas avoir sérieusement menacé la sécurité nationale, le scandale venait avant tout du fait qu'Ivanov travaillait pour les services soviétiques : « Il était en contact avec John Profumo par l'intermédiaire de Keeler. Le MI5 prenait la chose très au sérieux, vous pouvez me croire ! »

Le 23 juin, Kennedy arriva à Bonn, dans le cadre de son premier voyage en Europe depuis le sommet de Vienne. Trois jours plus tard, il découvrit le mur de Berlin. Le discours qu'il prononça à cette occasion fut un véritable triomphe : un million de personnes s'entassèrent sur une place qui porte aujourd'hui son nom, et l'acclamèrent à n'en plus finir quand il prononça le fameux *Ich bin ein Berliner*. Ce fut l'un des instants les plus mémorables de sa présidence. « Beaucoup de gens dans le monde ne comprennent pas vraiment, ou feignent de ne pas comprendre, quel est l'enjeu de l'affrontement entre le monde libre et le monde communiste, déclara JFK. *Lassen sie nach Berlin kommen!* (Qu'ils viennent donc à Berlin!) »

Il se rendit ensuite en Irlande où, accueilli partout en véritable star, il passa quelques jours à rendre hommage à ses racines irlandaises. Le samedi 29 juin, le président prit l'avion pour Londres afin de dîner en tête à tête avec un Harold Macmillan passablement déconfit. Il n'en avait d'ailleurs aucune envie : le Foreign Office avait été prévenu que JFK ne comptait passer qu'une journée en Angleterre et préférait rencontrer le Premier ministre dans sa résidence à la campagne.

Au même moment, Bobby n'était pas de meilleure humeur : le *New York Journal-American*, quotidien de l'empire Hearst, venait de publier un article révélant le lien entre « un homme occupant de très hautes fonctions » dans le gouvernement Kennedy et « une Chinoise compromise dans l'affaire Profumo ». Le texte, écrit par deux journalistes aguerris, James D. Horan et Dom Frasca, était paru à la une, accompagné d'un gros titre. Il citait des déclarations de Maria Novotny, selon lesquelles une Sino-Américaine – Suzy Chang, selon les auteurs de l'article – était « une ancienne liaison du responsable américain ».

Mais l'article disparut des éditions suivantes. Horan et Frasca sont morts tous les deux dans les années 1980, mais le premier a raconté à ses fils que Bobby Kennedy avait exercé des pressions terribles pour que leur texte soit supprimé. Comme me l'a déclaré l'un d'eux : « C'est remonté jusqu'à Bill Hearst [le fils du célèbre William Randolph Hearst, désormais PDG de l'empire créé par son père] et il a été sucré. »

Le même après-midi, le ministre de la Justice téléphona au journaliste Warren Rogers, correspondant à Washington du magazine *Look*, pour lui demander de contacter quelqu'un au *Journal-American* et d'obtenir le nom du haut fonctionnaire américain évoqué dans l'article. Rogers se souvient de l'anecdote parce que, ce jour-là, sa femme et lui recevaient des amis dans le jardin : « Mes invités ne m'ont guère vu ! Bobby insistait, et ne cessait de m'appeler. Il n'y a pas eu de salamalecs. Il m'a demandé si j'avais lu l'article – ce qui n'était pas le cas –, et voulait savoir de qui il était question. » Mais Rogers n'eut pas de chance : le seul responsable qu'il connaissait au journal refusa de lui révéler son nom.

Pendant ce temps, John Kennedy poursuivait son voyage, dont l'Italie était la dernière étape. Il y rencontrerait les dirigeants italiens ainsi que le pape Paul VI, qui venait d'être élu. Il s'était aussi donné beaucoup de mal pour badiner au bord du lac de Côme avec Marella Agnelli, l'épouse du célèbre homme d'affaires. Il avait dû demander à Dean Rusk, qui ne comptait pourtant pas au nombre de ses intermédiaires habituels, de lui dénicher un endroit discret. Rusk devait, des années plus tard, raconter cette histoire à Pat Holt, membre de la commission des Relations extérieures du Sénat. Holt s'en souvient : « John a demandé à Rusk : "Monsieur le secrétaire – il ne l'appelait jamais autrement –, pourriez-vous trouver un endroit tranquille où nous pourrions nous arrêter sur le chemin du retour ?" » Rusk était tenté de lui recommander une villa située sur les bords du lac de Côme, mais elle appartenait à la Fondation Rockefeller, dont il avait été président. Il savait que la règle était de ne pas la prêter aux hommes d'État. « Et pourtant, on l'a mise à sa disposition, et Rusk attendait ça avec impatience. Il n'était pas en fonctions depuis très longtemps et comptait passer un jour ou deux avec le président. L'avion s'arrête à Milan, Rusk croit qu'ils vont se rendre au lac de Côme, mais le président lui dit : "Merci de vous être occupé de tout cela, monsieur le secrétaire. Je vous reverrai à Washington." Et il s'en va. »

Le lundi, alors que son frère était toujours en Italie, Bobby convoqua Horan et Frasca au ministère de la Justice. Un résumé de la rencontre, rédigé par Courtney Evans, l'officier de liaison du FBI avec le ministre, précise que les deux journalistes « rechignèrent à donner des renseignements ». Robert Kennedy fut contraint de demander le nom du « haut responsable américain ». Frasca répondit, selon Evans, qu'il s'agissait du président des États-Unis. Les deux hommes expliquèrent que leur source était le journaliste londonien Peter Earle, du quotidien à sensation *News of the World*. Ils avaient eu une conversation avec lui le 28 juin. Son journal avait signé un contrat avec Novtony et chargé Earle de rédiger son récit de l'affaire Profumo. Frasca et Horan avaient enregistré l'entretien. Kennedy leur demanda s'ils avaient écrit leur article « sans avoir tenté de vérifier les faits ». Frasca affirma qu'il avait d'autres sources, de nature confidentielle.

Ce dut être un moment difficile pour Robert Kennedy. Au début, il avait demandé à Evans de ne rien noter par écrit mais changea d'avis après avoir su que l'agent du FBI avait discuté de la question avec J. Edgar Hoover. Dans une note datée du 3 juillet, obtenue aux termes de la loi sur la Liberté de l'information, Evans écrivit à son chef que le ministre de la Justice, apprenant qu'il avait prévenu Hoover, « s'en était déclaré heureux [...] et espérait que je n'avais pas mal compris sa première injonction de ne rien coucher par écrit. Il voulait simplement être sûr que vous aviez été informé ». Evans ajoutait que Bobby avait « traité de haut les journalistes », et que « la réunion s'était terminée dans une atmosphère glaciale, marquée par une certaine hostilité ».

L'article de Horan et Frasca, n'étant paru que dans une seule édition du journal, eut tôt fait de sombrer dans l'oubli. Au cours des semaines qui suivirent, à la demande de Robert Kennedy, le FBI découvrit, selon des dossiers obtenus aux termes de la loi sur la Liberté de l'information, que Suzy Chang avait pris plus d'une fois l'avion pour New York, officiellement pour rendre visite à sa mère malade qui vivait à Elizabeth, New Jersey. Désormais mariée, installée sous un autre nom à Long Island, Chang, quand je lui ai téléphoné, m'a poliment éconduit à deux reprises, en déclarant n'avoir rien à dire. Le journaliste Anthony Summers la cite pourtant dans *Official and Confidential*[1], une biographie de J. Edgar Hoover parue en 1987 : elle y admettait avoir connu John Kennedy. « Nous nous étions rencontrés au Club 21. Tout le monde m'a vue dîner avec lui. Il m'a paru être quelqu'un de très agréable, tout à fait charmant. Que dire de plus ? » D'autres documents du FBI transmis à Bobby montraient que Maria Novotny – morte à Londres dans les années 1970 – avait été arrêtée à New York en 1961 pour prostitution. Elle rédigea des mémoires restés inédits mais dont j'ai obtenu communication. Elle y affirme avoir été recrutée par Peter Lawford, le beau-frère de Kennedy, pour participer à des parties fines avec JFK quelques semaines avant sa prestation de serment. Elle et une autre prostituée, ajoutait-elle, jouaient le rôle du médecin et de l'infirmière, et Kennedy celui de leur patient…

---

1. Anthony Summers, *op. cit.*

Bobby Kennedy fut vite contraint de penser à autre chose. Le 3 juillet, Hoover l'informa d'une nouvelle rumeur relative à son frère et qui impliquait Ellen Rometsch. Selon un résumé rédigé, là encore, par Evans, le directeur du FBI déclara qu'un « honorable correspondant » du FBI avait rencontré la jeune femme qui lui avait dit « avoir des relations illicites avec des responsables gouvernementaux haut placés » – formule qui pouvait, ou non, faire allusion au président. Les révélations de Hoover étaient d'autant plus inquiétantes qu'il ajoutait : « On prétend que Rometsch est originaire d'Allemagne de l'Est, et qu'elle a autrefois travaillé pour Walter Ulbricht », le chef du gouvernement de RDA. En bref, une nouvelle affaire Profumo se profilait à Washington.

À la même époque, le service du FBI chargé du contre-espionnage ouvrit une enquête sur la jeune femme, qu'il soupçonnait d'être un agent de renseignement. Raymond Wannell, aujourd'hui responsable du service en question, m'a raconté : « Je connaissais ces affirmations, je savais que c'était là une question grave. Je ne sais pas si elles ont été prouvées ou non. »

Les frères Kennedy n'attendirent pas que le FBI se fasse une opinion. Le 21 août 1963, Ellen Rometsch fut brusquement renvoyée en Allemagne à la demande officielle du département d'État, accompagnée par LaVern Duffy, vieil ami de Bobby Kennedy, connu du temps où ils participaient à la commission Kefauver. Tous deux montèrent à bord d'un appareil de l'US Air Force. Rolf Rometsch quitta les États-Unis quelques jours plus tard. Fin septembre, il se vit accorder le divorce en arguant de l'infidélité de son épouse.

Mort en 1992, Duffy, resté célibataire toute sa vie, fréquentait la jeune femme depuis plusieurs mois quand elle fut contrainte de rentrer en Allemagne. On les avait vus tous deux au Quorum Club. Apparemment, ce fut cette relation qui poussa Bobby Kennedy à demander l'aide de Duffy : il éloignerait Rometsch et veillerait à ce qu'elle garde le silence. De nombreux témoignages montrent que tous deux étaient amoureux. Au cours des mois qui suivirent, la jeune femme lui adressa des lettres passionnées – où elle le remerciait, entre autres, pour l'argent qu'il lui envoyait. Rien ne permet bien entendu de connaître l'importance des sommes versées à Rometsch par Duffy.

Le frère de celui-ci et l'un de ses amis m'ont en tout cas déclaré qu'il lui avait remis beaucoup d'argent au nom des Kennedy. Wayne Duffy, banquier californien aujourd'hui à la retraite, m'a dit avoir trouvé les lettres de Rometsch dans les papiers de LaVern, après la mort de ce dernier. « Elles montrent clairement qu'on la payait. On ne fait pas quitter le pays à une fille en lui disant de se taire sans lui verser d'argent. » Il affirme que celui-ci ne pouvait être celui de son frère et provenait en réalité des Kennedy. D'après lui, les sommes versées étaient comprises « entre cinq et cinquante mille dollars ».

Wayne Duffy m'a aussi déclaré avoir été toujours persuadé que Rometsch était une espionne. « En tout cas, elle aurait pu. Cela lui aurait été très facile. » Lui et son frère avaient souvent parlé de la jeune femme, et LaVern lui avait appris ses relations avec le président. « De toute évidence, la Maison Blanche avait la trouille parce qu'ils ne tenaient pas à ce que ça se sache. Mais tous les initiés étaient au courant. »

Georgia Liakakis qui, dans les années 1960, travailla comme secrétaire pour beaucoup de responsables de Washington, dont Bobby Baker, était l'amie de LaVern Duffy. Elle se souvient d'une confidence qu'il lui avait faite : « Les Kennedy ont donné beaucoup d'argent [à

Rometsch] ». Les deux frères l'avaient chargé de s'en occuper lui-même. « Bobby lui demandait de la tenir à l'écart et de lui dire de se taire. Ils avaient peur. Beaucoup d'argent a changé de main. »

Si toutes ces manœuvres, apparemment, parvinrent à éloigner Rometsch et à acheter son silence, il y eut pourtant, peu après, un événement que les Kennedy eux-mêmes ne pouvaient contrôler : la chute de Bobby Baker. En septembre, journaux et magazines commencèrent à révéler quels liens douteux l'unissaient à une firme de distributeurs automatiques en pleine expansion. Baker et un groupe d'investisseurs avaient décroché de nombreux contrats alors que la compagnie en était encore au stade de la création, et bénéficié d'un crédit auprès d'une banque contrôlée par le sénateur démocrate de l'Oklahoma Robert Kerr et sa famille. En octobre, le scandale éclata : les journalistes ne cessaient de découvrir des faits compromettant certains membres du Sénat – dont le vice-président Lyndon Johnson, le mentor de Baker. Un assureur du Maryland nommé Donald Reynolds alla trouver John Williams, sénateur républicain du Delaware, et se plaignit d'avoir dû acheter de l'espace publicitaire auprès des stations de radio et de télévision contrôlées par Johnson afin de lui vendre une assurance-vie (il dut même y ajouter, à la demande de l'intéressé, un poste de télévision et une chaîne stéréo). L'ampleur du scandale commença d'inquiéter certains sénateurs démocrates, qui avaient reçu des milliers de dollars par l'intermédiaire de Baker pour leur campagne – d'autant plus que la commission des Règlements du Sénat (où siégeait Alan Curtis, républicain et meilleur ami de Williams) annonça l'ouverture d'une enquête. La vie privée de Baker fut bientôt révélée au public, comme les mystérieuses allées et venues au Quorum Club. En quelques jours, les sénateurs républicains de la commission apprirent tout ce qu'ils avaient besoin de savoir sur Ellen Rometsch.

Le 26 octobre 1963, le journaliste Clark Mollenhoff fit paraître dans le *DesMoines Register* un article révélant que la commission comptait s'intéresser à la jeune femme et à sa soudaine expulsion des États-Unis. Le journaliste, comme Horan et Frasca quatre mois plus tôt, ne citait aucun nom, tout en précisant que l'enquête ne se limiterait pas au Sénat : « Les éléments dont on dispose ont toutes les chances d'impliquer plusieurs hauts responsables, identifiés comme des amis et des associés de la jeune femme. »

Mollenhoff – mort en 1991 – avait manifestement de bonnes sources, parmi lesquelles le sénateur Williams. Il notait que celui-ci avait « obtenu un récit de la vie de Rometsch à Washington, sur une période de plus de deux ans ». Née et élevée en Allemagne de l'Est, ajoutait le journaliste, Rometsch « avait encore de la famille de l'autre côté du Rideau de fer. Que ses activités puissent avoir des rapports avec l'espionnage a préoccupé certains enquêteurs, en raison des postes élevés occupés par certains de ses partenaires. [...] L'été dernier, le FBI a lancé une enquête sur elle. Moins d'une semaine plus tard, elle et son mari ont été renvoyés en Allemagne [...] à la demande du département d'État. »

Dans les années 1950, le journaliste avait beaucoup écrit sur la corruption des syndicats et soutenu avec enthousiasme l'activité de Bobby Kennedy au sein de la commission Kefauver. Mais les deux hommes se brouillèrent – je n'ai pas réussi à savoir pour quel motif – et Mollenhoff, virant de plus en plus à droite, avait vivement critiqué la décision du gouvernement Kennedy, fin 1962, d'accorder le contrat du TFX à General Dynamics.

Bobby prit donc son article au sérieux, pour des raisons évidentes. Qu'une commission sénatoriale et le FBI enquêtent sur une prostituée d'origine étrangère, soupçonnée d'espionnage et qui, si elle y était contrainte, révélerait sans aucun doute avoir participé à des parties fines à la Maison Blanche, pourrait être aussi désastreux pour JFK que le scandale Profumo pour Macmillan. Les républicains membres de la commission des Règlements ne tarderaient pas à demander à interroger Ellen Rometsch, à réclamer qu'on lui accorde un visa pour qu'elle revienne à Washington. Certes, les démocrates étaient majoritaires au Sénat, mais tenter de faire traîner les choses ne suffirait pas.

Robert Kennedy avait besoin d'aide, et sur-le-champ. Il se résolut donc à solliciter J. Edgar Hoover. Deux jours après la parution de l'article de Mollenhoff, le ministre convoqua Courtney Evans dans son bureau, dès 9 h 30, pour discuter de l'affaire Rometsch et le charger de transmettre au directeur du FBI un message jouant sur son vif patriotisme et son respect des fonctions présidentielles. Comme le nota Evans dans un mémorandum : « Il a dit être très inquiet, comme le président, du tort qui pourrait être porté aux États-Unis si des actions irresponsables étaient entreprises au Capitole relativement aux allégations visant Ellen Rometsch. » Bobby ajouta avoir discuté au téléphone avec le président, qui songeait à contacter Mike Mansfield et Everett Dirksen, respectivement chef des démocrates et des républicains du Sénat, pour leur demander de rencontrer Hoover. « Ceci, précisa Evans, dans le but de s'assurer que les responsables des deux partis étaient au courant des faits et les charger de veiller à empêcher toute action irréfléchie. »

À 9h45, ayant préparé le terrain avec Evans, Bobby téléphona à Hoover. Comme le nota le directeur du FBI dans un mémorandum de leur conversation: «Le ministre de la Justice a appelé, et fait savoir qu'il avait discuté avec Evans et le président de la situation relative à Mme Rometsch; qu'il imaginait déjà le sénateur Williams parlant de tout cela, comme du fait qu'elle est originaire d'Allemagne de l'Est, et soulevant des questions de sécurité nationale.» Hoover ne fit qu'aviver les craintes de Bobby en lui apprenant que, selon un rapport d'informateur daté de juillet, «Rometsch disait avoir été envoyée aux États-Unis pour récolter des informations».

Le directeur du FBI ajoutait que, la veille, des agents du FBI l'avaient contactée en Allemagne mais qu'elle avait refusé d'être interrogée. «J'ai conseillé au ministre de la Justice de veiller à ce que quelque chose soit fait pour qu'elle ne puisse pas obtenir de visa, et il partage mon opinion.» En bref, Ellen Rometsch resterait en Europe, garderait le silence – et, sans elle, les républicains n'auraient plus de témoin.

Mais les promesses de Hoover ne suffisaient pas à Bobby qui, quelques heures après leur entretien téléphonique, se sentit contraint d'aller le trouver dans son bureau – fait rarissime de sa part. Arrivé là-bas, il lui demanda, comme une faveur extraordinaire, d'accepter de rencontrer Mansfield et Dirksen pour les «informer» sur l'affaire Rometsch, avant le début des auditions de la commission sénatoriale. En d'autres termes, les Kennedy voulaient que les investigations de celle-ci soient tuées dans l'œuf.

Hoover tenta de se dérober. Dans un compte rendu de la discussion, il écrit: «J'ai déclaré au ministre de la Justice qu'il disposait déjà d'un mémorandum complet sur la question et pourrait le faire lire aux sénateurs, plutôt que de me demander de les rencontrer.» Mais Bobby Kennedy insista. «Je devais les voir, dans la mesure où ils s'intéressaient avant tout aux éventuelles atteintes à la sécurité qui auraient pu se produire dans l'affaire Rometsch et accorderaient plus de crédit à ce que je dirais qu'à toute déclaration que lui-même pourrait faire.»

Hoover se rendit donc en voiture, l'après-midi, à la demeure du sénateur Mansfield, au nord-ouest de Washington, pour y discuter avec les deux hommes. Mike Mansfield, interrogé au téléphone en 1997 (il avait alors quatre-vingt-quatorze ans, mais restait très vif), m'a raconté qu'il se souvenait très bien avoir rencontré Hoover, mais avait oublié la raison de cette entrevue. Everett Dirksen est mort en 1969, mais ses papiers sont conservés au Dirksen Congressional Center de Pekin, dans l'Illinois. Les archivistes m'ont dit n'y avoir trouvé aucune mention d'Ellen Rometsch ou de la rencontre du 28 octobre avec le directeur du FBI.

Quelques jours plus tard, Hoover fut invité à déjeuner à la Maison Blanche, pour la première fois depuis mars 1962, quand il était venu parler de Judith Exner et de Sam Giancana. À ma connaissance, il n'existe aucun compte rendu de son entretien avec le président.

Il semble clair, en tout cas, que celui-ci redoutait de subir le même sort que Profumo et Macmillan. Le 5 novembre, moins de trois semaines avant son assassinat, il proposa aux Bradlee de venir dîner. Le journaliste, qui avait d'autres projets, tenta de décliner l'invitation, raconte-t-il dans ses mémoires, mais JFK insista. Lors du dîner, écrit Bradlee, Kennedy ne cessa de parler de son entrevue avec Hoover: «Il nous dit que Roosevelt avait l'habitude de le rencontrer régulièrement, et ajouta que lui-même serait bien inspiré d'en faire autant, à cause des rumeurs qui circulaient. Tout annonçait le début d'une campagne de diffamation. Secouant la tête, il lança : "Il a de ces infos sur les sénateurs ! Vous n'y croiriez pas..." Il parla d'une photo d'Ellen Rometsch que Hoover avait apportée avec lui. On avait cité son nom dans la presse en disant que c'était l'une des femmes qui fréquentaient le Quorum Club, le repaire de Bobby Baker au Capitole [...]. Kennedy ajouta qu'elle paraissait être "une très jolie femme". Hoover avait déclaré au président, lors du déjeuner, que ses agents avaient obtenu d'elle une déclaration selon laquelle elle voulait revenir aux États-Unis, non pour y reprendre ses activités, mais pour épouser le principal enquêteur d'une commission du Sénat, bien connu de Kennedy. Hoover avait ajouté que l'intéressé "obtenait pour rien ce qu'elle faisait payer 200 dollars la nuit à d'autres". [...] Il y a quelque chose d'incroyable à imaginer le président des États-Unis et le directeur du FBI examinant des photos de call-girls en plein déjeuner à la Maison Blanche ! »

Il se peut que JFK ait, une fois de plus, voulu vivre dangereusement et évoquer Ellen Rometsch devant un vieil ami, mais il est beaucoup plus vraisemblable qu'il jouait un rôle et comptait obtenir du journaliste qu'il écrive un article dénonçant toute rumeur d'une liaison présidentielle avec Ellen Rometsch. Après tout, c'est très précisément ce que Bradlee avait fait l'année précédente, à propos du premier mariage de Kennedy avec Durie Malcolm.

Les ultimes mensonges sur l'affaire furent ceux de Bobby lors de l'interview qu'il accorda en 1964 à la Bibliothèque Kennedy. « Clark Mollenhoff a écrit un article où il la disait liée à des gens de la Maison Blanche, ce qui était inexact. J'ai examiné les dossiers et il était vrai qu'elle avait eu des relations avec beaucoup de gens du Capitole, et des deux côtés [démocrates et républicains]!» Il ajouta ne s'être préoccupé que du renom des États-Unis: «Tout cela me paraissait très dangereux et [...] j'en ai parlé au président. Personne à la Maison Blanche n'était impliqué, mais je pensais que cela pourrait détruire la confiance des Américains envers leurs dirigeants [...]. Certains sénateurs avaient des petites amies noires, enfin beaucoup de choses qui ne nous aidaient guère.» Ce qui, ajoute-t-il, le poussa à organiser une rencontre entre Hoover et Mansfield et Dirksen «pour leur expliquer ce que contenaient les dossiers et quelles informations [le FBI] détenait. Je crois que ce fut un choc pour eux».

Et Bobby de conclure: «Après cela, on a porté moins d'attention [au Sénat] à cet aspect de la situation.»

En réécrivant ainsi l'histoire Rometsch, il ne se contentait pas de protéger la mémoire de son frère: il dissimulait aussi son propre rôle dans le scandale Baker. À l'automne 1963, le ministre de la Justice comptait s'occuper de Lyndon Johnson, qu'il méprisait tant. Le vice-président était en effet le seul à pouvoir l'empêcher de succéder à son frère comme candidat démocrate à la présidentielle de 1968, et devait donc être exclu du «ticket» pour celle de 1964.

Burkett Van Kirk, conseiller juridique des républicains membres de la commission des Règlements en 1963, m'a déclaré: «Bobby avait fait savoir à "Whispering Willie" [le sénateur John Williams] que son frère et lui comptaient se débarrasser de Johnson.» Williams transmit la nouvelle à Carl Curtis, membre de la commission. Bref, les uns et les autres manœuvraient en douce, ce qui était indispensable, ajoute Van Kirk, car les républicains comprenaient sans peine qu'une enquête en profondeur sur Bobby Baker pourrait mener au vice-président – mais aussi qu'ils avaient peu de chances d'y arriver. Les démocrates étaient largement majoritaires au Sénat, donc dans toutes les commissions. Celle des Règlements comptait dix membres, dont trois républicains seulement. « Nous n'avons jamais réussi à l'emporter aux voix, ne serait-ce que pour convoquer un témoin », m'a dit Van Kirk. Il faudrait donc recourir à une méthode éprouvée : les fuites à l'intention des journalistes.

Van Kirk précise que Bobby Kennedy chargea un avocat travaillant pour le ministère de servir d'intermédiaire : il se mit à fournir aux républicains des documents relatifs à Johnson et à ses tractations financières. « Il lui a fallu entre une semaine et dix jours, un, pour découvrir ce que j'ignorais, deux, pour m'en faire part. » Williams avait déposé certains de ces papiers dans le coffre-fort de son bureau. Van Kirk ne les vit jamais. En tout cas, les motivations de Bobby ne faisaient aucun doute : « C'était pour se débarrasser de Johnson, pour le liquider. »

Les frères Kennedy ne cessaient pourtant de répéter le contraire. Le 31 octobre 1963, lors de son avant-dernière conférence de presse, JFK affirma qu'il tenait à ce que Lyndon Johnson soit présent sur le « ticket » démocrate lors de la prochaine présidentielle. En 1964, son frère déclara à la Bibliothèque Kennedy que « jamais il n'y avait eu de projet visant à débarquer Lyndon Johnson. On a raconté beaucoup d'histoires comme quoi mon frère et moi [avions] lancé l'affaire Baker pour nous débarrasser de Johnson. Mais c'était une question dont nous n'avons jamais discuté. »

Charles Spalding, vieil ami de JFK, ignorait peut-être quels étaient les projets du président, mais il le connaissait bien. «John n'aimait pas Lyndon, je le sais. Il était insupportable – jaloux, désagréable, franchement répugnant.» Pire encore, Kennedy savait que la loyauté du Texan à son égard était loin d'être sans faille.

Les dénégations des frères Kennedy se heurtent à ce qu'on peut lire dans *Kennedy and Johnson*[1], l'ouvrage publié en 1968 par Evelyn Lincoln, la fidèle secrétaire du président. Elle décrit une conversation tenue le 19 novembre 1963, deux jours avant le départ pour le Texas de JFK, dans laquelle celui-ci exprime son mécontentement envers Johnson et ajoute: «J'aurai besoin, comme colistier, d'un homme qui croit à ce que je crois.» Lincoln lui demanda à qui il pensait: «En ce moment, je songe à Terry Sanford, le gouverneur de Caroline du Nord, mais en tout cas ce ne sera pas Lyndon.»

Après la mort d'Evelyn, ses archives furent confiées à la Bibliothèque Kennedy, qui les a partiellement mises à la disposition des chercheurs en 1997. On y trouve notamment des notes sténographiques prises à l'époque, qui corroborent ses affirmations de 1968.

On a par ailleurs ignoré jusqu'à présent que, pendant au moins cinq ans, Evelyn eut accès à tous les enregistrements effectués à la Maison Blanche – subtilisés par Bobby, puis passés aux mains de la famille Kennedy – et en conserva quelques-uns.

Peu après la mort de JFK, elle fut engagée par la National Archives and Records Administration, organisme fédéral chargé des archives des présidents. Elle y travailla avec Frank Harrington. Celui-ci m'a expliqué qu'il avait été le premier archiviste engagé par la Bibliothèque Kennedy. Il fut rapidement chargé d'aider Evelyn

1. Holt Rinehart & Winston, 1968.

à classer les millions de pages dont la NARA avait la garde. Elle eut de violents conflits avec Bobby à propos des enregistrements. « Elle en emportait chez elle, ça le rendait furieux. Elle en avait besoin pour son livre. » De son côté, Robert Kennedy travaillait à *Thirteen Days*[1], le récit de la crise des missiles. « Je me souviens qu'une fois il est venu aux archives pour une bande précise et Evelyn n'a pas pu la lui trouver. Elle lui a dit : "Je vous la donnerai demain." Le lendemain, elle la lui a en effet remise, en expliquant qu'elle l'avait dénichée dans les archives. Mais elle mentait : elle l'avait rapportée de chez elle. Bobby, qui avait un peu peur d'Evelyn, ne lui a rien dit – mais il est venu se plaindre à moi. »

Lyndon Johnson désormais hors course, JFK avait toutes les raisons d'attendre avec impatience la campagne de 1964 et sa réélection. La famille songea un moment à désigner Bobby comme colistier, m'a raconté Gore Vidal. Selon lui, Ethel Kennedy, la femme de Bobby, défendait l'idée avec enthousiasme. Le seul problème, hormis des difficultés croissantes au Sud-Viêtnam, restait Ellen Rometsch qui, à en croire Hoover et les confidences de John Kennedy à Ben Bradlee, souhaitait revenir aux États-Unis pour épouser LaVern Duffy. Manifestement, l'argent qu'on lui avait versé ne suffisait pas. Il fallait trouver un autre moyen de la convaincre de rester en Allemagne.

Début novembre, JFK convoqua à la Maison Blanche un de ses vieux amis du temps où lui-même était encore un jeune congressiste. Grant Stockdale, promoteur immobilier de Miami, l'avait aidé dans ses campagnes et se rendait fréquemment chez les Kennedy à Palm Beach.

---

1. Robert F. Kennedy, *op. cit.*

En 1960, chargé de la collecte de fonds pour les États du Sud au sein du Comité national du Parti démocrate, il avait rassemblé beaucoup d'argent pour le « ticket » Kennedy-Johnson – ce qui lui valut d'être nommé en 1961 ambassadeur en Irlande. Après dix-huit mois passés à dilapider sa fortune personnelle, il expliqua au président qu'il n'avait plus un sou et qu'il lui fallait reprendre ses activités immobilières à Miami.

JFK comprit parfaitement. Il avait de la sympathie pour Stockdale, peut-être parce que celui-ci incarnait tout ce que Kennedy n'était pas : un self-made-man qui n'avait pas peur de passer pour tel. Ancien champion de football américain à l'université, il avait fait la guerre dans le Pacifique comme officier de renseignement. Comme me l'a déclaré son fils, qui porte le même prénom que lui : « Sa vie était un livre ouvert. Quand il est revenu à Miami, il a dit à ses amis qu'il était à sec. Il était heureux d'avoir rendu service, mais aussi de se remettre au travail. »

Stockdale savait aussi se taire. En 1962, il avait pris part à une soirée privée de JFK au Carlyle Hotel de New York. Il y avait là « des femmes, beaucoup de jolies femmes », se contenta-t-il de raconter plus tard à son fils. Selon ce dernier, « c'était là un monde qui allait trop vite pour lui. Il se sentait complètement dépassé ».

Mais, en novembre 1963, il n'était plus temps de s'amuser. Selon le récit qu'Adie, la mère de Stockdale junior, fit à son fils, le Bureau ovale fut le cadre de l'échange suivant : « Kennedy a lancé : "J'ai besoin de blé. Cinquante mille dollars." "Pourquoi moi ?" "Parce que j'en ai besoin et que je peux compter sur vous pour rester discret." "Pour quoi faire ?" "C'est personnel." »

« Il collectait des fonds, explique le fils de Stockdale. Il l'avait fait pour le Comité national du Parti démocrate.

Mais jamais à des fins personnelles. » Le promoteur immobilier se sentit donc très mal à l'aise, et demanda au président : « Comment comptez-vous expliquer tout ça [aux donateurs] ? » JFK répondit : « Il n'est pas question de leur expliquer quoi que ce soit. » Stockdale revint à Miami, où il réussit à rassembler 50 000 dollars en argent liquide, après avoir expliqué à ceux qu'il sollicitait que les fonds étaient destinés à John Kennedy. « Il avait horreur de ça, mais il se disait : "Bon Dieu, c'est pour le président." C'était d'autant plus pénible que lui-même avait des problèmes financiers. Ce qui le turlupinait le plus, c'est qu'il n'était pas question de déclarer le don d'argent. Quelque chose ne collait pas. Il savait qu'on se servait de lui, et ma mère aussi. Elle n'aimait pas ça du tout, et disait : "Je n'ai jamais rien entendu de plus absurde ! Laisse tomber !" Mais il pensait que ça ne lui était pas possible. [...] Mon père a donc réuni l'argent, sans jamais vraiment croire que Kennedy ne le déclarerait pas ; c'était impossible à imaginer. » À Miami, nul n'ignorait que le promoteur immobilier avait des problèmes financiers. « Tous ses copains savaient qu'il était à sec parce qu'il ne s'en cachait pas. Certains des gens qu'il a contactés se sont montrés aussi incrédules que ma mère et l'ont éconduit. » La rumeur se répandit qu'en réalité Stockdale récoltait l'argent pour son propre compte. « Quand il l'a su, ça l'a démoli. Il cherchait encore un moyen de convaincre Kennedy de rendre ces dons publics quand le 22 novembre est arrivé. »

Un ami de la famille avait accompagné Stockdale lorsqu'il était allé remettre l'argent au président. « Kennedy a dit : "Merci", a ouvert un placard et y a jeté l'attaché-case. Il y en avait beaucoup d'autres à l'intérieur. »

L'assassinat de JFK bouleversa la famille, tout en laissant à Stockdale un problème impossible à résoudre : « Il avait dit aux gens que l'argent était destiné à Kennedy, mais n'en avait désormais plus aucune preuve. Par ailleurs, il s'inquiétait beaucoup au sujet de Bobby Baker. Pourquoi diable ? »

Dix jours après le meurtre du président, Edward Grant Stockdale se jeta par la fenêtre de son bureau, dans le quartier des affaires de Miami. Son fils ne sait toujours pas pourquoi Kennedy avait besoin d'argent.

23

Le Viêtnam

Plus qu'au mythe du preux chevalier ou à l'image tragique d'un jeune dirigeant foudroyé à l'apogée de sa carrière, l'héritage de John Fitzgerald Kennedy, trente-cinquième président des États-Unis, peut se résumer à la guerre du Viêtnam – laquelle, au cours de la décennie suivante, tuerait des milliers d'Américains et en mènerait beaucoup d'autres au bord de l'insurrection.

JFK porte une lourde responsabilité dans le coup d'État du 2 novembre 1963 lors duquel le président sud-vietnanien Ngô Dinh Diêm fut renversé et assassiné – responsabilité qu'a toujours niée l'entourage du président, en particulier son frère. Nombre d'historiens considèrent aujourd'hui qu'avec la chute de Diêm, on passa brusquement d'une guerre vietnamienne à une guerre américaine. Les collaborateurs de Kennedy ont aussi passé sous silence l'une des raisons qui le poussèrent à se débarrasser de Diêm : ce dernier avait entamé des pourparlers secrets avec le Nord-Viêtnam et cherchait à se débarrasser des Américains.

Ce sont là des éléments dont on trouvera peu de traces dans les archives officielles ou les journaux de l'époque.

À l'automne 1963, le conflit passait encore pour purement local. Henry Cabot Lodge Jr., le nouvel ambassadeur américain à Saïgon, considérait – imité en cela par les correspondants de presse – Diêm et son frère, Ngô Dinh Nhu, comme les principaux obstacles à la guerre contre le Front national de libération (FNL). Celui-ci – « le Viêt-Công », comme on l'appela – était le bras armé de l'opposition sudiste, communiste ou non. Les Américains ne savaient à peu près rien de lui, et les rares à en avoir entendu parler n'y voyaient qu'une simple émanation du Nord-Viêtnam. Ni les journaux ni les universités ne s'opposaient encore à la politique du gouvernement Kennedy, qui consistait à sauver le Sud-Viêtnam du communisme. Le débat se limitait au choix du meilleur moyen d'y parvenir.

En 1963, les Américains y avaient envoyé 16 500 hommes. Dans leur grande majorité, ils occupaient des postes administratifs ou se consacraient au renseignement. Toutefois – et sans bien sûr qu'on le sache aux États-Unis –, ils prenaient part de plus en plus souvent à des attaques contre des cibles Viêt-công. Des pilotes américains lançaient des bombes ou des roquettes à bord d'avions et d'hélicoptères sud-vietnamiens. Des fantassins conseillaient les unités locales partant au combat et, parfois, mouraient à leurs côtés. Soixante-dix-huit d'entre eux furent tués pendant la présidence Kennedy, ce qui est peu quand on sait que plus de 58 000 autres connaîtraient le même sort. D'aussi faibles pertes empêchaient le grand public américain de comprendre à quel point la guerre était féroce : les Vietnamiens, civils ou militaires, mouraient, eux, par milliers.

Comme le déclara en 1978 Michael V. Forrestal, ancien spécialiste du Viêtnam au sein du Conseil national de sécurité, à un groupe d'enquêteurs du Congrès :

« Ce qui préoccupait le plus [Kennedy], c'est que nous [...] fournissions à Diêm des moyens militaires colossaux pour mener ce qui n'était jamais qu'une guerre civile – et l'éléphant n'arrivait pas à écraser la mouche. Nous nous efforcions de tuer des Viêt-côngs et nous tuions en même temps des milliers d'autres gens [...]. Nous aidions les Vietnamiens à mener des opérations de destruction et des bataillons entiers dévastaient le pays, pillant et brûlant tout sur leur passage. » L'interview de Forrestal, mort en 1989, fut reproduite en 1985 dans une histoire de la guerre due à la Bibliothèque du Congrès. Il y affirmait notamment que Kennedy avait tenté de limiter l'usage massif du napalm, des défoliants et des mines anti-personnel, mais sans y parvenir : « Notre armée pensait que toutes ces opérations étaient nécessaires et militairement justifiées. »

À en croire les journalistes de l'époque, c'est au printemps 1963 que Diêm joua sa dernière carte. Pour JFK, la guerre du Viêtnam ne devint une question politique importante qu'à partir du mois de mai, quand les troupes sud-vietnamiennes tirèrent, à Hué, sur un défilé de moines bouddhistes protestant contre la répression religieuse, et tuèrent neuf d'entre eux. Diêm et Nhu repoussèrent toute idée de s'excuser publiquement. Les affrontements prirent de l'ampleur et leurs troupes pénétrèrent de force dans les édifices bouddhistes, soi-disant pour détruire des caches d'armes. À Saïgon, un bonze s'immola par le feu. La photo prise par Malcolm Brown, d'Associated Press, parut le lendemain à la une de tous les quotidiens, horrifiant l'Amérique – d'autant plus que l'épouse de Nhu, connue pour son franc-parler, compara plaisamment la chose à « un barbecue »...

Fin août, tandis que les bouddhistes poursuivaient opiniâtrement leur campagne de protestation et que le grand public américain découvrait à quel point les Sud-Vietnamiens s'opposaient à leur propre gouvernement, le gouvernement Kennedy donna son accord tacite pour un coup d'État militaire contre Diêm, qui devait avoir lieu dans les derniers jours du mois. Mais il ne se passa rien. L'armée sud-vietnamienne, démoralisée, se montrait incapable de venir à bout du Viêt-công. Diêm et Nhu refusaient de mettre un terme à la répression contre les bouddhistes et les opposants et considéraient les appels américains à la réforme comme autant d'atteintes à la souveraineté du pays.

Fin octobre, Cabot Lodge encouragea une nouvelle tentative de ceux qui complotaient contre Diêm, dirigés par le général Duong Van Minh (dit « le gros Minh »), chef d'état-major de l'armée de Terre. Il leur déclara que Washington ne s'opposerait pas au renversement du régime. Cette fois, le coup d'État eut bien lieu et, le 2 novembre au matin, connut un succès complet. Toutefois, à en croire les récits de l'époque, les Américains ne s'attendaient pas à ce qui suivit : Diêm et son frère, capturés dans une église catholique par les troupes de Minh, furent exécutés d'une balle dans la nuque. Selon certains journalistes, les deux frères avaient refusé, peu avant le soulèvement militaire, une offre américaine de droit d'asile.

Aux États-Unis, le grand public fut satisfait du coup d'État qui, pensait-on, permettrait au Sud-Viêtnam de lutter contre les communistes avec une vigueur et une cohésion accrues. Les journalistes firent de même : un éditorial du *New York Times*, daté du 4 novembre, déclarait que « les Américains sont heureux du sentiment de joie qu'éprouve Saïgon ».

Le président fut, dit-on, profondément choqué par le meurtre de Diêm, catholique comme lui. Ce dernier était un nationaliste vietnamien que Hô Chi Minh, en 1950, avait condamné à mort par contumace. Quittant le pays, il se réfugia aux États-Unis, entra dans un séminaire new-yorkais et ne tarda pas à se lier d'amitié avec de nombreux Américains, dont Joseph P. Kennedy et son fils, jeune sénateur du Massachusetts. Tous deux admiraient son patriotisme, son anticommunisme farouche et sa dévotion religieuse (un autre de ses frères, Ngô Dinh Thuc, était archevêque). Vers le milieu des années 1950, les Kennedy se joignirent donc à d'autres personnalités – William O. Douglas, membre de la Cour suprême, Henry Luce, l'éditeur de *Time*, et Arthur Schlesinger, l'historien de Harvard – pour financer l'AFV (American Friends of Vietnam), groupe de pression auprès du Congrès. John Kennedy fut son principal orateur lors d'un symposium de l'organisation en 1956 et, cinq ans plus tard, si l'on en croit ses archives, en devint président.

Depuis près de trois décennies – à compter de la publication, en 1971, des fameux *Pentagon Papers* puis de certains documents classifiés, aux termes de la loi sur la Liberté de l'information –, on a pu se faire une idée plus nuancée de la complicité du gouvernement Kennedy dans le coup d'État et les exécutions qui suivirent. On a ainsi appris que Cabot Lodge et la station de la CIA à Saïgon avaient activement collaboré avec le général Minh dans la préparation du soulèvement, lui fournissant armes et argent. Diêm, lors d'une conversation téléphonique de dernière minute avec l'ambassadeur, demanda, selon la transcription : « J'aimerais savoir quelle est l'attitude des États-Unis ». Ce à quoi Lodge répondit, en bon diplomate : « Je ne me sens pas assez informé pour vous le dire. »

Telle était l'histoire jusqu'à ce que les entretiens que j'ai menés pour cet ouvrage ne révèlent que John Kennedy avait – comme pour Castro – activement cherché à renverser Diêm, sans ignorer que le président vietnamien serait exécuté à l'occasion du coup d'État. En ce domaine, les informations les plus significatives m'ont été fournies par Lucien Conein, agent de la CIA spécialiste des opérations clandestines qui, en octobre 1961, servit d'intermédiaire entre Henry Cabot Lodge et les militaires impliqués dans le complot. Il m'a ainsi déclaré qu'on savait que le général Minh ferait exécuter les deux frères. « J'ai discuté de la question avec Lodge. Un mois auparavant, le gros Minh m'avait dit qu'ils allaient éliminer Diêm. J'ai répondu : "Surtout pas, ça pourrait créer des problèmes." Mais il m'a lancé : "Il n'est pas question d'en discuter." J'en ai rendu compte à Lodge. »

Il se peut fort bien que le président ait été sincèrement touché par la mort de Diêm. De nouveaux témoignages prouvent qu'il tenta de l'empêcher. Ainsi, quelques jours avant le coup d'État, il envoya auprès du dirigeant sud-vietnamien un émissaire personnel – un ami sans lien avec son administration. Le message était clair : « Débarrassez-vous de votre frère, réfugiez-vous à l'ambassade américaine ou attendez-vous à mourir. » Diêm n'en tint aucun compte.

À l'été et à l'automne 1963, les journalistes américains installés à Saïgon semblaient encore ignorer que, selon des rumeurs persistantes, Diêm et Nhu menaient avec les Nord-Vietnamiens des pourparlers informels dont l'objectif, en dernière analyse, était d'instaurer au Sud-Viêtnam un régime neutraliste. Les militaires américains, censément venus dans le Sud à la demande expresse du gouvernement en place, se verraient demander de quitter les lieux.

Ces rumeurs étaient certes connues. On n'y voyait guère, cependant, que des bavardages sans consistance. Diêm était un nationaliste convaincu mais aussi un anticommuniste farouche pour qui, selon la célèbre formule, « mieux valait être mort que Rouge ». En octobre 1963, le général Paul D. Harkins, chef de la mission militaire américaine à Saïgon, écrivit à Maxwell Taylor : « Je ne connais personne qui ait la force de caractère de Diêm, du moins pour ce qui est de combattre les communistes. » Après l'assassinat de Kennedy parurent des dizaines de livres écrits par de hauts membres de son entourage politique. Aucun ne fait allusion aux pourparlers entre Vietnamiens. Arthur Schlesinger les passe sous silence dans sa biographie de JFK, mais en donne en revanche un récit détaillé dans celle qu'il consacra, en 1978, à Robert Kennedy. Ils se déroulèrent, selon lui, « sans que le président le sache » et représentaient peut-être « un moyen pour les États-Unis de quitter le Viêtnam en 1963 ».

En tout cas, deux hommes au moins les prirent très au sérieux : John Kennedy et Henry Cabot Lodge.

C'est à cette époque que le président fit part de son mécontentement à un vieil ami, le journaliste Charles Bartlett. « Vers la fin de sa vie, m'a raconté Bartlett, il se montrait très négatif sur tout ça. Il m'a dit : "Charlie, je ne peux pas abandonner le Viêtnam aux communistes et demander ensuite à ces gens [les électeurs américains] de me réélire. Il faudra, d'une manière ou d'une autre, que nous tenions ce pays pendant toute la campagne électorale de 1964. Nous avons déjà cédé le Laos et, si je lâche le Viêtnam, je ne pourrai pas me présenter devant le peuple. En même temps, nous n'avons aucun avenir, là-bas ! Les Sud-Vietnamiens nous détestent. Ils veulent que nous partions, et un jour viendra où ils nous botteront le cul.» Bartlett fut très choqué de voir le président considérer la guerre sous l'angle de son propre avenir politique («Cela a fait de moi un fervent partisan du mandat présidentiel unique de six ans»). À la même époque, lors d'un entretien avec William Manchester, dont il était l'ami depuis 1946 (tous deux étant des anciens de la guerre dans le Pacifique), JFK fit allusion à la «possibilité» de pourparlers entre le Nord et le Sud. «Il avait un problème avec Diêm, à qui il ne faisait pas confiance», m'a déclaré Manchester, qui a pourtant préféré ne pas faire état de ces confidences.

Les mémoires de Henry Cabot Lodge – mort en 1985 – ne disent pas toute la vérité sur le rôle qu'il joua en 1963. Il laissa toutefois un récit inédit de la période qu'il passa au Viêtnam, y inscrivant la mention «Top Secret» et précisant que les pages concernant les jours immédiatement antérieurs au coup d'État du 2 novembre ne pourraient être publiées «qu'après avoir été soumises à un représentant du président Kennedy». J'ai réussi à obtenir communication de ce document, dans lequel Lodge déclare qu'à son départ pour Saïgon JFK lui enjoignit de le tenir au courant par l'intermédiaire de la CIA. «Je reçus l'ordre de lui envoyer directement mes télégrammes. Il déciderait ensuite de leur distribution.» De souche patricienne et général de réserve, Lodge partageait la conviction de la Maison Blanche : ce qui est bon pour l'Amérique est bon pour le Sud-Viêtnam. «Je n'étais en rien mêlé à la définition de la ligne politique suivie mais je la jugeais correcte. Je pense que nous avons le droit absolu de recourir à des pressions légitimes dans le cadre d'un marchandage avec un autre gouvernement [...]. Quand les gens acceptent notre aide, nous sommes fondés à stipuler certaines demandes si nous le désirons.» Arrivant à Saïgon fin août, l'ambassadeur eut ses premiers entretiens avec Diêm: «Plutôt que d'aborder les questions dont le président Kennedy m'avait envoyé discuter avec lui, il préférait contempler le plafond et parler de son enfance ou de l'histoire du Viêtnam. Cela ne me parut pas la meilleure façon de traiter le représentant du président des États-Unis [...]. Je crois que le maintien en place du régime Diêm [...] aurait pu mener à une prise de pouvoir par les communistes. Ou bien ils y seraient parvenus grâce au dégoût de la population devant ce qui se passait, ou bien M. Nhu [le frère de Diêm] aurait conclu un accord avec eux.»

Le président déclarait à peu près la même chose en public. Ainsi, lors d'une conférence de presse le 12 septembre: «Nous soutenons tout ce qui aide à remporter la guerre, nous nous opposons à ce qui empêche l'effort de guerre [...]. Nous ne sommes pas là-bas pour la perdre, et poursuivrons la politique que j'ai définie aujourd'hui: soutien aux causes qui permettent de la gagner.» Quelques jours plus tard, lors d'une interview télévisée sur CBS, Walter Cronkite demanda à Kennedy s'il estimait que le gouvernement sud-vietnamien pouvait regagner la confiance de son propre peuple: «Oui. Je crois que c'est possible, avec certains changements de politique et, peut-être, de personnel. Si ce n'est pas le cas, j'aurais tendance à penser que les chances de l'emporter sont minimes.»

À la mi-septembre, on parla beaucoup, aux Nations unies et dans le reste du monde, d'un règlement politique entre factions sud-vietnamiennes rivales – mais pas dans la presse américaine. Le 11, le FNL avait fait parvenir à l'ONU un plan de paix en trois points réclamant la fin de l'assistance militaire américaine au gouvernement Diêm, le retrait de toutes les forces américaines et la formation dans le Sud d'un gouvernement de coalition. Deux jours après, U Thant, le secrétaire général des Nations unies, critiqua vivement le régime Diêm lors d'une conférence de presse, le dépeignant comme l'un des plus corrompus de la planète. Un peu plus tard, de Gaulle exaspéra la Maison Blanche en soutenant l'idée d'une neutralisation du Sud et d'une réunification à long terme du Viêtnam. Les services de renseignements américains firent savoir que Roger Lalouette, l'ambassadeur français à Saïgon, tentait d'organiser des discussions entre Diêm et les Nord-Vietnamiens. À Washington, l'intervention du Général souleva un tollé. On le soupçonnait de vouloir se mêler de ce qui ne le regardait pas pour précipiter l'échec des Américains au Viêtnam – tout comme, dix ans plus tôt, ces derniers avaient pris une certaine part à celui des Français. Le président, interrogé sur les suggestions du Général, déclara, agacé : « Cela serait absurde de dire : "Tiens, pourquoi ne pas rentrer chez nous en laissant le monde à ceux qui sont nos ennemis ?" »

Beaucoup de gens à Saïgon comme à Washington refusèrent de prendre au sérieux les informations, pourtant de première main, réunies par les services de renseignement. Douze ans plus tard, en 1975, alors que l'effondrement du régime sud-vietnamien paraissait imminent, un ancien diplomate polonais, Mieczyslaw Maneli, membre, au début des années 1960, de la Commission internationale de contrôle (CIC) installée au Sud-Viêtnam, fit paraître dans le *New York Times* un article décrivant ce qui s'était passé. « Au printemps 1963, le président Ngô Dinh Diêm et son frère me demandèrent, sous le sceau du secret, par l'intermédiaire de Roger Lalouette, de contacter le gouvernement de Hanoi en vue d'étudier la possibilité d'un règlement pacifique du conflit. J'eus de longues discussions avec les plus hauts responsables nord-vietnamiens, notamment le président Hô Chi Minh et le Premier ministre Pham Van Dong [...]. Ils élaborèrent peu à peu des projets dont je discutai avec un groupe d'ambassadeurs occidentaux. Au terme de ces plans, le Nord et le Sud développeraient peu à peu des relations postales, économiques et culturelles. Les productions industrielles du premier seraient échangées contre le riz du second. Le Nord ne réclamerait pas de réunification rapide ; un gouvernement de coalition serait mis en place dans le Sud. Je demandai s'il pourrait être dirigé par M. Diêm. À l'été 1963, on finit par me répondre que oui [...]. En aucune circonstance il ne serait permis à des troupes soviétiques ou chinoises [ou américaines] de stationner sur le sol vietnamien. Je poussai mes interrogations un peu plus avant : quelles assurances pourrait-on donner à l'Occident que Hanoi tiendrait parole ? Je soulignai qu'il serait en effet très agacé du célèbre petit jeu de la "commission internationale". La réponse fut qu'en cas de retrait américain le Nord serait prêt à donner toutes sortes de garanties substantielles : ainsi, une participation américaine au processus de supervision ne serait pas exclue. Je savais à l'époque que les relations étaient tendues entre Hanoi d'une part, Moscou et Pékin de l'autre, et que les dirigeants nord-vietnamiens voulaient préserver et accroître leur faible marge d'indépendance par rapport à leurs puissants alliés, qu'ils détestaient autant qu'ils les redoutaient. Ils étaient donc prêts à accepter un accord négocié dont les résultats n'auraient pas été pires, pour l'Occident, que ceux de 1975 : le Viêtnam aurait été divisé en deux parties, unies par des échanges commerciaux et culturels libres. »

Maneli, ancien professeur de droit à l'université de Varsovie, avait émigré aux États-Unis en 1970. Il y enseigna les sciences politiques à Queen's College. Il fit également paraître, en 1971, un récit capital des pourparlers entre les deux Viêtnam, *War of the Vanquished*[1]. Chose stupéfiante, la presse américaine ignora complètement l'ouvrage, dont aucun journal ou magazine de premier plan ne rendit compte. L'Amérique de cette époque poursuivait encore la guerre et n'était pas prête à s'entendre dire qu'elle n'avait rien eu d'inévitable. L'auteur citait un câble envoyé, à l'époque, à Varsovie et Moscou, au ton prophétique : « Comment se fait-il que le FNL soit [...] moins actif actuellement que pendant la période précédant la crise [actuelle] du régime Diêm ? En ce moment, ce dernier est si affaibli qu'une offensive de grande ampleur pourrait prendre fin par la liquidation du gouvernement sud-vietnamien, ne laissant sur le champ de bataille que des unités américaines. Hanoi doit également en être conscient, comme beaucoup d'observateurs extérieurs. Et si le gouvernement de Hanoi n'entreprend pas d'offensive destinée à chasser Diêm et Nhu de Saïgon, c'est sans doute parce qu'il souhaite qu'ils survivent un moment – assez longtemps pour parvenir à un accord avec eux dans le dos des Américains. »

Plusieurs responsables américains impliqués à l'automne 1963 dans la définition de la politique vietnamienne m'ont confirmé que les services de renseignement étaient au courant des pourparlers Nord-Sud. Mais ils avaient de ceux-ci des opinions divergentes. Richard R. Smyser, du département d'État, qui arriva au Viêtnam au début de l'année suivante et travailla

1. Harper and Row, 1971.

en étroite collaboration avec Lodge, m'a expliqué que, d'après lui, si les États-Unis avaient soutenu le coup d'État, c'était parce que « Diêm essayait de conclure un accord » et de créer au Sud-Viêtnam un régime neutraliste. « Et souvenez-vous qu'en 1963 "neutralisme" était, pour presque tous les Américains, un euphémisme pour "communisme". Si Diêm parvenait à ses fins, les États-Unis devraient partir. Le Viêtnam deviendrait neutre, tout en restant divisé. Pour Kennedy, c'était là chose impensable, parce que [ses adversaires lors de la présidentielle de 1964] diraient : "Il a perdu le Viêtnam en le laissant devenir neutre." Cela voulait dire qu'il fallait se débarrasser de Diêm. »

Allen Whiting, spécialiste de la Chine et, en 1963, agent de renseignement du département d'État, m'a dit que ses collègues et lui « pensaient tous qu'il était fort possible que le régime Diêm-Nhu ait des rapports avec le Nord ». Les pourparlers présentaient des risques. « On n'avait aucune envie de les voir conclure un accord avec Hanoi, puis nous dire de vider les lieux. » Tom Hugues, directeur à l'époque du service de renseignement du département d'État, m'a déclaré quant à lui qu'il y avait « beaucoup d'allusions au neutralisme dans les câbles en provenance de Saïgon. Cela n'avait rien de secret » pour les responsables gouvernementaux américains. « Certains d'entre nous pensaient que [un accord entre les deux Viêtnam] serait une très bonne idée, parce qu'alors nous pourrions nous sortir de là. »

D'autres experts gouvernementaux considéraient ces pourparlers comme un simple bluff de la part de Diêm et de Nhu. Selon eux, les deux frères répandaient ces rumeurs pour pouvoir résister aux vives pressions américaines pour des réformes politiques. En septembre, Kennedy envoya Robert McNamara et Maxwell Taylor, le chef d'état-major interarmées, en mission au Sud-Viêtnam – une de plus. Leur rapport, qui ne faisait qu'une allusion rapide aux discussions Nord-Sud, parlait surtout de Nhu, dont on pensait à Washington qu'il avait une très mauvaise influence sur son frère. « Chose encore plus grave chez lui, il flirte – sérieusement ou non – avec l'idée de négocier avec le Nord-Viêtnam. Ce qui choque profondément les Vietnamiens responsables et, plus fondamentalement, laisse craindre une incompatibilité avec les objectifs américains. »

Le 18 septembre parut dans le *Washington Post* l'unique article consacré par la presse américaine aux pourparlers entre les deux Viêtnam. Joseph Alsop s'en prenait violemment aux Français et à leurs manœuvres en coulisse avec Hô Chi Minh et Ngô Dinh Diêm. Il citait nommément Lalouette et Maneli, déclarant que tous deux servaient d'intermédiaires entre Saïgon et Hanoi. Nhu lui avait déclaré que les Nord-Vietnamiens « le suppliaient d'ouvrir des négociations », tout en précisant qu'il n'en avait pas parlé à son frère « parce que cela provoquerait des remous ». Le président vietnamien avait de son côté assuré Alsop qu'il ignorait tout de ces démarches – « détail stupéfiant », notait le journaliste, « et ô combien révélateur des relations entre les deux frères ».

L'article reflétait à la perfection l'opinion de la Maison Blanche : Ngô Dinh Nhu, anti-américain notoire, se voyait accuser publiquement de comploter, dans le dos de son frère, contre les intérêts des États-Unis. Selon les *Pentagon Papers*, Michael Forrestal, du Conseil national de sécurité, écrivit au président à la toute fin de l'été : « Il est désormais certain que Nhu est le cerveau de l'opération menée contre les bouddhistes. » Personne à Washington ne semblait penser que les déclarations de Nhu pouvaient lui avoir été dictées par son frère – ce que Bobby Kennedy lui-même avait fait plus d'une fois. Ardent nationaliste, Nhu avait exaspéré les Américains tout au long de l'été et de l'automne en réclamant la limitation de la présence et de l'influence américaines au Sud-Viêtnam. « La moitié des Américains devrait partir et les autres cesser de s'exposer aux tirs ennemis. » Il déclara à certains journalistes que son frère et lui s'étaient toujours opposés à une intervention militaire américaine car les Américains faisaient obstacle à la transformation de la société vietnamienne, nécessaire à la victoire.

John Kennedy convint que Nhu devait partir : on ne cessait d'ailleurs de le lui conseiller. Mais comment s'y prendre ? JFK était mieux placé que quiconque pour savoir qu'il est toujours très difficile d'opposer deux frères. Début septembre, Rufus Phillips, un fonctionnaire américain stationné au Viêtnam, fut invité par Forrestal à prendre part à une réunion du Conseil national de sécurité à laquelle assisterait le président. Phillips, alors officier de l'armée de Terre, était arrivé à Saïgon en 1954 afin de travailler pour la mission militaire américaine – dont le chef était Edward Lansdale. Lequel impressionna beaucoup son subordonné car, contrairement aux autres, Lansdale n'hésitait pas à rapporter à ses supérieurs les faits tels qu'il les jugeait. Phillips revint à Washington en 1959, mais retourna au Viêtnam trois ans plus tard, à la demande de Lansdale, pour occuper le poste de directeur du programme d'assistance rurale. Il devint ainsi l'expert américain du projet très controversé de « hameaux stratégiques » lancé par le gouvernement sud-vietnamien. Il s'agissait, en théorie, d'assurer la protection des paysans. Mais cela se traduisit souvent par leur regroupement forcé dans des zones qu'on abandonnait la nuit au Viêt-công. Phillips, à la fin des années 1950, avait travaillé pour la CIA après avoir quitté l'armée. Acquis à l'idée d'une victoire américaine, il était convaincu, comme le savait Forrestal, qu'il demeurait possible de séparer Diêm et Nhu – et que Lansdale était le seul homme capable de mener à bien une mission aussi délicate. C'est ce qu'il raconte dans un texte inédit, qu'il m'a communiqué, décrivant la séance du Conseil national de sécurité du 10 septembre 1963. Forrestal l'ayant invité à prendre la parole, il déclara : « Le problème, c'est Nhu. Il a perdu le respect de la majorité des dirigeants civils et militaires [...] Il faut qu'il quitte le pays, sinon ce sera le chaos. Je crois toujours qu'on peut le séparer de son frère, mais il n'y a qu'un Américain qui ait la confiance de Diêm et puisse le persuader de laisser partir Nhu. Cet homme est le général Lansdale. »

Ce récit est confirmé, dans ses moindres détails, par les minutes de la réunion, déclassifiées en 1995. Elles précisent que Phillips déclara au président ce que Forrestal voulait l'entendre dire : « Nous pouvons garder Diêm, mais pas gagner la guerre tant que Nhu est aux commandes. » Kennedy fit valoir que « Nhu pourrait sérieusement affaiblir le gouvernement en place, puis partir pour la France. Nous serions alors rendus responsables de l'effondrement du pays ».

Phillips se souvient que le président avait pris beaucoup de notes. « À la fin, il a dit : “Monsieur Phillips, je tiens à vous remercier, en particulier pour avoir recommandé M. Lansdale.” »

Ce qui survint ensuite fut raconté par ce dernier à Daniel Ellsberg, vers le milieu des années 1960, alors que les deux hommes, anciens du Pentagone, faisaient office de « conseillers spéciaux » dans le cadre de la « pacification » censée gagner « les cœurs et les esprits » des paysans vietnamiens. «J'ai passé un an et demi à écouter chaque soir les hauts faits de sa carrière d'agent de la CIA, m'a raconté Ellsberg. Il revenait souvent sur les opérations clandestines aux Philippines ou au Viêtnam, dix ans plus tôt. C'est à l'une de ces occasions, comme nous étions seuls chez lui, qu'il m'a parlé de ses relations avec McNamara et de la manière dont elles avaient pris fin.»

Les deux hommes, en effet, ne s'étaient pas revus depuis plusieurs années. Lansdale était heureux qu'Ellsberg, brillant protégé du secrétaire à la Défense – dont il avait rédigé certains discours et qui le consultait sur des questions de guerre nucléaire – ait quitté le Pentagone pour travailler avec lui. La rupture avait eu lieu en 1963, alors que Lansdale venait d'être promu au grade de général de division. L'opération Mangouste avait pris fin huit mois plus tôt et, depuis, il n'avait eu aucun contact avec la Maison Blanche – il ne pensait guère qu'à la retraite.

Puis il reçut un appel de McNamara lui demandant de l'accompagner à une rencontre avec le président. Selon Ellsberg, «Kennedy a dit à Ed: "Je suis prêt à vous renvoyer au Viêtnam pour travailler avec Diêm et voir si vous pourriez le convaincre de se séparer de son frère." Nhu était considéré comme le responsable de la crise, le mauvais génie.»

Lansdale accepta. C'est alors que Kennedy demanda: «Mais si cela ne marche pas ou si je change d'avis et décide qu'il faut nous débarrasser de Diêm lui-même, seriez-vous d'accord?» En racontant l'anecdote, précise Ellsberg, Lansdale donnait l'impression de revivre la scène: «Sa voix devenait hésitante, il avait l'air perdu. Il paraissait perplexe, à la fois honteux et plein de regrets, comme quand on rechigne à renoncer à un rôle qu'on veut décrocher. Il a secoué la tête et a dit tristement : “Non, monsieur le président, je ne serais pas d'accord. Diêm est mon ami.” »

Kennedy ne témoigna d'aucun mécontentement devant le refus de Lansdale, mais la réunion prit fin très vite. « Lansdale a compris qu'il n'irait pas au Viêtnam. Il avait dit non à un travail qu'il désirait par-dessus tout. Il n'avait pas présenté son refus comme une question de principes ni critiqué le président, montrant bien que celui-ci avait le droit de poser la question. » Comme le dit Ellsberg, JFK s'était tourné « vers le seul homme qui n'aurait pas pu tuer Diêm ».

Dans la voiture qui les ramenait au Pentagone, McNamara donna libre cours à sa fureur : « Jamais il ne s'était emporté comme ça ! “On ne parle pas ainsi au président !”, hurlait-il. » Plus jamais il ne lui adressa la parole. Comme Lansdale le raconta à Ellsberg, l'épilogue survint un mois plus tard : « J'étais en train de vider mon bureau quand j'ai appris que Diêm avait été tué. »

Ellsberg conclut : « Kennedy n'a pas employé les mots “tuer” ou “assassiner” en parlant de Diêm. Mais Ed m'a dit qu'il était persuadé qu'il s'agissait bien de cela. »

Il ne semble pas que Lansdale – mort en 1987 – ait parlé de sa rencontre avec le président à qui que ce soit d'autre. Rufus Phillips se souvient l'avoir entendu dire que « les gens [du gouvernement Kennedy] étaient placés dans des situations impossibles et se voyaient demander de faire certaines choses ». Il ajoute que Lansdale « éprouvait le besoin » de toujours obtenir, pour quelque opération que ce soit, le feu vert d'une autorité, « et par écrit. Il ne voulait pas servir de bouc émissaire ».

Phillips revint à Saïgon fin septembre, près de trois semaines après la réunion du Conseil national de sécurité – dont Diêm, quelques jours plus tard, lui apprit avoir été informé (il savait même ce que son interlocuteur avait dit au président). Puis, au cours d'une rencontre au palais présidentiel, fin octobre, Diêm lui demanda si un coup d'État se préparait. «J'ai répondu oui», avoue Phillips, qui affirme n'avoir donné aucune précision supplémentaire.

À cette époque, il était clair que Diêm n'avait aucune intention de se séparer de son frère. Peu avant le soulèvement, Lodge lui proposa un sauf-conduit lui permettant de gagner un pays neutre en avion, mais le président rejeta cette offre. Rien n'indique que l'ambassadeur ou ses subordonnés aient fait quoi que ce soit pour le sauver. C'est ainsi qu'aucun Américain ne demanda au général Minh et aux autres conjurés d'épargner sa vie. En 1975, témoignant devant la commission Church, Lucien Conein affirma que le matin du coup d'État, vers 6 heures, le «gros Minh» lui demanda de trouver un avion qui emmènerait le président vietnamien. Conein en discuta avec le chef de station de la CIA, qui lui dit que ce serait impossible avant vingt-quatre heures car l'appareil devait pouvoir gagner un pays neutre sans être contraint, chemin faisant, de se ravitailler en carburant (personne à Washington ne souhaitant que Diêm puisse tenir une conférence de presse sur une piste d'atterrissage). À 8 heures du matin, il était déjà aux mains des militaires qui l'exécuteraient. En tout cas, il aurait été parfaitement possible de prévoir un avion, mais il n'en fut rien : John Kennedy avait fait passer Diêm par pertes et profits, et tout le monde à Saïgon le savait.

Au cours de mes recherches, j'ai appris qu'à l'automne 1963 JFK avait fait une autre tentative pour convaincre le président vietnamien de se séparer de son frère. Cette fois, il ne recourut pas à quelqu'un qui, comme Lansdale, avait des relations privilégiées avec Diêm. Il envoya un émissaire personnel, qui représentait toute la puissance de la présidence américaine. Ce serait pour Ngô Dinh Diêm la dernière chance de rester en fonctions et de sauver sa vie. Début octobre, Cabot Lodge avait appris par Conein que les militaires vietnamiens prévoyaient de l'exécuter. Bien qu'il n'en subsiste aucune trace écrite, il est difficile de croire que l'ambassadeur n'ait pas transmis directement à Kennedy une information aussi importante.

Après l'assassinat de JFK, nombre de ses collaborateurs déclarèrent à la presse que le président – comme il l'avait confié à Charles Bartlett – ne croyait pas que les États-Unis aient beaucoup d'avenir au Sud-Viêtnam, mais qu'ils devraient y rester jusqu'à l'élection de 1964. C'est Kenny O'Donnell qui, dans *Johnny, We Hardly Knew Ye*[1], a évoqué de la façon la plus précise ses projets de retrait militaire. Au printemps 1963, Kennedy déclara au sénateur Mike Mansfield (qui l'avait critiqué à ce sujet) qu'il en ordonnerait un en 1965 : « Mais je ne peux pas avant – je dois être réélu. » « Mansfield quitta le bureau, ajoute O'Donnell, et le président me dit : "En 1965, je deviendrai l'un des présidents les plus impopulaires de l'Histoire. Tout le monde m'insultera en disant que j'ai voulu apaiser les communistes. Ça m'est égal. Si j'essayais maintenant, on verrait apparaître un nouveau Joe McCarthy, mais je pourrai le faire une fois réélu. Il vaudrait donc mieux que je sois certain de l'être !" » Mansfield a confirmé ce récit devant moi.

Les déclarations présidentielles citées par O'Donnell sont devenues l'élément central d'un débat en cours, portant sur la responsabilité de Kennedy dans la guerre

1. Little Brown, 1972.

du Viêtnam, l'un des plus tragiques bourbiers de toute l'histoire américaine. Il se peut d'ailleurs qu'O'Donnell, en rédigeant son livre, n'ait pas connu toute l'histoire du complot contre Diêm. Il ne pouvait prévoir, en tout cas, qu'on saurait un jour que Kennedy était au courant des projets d'assassinats de Diêm.

Reste que, si les témoignages qui viennent d'être cités sont exacts, ils démontrent que le président avait toujours prévu un désengagement américain au Viêtnam. Et, pourtant, il choisit de ne pas agir à l'automne 1963 alors que l'impopularité de Diêm et l'imminence de son renversement lui en donnaient l'occasion rêvée. Toujours selon Bartlett, O'Donnell et Mansfield, la politique de JFK ne consistait pas à vouloir sauver le Viêtnam, mais simplement à retarder l'inévitable jusqu'au moment de sa réélection. En 1963, Ngô Dinh Diêm fut tué parce qu'il voulait faire quelque chose – obtenir le départ des Américains – que Kennedy ne comptait entreprendre que deux ans plus tard. En fait, le président songeait avant tout à se faire réélire. Il choisit de rester à l'écart et, au minimum, de ne pas s'opposer au meurtre d'un homme qu'il connaissait et qui était aussi catholique et anticommuniste que lui. En dépit de tous ses travers – il n'en manquait pas –, Ngô Dinh Diêm ne représentait pas une menace politique pour les États-Unis. Il n'avait rien d'un Fidel Castro. Mais il était beaucoup plus vulnérable que lui.

Il se peut aussi que Kennedy ait cru que Minh et ses collègues étaient capables de galvaniser l'armée vietnamienne et de redonner vie aux institutions démocratiques du pays, le mettant ainsi à l'abri du communisme – au moins jusqu'à la présidentielle de 1964. Le 7 novembre, cinq jours après le coup d'État, les États-Unis reconnurent officiellement un nouveau gouvernement civil dirigé par Nguyen Ngôc Tho, l'ancien vice-président de Diêm. Le 14, lors de sa dernière conférence de presse, JFK fut interrogé à trois reprises seulement sur les événements de Saïgon, d'une façon qui laisse penser que les journalistes de Washington ignoraient à quel point le président était impliqué. Il déclara notamment que son intention était «de ramener les soldats américains chez eux, de permettre aux Sud-Vietnamiens d'exister en tant que nation libre et indépendante, et aux forces démocratiques de se développer dans tout le pays». Aucun de ces objectifs ne serait atteint au cours des années à venir.

Le dernier figurant dans la saga de Diêm s'appelait Torbert Macdonald. Ancien condisciple de faculté de Kennedy, dont il était l'un des amis les plus proches, Macdonald, qui représentait le Massachusetts au Congrès, est mort en 1976. De tous ceux qui, dans l'ombre, jouèrent un grand rôle dans la carrière de JFK, il est celui dont on sait le moins de choses. Schlesinger ne le cite pas, Sorensen ne lui consacre qu'une allusion rapide. Il accorda à la Bibliothèque Kennedy une interview classifiée jusqu'en 1995 – mais qui se révéla parfaitement anodine.

Au cours de mes recherches, j'ai toutefois appris qu'il prenait souvent part aux parties fines autour de la piscine de la Maison Blanche et accompagnait le président lors de ses escapades, en particulier à Hollywood. Kennedy lui accordait une confiance justifiée: Macdonald, membre du Congrès jusqu'à sa mort, resta toujours d'une discrétion exemplaire. Joe Croken, qui fut longtemps l'un de ses collaborateurs, m'a dit qu'il y avait entre les deux hommes «certaines choses dont ils ne discutaient avec personne d'autre» – en particulier avec Bobby. L'une d'elles, m'a précisé Croken, fut un voyage secret à Saïgon pour le compte de John Kennedy : « Il fut le dernier Américain d'importance à rendre visite à Diêm. » Macdonald en parla à son adjoint, sans pour autant lui préciser de quel message il était porteur.

Mais Eleanore Carney, la maîtresse de Macdonald, savait de quoi il s'agissait (Croken m'a confirmé qu'elle était assez proche de lui pour être au courant de quelques-unes des « certaines choses »). Après la mort de son compagnon, Carney, qui travaillait au National Institute of Health, songea un moment à écrire un livre en collaboration avec Herbert Parmet, professeur d'histoire à la City University of New York. Les révélations qu'elle lui fit alors occupent près de quatre heures d'enregistrement. L'ouvrage ne fut jamais terminé, mais Parmet tira profit de ces informations – sans citer Carney – dans la biographie qu'il consacra en 1983 à JFK.

La présentant comme « une source confidentielle », il reproduisait certaines de ses déclarations. Kennedy expliqua à Macdonald qu'il avait appris que Minh et son groupe prévoyaient d'assassiner Diêm et voulaient, selon Carney, « entrer en contact directement avec [le président sud-vietnamien]. Il hésitait à recourir à l'ambassade de Saïgon, parce qu'il ne pouvait se fier à son personnel – et il n'avait pas assez confiance en Cabot Lodge [...]. Enfin, il ne pouvait s'en remettre à aucun Sud-Vietnamien. Il a donc eu recours à Torby, qui a transmis le message présidentiel [à Diêm] : se débarrasser de son frère et chercher refuge à l'ambassade américaine. » C'est en effet à cette occasion que Macdonald, selon Carney, mit Diêm en garde : « Ils vont vous tuer. Il faut que vous vous sortiez de là en vous abritant momentanément à l'ambassade. » Mais son interlocuteur refusa. Comme Macdonald l'expliqua au président : « Il ne veut pas. Il est trop entêté. »

Torbert Macdonald Jr., le fils du parlementaire, m'a appris avoir découvert le rôle joué par son père lors de leurs « interminables discussions », à la fin des années 1960, sur la guerre du Viêtnam. Macdonald expliqua à son fils, alors étudiant à Harvard, que Kennedy avait fait appel à lui « parce qu'il ne faisait pas confiance aux canaux de communication officiels ». Il fit directement son rapport au président, après avoir effectué l'aller-retour en avion militaire pour mieux garder le secret.

Son fils m'a précisé : « Il ne gardait jamais d'archives. » À la mort de son père, la famille découvrit que son passeport avait été « tailladé au rasoir : certains endroits avaient disparu ».

Que John Kennedy ait tenu à mettre Diêm en garde, si l'on en croit le témoignage d'Eleanore Carey, paraît quelque peu contradictoire. Pourquoi le président aurait-il permis à ses adjoints de comploter contre le dirigeant vietnamien, puis averti celui-ci du sort qui lui était réservé ? Il est vrai que JFK avait déjà agi de la même manière au printemps 1961. Comme nous l'avons vu, selon des témoignages recueillis par la commission Church, il demanda à George Smathers de rencontrer Rafael Trujillo et d'évoquer « la possibilité qu'il abandonne le pouvoir et quitte le pays ». Le tyranneau dominicain n'en tint aucun compte et fut assassiné quelques semaines plus tard avec la complicité des Américains. La démarche du président peut aussi s'expliquer par des raisons personnelles : après tout, Diêm était un vieil ami à qui, quelques années plus tôt, Joseph Kennedy avait témoigné du respect.

Ngô Dinh Diêm et son frère savaient ce qui se tramait. Ils acceptèrent leur destin. Le 26 octobre, quelques jours avant le coup d'État, Diêm ordonna à Tran Van Dinh, son chargé d'affaires à Washington, de revenir à Saïgon. L'intéressé m'a raconté : « Je suis arrivé le 30 et je l'ai vu aussitôt. Il venait juste de rencontrer Cabot Lodge. Il m'a demandé de repartir aux États-Unis et de dire, pour gagner du temps : "Diêm se rend." » Dinh devrait ensuite « aller en Inde pour négocier avec le Nord ». Aujourd'hui encore, Dinh est persuadé que Diêm « s'apprêtait à demander aux Américains de partir » quand il fut assassiné (« Je ne peux plus discuter avec eux », lui avait-il déclaré). Le chargé d'affaires n'eut pas l'occasion de s'envoler pour New Delhi : après le renversement du régime, il resta à Washington, devint citoyen américain puis professeur à la Temple University.

Dinh m'a également dit n'avoir toujours pas compris où les Américains voulaient en venir : « Ce furent les années les plus étranges de ma vie. Je ne voyais pas quel était l'objectif du gouvernement Kennedy. Certains avaient des ambitions politiques personnelles, c'était un peu comme la mafia, pas question de trahison : "Quiconque ne fait pas partie de mes plans reste en dehors." »

Dinh ajoute que jamais le gouvernement sud-vietnamien ne tint le moindre compte des exigences américaines réclamant le départ de Nhu. « De quel droit le gouvernement américain se permettait-il de dire à Diêm qui engager ou qui chasser ? C'est comme si on venait chez moi pour m'imposer de changer d'épouse ! »

Lors de l'interview qu'il accorda en 1964 à la Bibliothèque Kennedy, Bobby, pour protéger la mémoire de son frère, s'en prit à tous ceux qui entouraient le président défunt : « Personne n'aimait particulièrement Diêm, mais le grand problème était de trouver comment se débarrasser de lui et qui poursuivrait la guerre [...]. Cette situation était difficile à gérer. Peut-être aurait-on dû s'en occuper avec plus de vigilance [...] mais Bob McNamara et Maxwell Taylor étaient si impliqués avec les militaires [...] qu'ils avaient une vision faussée des choses. Dean Rusk, lui, n'était d'aucune utilité. [...] Il se montrait partisan du coup d'État, puis changeait d'avis. Il racontait n'importe quoi. Bundy ne se montrait pas particulièrement utile non plus. [...] Nous essayions de nous débarrasser de Henry Cabot Lodge. Si le coup d'État n'avait pas lieu, il était censé revenir ici [pour des consultations], mais nous cherchions à tout prix à le faire virer [...]. Il était incapable d'apporter des solutions aux problèmes. [...] Une chose était sûre: si on perdait le Viêtnam, tout le monde était d'accord pour dire que le reste de l'Asie du Sud-Est tomberait. [...] Cela aurait de graves conséquences sur notre position dans le monde [...]. Cela affecterait ce qui se passait en Inde [...], en Indonésie. Tous ces pays seraient affectés par la chute du Viêtnam.»

Robert Kennedy, celui qui en savait le plus, ne déclara à aucun moment que son frère était, en privé, une «colombe» plus qu'un «faucon», et comptait mettre un terme à la guerre une fois réélu. De telles révélations – si, bien sûr, elles sont exactes – viendraient d'O'Donnell, de Mansfield, de Bartlett et de tous ceux qui pleurèrent en JFK un président partisan de la paix. Il se peut aussi que Bobby n'ait pas parlé de paix au Sud-Viêtnam parce qu'il ne pouvait affronter la vérité sur la mort de Diêm et ne voulait pas que, plus tard, journalistes et historiens découvrent que John F. Kennedy faisait passer sa réélection avant la vie d'un homme qui était son allié et celle de milliers de soldats et de civils vietnamiens.

Lyndon Johnson, devenu président, choisit de croire ceux qui avaient entouré son prédécesseur et adopta l'idée que la poursuite de la guerre était essentielle à la sécurité des États-Unis. Si JFK était, en privé, d'un avis différent, il s'abstint d'en faire part à son vice-président.

Bobby déclara à la Bibliothèque Kennedy que, pour son frère, « intervenir au Viêtnam répondait à des motivations profondes et devait se terminer par notre victoire ». Il ajouta que JFK ne voulait pas que des troupes américaines soient postées dans le pays même, « parce que tout le monde, y compris le général MacArthur, pensait qu'un conflit terrestre entre nos troupes blanches et les troupes asiatiques ne pourrait se terminer que par un désastre. Nous y sommes donc allés en conseillers, pour essayer de convaincre les Vietnamiens [du Sud] de se battre, parce que nous ne pouvions pas gagner la guerre pour eux. Ils devaient s'en charger eux-mêmes. »

Robert Kennedy eut ensuite avec John Barlow Martin, qui l'interviewait, l'échange suivant :

— Mais le président était convaincu que nous devions rester là-bas ?

— Oui.

— Et que nous ne pouvions pas perdre ?

— Oui.

— Si les Vietnamiens avaient été sur le point de perdre, aurait-il proposé de déployer des troupes sur terre, s'il l'avait fallu ?

— Nous y aurions réfléchi le moment venu.

En bref, Robert Kennedy justifiait la poursuite de la guerre par son frère en invoquant la célèbre théorie des dominos, qui inspira si fortement la politique américaine lors de la guerre du Viêtnam. Mais l'histoire a montré que les seuls dominos à tomber furent les huit gouvernements militaires, tous corrompus jusqu'à la moelle, qui se succédèrent à Saïgon après le meurtre de Ngô Dinh Diêm, le 2 novembre 1963. Quelles qu'aient été les intentions de JFK, le Viêtnam resta sa guerre, bien après sa mort.

24

Les derniers jours

L'ancien et le nouveau se mêlèrent lors des derniers jours de John F. Kennedy, alors qu'il arrivait au Texas. La présence de son épouse, qui l'accompagnait en campagne pour la première fois depuis la présidentielle de 1960, renforçait encore le *glamour* présidentiel. Mais derrière cette séduisante façade se dissimulaient des manœuvres d'une ampleur que le grand public n'aurait pu imaginer. La CIA essayait toujours de faire assassiner Castro. La chute de Lyndon Johnson était programmée. JFK s'inquiétait de plus en plus de la Chine populaire, qui disposerait bientôt de la bombe atomique et songeait à détruire les installations nucléaires chinoises – peut-être avec l'aide, ou du moins l'accord tacite, de l'Union soviétique. Enfin, le 21 novembre, alors que le président s'apprêtait à quitter le Bureau ovale, son frère était sur le point de lui communiquer de nouvelles accusations contre Kenny O'Donnell. Le plus proche collaborateur de JFK détournait en effet à son propre profit des fonds destinés à la campagne de 1964. Autant de secrets qui, s'ils étaient rendus publics, mettraient en doute les capacités de jugement du président – et ouvriraient la boîte de Pandore des scandales.

Comme l'avaient constaté ses collaborateurs, JFK s'était rapproché de son épouse depuis la mort de Patrick, leur nouveau-né. Cela expliquait notamment qu'elle ait accepté de l'accompagner au Texas. Ils étaient assis côte à côte dans l'avion présidentiel et bavardaient. « Ce n'était pas comme d'habitude, m'a rapporté Malcom Kilduff, attaché de presse adjoint de la Maison Blanche. Ils riaient, ils étaient vraiment comme mari et femme. Ils faisaient plaisir à voir. » Un peu plus tôt, Kennedy avait brutalement annulé une conférence de presse qui devait avoir lieu dans la retraite présidentielle située près d'Atoka, en Virginie : « Je ne veux pas de ça. Annulez tout. Cet endroit, c'est juste pour Jackie et moi. C'est chez nous. »

Bien entendu, la vie privée de Kennedy avait aussi sa face cachée. Le président était contraint de porter un corset allant des épaules à l'aine – conséquence d'un accident domestique alors qu'il faisait campagne sur la côte ouest. Hugh Sidey m'a raconté qu'en septembre une amie était venue le voir et s'était plainte de ce que « Kennedy avait tenté de la serrer d'un peu trop près. Elle s'était débattue et il était tombé dans l'eau, apparemment en se blessant au dos ». Le corset prescrit par ses médecins lui épargnerait les douleurs, mais il l'empêcherait aussi de se protéger quand il serait touché par les balles de Lee Harvey Oswald.

Le 16 novembre, Kennedy se rendit dans la demeure familiale de Palm Beach, en Floride, pour la première fois depuis décembre 1962. Deux jours plus tard, il prononça ce qui parut être un discours de routine devant l'Inter-American Press Association, prônant la justice sociale et le bien-être économique pour les pays d'Amérique latine. Il y fit une allusion à Fidel Castro, comparé à un « obstacle » qu'il faudrait supprimer.

L'allocution n'avait rien de particulièrement remarquable : très élogieuse pour l'Alliance pour le Progrès – projet lancé en grande pompe par le président deux ans plus tôt – et parsemée de formules acerbes visant le leader cubain. Douze ans plus tard, les enquêteurs de la commission Church apprirent qu'elles avaient été inspirées par la CIA : il s'agissait d'un message codé à l'intention de Rafael Cubela, un agent cubain portant le nom de code d'AMLASH. À l'automne 1963, l'Agence mettait tous ses espoirs en lui et lui faisait savoir qu'il allait enfin pouvoir exécuter Castro.

De retour à Washington et après avoir gaiement accepté en cadeau une dinde de cinquante-cinq livres pour Thanksgiving, le président en revint à une de ses nouvelles obsessions : détruire les installations nucléaires chinoises. Le danger d'une Chine communiste détenant l'arme atomique le préoccupait depuis qu'il était sénateur. Fin 1962, lors d'un entretien télévisé avec les journalistes des trois grandes chaînes, JFK avait déclaré que les Chinois, contrairement aux Soviétiques, « croyaient que la guerre était un moyen de parvenir au communisme ». Ils étaient aussi persuadés, ajoutait-il, de pouvoir survivre à un conflit nucléaire parce que la population de la Chine dépassait 750 millions de personnes. Dans un essai paru en 1966 dans le *Saturday Evening Post,* Stewart Alsop révéla que, juste avant son assassinat, le président avait organisé une réunion sur la question de la bombe chinoise. Il y demanda son opinion à un expert de l'Extrême-Orient, qui recommanda « une frappe chirurgicale » visant le réacteur nucléaire installé à Lanchow, près du site d'essais de Lop Nor : « Nous pourrions préparer des plans en ce sens, avec d'autres moyens optionnels de détruire ces usines dans un avenir proche. »

En fait, Kennedy avait déjà ses plans, et beaucoup plus avancés. William C. Foster, qui était en 1963 directeur de l'Agence de contrôle des armes et du désarmement, expliqua deux ans plus tard, lors d'une interview pour la Bibliothèque Kennedy, que le président « était profondément persuadé [...] de la nécessité de mener une action pour contenir ou isoler la Chine ». Ces remarques, classifiées jusqu'en 1994, sont restées inédites jusqu'à aujourd'hui. Il est vrai que Foster ajoutait que JFK était « porté à réfléchir à des actions politiquement dangereuses » et citait les paroles mêmes du président : « Ce ne serait pas trop difficile à un avion anonyme d'aller là-bas pour bombarder les installations chinoises – il n'y en a qu'une ou deux. Nous, ou peut-être l'URSS, pourrions le faire, plutôt que d'avoir à affronter la menace d'une Chine dotée d'armes nucléaires. »

En juillet 1963, Averell Harriman menait à Moscou les négociations sur le traité d'interdiction partielle des essais nucléaires. Kennedy lui demanda, sous le sceau du secret, d'évoquer auprès de Khrouchtchev la possibilité d'une frappe aérienne contre la Chine. Il est impossible de savoir quelles instructions précises il lui donna mais, selon Chester Cooper, un responsable de la CIA alors conseiller de Harriman, « la proposition n'était pas de mener une mission aérienne commune, [plutôt de] faire en sorte que les Soviétiques ne protestent pas » si des avions américains bombardaient les installations chinoises. Karl Kaysen, conseiller scientifique adjoint de la Maison Blanche en 1963, donne de cette entrevue un récit un peu différent : « Il a été question de détruire Lop Nor. En substance, Harriman a demandé aux Soviétiques d'intervenir auprès des Chinois pour qu'ils démantèlent leurs installations. » Les suggestions américaines furent assez mal accueillies : « Furieux, Khrouchtchev a répondu à Harriman : “Je ne suis pas votre porte-parole !” » Mais le message restait clair : si les Américains voulaient bombarder la Chine, ils devraient s'en charger eux-mêmes, sans que l'URSS intervienne.

La question de la destruction des installations nucléaires chinoises était encore à l'étude quand Kennedy fut assassiné.

JFK dut aussi admettre les graves accusations portées contre son collaborateur le plus proche, Kenny O'Donnell. Son dénonciateur, Paul Corbin, était entré au Comité national du Parti démocrate après avoir pris une part active à la campagne présidentielle de 1960. Mort en 1990, ancien Marine – il s'était illustré pendant la Seconde Guerre mondiale – Corbin inspirait une crainte certaine aux collaborateur des frères Kennedy. Avec ses airs de conspirateur et son franc-parler, c'était un homme farouchement indépendant, qui se voyait volontiers en preux chevalier face aux tâcherons gravitant autour des deux hommes. JFK ne lui faisait pas confiance et le tolérait à peine ; mais il était très lié à Bobby, au point d'emprunter son ascenseur privé au ministère.

Comme me l'a confirmé Joseph Dolan, qui fut l'un des adjoints de Robert Kennedy, « tout le monde détestait Corbin, sauf Bobby, Seigenthaler [un collaborateur de Bobby] et Steve Smith [beau-frère du président], qui le protégeait ». Dolan raconte qu'un jour Corbin arriva sans prévenir à une réunion chez Bobby, consacrée à des questions touchant l'activité du ministère. « Bobby m'a glissé à l'oreille : “Je lui avais dit de ne pas venir.” C'est l'une des rares fois où je l'ai vu rougir de la tête aux pieds. »

Pour sa part, Corbin ne semblait pas faire confiance à grand-monde. En 1963, il tenta de transmettre directement au président les informations qu'il avait réunies sur O'Donnell et quelques autres – il se rendait parfaitement compte que personne ne tiendrait à en prendre connaissance. Il en parla donc à Charles Bartlett, sachant fort bien que le journaliste était un vieil ami de JFK. Tous deux s'étaient rencontrés lors de la difficile campagne pour les primaires du Wisconsin. Corbin avait décidé de surveiller de près les fonds qui parvenaient au quartier général du Parti démocrate. Au printemps 1963, estimant avoir assez de preuves de détournements contre O'Donnell et deux autres personnes, il contacta le journaliste. La méthode était assez simple, lui expliqua-t-il. Il cita l'exemple d'un des responsables d'une compagnie pétrolière californienne en délicatesse avec le ministère de la Justice, qui s'était vu demander de verser 100 000 dollars en billets de cent à titre de contribution à la campagne électorale. En échange, et conformément à une vieille tradition de Washington, on lui avait promis d'essayer « d'arranger » le problème. Mais les registres montraient que la moitié seulement de la somme était parvenue au Parti démocrate – le reste, selon Corbin, finissant dans les poches d'O'Donnell et de ses associés.

Bartlett accepta de transmettre à JFK ce qu'il venait d'apprendre. En juillet 1963, il lui adressa plusieurs mémorandums pour le mettre en garde. C'était un acte courageux : aucun président n'aime à s'entendre dire qu'il devrait se séparer de son bras droit – surtout lorsque ce dernier sait à peu près tout sur lui. À titre de preuve, Bartlett m'a communiqué les copies de certaines des lettres envoyées à Kennedy.

Le 19 juillet, il lui écrivait ainsi, dans un message transmis par Evelyn Lincoln : « Je sais bien que vous n'aimez guère les porteurs de mauvaises nouvelles, mais je vous transmets ces mémos avec la ferme conviction qu'ils traitent d'une question réclamant de toute urgence votre attention. Le scandale est tout proche – quelqu'un d'aussi peu lié à vous que John Sherman Cooper [sénateur républicain du Kentucky] m'a fait observer l'autre soir [...] qu'il serait abominable que votre mandat soit terni par la déloyauté de certains de vos collaborateurs. » Bartlett cita O'Donnell et deux autres, ajoutant qu'ils « assumaient des fonctions politiques parfaitement légitimes, mais d'une manière qui nourrit les soupçons. Au pire, ils sont au cœur d'un vaste système de corruption qui touche nombre d'agences gouvernementales [...]. À moins que vous ne décidiez de mener votre propre enquête, la situation risque d'échapper brusquement à votre contrôle. »

Bartlett m'a confié avoir été inquiété par le comportement d'O'Donnell, qui ne dissimulait guère sa soudaine fortune. Il avait ainsi proposé une forte somme pour acquérir une élégante demeure de Georgetown, mais quelqu'un fit une offre supérieure. Plus tard, le journaliste rédigea un autre mémorandum à l'intention de JFK, lui apprenant qu'un agent du Service secret avait entendu O'Donnell, au comptoir d'un bar de Hyannis Port, tenir des propos méprisants sur le compte de son employeur : « Selon lui, le président était un abruti qui, sans son soutien, commettrait bourde sur bourde. O'Donnell a ajouté qu'il avait reçu de nombreuses propositions pour travailler dans l'industrie mais qu'il craignait de quitter son poste, sachant que sans lui le gouvernement courrait au désastre. » La seule réaction de Kennedy fut de passer le message à O'Donnell, qui fit aussitôt muter l'agent du Service secret – lequel n'apprit qu'en 1995, lorsque je l'interrogeai, les raisons de son brusque départ de la Maison Blanche.

Il se peut que Corbin et Bartlett n'aient pas compris le véritable rôle d'O'Donnell. Une part des fonds qu'ils l'accusaient de détourner était peut-être destinée au président lui-même, qui s'en servait pour régler des problèmes que les deux hommes ne pouvaient imaginer et que seul l'argent pouvait résoudre (l'affaire Ellen Rometsch, par exemple). Le journaliste m'a déclaré que Kennedy avait réagi très froidement à sa lettre du 19 juillet. Il l'appela un jour et lui dit : « Charlie, il y a beaucoup de gens ici qui sont furieux contre vous. » Selon Bartlett, le président gardait en cette affaire une attitude typiquement patricienne : « Il gagnait son argent, les autres pouvaient bien faire de même. »

Paul Corbin ne se découragea pas pour autant, reprit son enquête et, après des mois de préparation, alerta Bobby. « C'était un bon limier, se souvient Bartlett. Il m'a assuré avoir réuni tout ce qu'il fallait, témoignages signés et autres, pour faire accuser Kenny O'Donnell, puis a porté le tout à Bobby qui a dit : "Ça suffit comme ça." » Le ministre de la Justice appela son frère devant Corbin, mais Evelyn Lincoln lui répondit que JFK était déjà en route pour le Texas. Selon Corbin, Bobby conclut : « On s'en occupera lundi à la première heure. » Mais l'assassinat du président mit un terme à l'affaire. « De toute façon, Lyndon ne me croirait pas », commenta Robert Kennedy.

Jamais Bartlett ne consacra d'article au scandale, qui mourut en même temps que John Kennedy. Comme Ben Bradlee et tant d'autres journalistes accrédités à la Maison Blanche, il était prisonnier de cette zone incertaine située entre le professionnalisme et l'amitié. Mais il avait été suffisamment ébranlé par ce qu'il apprit alors – et peut-être par ce qu'il n'avait pas fait – pour me communiquer une copie des lettres envoyées au président.

Sinistre ironie : le 22 novembre commença fort bien pour Bobby Kennedy et fort mal pour Lyndon Johnson. Ce matin-là, à 10 heures, un assureur nommé Donald Reynolds, accompagné de son avocat, entra dans un petit bureau du Capitole et donna à Burkett Van Kirk, le conseiller juridique des républicains de la commission des Règlements, un témoignage attendu avec impatience. Van Kirk et Bobby Kennedy collaboraient en secret depuis des semaines pour rassembler des preuves de corruption contre Lyndon Johnson et Bobby Baker. Reynolds déclara à Van Kirk et à un membre démocrate de la commission qu'il avait dû faire de Baker le vice-président de sa propre société et affirma lui avoir remis des fonds – plus tard présentés dans sa comptabilité comme des « dépenses professionnelles ». Il avoua aussi avoir versé des pots-de-vin à des responsables du Parti démocrate, toujours par l'intermédiaire de Baker, pour pouvoir assurer un grand projet fédéral de construction d'immeubles. Il apprit aux deux hommes le peu qu'il savait d'Ellen Rometsch et de ses fréquentations au Quorum Club. Pour finir, il dit avoir été contraint, pour vendre une assurance-vie à Johnson, d'acheter de l'espace publicitaire à la chaîne de télévision que Johnson possédait à Austin, au Texas – ce qui était parfaitement inutile : quel Texan songerait à s'adresser à un assureur installé dans le Maryland, à 2000 kilomètres de là ? Reynolds avait aussi dû offrir une chaîne hi-fi au vice-président, à qui Baker envoya un catalogue dans lequel l'épouse de Johnson fit son choix. Reynolds était encore interrogé à 14 h 30 quand une secrétaire entra en toute hâte dans la pièce pour annoncer que JFK venait d'être assassiné. Lyndon Baynes Johnson, comme le voulait la Constitution, était désormais président des États-Unis et personne n'irait mettre en doute sa légitimité pour des histoires de chaîne hi-fi ou quelques milliers de dollars d'annonces publicitaires.

Burkett Van Kirk demeure convaincu qu'en temps normal Johnson aurait dû se battre, dos au mur, pour assurer sa survie politique. « Il ne fait aucun doute que le témoignage de Reynolds l'aurait contraint à quitter la vice-présidence. » La minorité républicaine de la commission des Règlements tenta bien de poursuivre son enquête mais ses efforts furent réduits à néant quand Johnson déclara, en janvier 1964, lors d'une conférence de presse, que la chaîne hi-fi était un cadeau de Bobby Baker.

Au moment même où des coups de feu retentissaient à Dallas, un autre assassinat se préparait dans un hôtel parisien. Un agent de la CIA venu de Washington y rencontrait Rolando Cubela et lui donnait un stylo dissimulant une seringue remplie de poison – destiné, bien entendu, à Fidel Castro. Ancien étudiant d'extrême gauche, Cubela s'était joint au leader cubain du temps de la guérilla, mais le nouveau régime l'avait déçu dès le départ et, depuis, il parlait souvent de la nécessité de tuer le *Lider Maximo*. La CIA mit des années à le recruter. Ce fut la plus grande réussite de l'équipe de Desmond FitzGerald depuis bien longtemps. « Desmond pensait que [Cubela] allait avoir la peau de Castro, se souvient Sam Halpern. Il en était persuadé, vous pouvez me croire ! »

Trois semaines plus tôt, FitzGerald s'était rendu en personne à Paris pour y rencontrer un Cubela plutôt nerveux, qui réclamait un entretien avec Bobby Kennedy avant de se mettre à la tâche. Selon le rapport rédigé en 1967 par l'IG de la CIA, des documents montraient que Richard Helms, le supérieur de FitzGerald, l'avait autorisé à se présenter au Cubain comme «le représentant de Robert F. Kennedy» et à l'assurer «du plein soutien américain [pour un coup d'État] s'il y avait des changements au sein du régime cubain actuel». Le rapport précise que Helms avait expliqué à son subordonné qu'il n'était «pas nécessaire de demander l'approbation de Robert Kennedy pour pouvoir parler en son nom».

Cubela fut un peu rassuré par la visite de FitzGerald, comme par le message codé que contenait le discours prononcé par le président devant l'Inter-American Press Association. C'est donc en professionnel, selon le rapport de l'IG, qu'il accueillit le 22 novembre l'envoyé de la CIA. Les deux hommes parlaient de l'envoi à Cuba, dans les semaines à venir, d'une importante cargaison d'armes quand ils apprirent l'assassinat du président. Cubela en fut bouleversé, et demanda à son interlocuteur: «Pourquoi de telles choses arrivent-elles aux gens bien?»

En 1975, quand la commission Church dut examiner la forte possibilité d'une implication directe des Kennedy dans les projets d'assassinat de Fidel Castro, elle préféra regarder ailleurs. La visite de FitzGerald à Paris fut considérée comme les appels téléphoniques et les visites à la Maison Blanche de Judith Exner: les dénégations des uns et des autres furent prises pour argent comptant. Lorsqu'on lui demanda si son subordonné pouvait se réclamer de Robert Kennedy sans lui en avoir demandé la permission, Richard Helms répondit: «J'étais tellement sûr qu'il [Bobby] aurait accepté que cela ne m'a pas paru nécessaire d'aller lui poser la question.» Dans son rapport final, la commission ne porta aucun jugement sur le véritable rôle joué par Robert Kennedy dans l'affaire Cubela, tout en notant qu'on se retrouvait dans une situation comparable «aux discussions qui avaient suivi la baie des Cochons». D'anciens hauts responsables de l'administration avaient juré tout ignorer des projets de meurtre, tandis que Richard Helms répéta être persuadé que «l'assassinat était chose permise, vu la constante pression exercée pour renverser le régime castriste».

Sam Halpern a des idées différentes sur la question: «Je ne peux imaginer que Dick [Helms] ou Des [FitzGerald] se soient servis du nom de Bobby Kennedy sans le lui demander. Mais c'est ainsi qu'on écrit l'Histoire.» Et de hausser les épaules, comme pour dire qu'il était inutile de chercher dans les dossiers la moindre preuve écrite d'une implication directe des Kennedy: ç'aurait été contraire à toutes les règles de la CIA.

Il y a dans le rapport de l'IG une phrase qui, rétrospectivement, ressemble à une épitaphe pour un président qui cherchait depuis trois ans à faire assassiner le dirigeant cubain: «Au moment même où Kennedy était assassiné, un agent de la CIA rencontrait à Paris un agent cubain pour lui remettre une arme qui serait utilisée contre Castro.»

Épilogue

Le désespoir de Robert Kennedy, après le meurtre de son frère, fut d'autant plus grand qu'il ne pouvait le venger.

Jacqueline Kennedy et lui étaient convaincus que l'assassinat du président avait été fomenté non par les communistes, comme J. Edgar Hoover et beaucoup d'autres le pensaient, mais par une conspiration intérieure. Même s'ils n'avaient pas d'idée précise de ceux qui la dirigeaient ou de leurs motifs, Sam Giancana était un suspect tout trouvé : les informateurs du FBI l'avaient entendu plus d'une fois se plaindre, depuis le début de 1961, d'avoir été dupé par JFK après l'avoir aidé à se faire élire.

D'où le coup de téléphone, le 22 novembre au soir, à Julius Draznin, de Chicago, spécialiste du racket dans le monde syndical. Bobby lui déclara : « Nous avons besoin d'aide. Peut-être pourriez-vous nous ouvrir quelques portes auprès de la mafia. Faites-moi savoir directement tout ce que vous apprendrez. » Draznin se vit enjoindre de rester en contact par l'intermédiaire d'Angie Novello, la fidèle secrétaire du ministre de la Justice. Selon Draznin, l'allusion à la pègre était transparente : « Il voulait parler de Sam Giancana. » Deux jours plus tard, le dimanche 24 novembre, Jack Ruby, propriétaire d'un bar de Dallas et lié au crime organisé de Chicago, abattit Lee Harvey Oswald devant les caméras du monde entier.

Draznin fit appel à quelques amis et, au fil des semaines qui suivirent, leur petit groupe enquêta pour savoir si Oswald avait eu des contacts avec la pègre, tout en réunissant un énorme dossier sur Ruby. Mais ils ne découvrirent aucun élément permettant de penser que les hommes de main de Giancana étaient liés à l'assassinat du président. Draznin dut admettre devant le ministre de la Justice : « Bobby, j'ai fait chou blanc. Il n'y a rien. »

L'enquête de Draznin se poursuivit « par à-coups pendant plus d'un an » – beaucoup plus longtemps, en tout cas, que les travaux de la commission Warren, réunie par Lyndon Johnson pour enquêter sur le meurtre de JFK. Draznin maintint un moment le contact avec Walter Sheridan, du ministère de la Justice, puis leurs liens se distendirent. Il finit par rencontrer Bobby à Chicago et lui dit que Jack Ruby avait agi seul. « Ruby pensait que [tuer Oswald] était un acte patriotique, analyse Draznin. J'en suis encore persuadé aujourd'hui. Je n'ai rien trouvé qui permette d'impliquer la pègre de Chicago dans cette histoire. »

Au fil des trente-cinq ans écoulés depuis, le pays tout entier est resté obsédé par l'assassinat de Kennedy. Des centaines de livres sont parus, remplis de folles spéculations sur Oswald, Ruby et leurs possibles liens avec le crime organisé ou les services de renseignement soviétiques. Au cours des cinq ans de recherches que m'a demandé ce livre, je n'ai rien exhumé qui mette en doute les conclusions de Draznin ou celles, beaucoup plus détaillées, de la commission Warren, selon lesquelles les deux hommes avaient, chacun de leur côté, agi seuls.

Bobby Kennedy semble avoir gardé pour lui ce qu'il pensait du meurtre de son frère. Interrogés par mes soins, ses plus proches collaborateurs m'ont donné des points de vue contradictoires, mais tous inspirés de conversations avec lui : à certains amis, il déclara accepter l'analyse de la commission Warren, tout en laissant entendre à d'autres que jamais on ne connaîtrait la vérité sur cette affaire.

Il se montra beaucoup plus direct avec Georgi Bolchakov, l'intermédiaire soviétique renvoyé à Moscou parce que les frères Kennedy le soupçonnaient de les avoir trahis lors de la crise des missiles. Dans *One Hell of a Gamble*[1], Fursenko et Naftali, à l'issue d'un examen des dossiers du Kremlin, révèlent que Bobby, quelques jours après le meurtre de Dallas, envoya à Moscou un émissaire chargé de contacter Bolchakov. Il s'agissait de William Walton, peintre abstrait et ancien journaliste, lié à la famille Kennedy et notamment à JFK. Mort en 1994, Walton aurait dû prendre l'avion pour l'URSS le 22 novembre afin de rencontrer des artistes soviétiques. Mais il ne s'envola qu'une semaine plus tard, avec une autre mission : retrouver Bolchakov et le charger de répéter aux dirigeants de l'URSS de se montrer très fermes pendant que Johnson serait au pouvoir – en attendant que Bobby Kennedy accède à la présidence.

Selon les dossiers soviétiques, Walton déclara à Bolchakov que les Kennedy étaient persuadés que JFK avait été victime d'une conspiration politique de grande ampleur. Le soir du 22 novembre, raconta le peintre, quand Bobby, accablé de chagrin, était enfin allé se coucher, il avait pleuré pendant des heures sans discontinuer. Selon Walton, « le clan considérait que le

1. Aleksandr Fursenko, Timothy Naftali, *op. cit.*

choix de Johnson [comme vice-président] avait été une redoutable erreur. Tout opportuniste qu'il était, il se révéla incapable de mener à bien les projets inachevés de Kennedy. » Le seul espoir de maintenir de bonnes relations entre les deux pays n'était autre que Robert McNamara, qui demeurait secrétaire à la Défense. Walton expliqua à Bolchakov que Bobby resterait ministre de la Justice jusqu'à la fin de 1964, puis se présenterait au poste de gouverneur du Massachusetts avant de déclarer sa candidature à la présidence. Comme l'écrivent Foursenko et Naftali : « Walton et sans doute Kennedy voulaient faire savoir à Khrouchtchev que seul Bobby pouvait mettre en œuvre les projets de son frère et que le refroidissement qui pourrait marquer les relations soviéto-américaines après l'arrivée au pouvoir de Johnson ne durerait pas éternellement. » Contrairement à ce que pensaient certains dirigeants du Kremlin, Robert Kennedy partageait les opinions progressistes de JFK : « Bobby était plus dur que John ; mais il était parfaitement en accord avec la pensée de son frère et, plus important encore, cherchait à mettre en œuvre ses idées. »

Le samedi 23 novembre au matin, les plus importants papiers – officiels ou non – de John Kennedy avaient été déménagés par le Service secret et déposés dans un bâtiment voisin qui abritait les locaux du Conseil national de sécurité. Le lieu était surveillé vingt-quatre heures sur vingt-quatre par des gardes armés.

L'endroit était parfaitement adapté : il avait auparavant accueilli le général Maxwell Taylor et le Groupe spécial de contre-insurrection. Les documents présidentiels seraient à l'abri jusqu'à leur dépôt aux Archives nationales. James R. Dingeman, colonel de l'armée de Terre qui fut à l'époque secrétaire exécutif du Groupe spécial, fut chargé de veiller à la sécurité des lieux.

« Personne ne venait jamais – sauf une fois, un samedi matin, Mme Kennedy et Bobby. »

Au début de l'année suivante, ajoute Dingeman, un officier de marine nommé George E. Dalton, qui avait fait la preuve de sa fidélité à la famille Kennedy lors d'une affectation à Port Hyannis, fut transféré à Washington et chargé des documents. « Il m'appelait parfois pour en lire certains, parce que Kennedy écrivait aussi mal que moi. Il examinait tous les papiers. » Dingeman précise que ceux-ci étaient encore en place quand lui-même fut affecté en Europe à l'été 1964.

Dalton – qui ferait plus tard partie des collaborateurs de Ted Kennedy – resta sur place, à étudier les documents. Il procéda aussi à un premier examen des enregistrements du Bureau ovale et en prépara les transcriptions. La mission dont on l'avait chargé était simple : il s'agissait de repérer tous les éléments compromettants, qui seraient ensuite subtilisés ou effacés. Une dizaine d'années plus tard, Dalton devait se flatter auprès de Richard Burke, autre adjoint de Ted Kennedy, d'avoir eu pour tâche de « supprimer tout ce qui pourrait porter tort à la famille ». Burke, qui passa dix ans auprès de Ted (période sur laquelle il fit paraître en 1992 un best-seller controversé), m'a déclaré avoir lu certaines des transcriptions de Dalton. Parmi elles, plusieurs conversations téléphoniques entre JFK et deux femmes ayant joué un grand rôle dans sa vie : Judith Exner et Marilyn Monroe. La discussion avec cette dernière était de nature fortement sexuelle. Dans d'autres, le président parlait de « paiements en liquide » à diverses personnes ou discutait de « prêts ou de versements fédéraux ». Dalton déclara à Burke qu'il avait effacé sur les bandes toute référence à des règlements en billets de banque.

Documents et bandes furent finalement transférés au Federal Archives and Records Center de Waltham, dans le Massachusetts, où la Bibliothèque Kennedy, alors en voie d'organisation, se chargea de les classer. La famille les céda officiellement au gouvernement fédéral en 1976 – la Bibliothèque assurant leur gestion matérielle. En d'autres termes, Dalton et les Kennedy avaient eu près de treize ans pour en faire ce qu'ils voulaient.

Un archiviste de la Bibliothèque Kennedy, qui souhaite préserver l'anonymat, m'a déclaré que les transcriptions de Dalton étaient « déplorables, pleines d'erreurs et d'omissions et, par conséquent, à peu près inutilisables ». Il ajoute que certaines bandes présentaient « des anomalies surprenantes », comme si on en avait coupé plusieurs passages. En 1993, la direction de l'établissement reconnut, lors d'un entretien avec un journaliste du *Boston Globe*, que d'autres avaient été rembobinées à l'envers, et qu'au moins neuf boîtiers étaient vides. En 1985, elle avait déjà admis qu'on ne pouvait douter que « certains éléments avaient disparu », ajoutant cependant qu'un examen préliminaire des bandes, pratiqué à l'époque où la Bibliothèque en avait pris possession, « n'avait révélé aucune manipulation ». Selon le *Boston Globe*, George Dalton est aujourd'hui propriétaire d'une chaîne de stations-service de la région de Washington. À la fin des années 1980, il s'est installé dans un luxueux quartier de Palm Beach Gardens, en Floride. Au cours des cinq ans qu'a duré mon enquête, il a constamment refusé d'être interviewé.

Au bout de quelques semaines, Robert Kennedy dut affronter une nouvelle épreuve : le retour à la réalité – et notamment la nécessité de devoir admettre que Lyndon Johnson était désormais président. Début 1964, Frank

Mankiewicz, qui travaillait pour le Peace Corps, fut chargé par ses supérieurs d'aller discuter du programme «Guerre à la pauvreté» avec le ministre de la Justice, qui s'en était fait le champion. «Je dois dire, se souvient celui-ci, que jamais je n'ai été aussi épouvanté à la vue d'un être humain depuis qu'à dix-neuf ans, simple fantassin, j'étais entré dans un camp de concentration. Kennedy avait l'air complètement détruit, on aurait dit qu'il disparaissait dans sa chemise.» Mankiewicz précise que Bobby semblait avoir la tête ailleurs: «La seule chose qu'il pouvait dire, c'était: "Est-ce le programme auquel pensait le président Kennedy?" J'ai pensé que plus jamais il ne jouerait de rôle dans la vie publique. À mon avis, c'est peut-être pour ça qu'il ne parlait pas [du meurtre de son frère]: il savait que ça ne le ressusciterait pas, alors pourquoi en discuter? Ça m'a paru très triste.» Toutefois, Bobby se reprit suffisamment pour mener, à l'automne 1964, une campagne très dure qui lui permit de devenir sénateur de New York. Mankiewicz devint plus tard son attaché de presse.

Robert Kennedy ne fit rien pour découvrir la vérité sur l'assassinat de son frère, et ne se serait sans doute pas montré plus actif s'il avait obtenu l'investiture démocrate et remporté la présidentielle en 1968. Le prix à payer aurait été trop élevé: il aurait fallu rendre publiques trop de choses gênantes pour le président et sa famille. C'est cette crainte, sans aucun doute, qui le retint de témoigner devant la commission Warren.

Le 11 juin 1964, Earl Warren – premier magistrat de la Cour suprême – lui fit parvenir une lettre lui demandant s'il avait «eu connaissance d'informations supplémentaires relatives à l'assassinat [...] qui ne seraient pas encore parvenues à la commission». Deux mois plus tard, Bobby répondit qu'il ne disposait d'aucun élément permettant de penser que son frère avait été assassiné dans le cadre d'une « conspiration intérieure ou étrangère », ajoutant : « Je n'ai aucune suggestion à faire sur toute enquête qui pourrait être entreprise par la commission avant publication de son rapport. » Il ne lui fut jamais demandé de témoigner.

Table

Cet ouvrage a été composé
par Atlant'Communication
au Bernard (Vendée)

Impression réalisée par

CPI
BRODARD & TAUPIN

La Flèche
en décembre 2013
pour le compte des Éditions Archipoche

Imprimé en France
N° d'édition : 253
N° d'impression : 3003509
Dépôt légal : avril 2013